KB275312

의료인문학 2.0

더 나은 미래를 위하여

iMH

경희대학교 인문학연구원
HK+통합의료인문학연구단
통합의료인문학
학 술 총 서 _ 14

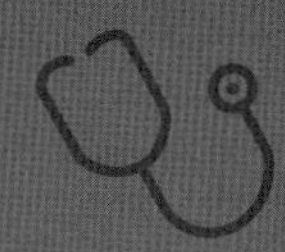

의료인문학 2.0

더 나은 미래를 위하여

박윤재 김현수 박성호 이동규 조민하 최성민 최성운
윤민향 이상덕 정세권 장원모 조태구 최우석 최지희   지음

Medical Humanities 2.0: Towards a Better Future

도서출판 모시는사람들

경희대학교 HK+통합의료인문학연구단은 2019년부터 '통합의료인문학'에 대한 연구 활동을 수행해왔습니다. '4차 산업혁명 시대 인간 가치의 정립과 통합의료인문학'이라는 어젠다 하에서 전통 의료인문학이 지닌 분과학문적 한계를 벗어나 인문학 중심의 의료인문학 체계를 새로이 구축하는 한편, AI와 빅데이터를 바탕으로 구현되는 첨단의료 시대에 인문학이 수행할 수 있는 역할이 무엇인지에 대한 질문과 탐구를 지속해 왔습니다.

이러한 노력을 바탕으로 HK+통합의료인문학연구단은 기존의 의료인문학 체계를 통합할 수 있는 인문학적 주제로서 인간의 생애주기에 해당하는 생로병사(生老病死) 중심의 연구 체계를 수립하였으며, 그 결과 다양한 학제간, 국제화 연구 성과를 확보할 수 있었습니다.

그러나 2단계 7년의 통합의료인문학 연구를 갈무리하는 현 시점에서 본 연구단에게는 여전히 적지 않은 숙제가 남아 있습니다. 비록 인문학을 중심으로 한 새로운 형태의 통합의료인문학을 제안하고 이를 정착시키는 데 성공했다 할지라도 이렇게 성립된 통합의료인문학이 실제 의료 현장에서 어떻게 접목되어 구체적인 개선안을 제안할 수 있을지에 대한 문제는 여전히 가능성의 영역에 남아 있는 것도 사실입니다. 더불어서 AI의 발달로 인해 급변하고 있는 첨단의료 환경에 대해 인문학이 구체적으로 어떤 대응책을 내놓을 수 있는지에 대한 논의 역시 '인간 가치 탐구'라는 원론적인 차원에서 크게 벗어나지 못했다는 점 또한 인정하지 않을 수 없습니다.

이번 학술총서 『의료인문학 2.0 - 더 나은 미래를 위하여』는 이러한 문제의식 하에서 본 연구단이 지난 7년간 축적해 온 성과를 정리하는 데 그치지 않고, 통합의료인문학이 현재의 수많은 의료 현안에 대해서 어떤 새로운 문제의식을 제기할 수 있는지, 그리고 앞으로의 의료인문학 연구에 어떠한 새로운 접근법을 제안할 수 있는지에 대한 가능성을 모색하고자 하였습니다. 표제에서 '의료인문학 2.0'을 내세운 것도 본 연구단이 추구해 온 통합의료인문학이 그 자체로 완성되고 종결되는 것이 아니라, '의료인문학 x.0'을 향해서 지속적으로 갱신하고 확장해 나가는 동적인 연구임을 강조함과 동시에, 이를 추상적인 관념으로서만 제시하는 것이 아니라 '의료인문학 3.0'과 같은 구체적인 기획의 형태로 드러날 수 있게 하자는 본 연구단의 포부를 밝히기 위함이기도 합니다.

총론에 해당하는 박윤재의 「통합의료인문학의 정립을 위하여」는 상술한 이번 학술총서의 문제의식을 구체화하고 이후 1, 2부의 다양한 논의들로 이어지는 이정표가 된다고 하겠습니다. 생애주기 중심의 의료인문학 연구체계를 확립하고 인문학의 경계선을 확장함으로써 통합의료인문학이 추구했던 인간 가치 탐구의 심화를 달성해냈지만, 이를 구체적인 실천의 영역으로 옮겨서 오늘날의 의료가 직면한 여러 문제의 기준점을 마련하고, 나아가서는 의료 분야와의 횡적 연계를 구축하려는 시도는 충분히 못했다는 점을 지적한 이 논의는 본 연구단이 지난 7년 동안 축적한 성과에 자족하기보다는 이를 바탕으로 미래적 가치를 어떻게 구현해야 할지에 대한 청사진을 그리고자 하는 기획이라고 할 수 있습니다.

1부 〈인문학이 바라보는 '좋은 의료'〉에서는 다양한 의료 현안을 둘러싸고 벌어지는 논쟁적인 지점에 대해 인문학의 관점에서 새로운 접근과 문제제기를 시도하려는 고민들을 담아냈습니다. HK+통합의료인문학연구단이 2단계 7년에 걸쳐 수행해온 연구 성과를 바탕으로 하여 이를 어떻게 하면 현재 우리가 직면한 의료의 제문제에 적용함으로써 새로운 돌파구를 찾아낼 수 있을까 하는 문제의식을 바탕으로 총 6편의 연구 논문으로 구성하였습니다.

자발적 식음 중단에 대한 이론적 고찰을 통해 연명의료의 고통으로부터 벗어난 '좋은 죽음'의 사회적, 제도적 근거를 마련하고자 했던 김현수의 「긍정적 자유와 자발적 식음 중단을 통한 좋은 죽음」, 2020년대의 대중 서사가 묘사하는 '먼치킨 의사'의 모습을 바탕으로 사회 일반과 의료계가 바라보는 의사 직역에 대한 시선의 간극을 드러내고 이를 좁히기 위한 제언을 던진 박성호의 「우리는 어떤 의사를 원하는가. 한국 메디컬 드라마의 '영웅-의사' 캐릭터를 중심으로」, MEDICO를 중심으로 한 국제의료원조의 역사에 주목함으로써 앞으로 도래할 전 지구적 의료 위기에 대응해야 할 국제적인 보건의료 거버넌스의 문제를 환기하고자 했던 이동규의 「의료봉사자의 여정 - 1960-1970년대 MEDICO와 세계 보건 담론」, 결혼이주민의 의료 경험 분석을 통해 이주민의 의료 환경 개선을 위한 공유의사결정(SDM)의 개선 방안을 모색한 조민하의 「공유의사결정의 자율성 증진 방안 - 결혼이주민 환자를 중심으로」, 신체적·정신적 장애나 질병을 '정상성'의 관점으로 접근할 때 생기는 문제점을 지적하면서 현대 의료의 역할을 비판적으로 성찰하고자 한 최성민의 「정상성과 장애, 그리고 현대 의료의 역할」, '산후풍(産後風)'이 일상생활 속에서 사용되는 생활어로부터 의학적 진단명, 그리고 국가 질병분류 체계의 정식 항목으로 제도화되는 과정에서 나타나는 신체, 젠더, 행정의 교차구조에 주목한 최성운의 「산후풍의 의료화 - 생활어에서 질병 분류로의 전환, 1964-2024」이 1부를 구성하는 논술들입니다.

2부 〈의료인문학 3.0을 바라보며〉는 기존의 통합의료인문학 연구성과를 바탕으로 향후 본 연구단이 지향하는 의료인문학의 새로운 연구 주제와 관점을 전망하고 제안하는 논의들을 담았습니다. HK+통합의료인문학 연구단이 단지 인문학 중심의 의료인문학을 구성하는 데 그치지 않고, 향후 의료인문학이 독자적인 학문 분야로서의 입지를 확보하는 한편 인문학 분야의 학제간 연구를 선도해나가기 위한 학술적 준거를 어떻게 마련할 것인지에 대한 구체적인 고민과 대안들을 제시해 보고자 하였습니다.

맹자 시기의 것으로 추정되는 죽간 『성자명출』에 대해 교화와 예악 등의 역할을 중심으로 하는 전통적 해석에서 한 발자국 더 나아가 '치유'의 관점에서 현대적 보편성을 모색하고자 한 윤민향의 「선진 유학에서 성명(性命)과 예악(禮樂)의 치유적 의미」, 고대 그리스, 로마의 건강에 대한 사유를 바탕으로 의료인문학의 새로운 패러다임으로서의 '건강인문학'을 모색한 이상덕의 「고대의 사유에서 발견하는 건강인문학 - 그리스, 로마의 '좋은 건강'」, 1970년대 이후 왕진이라는 의료 방식이 사라진 과정 중심으로 한국 현대 의료 환경의 역사적 변화를 고찰한 정세권·장원모의 「가정에서 병원으로 - 1970년대 전후 왕진(往診)의 변화」, 주체와 주체성의 문제를 바탕으로 돌봄의 관계성에 대한 윤리적 고찰을 통해 돌봄 그 자체의 의미를 탐색하고자 한 조태구의 「돌봄과 주체 - 새로운 주체성과 다른 돌봄의 가능성」, 첨단의료의 도래와 더불어 급격하게 변화하고 있는 정신의학 분야에 대하여 현상학적 관점을 바탕으로 한 윤리적 · 실존적 전환을 시도한 최우석의 「좋은 의료란 무엇인가? - 환자-의사 관계의 체험성과 윤리성: 정신의학을 중심으로」 동아시아 의료의 윤리적 전통 내에서 의사-환자 관계의 역사적 고찰을 통해 오늘날의 의료 현장에 비추어 보고자 한 최지희의 「동아시아 의사 · 환자 관계의 역사와 주체성의 회복」 총 6편이 2부를 구성하고 있습니다.

이러한 논의들을 통하여 학술총서 『의료인문학 2.0 - 더 나은 미래를 위하여』가 진정한 의미에서의 '더 나은 미래', 즉 의료인문학은 물론이려니와 우리의 의료 현실에 대하여 오늘보다 나은 내일을 모색할 수 있는 발전적인 담론을 형성해나갈 수 있기를 바랍니다. 아울러서 이번 총서는 물론이려니와 우리 HK+통합의료인문학연구단을 위해 힘써 주신 여러 선생님들께 이 자리를 빌려 감사의 인사를 전합니다.

경희대학교 HK+통합의료인문학연구단

의료인문학 2.0

1부   인문학이 바라보는 '좋은 의료'

2부 의료인문학 3.0을 바라보며

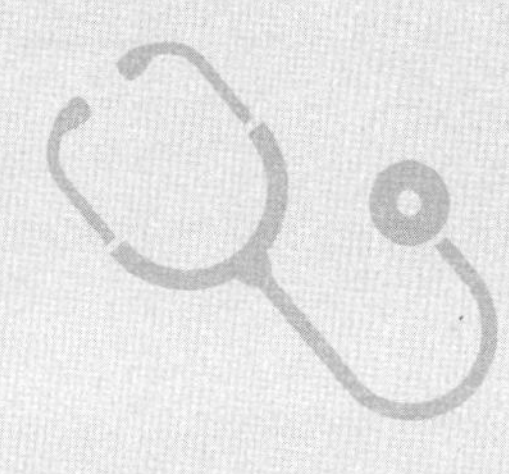

통합의료인문학의 정립을 위하여[*]

박윤재

경희대학교 사학과 교수, HK+통합의료인문학연구단 단장

---

[*] 이 글은 박윤재, 「인문학 기반의 의료인문학을 위한 하나의 시도 - 경희대 HK+통합의료인문학연구단의 연구활동을 중심으로」(『의료사회사연구』 16, 2025.10)를 바탕으로 수정, 보완한 것임을 밝힌다.

1. 서론

1960~1970년대 미국의 의과대학에서 형성된 의료인문학은 1990년대에 접어들면서 한국에 수용되기 시작했다. 예외적인 곳을 제외하면, 한국의 의과대학에 의료인문학 관련 교실이 생기기 시작한 시기는 1990년대였다.[1] 의료의 비인간화에 대한 우려, 고령화로 인한 만성 질환의 증가 등은 의료인문학이 성장하는 요인이었다. 2000년 의사 파업은 하나의 동력이었다. 의과대학은 "'특별한' 고급 인재이자 전문 직업인"으로서 의사의 정체성을 만들어 주기 위해 의료인문학을 활용했다.[2]

의과대학에 대한 인증평가는 의료인문학이 확산하는 계기였다. 2003년 한국의학교육평가원이 설립되면서 의료인문학은 "건강과 관련된 의료 지식 외에 다양한 지식과 기술을 갖추어야 한다."는 목적 아래 의과대학 평가인증 기준에 반영되기 시작했다.[3] 2010년에는 그 반영을 통해 의과대학의 교육과정이 기초의학, 임상의학, 의료인문학의 세 영역으로 나뉘게 되

---

1 황임경, 『의료인문학이란 무엇인가?』, 동아시아, 2021, 27쪽, 33쪽.
2 최은경, 「새로운 의료인문학(들)과 한국 의료인문학의 자리」, 『의철학연구』 36, 2023, 123쪽, 130쪽.
3 권복규, 「의학교육에서 의료인문학의 가치」, 『의사학』 31-3, 2022, 509쪽.

었다.[4] 이렇게 의료인문학은 의과대학을 중심으로 성장해 나갔다. 이 글에서는 이렇게 성장한 의료인문학을 전통의료인문학이라 지칭하고자 한다. 의과대학 중심의 의료인문학이다.

그동안 전통의료인문학이 거둔 성과는 적지 않다. 의료문학, 의사학, 의철학이라는 학문 분야가 성립되었고, 질병이 아닌 환자에 대한 관심을 높였다. 하지만 그 정체성은 여전히 정립 중에 있다. 각 의과대학에 설립된 관련 교실의 이름이 다양한 것이 그 예이다. 강원대는 의료인문학교실, 경희대는 의인문학교실, 서울대는 인문의학교실, 연세대는 인문사회의학교실이다.[5] 단순한 번역의 차이일 수도 있지만, 의료인문학에 대한 이해의 차이가 낳은 결과일 수도 있다. 전통의료인문학은 앞으로 설명할 통합의료인문학이 그렇듯이 성장해 가는 학문이다.

나아가, 비판적으로 접근하자면, 전통의료인문학에서 인문학은 의료를 위한 인문학, 구체적으로 의과대학의 교육을 위한 인문학, 효율적 치료를 위한 보완 도구로서의 성격이 강했다. 전통의료인문학의 목표와 지향은 다음과 같은 의료사에 대한 설명과 일치한다. "의료사는 의사들을 교육하기 위한 도구적 성격을 띠어 과학사나 질병의 역사, 위대한 의사들의 전기를 주요 주제로 삼았다."[6] 의료사는 성장하고 있었지만, 의과대학에서 활용되는 의료사는 좋은 의사 만들기라는 교육 목표에 종속되어 있었다.

그 목표가 지니는 구심력은 강했다. 강한 구심력의 예로 의철학과 의료

---

4   김택중, 「미국 의료시스템과학 교육의 한국 도입과 그 비판」, 『의사학』 31-3, 2022, 536쪽.
5   경희대 인문학연구원 HK+통합의료인문학연구단, 「프롤로그」, 『통합의료인문학강의 - 인간과 질병』, 모시는사람들, 2022, 6-7쪽.
6   이상덕, 「영미 의료사의 연구동향 - 1990-2019」, 『역사학연구』 77, 2020, 52쪽.

윤리의 관계를 지목할 수 있다. 좋은 의사 만들기라는 목표가 선명할수록 철학은 의철학이 아닌 의료윤리, 즉 임상의 현장에서 필요한 학문으로 활용될 가능성이 높았다. 의료윤리를 '인문사회의학 교육과정의 중심 과목'으로 인정하는 평가가 있을 정도였다.[7] 의료윤리는 현실적으로·실천적으로·임상적으로 필요하고, 중요하다. 하지만 철학은 윤리의 차원을 포괄하며 넘어서는 학문이다. 그 자체의 고유한 가치를 유지하며 근본적인 질문을 제기하고 답하고 성장해야 한다. 의료를 소재로 활용한다면, 철학은 의철학으로 자리 잡아야 한다. 하지만 전통의료인문학에서 활용은 그렇지 않았다.

그동안 전통의료인문학에 변화를 가하려는 노력이 있었다. 의료인문학 교육과 연구에 참여한 인문학자들 사이에서 나타난 노력이었다. 2006년 철학 분야에서 한국의철학회가 창립되었고, 2012년 역사 분야에서 의료역사연구회가 창립되었다. 의료역사연구회의 창립은 '의료를 사회를 구성하는 하나의 요소로 이해'하려는 시도였고, '의료사를 소비자의 입장에서 접근'하고자 하는 도전이었으며, 나아가 "의료사를 역사학의 한 분야로 자리매김해야 한다."는 목적의식이 있었다.[8] 이 글에서는 의료인문학을 인문학 기반의 학문으로 위치시키려는 노력을 통합의료인문학이라 칭하고자 한다.

그 목적을 살펴보면, 우선 통합의료인문학은 인문학의 과거 본령을 복

---

7   맹광호, 「우리나라 의과대학에서의 인문사회의학교육-과제와 전망」, 『한국의학교육』 19-1, 2007, 6쪽.
8   박윤재, 「발간사」, 『의료사회사연구』 1, 2018, 3-4쪽.

원하려는 노력이다. 그 노력은 '인간 중심 가치 탐구에 소홀하게 된 오늘날의 인문학으로 하여금 의료와의 접목을 통해서 인문학의 본령을 회복'하고자 하는 목표 아래 이루어질 수 있다.[9] 종합 학문을 구가하던 중세의 인문학자들은 근대에 접어들어 전문화라는 이름 아래 분리되어 나갔다. 인문학은 문학·사학·철학으로 분화되었고, 지식인은 전문가가 되었다. 그 결과 중 하나는 파편화이다. 인문학은 분화된 전문 영역에 자족하는 가운데 자신의 궁극적 가치를 상실해 가고 있는지 모른다. 마치 의료가 전문화되면서 세부적인 전공 분야로 분산되었듯이 인문학도 마찬가지의 모습을 보였는지 모른다. 그렇다면, 전통의료인문학이 전문화·세분화된 의료를 비판하듯이, 통합의료인문학은 분화된 인문학을 비판하고 과거의 본령을 복원하려는 노력이라고 할 수 있다.

다음으로 통합의료인문학은 인문학의 현재 과제를 제시하려는 노력이다. 인문학 본연의 가치를 추구한다는 점에서 의료는 좋은 소재가 될 수 있다. 병든 인간에 대한 고찰, 치료를 위한 삶의 질 모색은 기본적으로 인문학적 가치를 구현한다는 점에서,[10] 인간학으로 인문학을 성숙시키는 데 기여할 수 있다. 나아가 '인간과 생명, 인간의 생로병사에 대한 성찰은 의학만이 아니라 인문학 본연의 연구 주제'이다. 예를 들면, "생명이란 무엇인가?"라는 질문은 '철학의 전통적인 문제'이다. 그렇다면, 생명에 대한 탐

---

9   경희대 인문학연구원, 「2019년 HK+사업 국가전략/융복합 연구계획서 「1유형」」, 2019, 14쪽.

10   권상옥, 「의료 인문학의 개념과 의학교육에서의 역할」, 『한국의학교육』 17-3, 2005, 222쪽.; 권상옥, 「의료 인문학의 성격과 전망」, 『의철학연구』 5, 2008, 12쪽.

구를 '생명체의 고유한 특성인 질병'에서 시작하는 것이 가능하다.[11] 생명에 대한 탐구를 과학과 의료에 의존했던 과거를 반성하고, 인문학이 의료라는 구체적 소재를 통해 생명에 관한 문제를 연구할 수 있는 것이다. 그렇다면, 통합의료인문학은 의료라는 소재를 통해 "인문학이란 무엇이고, 무엇이어야 하는가?"라는 질문을 스스로에게 던지며 자신을 성찰하는 학문이라고 할 수 있다.[12]

나아가 통합의료인문학은 인문학의 미래를 기획하려는 노력이다. 현대를 사는 우리의 삶은 의료와 분리될 수 없는 관계를 맺고 있다. 우리는 병원에서 태어나 병원에 다니다가 병원에서 죽는다. 이렇게 의료가 "현대인의 삶에서 갈수록 큰 비중을 차지해 가는 지금, 인문학은 그 어느 때보다 의료 현장에서 인간 중심 가치가 실현되도록 이끌 책임이 있다."고 할 수 있다. 그 책임을 구현하려는 노력은 현실의 의료에 도움을 줄 수 있을 것이다. 전통의료인문학이 의료 현장 내에서의 의사-환자 관계에 천착했다면 통합의료인문학은 의료 현장을 넘어서 의료-대중 또는 의료-사회 관계에도 집중하고자 했고,[13] 따라서 질병 유형이 급성에서 만성으로 전환하는 현재의 의료에 시사점을 줄 수 있는 것이다. 나아가 좋은 의사와 좋은 환자라는 일면적 요구를 넘어 그들을 포괄하는 좋은 사회에 대한 기획을 가능하게 할 것이다.

---

11   조태구, 「철학과 의철학 교육」, 『의철학연구』 37, 2024, 84쪽.
12   경희대 인문학연구원 HK+통합의료인문학연구단, 「프롤로그」, 『통합의료인문학강의 - 인간과 질병』, 모시는사람들, 2022, 18쪽.
13   경희대 인문학연구원, 「2019년 HK+사업 국가전략/융복합 연구계획서 「1유형」」, 2019, 5쪽, 45쪽, 47쪽.

이 글은 경희대 HK+통합의료인문학연구단(이하 연구단)이 2019년 5월 출범한 이후 2025년 4월까지 진행한 6년 동안의 연구 활동을 개괄하면서 인문학 기반의 의료인문학이 무엇을 성취했는지 정리하고, 나아가 무엇을 해야 하는지에 대한 고민의 단초를 제공하는 데 목적이 있다. 한국에서 인문학 기반의 의료인문학 활동을 진행하고 있는 곳은 경희대를 제외하면 고려대 한 곳에 불과하다.[14] 즉, 인문학 기반의 의료인문학은 아직 신생아에 불과하다. 이 글은 그 아이의 앞길을 개척하고 강화하는 데 도움을 줄 수 있을 것이다. 나아가 지금까지 의료인문학이 의료와 인문학의 융복합 학문임에도 불구하고 의과대학 중심으로 활용되었다면, 균형적인 융복합을 위한 하나의 시도로서 의미를 지닐 수 있을 것이다.

2. HK+통합의료인문학연구단의 출범과 단계별 활동

연구단은 통합의료인문학이라는 지향을 구현하기 위해 1년 차에 '기존의 의료문학·의사학·의철학 연구방법론의 현황과 한계를 각각 조사, 분석한 후 학제 간 교차 검증'한다는 목표를 세웠다.[15] 그 결과는 4권의 책으로 묶여 나왔다. 각 학문 분과의 연구 성과를 정리한 『의료문학의 현황과 과제』, 『의료사 연구의 현황과 과제』, 『의철학 연구: 동서양의 질병관과

---

14   공혜정, 「의료인문학의 지평 확대 - 인문학을 기반한 의료인문학 융·복합 교육 프로그램 개발 사례」, 『인문학연구』, 경희대학교 인문학연구원 38, 2018.

15   경희대 인문학연구원, 「2019년 HK+사업 국가전략/융복합 연구계획서 「1유형」」, 2019, 40쪽.

그 경계』, 『의철학과 의료윤리 연구의 현황과 과제』이다.[16] 역사학에서 정기적으로 선행 연구에 대한 정리와 비판적 검토가 이루어지는 반면 문학이나 철학의 경우 상대적으로 그런 노력이 적다. 따라서 4권은 의료인문학의 입문서로서 의미를 지닐 수 있다. 『의학사의 새 물결』 역시, 의료사에 제한되기는 하지만, 2004년 서양에서 이루어진 연구사 정리를 번역했다는 점에서 앞의 4권과 궤를 같이한다.[17]

연구단은 각 학문 분과의 연구사 정리를 마친 이후 통합을 위한 노력을 시작했다. 전통의료인문학이 의료계의 요구에 따라 인문학의 분과 학문을 개별적·분할적으로 이용하고 있다는 문제의식 때문이었다.

전통의료인문학은 인문학을 개별적으로 이용했다. 문학, 사학, 철학을 의료의 목적에 개별적으로 활용한 것이다. 인간에 대한 종합적인 탐색이 아니라 분과 학문을 실용적 필요에 따라 개별적으로 활용했다. 통합의료인문학은 인문학의 통합, 나아가 의료와 통합을 지향한다.[18]

연구단은 인문학 기반의 의료인문학을 형성하기 위해 범주에서 차별성을 가질 필요가 있다고 판단했다. 전통의료인문학에서는 의료인문학을

---

16   김양진 외, 『의료문학의 현황과 과제』, 모시는사람들, 2020. 김대기 외, 『의료사 연구의 현황과 과제』, 모시는사람들, 2021.; 김준혁 외, 『의철학 연구: 동서양의 질병관과 그 경계』, 모시는사람들, 2022.; 김세희 외, 『의철학과 의료윤리 연구의 현황과 과제』, 모시는사람들, 2022.

17   프랭크 하위스만 외 편저, 『의학사의 새 물결』, 모시는사람들, 2022.

18   경희대 인문학연구원 HK+통합의료인문학연구단, 「프롤로그」, 『통합의료인문학강의 - 인간과 질병』, 모시는사람들, 2022, 16쪽.

증상, 진단, 치료, 예후로 구분하는 경우가 있었다.[19] 의료에 집중한 구분 방식이었다. 연구단은 대안을 찾고자 했다. 결론은 생로병사였다. 구체적으로 생명과 탄생, 성장과 노화, 질병과 고통, 죽어감과 죽음은 인간의 삶을 구성하는 기본 과정이라는 점에서, 즉 의료를 넘어선 삶의 과정이라는 점에서 통합의료인문학의 범주가 될 수 있다고 판단했다.[20]

시작은 2년 차였다. 연구 방식은 생로병사에 대한 문학·사학·철학의 공동·교차 연구, 즉 인문학 학제 간 연구를 진행하고자 했다. 예를 들면, '환자에 대한 의사의 공감 능력을 확보하기 위해 의료문학에서만 환자 서사를 연구'했다면, 연구단은 "'질병과 고통'이라는 통합의료인문학의 새로운 틀 속에서 환자 서사를 채집·정리한 후, 그 배후에 있는 질병관과 인과론 등의 문제를 철학적으로 고찰하고, 해당 질병을 통사적으로 검토하는 연구를 유기적으로 통합해서 진행"하고자 했다. 연구의 목적도 인간 가치에 두었다. '생로병사와 관련된 의료에 대해 기술이 아니라 인간 중심의 가치 관점에서, 인간다움(자유·평등·행복·좋은 삶·생명의 존엄성·인권·정의·책임·공감·배려 등)의 가치 관점에서 성찰'하고자 했다.[21]

연구단은 공동 연구를 위해 소속 연구교수 12명을 3개 주제 팀으로 나누었다. 생로, 병 그리고 사였다. 12명을 4개 팀으로 나누는 것, 즉 각 팀에 3명의 연구교수가 활동하는 것은 수적으로 적다고 판단했고, 자원을

---

19 Martyn Evans et al., *Medical Humanities Companion*, Oxford: Radcliffe Pub., 2008.

20 경희대 인문학연구원 HK+통합의료인문학연구단, 「프롤로그」, 『통합의료인문학강의 - 인간과 질병』, 모시는사람들, 2022, 16-17쪽.

21 경희대 인문학연구원, 「2019년 HK+사업 국가전략/융복합 연구계획서 1유형」, 2019, 12쪽, 22-23쪽, 45쪽.

받은 결과 상대적으로 참여가 적었던 생과 노를 합쳐 생로 팀을 만들었다. 팀 분류 후 문학·사학·철학 전공자를 적어도 한 명씩 각 팀에 소속시켰고, 일반 연구원은 자신의 관심사에 따라 팀에 참여했다. 이후 각 팀이 중심이 되어 학술대회를 준비하고, 개최하도록 요청했다. 학술대회에서 발표된 글은 학술지에 투고했고, 게재가 되면 그 글을 보완하여 연구단의 총서로 발행했다.

연구단은 4년 차인 2단계에 접어들어 좋은 의료 만들기로 목표를 구체화했다. 통합의료인문학의 목표, 즉 분할적으로 연구·교육되어 온 의료 문학, 의사학, 의철학을 유기적으로 결합한다는 목표를 장기적 과제로 연기한 것이었다. 의료를 소재로 활용하면서 공동 연구를 추진했음에도 불구하고 연구나 실천이 개별화하고 있었기 때문이다. 변화가 필요했다. 집중을 위한 변화였다. 좋은 의료 만들기는 소재의 접근성이나 결과의 구체성에서 집중을 위한 구심점이 될 수 있었다.

나아가 통합의료인문학이라는 개념에 대한 문제제기가 이루어질 수 있다는 우려가 있었다. 인문학 연구에 의료를 소재로 활용한다는 방법은 알겠지만, 그 통합적 내용과 방향이 무엇이냐는 문제제기가 있을 수 있었다.[22] 남은 4년이라는 연구 기간 동안 그 문제제기에 대한 풍부하고 명료한 대답을 만들기는 쉽지 않았다. 따라서 최종적인 연구의 목표를 '좋은 의료 만들기'에 대한 고민을 담아 '통합의료인문학의 종합을 통한 미래적 인간 가치'를 제시하는 것으로 재조정했다.[23]

22 　박윤재·박성호, 「HK+연구단 2단계 추진계획」(내부 보고서), 2022, 1쪽.
23 　경희대 HK+통합의료인문학연구단, 「『인문한국플러스(HK+)지원사업』 2단계 2차년도

잠정적으로 좋은 의료란 '지금보다 환자가 의료 현장에서 더 주체적인 모습을 보이고, 일상에서 자신의 몸에 맞는 신체적 규범을 만들며, 나아가 치료를 넘어 건강을 추구하는 것'으로 정의했다.[24] 그렇다면, 인문학이 '능동적인 소비자 · 환자를 만들기 위해 … 어떤 기여를 할 수 있을지', '의료 현장에 대한 이해를 전제로 의료에서 소비자 · 환자가 적극적인 역할과 비중을 차지할 수 있을지'에 대해 고민이 필요하다는 점을 확인했다.[25] 통합의료인문학에 이르는 중간 기착점으로 좋은 의료 만들기를 제시하고, 그 성과를 바탕으로 통합의료인문학을 위한 재도전을 모색한 것이었다. 전통의료인문학이 의료인, 그중에서 의사에게 집중했다면, 통합의료인문학은 소비자 · 환자의 비중을 높인 것이었다.

3. 연구단의 연구 활동과 성과

1) 지향으로 생로병사와 질병에 집중된 연구

연구단은 6년 동안 160편에 가까운 연구논문을 출간했다. 그 논문들을 생로병사라는 구분에 따라 정리하면, 상대적으로 병, 즉 질병에 대한 연구가 많았다. 출산과 노화, 죽음에 대한 연구가 상대적으로 적었다. 그 이

연차보고서」(5차년도 보고서), 2024, 88쪽.
24 박윤재, 「머리말」, 『통합의료인문학 강의 - 의료와 사회』, 모시는사람들, 2024, 6쪽.
25 박윤재 · 박성호, 「HK+연구단 2단계 추진계획」(내부 보고서), 2022, 1-2쪽.

유는 한국 사회의 변화와 연관이 있을 것이다. 한국의 경우 출산과 죽음이 의료의 대상이 된 시기, 즉 병원에서 본격적으로 아이를 낳고 자신의 삶을 마감하기 시작한 시기는 20세기 후반에 접어들어서였다. 고령화사회라는 용어가 제기되기 시작한 이후 본격적으로 노화에 관심을 갖게 되었다. 학문은 일정한 자료의 축적을 전제로 이루어지는데, 출산·노화·죽음은 문제의식의 구체성과 현실성에 비해 연구를 위한 기반 축적이 충분히 이루어지지 않았던 것이다.

생(生), 즉 생명과 탄생의 경우 출산 의례에 대한 분석을 통해 건강한 출산 문화를 고민한 연구,[26] 프랑스 베이비붐 시기에 일어난 라마즈 분만법에 대한 연구,[27] 상업적 대리출산의 상품화 문제를 고찰한 연구가 이루어졌다.[28] 청말 민국 시기에 형성된 산파의 이미지에 대한 연구는 전통에서 근대로의 변화를 서술하고, 나아가 근대가 지닌 폭력적인 일방성을 비판

---

26 다음 연구는 '출산 관련 설화를 통해 임신에 대한 불안과 난산의 고통, 임신 주체인 산모가 소외되는 문제는 과거부터 현재까지 지속되고 있음을 확인'했다. 염원희, 「출산 관련 설화의 양상과 의미」, 『돈암어문학』 38, 2020, 109-110쪽. 다음 연구는 '출산의례의 과거와 현재를 통해 한국 출산문화를 이해하고 보편적 출산문화 형성에 기여'하고자 했다. 염원희, 「보편적 출산문화 정립을 위한 전통 출산의례 이해와 현대적 변용 고찰」, 『국제어문』 88, 2021, 329쪽.

27 이 연구는 베이비붐 시기 프랑스에서 일어난 라마즈 분만법의 성장과 쇠퇴 과정을 고찰함으로써 '출산에 관한 사회적 인식의 변화와 여성의 자기결정권 확대'를 확인했다. 민유기, 「베이비붐 시기 프랑스의 라마즈 분만법 확산과 쇠퇴 -의료인문학의 시각-」, 『서양사론』 145, 2020, 44쪽.

28 이 연구는 상업적 대리출산의 상품화 문제를 고찰하면서 미래에 다가올 "인공자궁 출산은 모체를 통한 출산과 동등한 건강한 삶의 영위가 가능하도록 최대한 높은 목표를 설정하여 개발이 이루어져야만 한다."고 지적하고 있다. 김현수, 「상업적 대리출산의 상품화 문제에 대한 철학적 고찰」, 『문화와 융합』 43-2, 2021, 923쪽.

했다.[29]

노(老), 즉 성장과 노화의 경우 간병 소설을 분석하여 간병 역시 환자의 질병 못지않은 고통임을 지적한 연구,[30] 노인에 대한 전문적 의료 돌봄의 역사와 전망을 모색한 연구 등이 진행되었다.[31] 한국이 고령화사회를 넘어 초고령화사회에 접어들었고, 의료가 포괄하는 범위도 넓어지고 있는 만큼 노화에 대한 연구는 현실의 의료 문제를 직접 다루며 이루어지고 있다.

사(死), 즉 죽어감과 죽음의 경우 1912년에 발포된 「묘지규칙」에 대한 연구,[32] 프랑스에서 진행된 안락사 논의를 소개한 연구가 이루어졌다.[33] 죽음에 대한 논문 형식의 연구 성과는 적지만, 연구단은 '어떤 죽음'이라

---

29 최지희 외, 「중국 명청-민국시대 산파의 이미지 형성과 변화」, 『인문학연구』 53. 경희대 인문학연구원, 2022.

30 이 연구는 간병 소설을 통해 '간병 역시 환자의 질병 못지않은 고통'이고, '고통으로부터 분리된 채로 행할 수 있는 것이 아니'며, 따라서 "그것을 이해하고 받아들이는 데에서 출발할 필요가 있다."고 주장하고 있다. 최성민, 「노인 간병과 서사적 상상력 - 한국과 일본의 간병 소설을 통하여」, 『비교한국학』 29-2, 2021, 79-80쪽.

31 이 연구는 '전문적 의료 돌봄이 어떻게 시작되었고 정착되었는지, 그럼에도 불구하고 가족 돌봄이 불가피했던 노년 간병의 현실에 대하여 살펴'보고 있다. 최성민, 「노인 돌봄과 간호 문제의 역사와 전망」, 『Oughtopia(오토피아)』 36-3, 2022, 204쪽.

32 이 연구는 1912년 발포된 새로운 제도인 「묘지규칙」이 조선시대의 '삶과 죽음이 연결되어 있는 관념으로서의 역할을 통해 산 자와 죽은 자의 연대를 도모'했던 '관념과 문화를 배제하고, 묘지를 통한 산 자와 죽은 자의 해체를 시도했으며, 묘지의 물리적 토지 이용만을 핵심 기제로 설정'했음을 밝혔다. 이향아, 「만세전 - 1919년 '만세'운동 이전 '묘지규칙'의 제도화 과정」, 『사회와 역사』 125, 2020, 178쪽.

33 이 연구는 "프랑스에서의 안락사 도입이 단순히 죽을 권리를 위한 것이 아니라 '고통 없이' 죽을 권리를 위해 추진"되고 있으며, "문제는 이 '견딜 수 없다'는 판단이 무엇에 대해 이루어질 것인가 하는 점"임을 지적하고 있다. 조태구, 「고통 없이 죽을 권리를 위하여 - 프랑스의 안락사 논의」, 『한국의료윤리학회지』 26-2, 2023, 83쪽.

는 이름 아래 2022년부터 매년 연예인편, 문학 속 인물편, 철학자편, 재난 편으로 구성된 4권의 문고판 서적을 출간하고 있다.[34] 죽음을 통해 '삶에 대해, 우리 사회에 대해, 그리고 우리 사회의 제도에 대해 성찰하는 기회' 를 만들고자 한 노력이었다.[35]

병(病), 즉 질병의 경우 위에서 지적했듯이 연구단에서 출간한 논문 중 다수를 차지했다. 질병이 지닌 특성 때문일 것이다. 질병은 한 개인의 온 전함을 파괴하며 고통을 주지만,[36] 그 고통은 '인간의 더 나은 삶에 관한 고 찰'로 이어질 수 있다는 점에서 분석의 대상이 될 수밖에 없다.[37] 나아가 질병은 개인과 사회 모두를 포괄하여 영향을 미친다. 질병에 걸려 아플 때 한 개인의 숨겨진 성격이 나타나듯이 질병은 한 사회의 잠재된 속성을 보 여주는데 좋은 소재이다. 연구는 질병 개념에 관한 것들인데,[38] 구체적 질

34　이상덕 외, 『어떤 죽음』, 모시는사람들, 2022.; 최성민 외, 『어떤 죽음』 2, 모시는사람들, 2023.; 김영욱 외, 『어떤 죽음』 3, 모시는사람들, 2024.; 김승래 외, 『어떤 죽음』 4, 모시 는사람들, 2025.

35　최성민, 「서문」, 『어떤 죽음』, 모시는사람들, 2022, 7쪽.

36　김현수, 「고통받는 환자의 온전성 위협과 연민의 덕」, 『의철학연구』 30, 2020, 3쪽.

37　최우석, 「현상학과 질병 - 현상학적 질병 이해의 필요성에 관한 서론적 논의」, 『대동철 학』 104, 2023, 362쪽.

38　다음 연구는 '모든 이데올로기로부터 질병 개념을 벗겨내려는 부어스의 노력은 사실에 대한 인위적인 변경을 요한다는 점에서 이데올로기적'이며, 따라서 '반이데올로기적 이 데올로기'라고 주장하고 있다. 조태구, 「반이데올로기적 이데올로기 - 의철학 가능성 논 쟁」, 『철학』 142, 2020, 202쪽. 다음 연구는 '생물학적 기능과 통계를 이용하여 질병과 건 강을 규정함으로써 그것들을 가치-독립적인 개념으로 제시하려는 부어스의 자연주의 적 관점'과 '질병을 인간의 정신적 혹은 신체적 이상을 진단하고 예후하고 치료하기 위 한 실용적(pragmatic) 개념으로 제시하는 한편, 건강을 의학이라는 인간적 행위를 통제 하는 규제적 이념(regulative ideal)으로 규정'하는 엥겔하르트의 규범주의적 관점을 소 개하고 있다. 조태구, 「질병과 건강 - 자연주의와 규범주의 - 부어스와 엥겔하르트를 중 심으로」, 『인문학연구』 46, 경희대학교 인문학연구원, 2021, 181-182쪽. 다음 연구는 '질

병으로 결핵[39] · 두창[40] · 자폐증[41] · 장티푸스[42] · 정신 질환[43] · 화병에 대

<hr>

    병이 사회적으로 은유되는 메커니즘을 이해하는 노력이 필요'하고, "'질병의 은유'를 때 때로 폭로하고, 때로는 활용하는 태도가 요구된다."고 주장하고 있다. 최성민, 「질병의 낭만과 공포 - 은유로서의 질병」, 『문학치료연구』 54, 2020, 337-338쪽.

[39] 다음 연구는 '20세기 전환기 파리에서의 결핵 퇴치 운동과 관련된 공중보건 정책 발전의 역사적 의미를 분석'하고 있다. 민유기, 「파리의 공중보건 활동과 결핵 퇴치 운동 (1889-1919)」, 『도시연구 - 역사 사회 문화』 28, 2021, 65쪽.

[40] 다음 연구는 근대 상하이의 경우 우두법의 확대에서 조계와 화계의 지역적 차이가 나타났으며, 그 차이는 "인두법을 금지하고 우두법 일원화를 추진하던 조계와는 달리 화계에서는 전통적인 방식이 여전히 강하게 남아 있었다."는 점에서도 찾을 수 있다고 주장하고 있다. 조정은, 「근대 상하이 공공조계 우두 접종과 거주민의 반응 - 지역적 · 문화적 비교를 중심으로」, 『의사학』 29-1, 2020, 156-158쪽. 다음 연구는 청말 의료선교사들이 '우두법의 확대를 위해 한편으로는 인두를 비판하고, 한편으로는 전통적 관념을 이용'한 동시에 '의료선교사와 중국인 사이에는 좁히기 힘든 지식과 이해의 차이가 존재'했음을 밝히고 있다. 조정은, 「청말 의료선교사가 본 두창 유행과 종두법」, 『명청사연구』 56, 2021, 474쪽.

[41] 다음 연구는 "어머니로서 자녀의 어떤 특징을 자폐증의 증상으로 발견하는 과정은, '엄마임에도 불구하고' 자녀를 있는 그대로 사랑하지 못하고 문제시한다는 점에서 어머니로서의 정체성을 훼손시킨다."고 주장한다. 장하원, 「지적, 정서적 실천으로서의 어머니 노릇 - 자폐증을 지닌 아동을 돌보는 어머니의 경험을 중심으로」, 『아시아여성연구』 60-1, 2021, 274쪽.

[42] 다음 연구는 조중환의 번안 소설에서 장티푸스가 세균에 의해 발병한다는 서양의학의 질병관에 입각한 확진을 넘어 '근대 이전의 열병 개념과도 혼재된 상태로 남아 있었다는 점'을 지적하며 '문학은 여전히 질병 사이의 느슨한 연접을 통해서 이와 관련된 의미망을 확보해 나갔'음을 밝히고 있다. 박성호, 「조중환의 번안소설과 열병의 상상력 ─ 장티푸스의 변주와 형상화를 중심으로」, 『현대소설연구』 93, 2024, 116-117쪽.

[43] 다음 연구는 '이민 아동과 이들이 겪은 정신적 문제의 연구를 통해, 제한적인 이민 조치가 힘을 얻고 내부와 외부의 경계가 공고해졌던 20세기 초의 미국 사회는 물론 여러 소외 계층의 경험을 이해'하고자 한다. Shin Ji-hye, 「Immigrant Children and Mental Disability in America, 1907-1927」, 『미국사연구』 30, 2020, p.126. 다음 연구는 20세기 초 '미국 사회에서 인디언의 정신 질환과 모빌리티 담론이 긴밀하게 연결되어 있었'으며, 그 결과 인디언의 모빌리티의 통제가 요구되었음을 밝히고 있다. 신지혜, 「모빌리티와 정신질환 - 20세기 초 사우스다코타주의 캔튼 인디언 정신병원과 '정신이상' 인디언」, 『사림』 75, 2021, 471쪽. 다음 연구는 1900~1910년대 지식 계층이 신경쇠약 개념을 '해소되어야 하는 부정적 상태를 나타내는 것이 아니라 남들과는 다른 시선에서 사

한 분석으로 이어졌다.[44]

미국에서 한센병 환자를 어떻게 취급했는지 분석한 연구의 경우 '스칸디나비아 출신 이민자가 미국 사회의 일원으로 동화되고, 다른 이민자 집단의 나병이 부각되면서 나병의 스티그마는 점차 비백인 타자로 옮겨 갔'음을 지적했다.[45] 한센병을 통해 차별의 이동 경로를 구체적으로 보여준 것이다. 이처럼 질병은 그 사회가 숨기고 있는 중요한 본질을 보여준다. 그 본질 중 하나인 질병과 인종 이해 혹은 차별에 대한 연구는 계속 이어졌다.[46]

회를 조망하고 비판적 의식을 확보할 수 있는 독보적 존재임을 드러내는 긍정적 징표로 전환'시켰음을 지적하고 있다. 박성호, 「1900~1910년대 지식계층의 신경쇠약 개념에 대한 수용과 전유」, 『Journal of Korean Culture』 53, 2021, 231쪽. 다음 연구는 '번안소설의 신경쇠약은 많은 부분에서 신소설의 화병이 지닌 요소를 계승'하지만, "신소설의 화병과 달리 번안 소설의 신경쇠약은 치유를 통해 갱생에 도달한다."는 점을 지적했다. 나아가 정신 질환을 치료하는 방식으로 의료보다 '죄책감과 원망을 풀어 줄 대상, 즉 남성 인물의 진단과 용서'를 지적함으로써 전통의료인문학과 그 지향을 공유하고 있다. 박성호, 「《매일신보》소재 번안 소설 속 여성 인물의 신경쇠약과 화병의 재배치」, 『어문논집』 89, 2020, 265쪽.

44 다음 연구는 국문 장편소설의 인물들이 겪는 갈등과 질병을 통해 "한국의 '문화 연계 증후군'인 화병을 이해"하고, 그 치유를 당시 의학론인 유교적 도덕론과 연관시켜 고찰하고 있다. 염원희, 「국문 장편소설 인물들의 갈등과 화병(火病), 치유의 문제」, 『한국민족문화』 76, 2020, 75-76쪽. 다음 연구는 '신소설에서의 화병은 여타의 병이나 일반적인 광기와는 달리 정절과 같은 신소설이 긍정하는 가치를 대변하는 질환으로 의미화된다는 데 특징'이 있음을 밝히고 있다. 박성호, 「신소설 속 여성인물의 정신질환 연구 - 화병(火病)을 중심으로」, 『Journal of Korean Culture』 49, 2020, 169-170쪽.

45 신지혜, 「19세기 미국의 나병과 이민자」, 『호모미그란스』 23, 2020, 65쪽.

46 다음 연구는 19세기에서 20세기에 걸쳐 미국 사회에 나타난 몽고증의 역사를 분석하여 '과학과 의학의 현상을 설명하는 데 의료 전문가와 미국 대중의 보편적인 인종적 이해관계가 중요한 역할을 했음'을 밝히고 있다. 신지혜, 「몽고증과 미국 사회의 '오리엔트적 상상'」, 『미국학』 44-1, 2021, 73쪽. 다음 연구는 19세기 말 20세기 초 뉴저지에 거주한 정신이상 기혼 여성의 경험을 연구하여 "정신이상이었든 아니든 기혼 여성의 광

질병의 구성적 측면을 강조한 연구도 출간되었다. 자폐증이 소재였다. 이 연구는 자폐증이 '진단과 그 전후의 사건들을 거치며 이질적인 행위자들 사이에 맺어지는 관계들에 의존하며 매 순간 새롭게 성취'된다고 지적했다.[47] 질병이 구성된다는 점을 인정한다면, 지역적 맥락과 환경은 중요하다. 연구들은 하나의 지식과 기술이 한 곳에서 다른 곳으로 일방적으로 전달되기보다 수용하는 곳의 맥락과 환경에 따라 일정한 가감이나 변형이 있었음을 밝혔다. 그 예는 방역에 대한 지식에 나타났다.[48] 이 외에 청

기는 의지와 관계없이 기나긴 감금을 정당화했고, 이들에게 다양한 형태의 통제 기제를 부과하여 결혼의 행복과 자립을 누릴 권리를 위협했다."고 지적한다. 신지혜, 「결혼, 그리고 트렌턴 뉴저지 주립 정신병원의 여성환자」, 『도시연구 - 역사 · 사회 · 문화』 26, 2021, 113쪽. 다음 연구는 19세기 말, 20세기 초 미국의 정신병을 고찰함으로써 '정신이상은 현대 생활의 고난으로 인해 증가하는 문명의 질병으로 여겨졌'고, 관련 "논쟁은 아시아 이민자들의 비백인, 비미국인 지위를 확고히 하여, 그들을 영원히 외국인으로 만들었다."고 주장한다. Shin Ji-Hye, 「Insanity Is the Price of Modern Civilization - Asian Immigration, Civilization, and "Oriental Psychology" in Modern America」, 『의사학』 30-1, 2021, pp.191-192. 다음 연구는 '한센인에 대한 낙인과 차별이 지역사회에 오랫동안 존재해 온 역사적 과정'을 나주 호혜원을 중심으로 한센인 정착촌의 형성과 그들의 삶'을 통해 파악했다. 김종철 외, 「나주(羅州)의 버려진 땅, 낙인과 차별의 공간 - 호혜원(互惠園) 한센인의 삶과 인권」, 『연세의사학』 26-2, 2023, 267쪽.

47 장하원, 「자폐증 진단의 동역학 - '사회성'에 반응하는 몸들의 출현」, 『과학기술학연구』 21-2, 2021, 205쪽.

48 다음 연구는 중국인들이 콜레라 및 방역에 대한 지식을 얻게 되는 과정에서 '중의학의 지식과 서양의학의 지식이 각축하며 혼합된 형태로 대중에게 전달'되었음을 밝혔다. 최지희, 「청말 민국 초 전염병과 의약시장 - 콜레라 치료제의 생산과 광고를 중심으로」, 『역사와 경계』 124, 2022, 44쪽. 다음 연구는 '중국의 우두 기술은 보편적인 발전 과정을 따라가면서도, 근대 중국이라는 배경의 영향을 받으며 중국에 적응'했음을 밝힘으로써 "우두 기술은 근대 중국 사회를 이해하는 단초를 제공해 줄 수 있다."고 주장한다. 조정은, 「근대 중국 우두(牛痘)의 역사 - 백신 기술과 도구 그리고 현지화」, 『의사학』 32-1, 2023, 26쪽. 다음 연구는 1930년대부터 이어진 '우두의 보편화를 위한 끈질긴 노력'에도 불구하고 중국이 '우두 접종의 보편화라는 목적을 성취'하지 못했음을 지적했다. 조정은, 「우두 접종의 보편화 과정과 그 영향 - 1938-1939년 상하이 두창 대유행을

말기 상하이에서 활용된 약 광고의 경우 '자신들의 의학 전통 안에서 서양 의학과 양약을 이해하고 수용하고자 했던 모습'을 보여주었다. 약이라는 구체적 물질을 통해 전통과 근대의 절충 혹은 혼용을 확인할 수 있는 것이다.[49] 질병에 대한 연구는 자연스럽게 건강에 대한 관심으로 이어질 수밖에 없다. 연구단에서 출간한 건강 관련 연구는 개념과 의미를 천착하고 있다.[50]

병에 대한 연구가 상대적으로 많은 이유 중에 연구단이 출범한 지 반 년 정도 지나 폭발한 코로나19가 있었다. 2020년 모든 대면 활동이 중지된 상황에서 연구단은 코로나19가 만든 새로운 세상을 고찰하기 시작했다. "기존의 아젠다 중에서 '질병'의 주제 영역을 확장하고 코로나19를 중심으로 자료 수집 및 연구를 수행하여, 미증유의 팬데믹 위기에 대한 통합의료인문학적 해석과 대안을 제시"하고자 했다.[51]

코로나19와 관련된 연구단의 최고 성과는 『코로나19 데카메론』 3권이

중심으로」,『의료사회사연구』11, 2023, 64쪽.

49 최지희, 「청 말 중국 사회의 양약(洋藥) 소개와 광고 - 상하이 지역의 약국과 약목(藥目) 을 중심으로」,『역사학연구』93, 2024, 356쪽.

50 다음 연구는 한국 의철학의 건강 개념 연구 동향 검토를 통해 '건강은 성취할 수 있는 완벽한 존재의 상태에 대한 매우 특수한 개념이 아니라, 인류 일반이 성취해야 할 것으로 보편적 개념'이며, '건강 개념이 역동적이며 과정 중에 성취될 수 있음'을 주장한다. 김현수, 「한국 의철학의 건강 개념 연구 동향」,『의철학연구』31, 2021, 37쪽. 다음 연구는 "청 말 민국 시기 '팔단금'에 나타난 변화를 통해 신체 단련의 목적이 개인의 건강과 장수에서 '국민'의 건강, '강한 국민의 신체'에 맞추어지는 모습을 확인"하고자 한다. 최지희, 「근대 중국인의 신체 단련과 국수체조의 형성-팔단금을 중심으로」,『인문학연구』57, 경희대 인문학연구원, 2023, 66쪽.

51 경희대 HK+통합의료인문학연구단, 「〈인문한국플러스(HK+)지원사업〉1단계 단계보고서「II」(3차년도 보고서), 2022, 3쪽.

라고 할 수 있다. 연구단은 2020년 6월 『코로나19 데카메론 - 코로나19가 묻고, 의료인문학이 답하다』를 출간했다.[52] 한국에서 코로나19 확진자가 나온 지 5개월 정도 지난 시점이었다. 연구단 차원의 첫 작품이었고, 한국에서 인문학이 코로나19를 고민하며 쓴 초기의 연구물이었다. 통합의료인문학이라는 아젠다를 가진 연구단에게 코로나19는 예기치 않은 '자극'이었다는 평가도 가능하다. 의료인문학이라는 학문이 필요하고 의미 있다는 사실을 연구단 안팎에 알려 주었기 때문이다.

첫 책을 출간한 지 반년 정도가 지난 2021년 2월 두 번째 책인 『코로나19 데카메론 2 - 코로나 시대 사소하고 깊은 이야기』를 출간했다. 연구단의 누구도 '이렇게 빨리 두 번째 책을 내리라는 예상'은 하지 못하고 있었다. 하지만, 2020년 가을 정도면 일상으로 돌아갈 수 있으리라는 전망을 뒤엎고 코로나19가 '우리의 상상을 넘어 사회를, 세계를 흔들고 있었'다.[53] 코로나19에 대한 고민과 정리는 지속될 수밖에 없었다.

2023년에는 코로나19의 3년을 되돌아보며 갈무리하는 의미에서 『호모 팬데미쿠스, 코로나19 데카메론 3 - 팬데믹 3년의 목소리』를 출간했다. 부제처럼 '다양한 시민들이 경험한 각자의 목소리'를 담았고, 그 다양성은 '의사나 간호사는 물론, 교사, 운동선수, 성악가, 승무원, 종교인, 자영업자, 노동자 등'을 포괄했다.[54] 세 번째 책에 36편의 글을 게재하면서 『코

---

52 경희대학교 인문학연구원 HK+통합의료인문학연구단, 『코로나19 데카메론-코로나19가 묻고, 의료인문학이 답하다』, 모시는 사람들, 2020.
53 경희대학교 인문학연구원 HK+통합의료인문학연구단, 『코로나19 데카메론 2-코로나 시대 사소하고 깊은 이야기』, 모시는 사람들, 2021, 5-6쪽.
54 경희대학교 인문학연구원 HK+통합의료인문학연구단, 『호모 팬데미쿠스, 코로나19 데카메론 3-팬데믹 3년의 목소리』, 모시는사람들, 2023, 6-7쪽.

로나19 데카메론』 시리즈 3권은 그 이름을 빌린 14세기 보카치오의 『데카메론』처럼 모두 100편의 글을 싣게 되었다. 코로나19에 대한 연구는 다방면으로 이루어졌다. 국가의 대응,[55] 방어의 무기로 사용된 마스크와 백신,[56] 사회적 거리두기와 가정폭력,[57] 혐오의 문제,[58] 향후 지향해야 할 가

---

[55] 다음 연구는 '국가가 전염병 위기 이후 사회 발전을 위해 전환 역량을 보여주어야 하는 국면에서 정부는 번번이 실패'했고, 그 이유는 '정부와 여당, 그리고 헤게모니 정치 세력이 민주적 공론화 과정을 무시하거나, 포퓰리즘과 팬덤 정치의 국가-사회 관계의 역관계를 적극적으로 활용'하는 데 있었다고 지적했다. 이동헌 외, 「전염병 위기 관리하기-2020년 한국의 코로나19 전염병 위기와 국가-사회 관계」, 『경제와사회』 129, 2021, 75쪽.

[56] 다음 연구는 "한국에서는 코로나 사태 초기부터 마스크가 개인 보호 도구로 기능할 수 있다는 점이 받아들여졌고, 다양한 마스크 중 보건용 마스크를 생산하고 분배하기 위한 물질적, 제도적 기반이 만들어졌다."는 점을 지적했다. 장하원 외, 「코로나19 시대의 마스크들」, 『비교한국학』 30-1, 2022, 44쪽. 다음 연구는 '과학적 의학을 중시하는 보건 당국의 입장과 일반 대중의 입장 사이에 코로나 백신접종 이상반응의 이해를 둘러싸고 간극이 존재하는 이유를 과학적 의학이 기전이 규명된 것들을 사실로 인정하는 점'에서 찾았다. 김현수, 「코로나19 백신접종 이상반응의 이해를 둘러싼 과학적 의학과 일반 대중 사이의 간극」, 『문화와융합』 44-5, 2022, 786쪽. 다음 연구는 코로나19 백신을 둘러싼 논쟁의 분석을 통해 '우선순위를 정하는 것이 불가피하다면, 취약성과 위험성에 따른 기준은 인류 사회 전체에게 확대되어 적용될 필요'가 있음을 주장했다. 최성민, 「팬데믹의 현재와 백신의 미래」, 『Oughtopia(오토피아)』 36, 2021, 5쪽.

[57] 다음 연구는 '사회적 거리두기로 인해 야기된 가정 내 거리 좁힘 속에서 … 가정폭력의 감소라는 현상'이 나타났음을 지적했다. 조태구, 「코로나19와 가정폭력-사랑을 위한 적절한 거리」, 『인문학연구』 63, 조선대학교 인문학연구원, 2022, 720쪽.

[58] 다음 연구는 좀비를 '환자라기보다는 병원체인 좀비 바이러스와 동일시'하면서 '확진자를 비롯하여 그와 관련된 집단, 인종, 국가를 타자화함으로써 혐오를 감염병에 대응하는 방역 활동으로 합리화하는 사유가 곳곳에서 작동'하고 있음을 지적했다. 박성호, 「좀비 서사의 변주와 감염병의 상상력-신종 감염병에 대한 공포와 혐오의 형상화를 중심으로」, 『현대소설연구』 83, 2021, 341쪽. 다음 연구는 코로나19로 만들어진 새로운 상황에서 혐오에 대한 두 대표적인 관점, 진화심리학적 관점과 사회심리학적 관점이 모두 '공허하거나 심지어 위험'할 수 있음을 지적하며, '한 사람을 고유한 인격을 가진 자유롭고 평등한 개인으로 존중하는 것', 즉 올드 노멀로 돌아가야 한다고 주장한다. 조태구, 「코로나19와 혐오의 시대-'올드 노멀(old normal)'을 꿈꾸며」, 『인문학연구』 60,

치 등이 대상이었다.[59] 나아가 문해력으로 번역되는 리터러시가 코로나19로 만들어진 팬데믹시대에도 필요하다는 지적이 나왔다. 감염자와 사망자라는 숫자가 아니라 그 이면에 감춰진생명과사람,고통,아픔,눈물'에 주목해야 한다는 지적이었다.[60] 인간학인 인문학이 의료가 모든 것을 주도하는 팬데믹 시대에 무엇을 해야 하는지에 대한 자성의 목소리였다고 할 수 있다.

연구 중에는 생로병사라는 인간의 생애로 구분하기 힘든 범주도 있었다. 예를 들면, 그 생애 전체를 포괄하는 의료였다. 관련 연구는 의료 기술,[61] 의료 문제,[62]

조선대 인문학연구원, 2020, 30-33쪽.

59 다음 연구는 코로나19를 통해 생명 존중과 자유 보존이라는 두 가치가 충돌할 수 있음을 제시하면서 "인류의 보편적 가치를 추구하기 위해서 더욱 철저한 준비가 필요하다."고 결론 내렸다. 조태구, 「코로나19, 프랑스 백신접종 계획의 혼란과 윤리적 문제」, 『한국의료윤리학회지』 24-2, 2021, 155쪽.

60 최성민, 「팬데믹 시대의 생명과 데이터 리터러시」, 『리터러시연구』 14-1, 2023, 75쪽.

61 다음 연구는 드림렌즈가 방식과 원리에서 기존의 시력교정기술과 유사했기에 한국 사회에 쉽게 수용될 수 있었음을 밝혔다. 정세권, 「콘택트렌즈에서 '드림렌즈'까지-시력교정기술의 문화사」, 『의사학』 32-1, 2023. 다음 연구는 QR 코드가 '디지털 리터러시를 둘러싼 논란과 백신접종에 대한 반감 등 외부적 요인으로 인해' 비판을 받는 상황을 통해 "가치의 충돌이 가치중립적인' 것처럼 보이는 기술의 흥망성쇠에 영향을 줄 수도 있다는" 점을 밝혔다. 정세권, 「산업기술에서 일상기술, 그리고 방역을 돕는 기술로-한국의 QR 도입과 확산」, 『인문학연구』 57, 경희대학교 인문학연구원, 2023, 8쪽. 다음 연구는 코로나로 촉발된 위생에 대한 문제의식을 1970년대 이후 위생 가전의 구입 및 활용에 적용했다. 정세권, 「'실내로 들어온 공해를 막아라'-1970년대 실내 공해 담론과 위생 가전 광고」, 『인문학연구』 61, 경희대학교 인문학연구원, 2024.

62 다음 연구는 2022년 당시 논의되던 "말기 환자에게 '의사조력자살'을 허용하는 것을 주된 내용으로 하는 '조력존엄사법'은 현재 시행 중인 「연명의료결정법」이 전혀 고려하고 있지 않은(정확히 말하자면, 배제하고 있는) '죽을 권리', 즉 '생명에 대한 자기결정권'을 다루고 있는 법률로서 '치료에 대한 자기결정권'을 인정하는 「연명의료결정법」과 그 성격이 전혀 다르"다는 점을 지적했다. 조태구, 「미끄러운 비탈길 위에서 미끄러지지 않기-안락사와 존엄사 그리고 조력존엄사」, 『인문학연구』 53, 경희대학교 인문학연

의료인,[63] 의학 이론,[64] 한의학,[65] 한국전쟁을 포괄했고,[66] 시기와 지역으로 접근하면 서양 고대로 확장되었다.[67]

구원, 2022, 152-153쪽. 다음 연구는 '현재의 국가 응급의료체계 기틀에 영향'을 준 야간구급환자 신고센터의 설립을 추적했다. 그 결과 야간구급환자 신고센터는 '국민의 응급의료에 대한 사회적인 열망, 진료 거부로 촉발된 대중들의 비난에 대한 의사들의 해결 의지, 그리고 응급의료체계에 대한 정부의 필요성 인식이 시의적절하게 어우러졌기 때문'에 설립되었다고 설명한다. 권오영, 「야간구급환자 신고센터의 설립과 의의」, 『인문학연구』 53, 경희대학교 인문학연구원, 2022, 7-8쪽.

63 다음 연구는 식민지 시기 새롭게 등장한 의료인 중 산파의 제도적 형성을 살펴보았다. 박윤재, 「식민지 시기 산파제도의 형성과 전개」, 『역사학보』 257, 2023.

64 다음 연구는 "파블로프 학설에 입각한 보호성 의료 제도의 확립에는 '국가 복지'의 이미지를 인민들에게 각인시키고, 이를 통해 인민의 신체를 통제하고자 했던 중국 공산당의 정치적 목표가 담겨 있었다."고 파악했다. 유연실, 「1950년대 중국의 파블로프 학설 수용과 의료 체계의 변화」, 『의사학』 29-2, 2020, 663쪽. 다음 연구는 경성제대 위생학교실에서 이루어진 인구통계학 연구가 "우생학과 제국주의의 영향으로 '민족의 생명력'을 산출하는 기능"을 갖게 되었음을 밝혔다. 박지영, 「민족의 생명력-미즈시마 하루오의 인구통계학 연구와 우생학」, 『한국과학사학회지』 42-1, 2020, 216쪽. 다음 연구는 20세기 초부터 작동했던 "아시아-태평양에서의 평화는 외교적 수단 혹은 정치적 이념이 아닌 인구학이라는 생명정치에 의해서 정의될 수 있었다."고 파악했다. 이동규, 「20세기 인구학에 비친 아시아-태평양에서의 냉전과 생명정치」, 『세계 역사와 문화 연구』 66, 2023, 171쪽.

65 다음 연구들은 1920년대 이루어진 한의학의 변화를 서적을 통해 고찰했다. 김현구, 「都鎭羽의 〈東西醫學要義〉에 대한 연구」, 『한국의사학회지』 36-1, 2023. 김현구 외, 「『東西醫學要義』 간행으로 본 1920년대 한의학 정체성 변화에 관한 고찰」, 『한국의사학회지』 36-2, 2023.

66 다음 연구는 한국전쟁 당시 형성된 응급구조체계를 분석했다. Kang Jaegoo et al., 「Unstable Expansion: The Development of the Military Medical Evacuation Chain in Korea, 1948-1953」, 『의사학』 32-2, 2023. 다음 연구는 한국전쟁 과정에서 이루어진 스칸디나비아 삼국의 민간 의료 지원이 근대적 의료 체계 형성에 기여했다는 점을 강조했다. Jeong Sekwon et al., 「Medical Support Provided by the UN's Scandinavian Allies during the Korean War」, 『의사학』 32-3, 2023.

67 다음 연구는 고대 그리스의 전사이자 치료자였던 앰피아라오스를 고찰했다. Lee Sangduk, 「Amphiaraos, the Healer and Protector of Attika」, 『의사학』 29-1, 2020. 다음 연구는 '에우리피데스는 아스클레피오스를 아테네 조상 영웅인 이온의 형제로 만

특정 종교의 의료관을 집중적으로 분석한 연구도 있었다. 기독교,[68] 불

듦으로써 아테네와 에피다우로스 간의 관계를 공고하게 했'다고 주장한다. 이상덕,
「Asklepios as the God of Reconciliation between Athens and Epidauros?」,『서양고대
사연구』 62, 2021, 29쪽. 다음 연구는 '아테네에서의 치유의 신은 아테네를 전염병으로
부터만이 아니라 군사적 공격으로부터도 지켜 주는 정치적 인물로 보는 것이 타당'하
다고 주장한다. 이상덕, 「펠로폰네소스 전쟁기 아테네 변경에 도입된 두 치유의 신」,
『서양고대사연구』 59, 2020, 246쪽. 다음 연구는 갈레노스의 인간애 관념이 '친절 내지
친화의 의미'를 넘어 '사람들에게 이로움을 주려는 마음 자세, 즉 선행의 성향이라는 의
미를 근간으로 하고 있음'을 밝혔다. 송유레, 「갈레노스의 인간애 관념과 의술의 목적」,
『인간 · 환경 · 미래』 29, 2022, 10쪽. 다음 연구는 갈레노스가 플라톤의 영혼삼분설을
수용할 때, '최신 의학 연구 성과에 비추어 갱신'했고, 나아가 '해부학적 관찰과 실험을
통해 증명하려고 시도했'으며, '의학적 관심에서 플라톤의 이론철학 가운데 사변적 쟁
점들은 … 제외'했음을 지적했다. 송유레, 「갈레노스의 영혼삼분설과 '의학적 플라톤
주의'」,『의철학연구』 34, 2022, 3쪽. 다음 연구는 고대 그리스인들이 미아스마가 '피를
흘린 경우, 즉 살해가 행해진 경우'에 생기며, "연속된 미아스마는 영원히 지속될 수밖
에 없는 속성을 지녔다."고 파악했다. 반면, 히포크라테스는 질병의 '발병의 상황과 병
의 진행 과정, 환자의 체질 등을 살펴보면 그 원인을 알고 치료할 수 있다고 주장'함으
로써 '그리스의 전통적인 미아스마 이해에 도전'했음을 밝혔다. 이상덕, 「고대 그리스
비극에 나타난 미아스마($\mu\acute{\iota}\alpha\sigma\mu\alpha$) 개념과 히포크라테스」,『史叢』 106, 2022, 203-204쪽.
다음 연구는 기원전 5세기에 쓰인『유행병』이라는 문헌을 통해 의학 지식의 축적으로
'글로써 정보를 기억할 수 있게 되었으며, 기억된 것을 수정하고 발전시킬 수 있게 되
었'음을 지적했다. 이상덕, 「히포크라테스의 유행병」,『서양사론』 156, 2023, 215쪽. 다
음 연구는 고대 그리스에서 조각가들이 사용한 그릴이나 드릴을 의사들이 두개골 천공
술에 사용했을 가능성을 지적했다. 이상덕, 「히포크라테스의 〈머리 부상에 대하여〉에
보이는 두개골 천공술과 그리스 조각 기술 비교」,『서양고대사연구』 66, 2023. 다음 연
구는 '코스의 아스클레피오스 숭배는 단순한 종교 이상의 의미를 지니며, 코스의 정치
적 상황과 밀접하게 연관'되었음을 밝혔다. 이상덕, 「코스의 아스클레피오스 숭배 도입
의 정치적 배경」,『서양고전학연구』 63-2, 2024, 58쪽.
68 다음 연구는 근대 초기 소설에 나타난 기독교가 '극단적인 불안 속에 놓인 여성 인물
이 신경정신질환을 잃는 지경까지 이르지 않고 불안으로부터 벗어나는 데 중요한 역할
을 수행'했다는 점을 밝혔다. 박성호, 「근대 초기 소설에 나타난 기독교와 치유의 문제-
「몽조」와 「인생의 한」을 중심으로」,『우리어문연구』 66, 2020, 35쪽.

교,[69] 유교였다.[70]

좋은 의사 만들기라는 전통의료인문학의 지향에 부합하는 연구도 이어졌다. 우선, 외국의 의료인문학 연구에 대한 소개가 이루어졌다.[71] 선

69   다음 연구는 "의료의 발달과 그 효과에도 불구하고 여전히 불교에서 추구하는 도덕적 향상을 완전히 실현하기 위해서는 비의학적 수단이 계속 필요하다."고 주장한다. 이은영, 「의료 기술을 통한 도덕적 향상은 가능한가-불교윤리학의 관점에서」, 『인문학연구』 42, 경희대학교 인문학연구원, 2020, 78쪽. 다음 연구는 '불교와 의학 관련 연구는 명상의 치료적 활용에 대한 연구에 편중'되어 있다는 점을 확인했다. 이은영, 「국내 불교와 의학 관련 연구의 성과와 전망-불교의료인문학의 정립을 제안하며」, 『동아시아불교문화』 44, 2020, 626쪽. 다음 연구는 '불교의학의 질병관을 실존적 질병, 신체적 질병, 정신적 질병으로 나누어 논했다. 이은영, 「불교의학의 질병관」, 『선학』 59, 2021, 185쪽. 다음 연구는 '승원에서는 출가승의 욕망이 자극되는 일이 없도록 의료와 수행의 균형을 추구'했음을 지적하며, '불교의 실천 원칙인 중도(中道)가 불교 승원의 의료에도 적용'되었음을 밝혔다. 이은영 외, 「인도 불교 승원의 질병과 치료-『마하박가』(Mahāvagga)를 중심으로」, 『인도철학』 65, 2022, 356쪽. 다음 연구는 '불교에서 의사, 간병인, 환자는 치료와 돌봄의 관계이자 서로의 수행을 도모하는 자리이타의 관계'이며, 그 사이에 '지혜의 원칙, 생명 존중의 원칙, 우애와 연민의 원칙, 균형의 원칙, 관계의 원칙'이 있었음을 지적했다. 이은영, 「불교 의료윤리-의사, 간병인, 환자 윤리를 중심으로」, 『동아시아불교문화』 49, 2022, 313-314쪽. 다음 연구는 약사유리광여래본원공덕경(藥師琉璃光如來本願功德經)에 대한 분석을 통해 '현대 의료에 의료적 처치뿐만 아니라 의사와 환자의 신뢰와 협력, 윤리적 태도가 중요하고 필요함을 시사'한다. 이은영, 「약사불의 치유-치유자의 능력과 피치유자의 노력의 만남」, 『선문화연구』 35, 2023, 272쪽.
70   다음 연구는 '『東醫寶鑑』과 『東醫壽世保元』은 양생을 통한 신체의 초월을 최고의 치유로 여겼던 도가적 양생론에 머무르는 대신 사회를 염두에 둔 도덕적 실천을 의학의 범주에 포함시켰다고 평가한다. 특히 『東醫壽世保元』은 체질론을 바탕으로 일상적인 선의 추구가 질병과 치유에 있어 주요한 측면임을 체질별로 상술함으로써 인간성의 주요한 측면으로서 도덕성을 '개인'의 범주에 포함시켰다고 평가한다. 윤은경, 「한국 한의학의 치유 개념에 관한 고찰-『東醫寶鑑』과 『東醫壽世保元』을 중심으로」, 『인문학연구』 42, 경희대학교 인문학연구원, 2020, 138쪽.
71   다음 연구는 펠레그리노가 "의학이 과학에 방점을 두는 '인간 과학'이 아닌 '인간에 대한 과학(science of the human)'으로 재탄생하도록 그 지평을 새롭게 열어젖"했다고 평가한다. 김현수, 「펠레그리노를 통해 본 의료인문학」, 『인문학연구』 42, 경희대학교 인문학연구원, 2020, 301-302쪽. 다음 연구는 의철학자인 툼스, 스베너스, 카렐의 연구를

행 연구는 새로운 연구를 위한 출발점이자 토대가 된다는 점에서 의미 있
는 소개였다. 후설의 현상학을 의료인문학 분야로 확장한 연구도 이루어
졌다. 후설의 윤리학에서 '타자는 결코 양적 연구에서 시행하는 추론이나
표상의 대상으로 이해되지 않'으며, '오히려 타자는 포용하고 공감하는 감
정이입으로 체험되는 존재'임을 강조한 연구였다. 이 연구에 따르면, '의
료인의 직업윤리는 근본적으로 사랑으로부터 실천'이어야 한다.[72] 현상학
이론을 의료 분야에 확장해서 적용한 연구는 이후에도 계속 이어졌다.[73]

<hr>

분석하여 "신체로부터 체험된 질병은 객관적으로 수치화된 결과만으로 이해될 수 없
기에, 이들은 질병의 질적 체험의 총체적 차원에 중점을 둔다."는 점을 밝혔다. 최우석,
「의철학의 '현상학적 연구' 동향에 관하여」, 『의철학연구』 31, 2021, 147쪽.

72   최우석, 「'의료인'의 태도와 현상학-후설의 '현상학적 윤리'를 중심으로」, 『현상학과 현
대철학』 85, 2020, 65쪽.

73   다음 연구는 '후설의 현상학적 윤리학은 구체적인 가치 체험의 다양성을 용인하면서
도 이를 통해 포착되는 가치 규범의 본질을 확보하는 학문'이며, 따라서 '질병으로 고
통받는 환자를 향한 의사의 태도가 지향해야 할 가치판단과 실천적 규범의 본질을 살
필 수 있게' 해 준다고 주장한다. 최우석, 「후설의 현상학, 현상학적 윤리, 그리고 현상
학적 의료윤리」, 『의철학연구』 30, 2020, 33쪽. 다음 연구는 '프랑스 현상학을 크게 메
를로-퐁티 계열과 비(非)메를로-퐁티 계열로 분류하고, … 각각의 현상학이 어떻게 의
학적 논의에 참여하고 있으며, 또 참여할 수 있을지 고찰'했다. 조태구, 「프랑스 현상
학과 의학」, 『인문논총』 80-3, 서울대학교 인문학연구원, 2023, 67쪽. 다음 연구는 '질병
경험에 대한 현상학적 분석을 통해 질병에 대한 편향된 이해를 방지할 수 있'고, "질병
의 다양한 경험을 이해하는 것을 바탕으로, 현상학적 탐구 방법은 환자들이 자신의 문
제를 재검토하고 치료에 대한 환자의 다양한 경험의 여러 측면을 탐구하도록 이끈다."
는 점을 지적했다. Choi Woosok, "Is it useful to understand disease through Husserl's
transcendental phenomenology?," Humanities & Social Sciences communications 11-1,
2024, p.8. 다음 연구는 "현상학적 탐구는 자연주의적 이해만이 객관적이라는 태도를
비판하며 소외되기 쉬운 체험의 다양한 질적 요인들을 주목하게 만드는 데 의의가 있
다."고 주장한다. 최우석, 「현상학과 질병-현상학적 질병 이해의 필요성에 관한 서론적
논의」, 『대동철학』 104, 2023, 385쪽. 다음 연구는 "복잡한 질병 스펙트럼을 이해하기
위해서는 총체적인 탐구가 필요한데, 현상학은 체험 기술에서부터 초월론적 환원에 이
르기까지 정신 질환의 양상과 원인을 다양한 관점에서 살피도록 돕는다."고 주장한다.

전통의료인문학의 목적이 고통받는 개인을 구체적인 질병의 이름이나 특정한 부위의 부상으로 환원·축소하지 않는 것이라면 독일 이주 간호사에 대한 연구는 그 맥락을 같이한다. 그들의 삶을 어느 한 방향으로 재단하기보다 '각각의 개인의 삶에 얽혀 있는 수많은 갈등과 고난, 또 다른 생애적 맥락'을 주목해야 한다고 강조하기 때문이다.[74] 전통의료인문학에서 강조하듯이 맥락에 대한 이해는 삶뿐 아니라 질병이나 고통에 대해서도 적용되어야 할 가치이다.

나아가 임상 현장에 도움을 줄 수 있는 연구도 이루어졌다. 의료의 입장에서 보면, 실용적인 연구가 이루어진 것이다. 글쓰기,[75] 의료 상담이 예가 될 수 있다.[76] 의료에 대한 직접적인 대안 제시도 이루어졌다. 예를

최우석, 「현상학과 우울증-현상학적 정신의학 연구를 위한 서론적 이해」, 『현상학과 현대철학』 98, 2023, 63쪽.

74 최성민, 「독일 이주 노동 서사의 현재적 의미」, 『비평문학』 95, 2025, 253쪽.

75 다음 연구는 '자신의 질병 체험을 주제로 글을 써 봄으로써 질병에 걸린 몸에 대해 이해하는 기회를 갖고, 질병을 소재로 하는 다양한 텍스트를 통해 질병 주체로서의 환자, 돌봄 주체로서의 환자 가족의 상황을 고민'하며, 나아가 '인간의 삶에서 질병의 의미가 무엇인지 고민하고 의료 공동체의 확장과 소통의 중요성을 깨닫는 계기를 마련'해야 한다고 주장한다. 염원희, 「의학계열 글쓰기의 지향점과 구성 방안-환자-의사 간 소통의 중요성을 중심으로」, 『리터러시연구』 11-1, 2020, 323쪽.

76 다음 연구는 20대 대학생 대상 설문조사를 통해 인공지능을 활용한 의료 상담의 인식을 확인한 후 "인간 의사들은 사용자의 기대를 충족하고 AI와 차별화하기 위해 환자의 정서적 측면에 좀 더 주안점을 두어야 한다."고 주장한다. 조민하, 「인공지능을 활용한 의료 상담의 인식과 과제-20대 대학생 대상 설문조사를 통하여」, 『인문학연구』 57, 경희대학교 인문학연구원, 2023, 59쪽. 다음 연구는 "의료 상담의 만족도에서 가장 중요한 요인은 '친절함'"이었고, "'친절함'의 긍정 평가에서는 언어적 요소인 '내용'이, 부정 평가에서는 '조음/운율', '태도'와 같은 비언어적 요소가 더 중요"하다는 점을 밝혔다. 조민하, 「환자중심형 의료커뮤니케이션을 위한 방안(1)-의사의 친절함을 중심으로」, 『우리말글』 96, 2023, 1쪽. 다음 연구는 "환자에 대한 의사의 '존중' 표현의 판단 근거"를 검토했다. 조민하, 「환자중심형 의료커뮤니케이션을 위한 방안(2)-의사

들면, 새로운 돌봄 윤리를 제시하는 연구였다. 이 연구는 "우리 모두는 우리가 존재한다는 사실 그 자체로 인해 '이미 그리고 언제나' 다른 사람들을 바로 그러한 사람으로서 존재할 수 있도록 돌보고 있다."고 전제했다. 그 전제에 동의한다면, '살아 있는 자들로 구성된 삶의 공동체는 모두가 모두를 돌보는 돌봄의 공동체'여야 한다.[77]

2024년부터 시작된 의대 증원 갈등과 관련하여 논쟁의 대상이 의사의 숫자에 머무르는 것이 아니라, '좋은 의료 환경을 만드는 것'이어야 한다는 주장도 제기되었다. 궁극적으로 '죽음을 맞이하는 순간과 죽음을 선고하는 현장에, 치료보다는 돌봄이 더 필요한 환자가 있는 곳에, 의사 대신 다른 직업군도 들어갈 수 있는 여지를 만들어 줄 필요'가 있다는 대안도 함께 제시되었다.[78] 의료를 시행하는 주체가 아니라 의료의 대상이 되는 환자의 입장에서 제시된 주장이라고 할 수 있고, 통합의료인문학의 지향과 부합하는 주장이라고 할 수 있다.

의 존중 표현을 중심으로」,『의료커뮤니케이션』 18-2, 2023, 132쪽. 다음 연구는 그동안 "추상적으로 다루었던 환자중심형 의료 면담의 주요 요소인 '친절함', '존중', '공감적 의사소통'의 변별적 특성을 논의하고 종합"했다. 조민하, 「환자중심형 의료커뮤니케이션을 위한 방안(3)-의사의 공감적 의사소통을 중심으로」,『한국어학』 106, 2025, 247-248쪽.

77 조태구, 「돌봄, 주체 그리고 삶-미셸 앙리와 돌봄에 대한 다른 접근 가능성」,『현상학과 현대철학』 102, 2024, 91쪽.

78 최성민, 「의대 증원 문제와 좋은 의료 만들기」,『사이間SAI』 37, 2024, 510-511쪽, 514쪽.

2) 새로운 소재의 개발과 인문학의 경계 확장

연구단은 의료라는 소재의 활용을 통해 인문학의 경계를 확장했다. 예를 들면, 16세기 중후반 조선의 의료 활동을 분석한 연구는 '진위 여부를 명확하게 가릴 수 없는 풍문'을 연구의 소재로 활용했다.[79] 영역은 넓혀졌다. 그중 대중문화를 분석 대상으로 삼은 연구가 적지 않았다. 전통의료인문학에서 활용한 드라마,[80] 영화를 넘어 질병 서사를 다룬 웹툰까지 경계를 확장했다.[81]

---

79 최성운, 「약물 처방 하나로 질병 치료부터 회춘과 장수까지 - 16세기 중후반 조선의 도교양생법 복식(服食)에 대한 미시사적 연구」, 『대한한의학원전학회지』 37-3, 2024, 40쪽.

80 다음 연구는 문학 작품과 대중서사텍스트 분석을 통해 "의료인은 질병과의 싸움에 앞서, 환자와의 상호작용을 통해 환자의 고통에 공감하고 그 요구에 응답해야 한다"는 전통의료인문학의 주장을 확인하고 있다. 최성민, 「의료 서사와 의료 윤리」, 『대중서사연구』 26-3, 2020, 291-292쪽. 다음 연구는 "의학 드라마는 의사 인물들의 성격에 따라 인물 유형을 제시하며 시청자의 호응을 유도하거나, 폐쇄적인 병원 내 인물과 조직 사이의 치열한 갈등을 표면화하는 방식으로 그려"지고, "질병 서사 드라마는 질병의 진단과 투병 과정을 가슴 아프게 보여주거나 그것을 극복하는 과정에서의 사랑과 배려, 화해의 서사가 전개"됨을 확인하고 있다. 최성민, 「한국 의학 드라마 연구 현황과 전망 - 대중문화를 통한 의료문학의 가능성」, 『인문학연구』 42, 경희대학교 인문학연구원, 2020, 43-44쪽. 다음 연구는 텔레비전 드라마인 〈산부인과〉와 〈산후조리원〉 분석을 통해 출산의 의료와 문화가 어떻게 형상화되고 있는지 살펴보고 있다. 염원희, 「텔레비전 드라마에 형상화된 출산의 의료와 문화」, 『문화와 융합』 43-4, 2021.

81 다음 연구는 "웹 플랫폼을 활용한 질병의 서사, 특히 질병의 웹툰들은 공감, 연대, 위로, 응원의 감정을 나누는 인간적 소통의 장(場)이 될 수 있"다고 주장한다. 최성민, 「질병 체험 서사와 독자의 역할(1) - 질병 서사 웹툰과 독자 반응을 중심으로」, 『건지인문학』 27, 2020, 432쪽. 다음 연구는 소통이 "삶을 살아가기 위한 정보, 깨달음, 교훈", "위로와 공감을 나누고, 마침내 연대의 경험"을 획득하는 과정이라면, "질병 서사 웹툰은 그러한 소통의 양상이 나타나는 가장 구체적인 텍스트"라는 결론을 제시한다. 최성민, 「질병 서사 웹툰의 소통 양상 연구」, 『기호학연구』 79, 2025, 185쪽.

특히 영화는 연구에서 주요 소재로 활용되었다.[82] 예를 들면, "국가권력이 기업의 지적재산권을 보호하면서 국민들의 '건강권'의 수호라는 양립된 가치를 어떻게 조정할 것인가?",[83] 필멸성을 극복하고자 하는 인간의 노력이 '가장 이질적이면서도 파괴적'인 결과를 낳았을 때 "인간 강화가 단순히 능력을 향상시키는 것을 넘어, 인간의 취약성을 극복해야 하는 '이유'가 무엇인가?",[84] "존엄한 삶으로부터 존엄한 죽음으로 이어지는 길"을 어떻게 만들 수 있는가?", "결국 어떻게 존엄하게 살아갈 수 있는 사회를 만들 수 있는가?"를 질문하는 연구가 이어졌다.[85]

연구단은 영화에 대한 여러 논문을 모아 2025년 2월 『영화로 만나는 의료인문학』 첫째 권을 출간했다.[86] 영화로 대표되는 대중문화는 일상을 소재로 삼기 마련이다. 그 일상이 생로병사 그리고 의료와 밀접하게 연결된다면, 통합의료인문학의 고찰 대상으로서의 영화와 같은 대중문화의 비중과 의미는 줄어들지 않을 것이다. 나아가 같은 영화를 관람한다 해도

82　다음 연구는 소설 『최후의 인간』, 영화 〈컨테이젼〉과 〈감기〉, 그리고 〈부산행〉 등 좀비 3부작 분석을 통해 "감염병 앞에서 인류가 겸허한 연대의식과 윤리의식, 공감능력을 갖추어야 함"을 지적하고 있다. 최성민, 「SF와 좀비 서사의 감염 상상력」, 『대중서사연구』 27-2, 2021, 46쪽. 다음 연구는 경쟁의 시대, 처연한 현실, 치열한 삶의 현장에서 영화는 '메타서사적 기호'로서의 '질문'을 던지고, 그 대답을 통해 타인들과 공감의 시간을 가질 수 있다고 주장한다. 최성민, 「영화를 통한 치유의 효과」, 『문학치료연구』 58, 2021.

83　유연실, 「현대 중국의 의료 제도 엿보기 - 영화 「나는 약신이 아니다」를 중심으로」, 『의료사회사연구』 8, 2021, 129쪽.

84　박성호, 「영화 〈프로메테우스〉의 창조자-피조물 관계와 인간강화의 역설」, 『대중서사연구』 30-3, 2024, 256쪽.

85　최성민, 「존엄한 죽음과 존엄한 삶의 조건들-영화와 현실 사이의 생명 윤리」, 『대중서사연구』 30-1, 2024, 244쪽, 272쪽.

86　박승준 외, 『영화로 만나는 의료인문학』 1, 모시는사람들, 2025.

의료인과 인문학자는 다른 지점에 주목할 수 있다. 그 차이가 의료에 인 문학의 가치를 부여하는 통로가 된다면, 영화에 대한 연구단의 결과물은 의료 계열의 의료인문학 교육에도 도움을 줄 수 있을 것이다. 2025년 11 월 연구단은『영화로 만나는 의료인문학』둘째 권을 출간할 예정이다.

　의료를 소재로 인문학의 경계를 확장시킨 새로운 분야는 어학이다. 연 구단 초기부터『조선왕조실록』의 의료와 관련한 어휘군을 정리한 연구,[87] 한국어의 통증 표현 어휘를 정리한 연구가 이어졌고,[88] 2023년부터『한국 어 질병 표현 어휘 사전』이 주요 사망 원인 질병 표현, 한국인이 자주 걸 리는 질병 관련 표현, 한국인의 전염병, 사용역에 따른 한국인의 질병이 라는 부제를 달고 출간되고 있다.[89] 이 사전들은 '기존의 질병 어휘를 포 함하는 의학 사전들이 대개 개념어 위주의 전문어 풀이에 한정되었던 점' 을 비판하며, '다양한 동사, 형용사 등의 실질적 질병 표현 언어를 담고'자 했다.[90] 의료 현장을 넘어 현실 사회에서 사용되는 어휘에 주목한 것이다. 의료가 구현되는 공간, 즉 사회를 반영하고자 했다는 점에서 이 사전들은

87　김양진, 「〈조선왕조실록〉 속 의료 관련 어휘군 연구」,『우리말연구』 66, 2021.

88　이 연구는 '코로나19가 몰고 온 비대면 진단의 확장'으로 '언어적 차원의 진단 방식'이 중요해졌고, 따라서 그 방식의 체계화를 위해 '한국어의 통증 표현 어휘에 대한 종합적 정리'가 이루어져야 한다고 주장한다. 김근애 외, 「한국어 통증 표현 어휘의 낱말밭 연 구」,『한국사전학』 41, 2022, 141쪽.

89　김양진,『한국어 질병 표현 어휘 사전-주요 사망원인 질병 표현을 중심으로』, 모시는사 람들, 2023.; 김양진 외,『한국어 질병 표현 어휘 사전 2-한국인이 자주 걸리는 질병 관 련 표현을 중심으로』, 모시는사람들, 2024.; 김양진 외,『한국어 질병 표현 어휘 사전 3- 한국인의 전염병』, 모시는사람들, 2025.; 김양진 외,『한국어 질병 표현 어휘 사전 4-사 용역에 따른 한국인의 질병』, 모시는사람들, 2025.

90　김양진, 「머리말」,『한국어 질병 표현 어휘 사전-주요 사망원인 질병 표현을 중심으로』, 모시는사람들, 2023, 7쪽.

통합의료인문학의 지향을 반영하고 있다. 질병 표현 어휘 사전은 2026년 1월 발간될 '방언편'을 마지막으로 완결될 예정이다.

3) 인문학적 문제의식의 추구와 인문학의 심화

통합의료인문학이 인문학 기반의 의료인문학이라면 그 중심축은 인문학에 있을 수밖에 없다. 따라서 연구단은 인문학 고유의 질문을 의료라는 소재를 활용해 던지며 그 대답을 통해 인문학 그 자체를 심화시키고자 했다. 심화의 방식은 인문학에서 제기되었던 고유의 질문을 던지며 이루어졌다.

구체적인 예를 들면, 혈우병 치료제인 헴제닉스와 알츠하이머병 치료제인 레켐비에 대한 연구가 있다. 이 연구는 서양의 여러 나라가 두 치료제에 대해 다른 판단을 내렸고, 이 판단이 이익과 위험이라는 인간의 행위 결정 기준에 대한 다른 고려에서 나왔음을 밝혔다.[91] 즉, 신약 승인이라는 소재를 통해 고전적인 철학적 문제에 대한 이해를 증진시킨 것이다.

코로나19와 관련하여 프랑스에서 이루어진 논의를 분석한 연구는 장-뤽 낭시(그리고 조르조 아감벤)와 알랭 바디우의 논의를 중심으로 철학이 코로나 사태를 사유하는 방식을 소개했다. 그 소개를 통해 두 방식이 "각각 '상황을 기준으로 이론을 평가하는 입장'과 '이론을 기준으로 상황을 평가하는 입장'으로 구분되고, 이 방식은 '새로움' 앞에서 철학이 취하는 전

---

91 김현수, 「신약 승인에 나타난 이익과 위험-헴제닉스와 레켐비의 사례를 중심으로」, 『인문학연구』 61, 경희대학교 인문학연구원, 2024.

형적인 모습"임을 확인했다.[92] 코로나19에 대한 논의를 통해 이론과 현실이라는, 역시 고전적인 철학적 문제에 대한 이해를 증진시킨 것이다.

의료 소재를 통해 현대사회에 대한 비판적 이해와 건강한 미래를 위한 전망을 제시한 연구들도 있었다. 예를 들면, 민속에 대한 연구는 한국 무속의 질병 신화에 대한 분석을 통해 '질병신은 환자를 위해 존재'했고, 나아가 상처받은 자가 상처를 치유하는 것처럼 '질병으로 인한 인간 존재의 한계 극복을 지향'했다고 주장한다. 즉, 이 연구는 질병을 고통이 아닌 해방으로 승화시킬 수 있는 지혜의 단초를 제공한다.[93] 불교에 대한 연구는 이 종교가 '인간과 동물의 지위를 대등하게 보는 입장'을 가지고 있다는 점을 지적하며, 근대의 상징인 '동물이나 환경을 인간의 건강을 위한 수단으로 대하는 인간중심주의적 관점'을 극복하는 수단으로 활용하자고 제안한다.[94] 이 연구 역시 현재에 대한 반성과 건강한 미래를 모색할 수 있는 단초를 제공해 준다.

더 좋은 의료로 나아가기 위한 방법과 대안도 제시되었다. 맥진에 대한 인류학적 고찰을 진행한 연구는 계몽주의 시대부터 세상을 알고 경험하는 방식이 시각과 시각화에 의해 주도되어 왔음을 지적한 후 그 방식을 넘어 새롭고 다양한 방식에 대한 논의를 촉진하고자 했다. '세상에서 다른 존재 및 사물과 상호 작용하는 다양한 양식을 강조'함으로써 근대의 일방

---

92 조태구, 「코로나19와 프랑스 철학-낭시와 바디우 그리고 한국」, 『비교한국학』 29-3, 2021, 49-50쪽.

93 염원희, 「질병과 신화 질병문학으로서의 손님굿무가」, 『우리문학연구』 65, 2020, 37-38쪽.

94 이은영, 「원헬스에 대한 불교적 고찰」, 『인문사회21』 11-4, 2020, 2255쪽.

적 이해에 대한 반성과 새로운 모색의 기회를 제공하고자 한 것이다.[95]

세계를 바라보는 일방적 시선에 대한 비판은 식품이라는 소재를 통해서도 이루어졌다. '하나의 식품에 포함된 하나의 영양소가 하나의 건강 요소에 연결'된다는 인식은 결과적으로 '다른 정보를 삭제'하여 단순한 정보 체계를 구축한다는 비판이었다. 식품에 대한 영양 정보가 보편적이고 중립적인 것 같지만, 실제로는 '시기마다 사회적 맥락 속'에서 일정한 형식으로 가공된다는 점을 밝힌 것이다.[96] 이 이해는 의료에도 적용할 수 있다. 지금 의료가 지닌 위상을 보편적이고 절대적인 것으로 간주하기보다 그 구성적 성격에 주목하여 비판적으로 이해해야 한다는 것이다.

인문학에 대한 고민이 궁극적으로 교육을 통해 확산되어 나간다고 할 때 교과서로 사용될 『통합의료인문학 강의-인간과 질병』, 『통합의료인문학 강의-의료와 사회』는 연구단의 대표적인 성과물로 상징성이 있다.[97] 두 책은 대학의 교육 주기에 맞춰 각각 7개의 장으로 구성되었고, 각 장의 내용은 학습 목표, 요약, 설명과 자료, 학습 활동으로 구분되어 있다. 대학에서 교재로 쓸 수 있는 교과서를 지향한 것이다.

이 책에는 '고중세 의학'과 같은 역사학의 관점을 반영한 장도 있지만, '정신병의 인문학'처럼 질병을 통한 접근을 시도한 장, '환자와 의사'처럼

---

95 Kim Taewoo, "Experiences, Expressions, and Boundary-Crossings-East Asian Tactile Diagnostics in South Korea," Medical Anthropology 42-1, 2023, p.77.

96 이동규, 「식품과 건강-20세기 미국에서의 영양학과 식이 지침을 중심으로」, 『세계 역사와 문화 연구』 71, 2024, 223쪽, 243쪽.

97 경희대학교 인문학연구원 HK+통합의료인문학연구단, 『통합의료인문학 강의-인간과 질병』, 모시는사람들, 2022.; 경희대학교 인문학연구원 HK+통합의료인문학연구단, 『통합의료인문학 강의-의료와 사회』, 모시는사람들, 2024.

의료 현장을 구성하는 주체들을 설명한 장, '4차 산업혁명 시대와 의료'처럼 지금 현재를 분석한 장도 있다. 통합의료인문학, 즉 의료에 대한 통합적 접근을 시도한 것이다. 나아가 학습의 목표나 활동의 기준을 제시하면서 자료를 다수 배치함으로써 강사와 학생의 자율적인 사고와 판단을 중시했다. 강사와 학생이 함께 고민하며 문제 해결 능력을 기를 수 있는 소재를 제공하고자 한 것이다. 두 책은 연구단의 많은 고민과 노력이 집결된 성과물이라고 평가할 수 있다.

4. 연구단의 연구 활동과 반성

1) 현재에 대한 고찰 부족과 대안으로 협업

연구단이 계획서에 제시한 아젠다명은 '4차 산업혁명 시대 인간 가치의 정립과 통합의료인문학'이었다. 2019년 연구단이 출범할 당시 4차 산업혁명이라는 단어가 유행하고 있었고, 그 중심에 빅데이터, 로봇수술, 인공지능 등이 있었다. 4차 산업혁명이 인간의 건강과 장수에 긍정적인 기여를 하리라는 기대도 있었지만, 과학적 의학의 발전 과정에서 보았듯이 '생명을 정보로 환원시켜서 이해하는 문제점'이 발생할 것이라는 비판도 있었다. 따라서 'AI와 빅데이터가 구현하는 첨단 의료에 대한 인문학적 고찰과 비판'을 통해 "인간중심적 가치에 기반한 '사람 중심'의 의료를 선도"하

고자 한다는 목표를 제시했다.[98]

하지만 4차 산업혁명이 의료에 준 영향과 결과에 대한 연구단의 고찰은 부족했다. 인문학이 현실의 문제를 고민해야 한다는 것은 당위이지만, 연구에서 그 당위가 관철되기는 쉽지 않았다. 역사나 철학은 아무래도 회고적일 수밖에 없고, 문학도 현대를 소재로 하지 않는 한 상대적으로 현재에 대한 관심이 약할 수밖에 없기 때문일 것이다. 그런 점에서 연구단은 다른 모습을 보이고자 했다.

2022년 '4차 산업혁명과 의료인문학의 융복합 체계에 대응하기 위한 전문연구팀 〈프로메테우스〉를 정립하여 관련 학술 활동을 적극적으로 수행'하고자 했다.[99] 첫 모임의 제목이 '첨단 기술의 의료적 활용과 윤리적 문제'인 점에서 알 수 있듯이 인문학이 현실에서 이루어지는 의료 기술의 발전을 어떻게 이해하고 수용할지, 나아가 비판적인 접근은 어떻게 가능할지에 대한 고민을 해 나갔다. 이후에도 '포스트휴먼 담론의 지형', 'AI 로봇과 생명윤리의 물음', '데이터 기반 사회의 기대와 우려: 편향과 공정성' 등 관련 모임은 지속되었다.

연구도 이루어졌다. 의료와 돌봄에서 챗GPT의 활용과 관련하여 '생명을 다루는 의료나 돌봄의 영역이기 때문에 조심스러워야 하는 것도 당연'하지만, 반복 학습과 특화된 정보의 활용을 통해 '예상되는 염려를 뛰어넘는 효과적 성과를 기대할 수 있을 것'이라는 긍정적인 전망을 제시한 연구

98　경희대 인문학연구원, 「2019년 HK+사업 국가전략/융복합 연구계획서 「1유형」」, 2019, 11쪽, 40쪽, 46쪽.

99　경희대 HK+통합의료인문학연구단, 「『인문한국플러스(HK+)지원사업』 2단계 1차년도 연차보고서」(4차년도 보고서), 2023, 87쪽.

가 대표적이었다.[100] 섣부른 비판보다 활용의 가능성에 주목한 연구라고 할 수 있다.

하지만 적은 논문 편수에서 알 수 있듯이 연구단의 노력은 부족했다. 이제 언론에서 4차 산업혁명 시대라는 단어를 접하기는 어렵다. 지금은 인공지능의 시대라고 지칭해야 맞다. 그만큼 기술의 발전 속도가 빠른 것이다. 인문학자들이 그 속도에 발맞추기는 현실적으로 어렵다. 그럼에도 인문학을 둘러싼 현실이기에 노력은 필요하다. 그 노력의 하나로 기술자와 인문학자 사이의 협업을 제시할 수 있다. 문제는 인문학이 기술과 협업할 정도의 준비가 되어 있느냐일 것이다. 그 준비가 먼저 필요하다.

2) 통합을 위한 노력 부족과 공동 연구의 토대 구축

연구단은 한국연구재단에 제출할 계획서 집필 단계부터 통합을 지향했다. 의료인문학이라는 학문 자체가 의료와 인문학의 통합 학문이기 때문이다. 연구단은 그 통합을 인문학 기반으로 추진하고자 했다. 구체적으로 생로병사라는 소재를 활용해 연구 결과를 생산하면서 동시에 향후 일관된 연구 성과를 산출하기 위해 통합의료인문학의 공통된 이론을 만들고자 했다. 즉, '분과 학문이 대응할 수 있는 세부 주제를 각기 연구하는 방식에서 벗어나 … 학제 간 융합을 가능하게 하고, 나아가서는 의료인문학의 독자적인 연구 방법론을 확보'하고자 했다. 문사철(文史哲) 공통의 연

---

100 최성민, 「챗GPT의 활용과 전망-의료와 돌봄 활용의 가능성」, 『시민인문학』 45, 경기대학교 인문학연구소, 2023, 157쪽.

구방법론을 확보하고자 한 것이다.[101] 4차년도부터 시작한 2단계는 '통합 의료인문학 이론을 실천·적용하는 단계'로 설정했다.[102] 본격적인 통합 의료인문학의 연구를 지향한 것이었다.

하지만 통합은 충분히 이루어지지 않았다. 구체적으로 타 전공 분야 연구자와 협업은 적었다. 소재는 구체화되고 다양해졌지만 문사철이라는 기존의 분과별 접근이 지속되었다. 1단계 3년 동안 만들고자 한 통합된 방법과 이론이 구축되지 않았기 때문이다. 4년차인 2단계에 접어들어서 좋은 의료 만들기라는 좀 더 구체적인 목표를 설정했지만, 연구는 여전히 분산적으로 이루어졌다. 그동안 익혀 온 자신의 학문이 익숙하기 때문일 가능성이 높다.

그렇다면 통합의 전 단계로 협업을 추구할 수 있다. 한 분야가 주도하고 다른 분야가 보조하는 협업은 편이성과 효율성을 확보할 수 있는 방식일 것이다. 균등한 협업은 이상적이지만 현실에서 이루어지기 어렵다.

시대의 공통성은 협업의 가능성을 높이는 요인이다. 예를 들면, 시대를 관통하며 존재한 병원이나 질병은 연계를 위한 소재가 될 수 있다. 1900년대 병원은 '질병을 치료하는 의료기관이라기보다는 위기에 처한 인물을 구원하는 피난처에 가까웠'다. 하지만 1910년대에 접어들어 '일탈을 겪은 개인이 질병으로 표상되는 속죄를 통해 당대의 질서 내부로 다시 편입

---

101 경희대 인문학연구원, 「2019년 HK+사업 국가전략/융복합 연구계획서 1유형」, 2019, 14쪽, 40쪽.

102 경희대 HK+통합의료인문학연구단, 「『인문한국플러스(HK+)지원사업』 1단계 단계보고서 「II」」(3차년도 보고서), 2022, 73쪽.

될 수 있게 하는 공간'으로 변화했다.[103] 시기에 따라 병원의 성격이 변화했다는 점을 지적한 것이다. 질병에서도 변화는 포착된다. 번안 소설에 나타난 '신경열병은 여성 인물의 내면으로부터 분리되어 질병으로서의 독자성을 지'니게 되며, 치유 역시 의사에 의해 이루어져 '주인공의 속죄와 연관되지 않'게 되었다.[104] 소설에 표현된 질병을 통해 의료 권력의 강화라는 시대의 변화를 포착한 것이다.

문학작품 속에 나타난 의료를 찾는 노력은 문학의 경계를 확장시키는 시도이다. 동시에 과거 질병을 대상으로 한다는 점에서, 그리고 그 분석을 통해 과거 사회의 특성과 변화를 찾아낸다는 점에서, 즉 당시 시대를 확인하고자 한다는 점에서, 역사학의 지향과 차이가 크지 않다. 역사 연구가 지향하는 목표를 공유하고 있는 것이다. 협업의 가능성이 높은 것이다.

그렇다면 문학작품을 통해 문학 연구자가 복원한 과거 사회에 대해 역사 연구자는 역사적 고증 혹은 해석을 부가함으로써 협업을 이룰 수 있다. 역사학이 문학작품을 픽션이라는 이유로 자료로 활용하는 데 경계심을 가지고 있다면, 상대적으로 그 활용에 개방적인 문학 연구자와 협업을 통해 당시 의료를 역사학의 영역 내로 포섭할 수 있을 것이다. 그 포섭은 통합으로 나아가는 주요 시도가 될 것이다.

코로나19 대응과 관련하여 프랑스 보건생명과학윤리 국가자문위원회

---

103 박성호, 「1900-1910년대 신문연재소설에 나타난 병원의 역할과 의미」, 『Journal of Korean Culture』 63, 2023, 157-158쪽.
104 박성호, 「번안소설 속 정신질환 양상의 변화와 그 의미 - 조중환의 「비봉담」과 신경열병을 중심으로」, 『비교문화연구』 60, 2020, 127쪽.

의 활동을 분석한 연구도 예가 될 것이다. 이 연구는 위원회가 취약계층, 특히 노인과 관련된 논의들에 관심을 보이는 일관성을 가지고 있고, 의료 생명윤리 논의를 '의학계나 과학계를 넘어서 일상생활로 확대'시키고 있 다고 파악했다. 그 파악은 역사 연구자가 가지는 '시간의 연속성 속에 새 로 나타나는 변화의 원인과 내용'에 대한 관심 그리고 의료생명윤리 논리 의 확산에 대한 철학 연구자의 관심이 합쳐진 결과였다.[105] 동일한 대상에 대해 자신의 학문이 가진 관심을 지속시키면서 협업을 진행한 것이었다. 협업은 서로의 장점을 살리는 방향에서 이루어졌을 때 성공 가능성이 높 고 성취의 수준도 높을 것이다.

같은 자료의 활용 역시 협업 가능성을 높이는 방식이다. 연구단은 공동 연구의 방법으로 '연구 대상 텍스트와 자료의 선정, 분석, 고찰과 연구 결 과의 발표 등 연구의 전 과정에서 공동 연구를 추진'하고자 했다.[106] 고전 문학 전공자와 한의학 전공자가 동일 텍스트를 교차 연구한 학제 간 연구 가 예가 될 수 있다. 이 연구의 경우 일종의 민간 의료 지식인 유산 방지와 낙태 속신(俗信)의 의료적 효과를 분석했다. 그 결과 '속신과 한의학을 관 통하는 공통적인 인식은 한의학의 원리가 특정 학문 분야에 한정된 틀이 아니라 동아시아에서 세상을 인식한 보편적인 질서'임을 찾아냈고, 사회 와 의료의 관계에 대한 더 심층적인 이해를 도왔다.[107] 민속학과 한의학은

---

105 민유기·조태구, 「프랑스 의료생명윤리 논의의 사회적 확산-코로나19 전후 보건생명
     과학윤리 국가자문위원회(CCNE) 활동을 중심으로」, 『생명, 윤리와 정책』 4-2, 2020,
     61-63쪽.
106 경희대 인문학연구원, 「2019년 HK+사업 국가전략/융복합 연구계획서 「1유형」」, 2019,
     41쪽.
107 염원희 외, 「유산 방지와 낙태를 위한 속신의 전승과 한의학적 의미」, 『문학치료연구』

시기적으로 자료가 중첩될 뿐 아니라 서로의 교류가 밀접했던 분야인 만큼 후대의 연구자 사이에 협업의 가능성과 필요성이 높다.

　나아가 "의료인문학이 단지 의학과 인문학 사이의 다리 놓기 이상인 '융합'" 연구여야 한다면,[108] 융합, 즉 통합의 목표를 선명하게 할 필요가 있다. "무엇을 위한 통합인가?"라는 질문에 대한 대답이 필요하다. 통합의료인문학이 전통의료인문학에 대응하기 위해 인문학 기반을 강조하는 점은 인정할 수 있지만, 독자적인 정체성이 무엇이냐에 대한 대답이 필요하다. 그 대답을 위해서는, 반성적 고찰과 더불어, 충분한 사전 기획, 엄격한 공동 실행, 나아가 철저한 결과 양산이 필요하다. 강하고 지속적인 노력이 필요한 것이다.

3) 의료와 연계 부족과 인문학 가치의 추구

　인문학의 가치에 충실한다는 명분 아래 통합의료인문학이 융합 학문이라는 점을 간과한 채 의료 분야와 연계를 소홀히 하지 않았는가라는 반성도 가능하다. 의료와 연계는 소재의 차원에서만 이루어졌을 뿐, 의료에 대해 실질적으로 고민하지 않고 관성적으로 연구했을 가능성이 있는 것이다. 의료를 소재로 연구를 진행한다고 하여 그 결과물을 모두 의료인문학의 범주에 포괄할 수 있느냐는 질문이 가능하다. 의료인문학이 되기 위

60, 2021, 161쪽, 164쪽.
108　김태우, 「성정론(性情論)과 부양론(扶陽論)의 의료인문학」, 『인문학연구』 42, 경희대
　　인문학연구원, 2020, 107-108쪽, 132쪽.

해서는 일정한 문제의식의 공유가 필요한 것이 아닌가 하는 질문이다. 인문학의 위기를 가져온 원인 중 하나인 '사회와 거리두기'를 연구단이 '의료와 거리두기'라는 방식으로 반복한 것은 아닌지 반성해 볼 필요가 있는 것이다.

의료를 통해 인문학을 확대·강화한다고 할 때 그렇게 만들어진 결과가 의료와 무관한 인문학 그 자체의 성과로만 머무르는 것은 적절하지 않다. 우선순위가 인문학에 있었다고 변명할 수 있지만, 그 다음 연계로 넘어가려는 노력은 필요하고 중요하다. '인문학의 위기는 인문학이 변화에 적응하지 못하고 새로운 탐구 영역을 개척하지 못한 탓'이 있고, '의학이 그런 영역 중 하나'이기 때문이다.[109]

연구단이 위치한 경희대는 의료인문학이라는 학문을 실천하기에 적합한 장소 중 하나이다. '의과대학과 한의과대학, 경희의료원과 최근 개원한 후마니타스 암병원을 보유하고 있어 학제 간 융복합 연구를 위한 최적의 기반이 조성되어 있'기 때문이다. 따라서 연구단은 그 기반을 활용하고자 했다. '의과대학 및 한의과대학과 연계하여 통합 교과목을 개발하고 운영'한다는 계획이 있었다.[110] 하지만 실현시키지 못했다. 의과대학과 한의과대학의 벽도 높았지만, 인문학에 중심을 둔다는 방향이 의학 교육과 연계를 막은 요인 중 하나일 것이다.

후마니타스 암병원과 연계하여 환자 및 보호자를 대상으로 일종의 대

---

109 강신익, 「의학의 세 차원-자연의학, 사회의학, 그리고 인문의학」, 『의철학연구』 6, 2008, 76쪽.
110 경희대 인문학연구원, 「2019년 HK+사업 국가전략/융복합 연구계획서 1유형」」, 2019, 34쪽, 44쪽.

중화 사업을 하려던 계획 역시 마침 터진 코로나19로 인해 실천에 옮길 수 없었다. 병원과 연계는 교육을 진행하는 과정에서도 기획되었다. 대학원에 설치된 통합의료인문학 협동과정의 경우 "경희의료원 및 후마니타스 암병원에서 일정 기간 현장 경험도 함께 제공하여 석박사급의 통합의료인문학 전문 인력을 양성하고자 한다."는 목표가 있었다.[111] 병원에서 대중화 사업이 진행되었다면 그 연계 고리를 활용하여 협동과정 학생들에게 부분적이나마 의료 현장을 체험하는 교육을 실시할 수 있었을 것이다.

나아가 한국의 의료인문학이 '의과학 방법론 강화에 따른 인간 가치의 소외라는 서구의 테제보다는 주로 의료계에 대한 정부의 인정과 리더십에 대한 불만에 초점'을 둔 것이었다면,[112] 통합의료인문학이 전통의료인문학의 가치를 추구할 필요도 있다. 전통의료인문학과 연대를 하는 것이다.

의료윤리에 대한 제언이 예가 될 수 있다. 불교윤리를 바탕으로 '의료인은 환자를 치료하고 돌봄으로써 환자에게 질병 치료와 건강 회복이라는 이익을 줄 뿐 아니라 자신도 자기완성의 실현이라는 이익을 얻'게 되고, 따라서 '의료인과 환자의 관계는 호혜적'이 될 수 있다는 제안이 가능하다.[113] '환자와의 관계에서 의료인의 의술은 보편적 가치로서 인간의 존엄성을 수호하는 것이자, 개인뿐만 아니라 공동체의 더 나은 삶을 구체적으로 실현하는 것'이어야 한다는 제안도 가능하다.[114] 중요하고 필요한 제안이다.

---

111 경희대 인문학연구원, 「2019년 HK+사업 국가전략/융복합 연구계획서 「1유형」」, 2019, 34쪽.
112 최은경, 「새로운 의료인문학(들)과 한국 의료인문학의 자리」, 『의철학연구』 36, 2023, 131쪽.
113 이은영, 「자리이타의 호혜적 의료인-환자 관계」, 『동아시아불교문화』 55, 2023, 289쪽.
114 최우석, 「'의료인'의 의무윤리와 덕윤리의 상보적 이해-펠레그리노(E. Pellegrino)의 논

하지만, 당위적인 차원의 제안이고, 구체성과 현실성이 떨어진다는 비판도 가능하다. 당위성이 강조되고 추상화될 경우 그 연구는 현실에서 외면받을 수 있다. 의료인문학이 의료의 인간화를 지향한다고 할 때 인간화가 무엇이냐에 대한 구체적이고 현실적인 대답이 필요하다. 인간은 감성적이고 복잡하고 유동적인 존재라는 대답만으로 부족하다. 당위적인 논의가 이어질 경우, 질병에 대한 철학적 이해가 "의료에 그 어떤 도움을 주지 못할 뿐만 아니라 오히려 방해만 되는 것(이고, 따라서) … 질병에 관한 철학적인 개념 분석을 중단해야 한다."는 주장까지 나올 수 있다.[115] 인문학의 제언이 의료와 연계되기 위해서는 고민과 노력이 필요하다. 현실에서 의료는 인문학보다 힘이 세기 때문이다.

따라서 제안은 세부적인 계획과 구체적인 방법을 필요로 한다. 그 계획과 방법 수립이 인문학이 아닌 다른 학문의 몫이라고 치부할 수는 없다. 의료인문학의 문제는 인문학의 문제이기도 하기 때문이다. 따라서 일반에서 개별로, 추상에서 구체로 나아가기 위한 고민이 필요하다. 문제는 균형 감각이다. '사회가 거리두기'를 하지 않을 정도로 '사회와 거리두기'를 할 수 있는 균형 감각이다. 철학을 예로 든다면, 현실에 대한 이해와 고민의 끈을 놓지 않으면서도 의료윤리로 귀결되지 않은 채 자신의 정체성을 유지할 수 있는 지점이 어디인지 찾을 필요가 있다. 인문학이 의학을 연구 대상으로 삼을 수도 있고 의학의 도구가 될 수도 있고 의학에 통합

의를 중심으로」, 『한국의료윤리학회지』 23-1, 2020, 39쪽.
115 최우석, 「현상학과 질병-현상학적 질병 이해의 필요성에 관한 서론적 논의」, 『대동철학』 104, 2023, 361쪽.

될 수도 있다면,[116] 통합의료인문학은 적어도 도구를 넘어선 위상을 찾을 필요가 있다.

무엇보다 전통의료인문학의 좋은 의사 만들기처럼 추상적이지만 선명한 목표가 필요하다. 인문학의 추상성을 강조하는 것은 통합의료인문학이 의료인문학으로 자리 잡는 데 불리하게 작용할 가능성이 높다. 의료인문학의 목표가 불확실성 지향이라고 주장할 수도 있지만,[117] 연구단의 연구 활동을 반추해 보았을 때 구체화는 중요하다.

하지만 인문학 고유의 가치에 대한 고민 역시 지속되어야 한다. 그 고민이 부족하다면, 통합의료인문학은 전통의료인문학에 제기했던 비판, 즉 학문의 개별적 활용이라는 비판을 역으로 받을 가능성이 있다. 의료를 개별적인 연구의 소재로 활용했을 뿐, 궁극적으로 무엇을 위한 연구냐는 질문에 대답이 궁색해질 가능성이 있는 것이다. 그렇다면 인문학 고유의 가치에 대한 고민은 통합의료인문학의 위상을 정립하는 데 중심에 있어야 할 축이라고 할 수 있다.

따라서 인문학에서 던져지는 질문이 무엇인지 반추해 볼 필요가 있다. 역사학을 예로 든다면, 조선 시기 유의의 성장이 의료의 측면을 넘어 당시 향촌 사회에서 지닌 의미는 무엇인지 대답을 주어야 한다. 식민지 시기 서양의학을 중심으로 의료가 확대되고 있었다면, 그 확대가 식민지 근대성이라는 당시 시대상과 어떤 연관이 있는지 대답을 주어야 한다. 1950

---

116 강신익, 「의학의 세 차원-자연의학, 사회의학, 그리고 인문의학」, 『의철학연구』 6, 2008, 76쪽.
117 앨런 블리클리, 『의료인문학과 의학 교육-의료인문학이 더 나은 의사를 만드는 방법』, 학이시습, 2018, 560쪽.

년대 미국의 지원을 받아 한국의 의학 교육이 복원되었다면, 그 복원이 한국 사회의 근대화에서 어떤 의미를 지니는지 대답을 주어야 한다. 의료 라는 소재를 통해 인문학의 화두에 대답을 제시했을 때 통합의료인문학 이 정립될 수 있을 것이다.

인문학적 성찰이 지닌 의미는 분명하다. 성찰을 통해 '해당 문제에 대 해 새로운 사유와 개념을 촉발하고, 이렇게 촉발된 새로운 사유와 개념을 가지고 사람들이 생각하게 만들고, 마침내 행동을 바꾸게 함으로써 세계 를 변혁'할 수 있다.[118] 하지만 성찰과 변화를 당위론적으로 제시하는 것은 아닌지 고민해 볼 필요가 있다. 인문학이 지닌 추상성에 의료는 구체성 과 현실성이라는 강점을 부가하는 소재가 될 것이다. 서로의 가치를 손상 시키기보다 강화시키면서 통합할 수 있는 여지가 있는 것이다. 그렇다면, 궁극적으로 통합의료인문학은 의료와 인문학의 대등한, 균형적, 쌍방향 적 성장을 도모하려는 시도라고 평가할 수 있다.

5. 결론

2019년 경희대 HK+통합의료인문학연구단은 의료라는 소재를 통해 인 문학을 확대·심화시킨다는 목표, 즉 통합의료인문학이라는 새로운 분야 를 개척하겠다는 목표를 가지고 출범했다. 전통의료인문학에 대한 연구

---

118 조태구, 「돌봄, 주체 그리고 삶-미셸 앙리와 돌봄에 대한 다른 접근 가능성」, 『현상학과 현대철학』 102, 2024, 72쪽.

사 정리를 마친 2년 차부터 연구의 범주를 생로병사로 나누고, 6년이라는 기간 동안 40권에 가까운 서적과 160편에 가까운 논문을 생산했다. 양적인 측면에서 성과를 거두었다는 평가가 가능하다. 인문학의 영역도 확장시켰다. 질병 어휘를 연구하는 어학이 대표적인 영역이었다.

통합의료인문학의 정립과 관련하여 생로병사라는 범주에 따른 연구는 지속적으로 유지할 필요가 있다. 인간의 생애를 이야기하는 생로병사는 의료라는 강한 구심력에 인문학이 일정한 거리두기를 할 수 있는 범주이고, 인문학의 가치를 구현할 수 있는 구분이다. 나아가 인간을 과정 속에서 이해함으로써 특정 요인이 부각되는 환원론적 접근을 막을 수 있다. 하지만 부족하다. 반성이 이루어져야 한다.

협업은 통합의료인문학이라는 학문을 만드는 하나의 방법이 될 것이다. 연구단의 경험을 반추하면, 협업은 자연스럽게 이루어지지 않는다. 가능한 범위에서 의식적으로 협업을 시도할 필요가 있다. 다른 학문 분야라도 연구하는 시기가 비슷하다면, 그 유사성은 협업의 가능성을 높이는 요인이다. 공동의 텍스트 개발과 활용 역시 협업을 가능하게 하는 요인이다. 그 협업을 통해 통합으로 가는 기반을 다질 수 있을 것이다. 나아가 사전 기획, 공동 실행, 결과 양산을 위한 강하고 지속적인 노력이 필요하다.

인문학 기반의 의료인문학을 지향했지만, 연구단이 그동안 산출한 연구는 좋은 의사 만들기라는 전통의료인문학의 목표 실현에 도움을 주었을 것이다. 환원론적 인간 이해에 대한 경계와 비판은 전통의료인문학과 함께 통합의료인문학이 공통으로 지향할 목표였고, 의학 교육이나 임상 현장에서 실용적으로 활용될 수 있는 연구 성과도 있었다. 다만, 인문학 기반의 의료인문학, 즉 통합의료인문학의 성과가 의료에 참조가 아닌 필수의 활용 요소가 되었는지에 대해서는 의심스럽다. 의료가 인문학을 필요로 하는 수준을 넘어 필수임을 느끼게 하는 수준까지는 이르지 못한 것은 아닌지 의심스럽다.

양적 성장과 경계 확장이 이루어졌다면, 문제는 다음이다. 양을 넘어 질로 넘어가야 한다. 확장을 넘어 인문학의 심화와 관련하여 어느 정도의 성과를 거두었는지 물을 필요가 있다. 그 심화를 위해 인문학의 가치에 대한 천착은 중요하다. 인문학이 제기한 고유의 질문을 반추하고, 그 질문에 대해 의료라는 소재를 활용해 대답을 제시하여야 한다. 그 대답이 풍성하게 이루어졌을 때 통합의료인문학의 위상이 정립될 수 있을 것이다. 반복되지만, 통합의료인문학은 인문학을 기반으로 한 학문이기 때문이다. 나아가 전통의료인문학이 의료에 중심을 둔 학문이라는 점에서 인문학과 의료 중 누가 중심이 되고 다른 누구는 종속이 되는 관계가 아니라 대등한, 균형적, 쌍방향적 미래 역시 기획할 수 있을 것이다.

1부
인문학이 바라보는 '좋은 의료'

긍정적 자유와 자발적 식음 중단을 통한 좋은 죽음

김현수

경희대학교 HK+통합의료인문학연구단 HK연구교수

*   이 글은 김현수, 「벌린의 긍정적 자유와 자발적 식음 중단을 통한 좋은 죽음」(『인간과 자연』 6-3, 2025)을 수정 · 보완한 것임을 밝힌다.

1. 서론

2025년 4월 21일(현지 시간) 프란치스코 교황이 선종했다. 며칠 뒤인 4월 24일(현지 시간)에는 2021년 7월과 2023년 6월 프란치스코 교황의 복부 수술을 집도한 바 있으며, 2025년 초 교황이 폐렴으로 제멜리 종합병원에 38일간 입원했을 당시에도 의료팀장을 맡아 치료를 이끌었던 주치의 세르조 알피에리가 이탈리아 일간지《코리에레 델라 세라》,《라 레푸블리카》 등과의 인터뷰에서 교황이 2025년 초 입원 때뿐만 아니라, 2021년부터 삽관과 같은 연명치료 거부를 요청하거나 당부했으며, 집에서 눈을 감고 싶다고 말해 왔음을 밝혔다는 소식이 전해졌다. 국립국어원의『표준국어대사전』 누리집에 따르면, '선종(善終)'의 사전적 정의는 가톨릭에서 임종 때에 성사를 받아 큰 죄가 없는 상태에서 죽는 일을 가리키지만, 사람들은 누구나 '좋은 죽음[善終]'을 희구한다. 현대에 '안락사(euthanasia)'가 고통으로부터 해방하기 위해 고의로 사람의 생을 종결하는 행위를 가리키지만,[1] 그 용어의 기원이 되는 그리스어 '$ε\dot{υ}θαναςία$'가 '좋은 죽음(good death)'을 뜻하던 것처럼, 인류가 좋은 죽음을 희구한 역사는 유구하다고

---

1   "Euthanasia and assisted suicide", *NHS*, 2023.7.12.

말해도 과언이 아니다.

　프란치스코 교황의 사례는 적어도 '좋은 죽음'이 삽관과 같은 연명치료와는 거리가 있음을 환기시킨다. 2009년 2월 16일 선종한 김수환 추기경이 생전에 연명치료와 인공호흡기, 심폐소생술 거부의 뜻을 여러 번 밝혔고, 마지막 길에 이를 몸소 실천한 일화 또한 그러하다. 더욱이 '좋은 죽음'은 사망 선고 시점의 결과적 사태를 넘어 그에 도달하기까지의 과정, 즉 '임종 과정'과도 연관된다. '김 할머니 사건'은 그러한 지점을 잘 보여준다.

　75세 김 할머니는 2008년 2월 폐암이 의심되어 기관지 내시경을 이용한 폐종양 조직검사 중 갑작스러운 기관지 내 과다 출혈이 발생하여 심정지가 발생하였고, 이로 인한 저산소성 뇌 손상으로 지속적 식물인간 상태로 중환자실에서 인공호흡기를 부착한 채, 항생제 투여 · 인공 영양 공급 · 수액 공급 등의 보존적 치료를 받아 오고 있었다. 이에 김 할머니의 자녀 4명이 신촌세브란스병원을 상대로 연명치료 중단 소송을 냈고, 2008년 11월 28일 제1심 법원의 "피고는 망인에 대하여 인공호흡기를 제거하라."는 판결(서울서부지방법원 2008가합6977), 2009년 2월 10일 제2심 법원의 항소기각판결(서울고등법원 2008나116869), 2009년 5월 21일 대법원 전원합의체의 상고기각판결(대법원 2009다17417 무의미한 연명치료 장치 제거 등)이 선고된 이후, 무의미한 연명의료에 관한 사회적 공감대가 점차 확산되면서 2013년 대통령 소속 국가생명윤리심의위원회가 특별위원회를 구성하여 연명의료 중단에 대한 구체적 절차와 방법을 논의했다. 그에 따라 연명의료에 관한 특별법 제정의 필요성을 권고한 결과, 2016년 2월 3일 「호스피스 · 완화의료 및 임종 과정에 있는 환자의 연명의료결정에 관한 법률(약칭: 연명의료결정법)」이 제정되었으며, 호스피스 · 완화의료는 2017년 8월

4일, 연명의료결정제도는 2018년 2월 4일부터 시행되었다.

'김 할머니 사건'은 「연명의료결정법」에서 밝히고 있는 바와 같이, 회생의 가능성이 없고, 치료에도 불구하고 회복되지 아니하며, 급속도로 증상이 악화되어 사망에 임박한 상태의 '임종 과정'에 있는 환자가 치료 효과 없이 임종 과정의 기간만을 연장하는 심폐소생술·혈액 투석·항암제 투여·인공호흡기 착용 및 그 밖에 대통령령으로 정하는 의학적 시술을 가리키는 '연명의료'를 시행하지 않거나 중단할 것인지에 대해 스스로 결정할 수 있는 자기결정권이 보장되는 큰 역할을 수행했다. 그러나 「연명의료결정법」에 따라 연명의료결정제도가 시행되어 사전연명의료의향서(Advance Statements on Life-Sustaining Treatment; Advance Directive)를 작성하여 연명의료를 시행하지 않거나 중단할 수 있는 제도적 장치가 비로소 마련되었으나, 최근에도 연명의료 중단 등 결정계획을 수립하거나 더 나아가 이를 실제 이행하는 이들은 결코 많다고 볼 수 없다.

연명의료결정제도 시행 이후에도 한국의 노인에게 더욱 일반적인 것은 연명의료에 종속된 죽음이다. 국민건강보험공단의 「2023년 장기요양 사망자의 사망 전 1년간 급여이용 실태 분석」 자료에 따르면, 2023년 장기요양 사망자 16만 9,943명 가운데 사망 전 1개월간 「연명의료결정법」 제2조 제4항 정의에 따른 연명의료를 시행한 이들은 10만 1,471명으로 59.7%에 달했다. 구체적으로 심폐소생술 1만 6,276명, 혈액투석 8,626명, 항암제 7,903명, 인공호흡 16,359명, 체외생명유지술 4,046명, 수혈 2만 5,602명, 혈압상승제 8만 2,808명으로 특히 혈압상승제의 적극적 치료(aggressive care)가 48.7%로 매우 높은 비중을 차지했다. 또한 사망자 가운데 전 기간에 사전연명의료의향서 작성을 포함하여 연명의료 중단 등

결정계획을 수립한 이는 2만 2,240명으로 13.1%였고 계획을 이행한 이는 2만 1,520명으로 12.7%였지만, 이 중 사망 전 1개월 내 작성한 이는 1만 2,566명으로 7.4%였고 계획을 이행한 이는 1만 2,938명으로 7.6%였다. 따라서 연명의료 중단 등 결정계획을 수립한 이 가운데서도 58.2%만이 실제 이행했다. 특히 연명의료 중단 등 결정계획의 이행은 65세 미만 6.4%, 65~74세 12.9%, 75~84세 9.4%, 85~94세 6%, 95세 이상 3.6%였으며, 65~74세를 기준으로 오히려 연령이 증가할수록 그 비율이 감소했다.

연명의료에 종속된 죽음은 사망의 장소가 의료기관임을 함축한다. 특히 한국 노인의 임종은 의료기관에서 매우 높은 비중으로 이루어지고 있다. 통계청의「2024년 출생·사망통계(잠정)」자료에 따르면, 2024년 사망 장소별 사망자 수 비중은 의료기관(병의원, 요양병원 등) 75.1%, 주택 15.2%, 기타(사회복지시설, 산업장, 도로 등) 9.7%였다. 특히 연령별 의료기관 사망 비중에서 65세 이상은 77.2%, 65~84세는 80.9%, 85세 이상은 72.6%였다. 노인 10명 가운데, 7~8명이 의료기관에서 사망했음을 알 수 있다.

한국의 노인들은 좋은 죽음과 관련하여 연명의료에 종속되지 않은 상태로 자택에서 생애의 말기를 보내고 임종을 맞이하기를 희망한다. 국민건강보험공단의「2023년 장기요양 사망자의 사망 전 1년간 급여이용 실태 분석」자료에서「2023년 노인실태조사 자료」에 의거하여 밝혔듯이, 노인이 생각하는 좋은 죽음의 인식은 중요도에 따라 스스로 정리한 임종 85.8%, 고통 없는 임종 85.4%, 가족에게 부담 없는 임종 84.7%, 가족과 함께 임종 76.8%, 집에서 맞는 임종 53.9%의 순서였고 연명치료에 대해 84.1%의 높은 정도로 반대하고 있었으며, 노인장기요양보험제도에 따라 지원을 받는 돌봄수급노인이 희망하는 생애 말기 거주 장소와 임종 장소를 복수로 선택한 결과를 보면, 먼저 생애 말기 희망 거주 장소는 자택 78.2%·병의원 29.3%·노인의료복지시설 10.6%, 그리고 생애 말기 희망 임종 장소는 자택 67.5%·병의원 43.4%·노인의료복지시설 43.4%의 순서였다.

비록 노인장기요양보험제도에 따라 지원을 받는 돌봄수급노인에 한정된 답변 결과이기는 하나, 매우 높은 정도로 자택에서 생애의 말기를 보내고 임종을 맞이하기를 희망한다는 것은 생애 말기 그들의 삶에 관한 결정이 전적으로 그들 자신에게 달려 있지 않다는 반증이기도 할 것이다. 사전연명의료의향서를 작성하지 않은 환자가 인지능력을 상실했거나 급성질환으로 그 의사를 확인할 수 없는 경우, 평소 신념이나 가치관의 확인은 가족에게 달려 있기도 하다. 게다가 환자의 치료 중단 결정이 곧 그들이 환자를 죽게 내버려 둔다고 생각하는 경향이 강한 한국인의 정서상, 환자의 평소 신념이나 가치관에 반하더라도 연명치료를 결정하는 가족들은 적지 않다. 그 결과, 한국의 노인 10명 가운데, 7~8명이 자택이 아닌 의료기관에서 사망한다.

이 글에서는 연명의료에 종속되지 않은 '좋은 죽음[善終]'과 관련하여 '긍정적 자유(positive liberty)'와 '자발적 식음 중단(voluntarily stopping eating and drinking, VSED)'에 대해 살펴보고자 한다. 이를 통해 의사결정능력(decision-making capacity, DMC)을 가진 환자가 자발적 식음 중단을 통해 의도적이며, 자기주도적인 행위로 죽음을 앞당기는 한 방법이 개인이 자신의 주인이 되고자 하는 바람에서 비롯된 긍정적 자유와 관련되어 있음을 드러낼 것이다. 이를 위해 2.에서는 이사야 벌린이 구분하여 제시한 긍정적 자유를 부정적 자유와 함께 검토할 것이다. 3.에서는 자발적 식음 중단의 내용과 함께 중단이 가능한 연명의료의 범위에서 일반연명의료를 제외하는 규정의 전면적 개정 필요성을 제기하는 근래의 주장을 살펴볼 것이다. 이는 연명의료 중단이나 의료 조력사를 요청하는 환자들을 비롯하여 자발적 식음 중단을 선택하고 실행하는 환자들이 지니는 자기결정권의 구체적 함의를 드러내는 데 일조할 수 있을 것이다.

2. 긍정적 자유

'긍정적 자유'는 영국의 철학자 이사야 벌린(Isaiah Berlin, 1909-1997)이 1958년 10월 31일 옥스퍼드 대학교에서 사회·정치 이론[2] 치첼레(Chichele) 교수 취임 강연으로 연설한 '자유의 두 개념(Two Concepts of Liberty)'에서 제시되었다. 이 강연문은 뒤에 옥스퍼드 대학교 클래런던 출판부에서 57쪽 분량으로 발행되었고, 이후 옥스퍼드 대학교 출판부에서 발행한 벌린의 논문 모음집 『자유에 관한 네 편의 에세이(Four Essays on Liberty)』(1969)에 수록되었으며, 벌린의 미출간 저작들이 널리 읽히는 데 큰 역할을 한 헨리 하디(Henry Hardy, 1949-)가 편집한 『자유(Liberty)』(2002)에 다른 글들과 함께 재수록되어 옥스퍼드 대학교 출판부에서 발행되었다. 마찬가지로 헨리 하디가 편집하여 프린스턴 대학교 출판부에서 발행된 『자유와 그 배신: 인간 자유의 여섯 가지 적(Freedom and Its Betrayal: Six

---

2　정치 이론(political theory)은 도덕 철학(moral philosophy)의 한 갈래이다.

Enemies of Human Liberty, 2nd edition)』(2014)은 벌린이 1952년에 강의한 '자유와 그 배신(Freedom and Its Betrayal)'을 담고 있는데, 그중 '자유의 본질'과 관련하여 다음과 같은 내용이 기술되어 있다.

> 자유의 본질은 언제나, 강압이나 괴롭힘 없이, 어떤 거대한 체제 속에 삼켜지지 않고 그대가 그렇게 선택하기를 바라기 때문에, 그대가 선택하기를 바라는 대로 선택할 수 있는 능력에 있었다. 또한 자유의 본질은 그것들이 그대의 신념이라는 이유만으로 저항하고, 대중적이지 않게 되면서도, 그대의 신념을 견지할 권리에 있었다. 이것이 진실한 자유이며, 그것이 없다면 어떠한 종류의 자유도, 심지어 자유의 환상조차도 있을 수 없다.[3]

강압이나 괴롭힘의 부재와 더불어 바람과 신념 그리고 능력과 권리 개념을 통해 자유의 본질을 드러낸 벌린의 통찰을 확인할 수 있다. 또한 '자유의 본질(the essence of liberty)'에 대한 그의 탐구가 '진실한 자유(true freedom)'에 도달하기 위한 노정임도 읽을 수 있다. 더 나아가 이로부터 6년 뒤에 부정적 자유와 구분되는 긍정적 자유의 의미가 구체화된 것임을 짐작할 수 있다.

벌린의 '긍정적 자유'는 그가 구분하여 제시한 '부정적 자유'와의 대비를 통해 그 의미가 분명히 드러날 수 있다. 이를 위해 먼저 그의 부정적 자유

3　Isaiah Berlin, Henry Hardy ed., *Freedom and Its Betrayal: Six Enemies of Human Liberty, (2nd edition)*, Princeton University Press, 2014, p.112. 초판은 2002년 프린스턴 대학교 출판부에서 동일한 서명으로 발행되었다.

에 대해 살펴보도록 하자.

벌린은 영국 고전 정치철학자의 '정치적 자유(political liberty)' 단어 사용 시의 의미와 관련하여, '자유롭다는 것(being free)'은 '타인의 간섭을 받지 않는다는 것(not being interfered with by others)'을 의미하며, 간섭받지 않는 영역이 넓을수록 자신의 자유도 넓어지지만, 영국 고전 정치철학자들은 그 영역이 얼마나 넓을 수 있고 또 얼마나 넓어야 하는지에 대해서는 의견이 달랐음을 지적한다. 그에 따르면, 그 영역이 무제한적일 수 없는 것은 모든 사람이 다른 모든 사람에게 끝없이 간섭할 수 있는 상태이거나 그런 상태를 수반하기 때문이며, 이러한 종류의 '자연적 자유(natural freedom)'는 사람들의 최소 욕구도 충족되지 않는 사회적 혼란으로 이끌거나 강자의 자유가 약자의 자유를 억누를 수 있다. 이에 정의나 행복 혹은 문화나 안전 보장, 또는 다양한 수준의 평등과 같은 다른 목표에 높은 가치를 두어, 다른 가치와 참으로 자유 자체의 이익을 위해 자유를 제한할 준비가 되었던 사상가들은 결과적으로 인간의 자유로운 행동 영역이 법으로 제한되어야 한다고 가정했다고 이해한다. 반면, 그는 특히 영국의 존 로크(John Locke, 1632-1704)와 존 스튜어트 밀(John Stuart Mill, 1806-1873), 그리고 프랑스의 벤자민 콘스탄트(Benjamin Constant, 1767-1830)와 알렉시스 드 토크빌(Alexis de Tocqueville, 1805-1859) 같은 자유주의자들은 어떤 경우에도 침해되어서는 안 되는 최소한의 개인적 자유 영역이 존재해야 한다고 한 것으로 동등하게 가정할 수 있다고 이해한다. 또한 벌린은 그 경계를 넘게 되면, 개인이 혼자서라도 사람들이 견지하는 좋음이나 옳음 또는 신성함과 같은 다양한 목적을 추구하고 한층 더 구상하는 것을 가능하게 해 주는 그의 자연적 능력들을 최소한도로 발달시키기에도 좁은 영역에 그 자신이 있음을 발견할 것이기에, 사적 삶과 공적 권위의 영역 사이에 경계선을 그어야만 하며, 어디까지 그을 것인가는 논쟁의 문제이지만, 실로 입씨름의 문제라고 설명한다. 계속해서 그는 개인의 최소한도의 자유 영역은 인간이 그의 인간 본성의 본질에 어긋남이 없어 포기할 수 없는 것이라 규정하면서, 이러한 의미에서의 자유는 자리를 옮기기는 하나 언제나 인식할 수 있는, 경계선 저편 간섭의 부재를 의미한다고 말한다. 그러나 벌린에게 간섭(interference)으로부터의 자유이든 간섭을 함축하는 강압(coercion)으로부터의 자유이든 그것은 부정적 자유(negative liberty)일 뿐이기에, 그는 나 자신에 의해 지배받고자 하는 욕망, 혹은 적어도 내 삶이 통제되는 과정에 참여하고 싶은 욕망과 관련하여 하나의 규정된 삶의 형태를 이끌 수 있는 긍정적 자유(negative liberty)를 제시하는 길로 나아간다.[4]

벌린이 설명한 부정적 자유는 "주체(개인 혹은 개인 집단)가 다른 개인들의 간섭 없이 자신이 해낼 수 있거나 될 수 있는 것 또는 하거나 되도록 내버려 두어야 하는 영역은 무엇인가?"라는 질문에 대한 답과 관련된 것이었다. 또한 그는 긍정적 자유가 "누군가가 저것보다는 이것을 하거나 되도록 결정할 수 있는 것을 통제하거나 간섭할 수 있는 근원은 무엇 또는 누구인가?"라는 질문에 대한 답과 관련된 것이었으며, 그 답들이 겹칠 수 있을지라도 두 질문은 분명히 다르다고 강조한다.[5]

벌린은 긍정적 자유에 대해 다음과 같이 기술했다.

4   Isaiah Berlin, Henry Hardy ed., *Liberty*, Oxford University Press, 2002, pp.170-178.

5   Isaiah Berlin, Ibid., p.169.

'자유'라는 단어의 '긍정적' 의미는 개인이 그 자신의 주인이 되고자 하는 입장에 대한 바람으로부터 나온다. 나는 내 삶과 결정들이 어떤 종류의 외부적 힘이 아닌, 나 자신에게 달려 있기를 바란다. 나는 다른 사람의 의지로 인한 행위가 아닌 내 자신의 의지의 도구가 되기를 바란다. 나는 객체가 아닌 주체가 되기를 바란다. 나는 마치 밖으로부터 나에게 영향을 미치는 원인들에 의해서가 아닌, 나 자신의 것인 이유들에 의해서, 의식적인 목적들에 의해서 움직이기를 바란다. 나는 아무도가 아닌 누군가가 되기를 바란다. 나는 결정되는 것이 아닌 결정하는 행위자이기를 바란다. 마치 내가 하나의 사물이나 동물 혹은 나 자신의 목표와 정책을 떠올리고 그것들을 실현하는 인간다운 역할을 할 수 없는 노예인 것처럼, 외부 자연이나 다른 사람들에 의해 행동에 옮기는 것이 아니라, 자기-지시된 것이다. 이것이 내가 "나는 합리적이다."라고 말할 때, 그리고 "나의 이성은 나를 인간으로서 나머지 세상과 구별한다."라고 말할 때, 내가 의미하는 최소한의 입장이다. 무엇보다도 나는 분별 있고, 자발적이며, 능동적인 존재로서 나 자신을 의식하고 있으면서, 자신의 선택에 책임을 떠맡고, 나 자신의 생각과 목적을 참고로 그것들을 설명할 수 있기를 바란다. 나는 내가 이것을 진실하다고 믿는 정도까지는 자유롭다고 느끼고, 진실하지 않다고 실감케 되는 정도까지는 예속되었다고 느낀다.[6]

벌린이 긍정적 자유를 그 자신의 주인으로서, 그 의지에 따라 계획하고 행하는 분별력 있고, 자발적이며, 능동적인 행위자나 주체와 연관하여 이

---

6   Isaiah Berlin, Ibid., p.178.

해하고 있음이 분명하게 드러난다. 그리고 그는 이것을 '바람(wish)'으로부터 출발했음에도 사실로 이해하고, '진실하다고 믿는(I believe this to be true)' 데로 나아간다. 벌린이 같은 글 4장에서 말한 '나는 내 자신의 의지에 따라 내 삶을 계획할 때, 그리고 오직 그럴 때에만 자유롭다."[7]라는 가언 명제는 "자신의 의지에 따른 계획적 삶으로 자유의 이상향에 도달하라."라는, 달리 표현된 종교적 색채를 지닌 선언처럼 다가올 수도 있다.

그러나 그가 이해하는 긍정적 자유는 오히려 종교적 색채가 탈색되어 있다. 위에 인용한 글의 후반부에서도 언급되고 있듯이, 벌린은 긍정적 자유를 합리주의와 연결하여 이해하고 있기 때문이다. 그에게 합리적 존재란 주인으로서 그 자신의 의지에 따라 자기-지시 또는 자기-통제를 할 수 있는 존재이다.

> 이것이 합리주의의 형이상학적 핵심이다. 자유의 개념이 그 안에 담고 있는 것은 (이상적으로는) 장애물이 없는, 아무것도 나를 막고 있지 않는 진공의 장이라는 '부정적' 개념이 아니라, 자기-지시 또는 자기-통제 개념이다. 나는 나 자신의 것을 대상으로 내가 의지하는 바를 할 수 있다. 나는 합리적 존재이다.[8]

벌린은 "자유는 간섭의 부재이다."라는 전통적 이해에 대한 반성으로부터 출발하여 간섭의 부재를 부정적 자유로 규정하였다. 이에 그는 '간

---

7   Isaiah Berlin, Ibid., p.190.
8   Isaiah Berlin, Ibid., p.190.

섭'과 쌍을 이루는 '노예'의 저편으로부터 '주인'의 이편으로 회귀했음에도, 그와 쌍을 이루는 것을 '긍정적 자유' 즉 '진실한 자유(true freedom)'로 되살릴 수 있었다.

3. 자발적 식음 중단을 통한 좋은 죽음

'자발적 식음 중단' 개념은 2024년 7월 19일 『단식 존엄사: 의사 딸이 동행한 엄마의 죽음』(이하 『단식 존엄사』로 약칭)이라는 제목으로 번역되어 국내에서 출판된 서적을 통해 대중들에게 다소 알려졌을 듯하다. 이 번역서의 원저는 2022년 3월 31일 대만에서 출판된 『斷食善終 - 送母遠行, 學習面對死亡的生命課題(단식 선종-어머니의 먼 길을 배웅하며, 죽음을 마주하는 생명 수업을 배우다』(이하 『단식 선종』으로 약칭)이며, 저자인 비류잉(畢柳鶯)은 위생복리부타이중병원(Taichung Hospital of the Ministry of Health and Welfare) 재활학과(Department of Physical Medicine and Rehabilitation) 교수이다. 그녀는 이 글에서 척수소뇌실조증(Spinocerebellar Ataxia, SCA)[9]을 앓는 모친을 21일 동안[10]의 단식을 통해 편안하게 모시기까지의 여정과 대만의

---

9 한국질병분류 정보센터(KOICD)에 따르면, '신경계통의 질환(Diseases of the nervous system)'-'일차적으로 중추신경계통에 영향을 주는 계통성 위축(Systemic atrophies primarily affecting the central nervous system)'-유전성 운동실조(Hereditary ataxia)' 가운데, 보통 20세 이전 발병하는 '조기발병 소뇌성 운동실조(Early-onset cerebellar ataxia)'와 20세 이후 발병하는 '만기발병 소뇌성 운동실조(Late-onset cerebellar ataxia)'로 구분된다.

10 인간이 물 없이 살 수 있는 기간은 약 3일이며, 식량 없이 살 수 없는 기간은 약 3주이

안녕완화의료조례(安寧緩和醫療條例) 및 병인자주권리법(病人自主權利法) (이하 ‘환자자주권리법’) 등 선종에 대한 고민을 담고 있다.

『단식 선종』이 『단식 존엄사』로 번역되면서 존엄사를 안락사의 한 종류로 이해하는 널리 확산된 오류를 재생산하는 문제를 일으킨다. ‘존엄사’라는 용어는 오랜 기간 한국에서 ‘의사 조력 자살’이 아닌 ‘연명의료의 중단 및 유보’를 의미하는 말로 사용되어 왔고, 이러한 의미로 사용되는 한에서 안락사와 구분되는 개념으로 이해되어 왔다. 이 때문에 ‘존엄사’는 오직 ‘연명의료 중단이나 유보’만을 의미하고, ‘안락사’는 고통 없는 죽음을 의도하는 모든 인위적인 행위를 지칭함으로써 용어의 모호함으로부터 발생할 문제는 상당 부분 해결할 수 있다.[11] 비류잉의 모친은 연명치료를 받던 중 자발적 식음 중단을 통한 선종을 결심한 것이 아니다. 그럼에도 『단식 존엄사』가 ‘선종’에 대한 우리말로 ‘존엄사’를 선택한 것은 존엄사를 안락사의 한 종류인 것처럼 이해하는 오류를 재생산하고 있다. 『단식 존엄사』 분석을 중심으로 단식 존엄사의 법률적·윤리적 쟁점을 다룬 연구도 그러한 이해를 답습하고 있다.[12] 게다가 『단식 존엄사』에는 수록되어 있지 않은 『단식 선종』의 부록 가운데 한 가지가 『단식 선종』의 출판 전인 2019년 10월, 2020년 3월 대만의 입법원에서 논의되기 위해 제안된 「존엄선종법초안(尊嚴善終法草案)」이다. 해당 법안은 인간의 존엄성 및 개인의 자주

<hr>

다. Colin Towell, *Essential Survival Skills,* Dorling Kindersley, 2011, p.154.

11 이와 관련해서는 조태구, 「미끄러운 비탈길 위에서 미끄러지지 않기」, 『인문학연구』 53, 경희대학교 인문학연구원, 2022, 153-159쪽 참조.

12 김의, 「畢柳鶯의 『斷食善終』에 나타난 타이완의 단식 존엄사 논의」, 『가족과 커뮤니티』 11, 전남대학교 인문학연구원, 2025.

권을 보호하기 위해 국가는 마땅히 환자의 의료 자주권을 적극 보장해야 하니, 의사 조력 자살 및 자발적 적극 안락사를 청구할 수 있는 권리를 포함한다는 내용을 담고 있다.[13] 이를 볼 때, 비류잉이 '단식 선종'을 '단식 존엄사'로 이해했다면, 그녀에게 '존엄선종법'은 '존엄존엄사법'의 뜻이 된다. 따라서 '단식 선종'을 '단식 존엄사'로 번역했을 때의 문제는 분명하다.

'자발적 식음 중단'은 최적의 완화적 개입(palliative interventions)에도 반응하지 않는 고통이나 그 자신이 견딜 수 없다는 것을 알아챈 질질 끄는 죽음의 상황에서, 또는 그 자신이 받아들이기 어렵다고 여기는 돌이킬 수 없는 질환에 기인한 악화나 고통이 예기되는 상황에서 죽음을 앞당기고자 의사결정능력을 가진 환자에 의해 이루어지는 신중하며, 스스로 주도하는 행위이다. 이러한 행위는 전형적으로 수개월 또는 수년의 생을 기대할 수 있으나 심각한 질환을 가진 환자에 의해 착수된다.[14] 우리들은 일반적으로 이러한 환자가 생애 말기(end of life)에 처했다고 언급한다. 그렇기 때문에 '임종 과정'에 있다고 하지는 않으며, '말기 환자'라는 용어로 지칭한다. 이들 개인의 전반적인 건강 상태와 수분 섭취 자제를 철저히 따르느냐에 따라 자발적 식음 중단에 종속적인 죽음 과정은 10일에서 2주까지 지속되는 경향이 있다.[15] 이 동안 환자들은 사랑하는 이들과 작별하기

---

13   의안 관계 문서의 자세한 내용은 立法院議事暨公報資訊網에서 '尊嚴善終法草案' 검색어 입력을 통해 확인할 수 있다.

14   Wechkin H, Macauley R, Menzel PT, Reagan PL, Simmers N, Quill TE. "Clinical Guidelines for Voluntarily Stopping Eating and Drinking(VSED)", *Journal of Pain and Symptom Management* 66-5, 2023, p.626.

15   Wax JW, An AW, Kosier N, Quill TE. "Voluntary Stopping Eating and Drinking", *Journal of the American Geriatrics Society*, 66-3, 2018, p.442.

위한 자연스러운 기간을 제공받는 장점이 있으며, 과정 중 마음이 바뀌면 그 과정을 되돌릴 기회 또한 있다. 또한 임상의는 환자와의 마지막 상호 작용에서 돌봄제공자로 직무를 다할 수 있다.[16]

자발적 식음 중단은 '의료 조력 사망(medical assistance in dying, MAID)'과도 비교된다. 후자는 '의사조력사(physician-assisted death, PAD)'와 중복되면서 차이점도 있다. '의료 조력 사망'이 '적극적 안락사(active euthanasia)'와 '의사조력사'를 포함하는 개념이라고 이해하는 학자도 있다.[17] 캐나다의 경우, 의사(medical practitioner)나 전담 간호사(nurse practitioner)가 약물을 직접 투여하는 '의료인-투여 의료 조력 사망(clinician-administered medical assistance in dying)'과 의사나 전담 간호사가 약물을 제공하거나 처방하여 환자가 직접 투여하는 '자가-투여 의료 조력 사망(self-administered medical assistance in dying)' 두 가지 방법이 있다. 그러나 두 가지 방법 가운데, 환자가 어느 한쪽을 단순히 선택할 수 있는 것은 아니다. 자가-투여 중, 의사 결정능력의 상실이라는 합병증이 있으나 죽음에 이르지 않을 경우에만, 사전에 작성된 합의서 조건에 따라 의료인에 의해 2차 약물 투여가 이루어진다.[18] 이 '의료 조력 사망(medical assistance in dying)'은 캐나다에서 법률명으로 사용되기도 하지만, 학계에서는 '의료 조력 사망(medical aid-in-dying)' 용어가 선호되기도 한다.[19]

---

16   Emily B. Rubin and James L. Bernat, "Voluntarily Stopping Eating and Drinking", Timothy E. Quill and Franklin G. Miller. eds., *Palliative care and ethics*, Oxford University Press, 2014, pp.237-238.

17   양영순, 『살레카나-자이나교의 자발적 단식 존엄사』, 씨아이알, 2025, 127쪽.

18   "Medical assistance in dying: Overview", Health Canada, 2025.8.27.

19   National Academies of Sciences, *Engineering, and Medicine, Physician-Assisted Death:*

호주의 3개 주 빅토리아, 뉴사우스웨일스, 퀸즐랜드도 캐나다와 비슷하게 조력사망약물의 자가-투여나 의료인-투여를 통한 의료 조력 사망이 가능하다. 캐나다와 다른 점은 개인이 자가-투여 허가증의 대상이지만, 허가증에 명시된 자발적 조력사망약물을 자가-투여하거나 소화시킬 만한 신체적 능력을 상실한 경우에만 의료인-투여 허가증 신청을 요청할 수 있다. 특히 주목할 점은 3개 주 모두 내용의 차이는 있으나, 해당 법률을 '자발적 조력 사망법(Voluntary Assisted Dying Act)'이라 명명하고, 자발적 조력 사망의 요청 및 이용 결정에 대한 환자의 의사결정능력이 전제됨을 강조하고 있다는 것이다.

자발적 식음 중단은 의료 조력 사망에 비해 5가지 장점이 있다. 첫째, 의료 조력 사망과 안락사는 전 세계 대다수 국가와 미국 내에서도 불법이지만, 자발적 식음 중단은 거의 모든 관할권에서 합법이다. 둘째, 의료 조력 사망과 안락사는 합법적일 경우에도 6개월 이내에 사망 가능성이 있는 말기 환자로 제한되지만, 자발적 식음 중단에는 이런 제한이 없어서 천천히 진행되는 알츠하이머나 진행성 치매 환자에게는 현실적인 선택이 될 수 있다. 셋째, 의료 조력 사망과 안락사는 자격 요건을 검토받고 처방전을 받기까지 2주에서 1개월까지의 기한이 필요하지만, 자발적 식음 중단은 빠르게 결정하고 실행할 수 있다. 넷째, 의료 조력 사망이나 안락사는 과정 내내 의사와 가족 파트너와 함께해야 하지만, 자발적 식음 중단은 전적으로 환자 본인이 통제할 수 있다. 다섯째, 자발적 식음 중단은 환자

<hr>

Scanning the Landscape: Proceedings of a Workshop, The National Academies Press, 2018, p.4.

의 결심과 과정상의 의지에 좌우되기 때문에 환자의 자발적인 동의에 관해 의심할 여지가 없다.[20]

연명의료 중단 결정을 합법화하면서, 임종 과정에 있는 환자만을 그 대상으로 지정하고 말기 환자를 제외한 것은 법의 취지에 맞지 않다는 비판이 근래 제기되었다. 「연명의료결정법」이 질병 등으로 고통받는 환자의 자기결정권을 보장하고 인간으로서의 존엄과 가치를 보호하기 위해 제정되었음에도, 회복 가능성이 없는 말기의 중증 환자가 질병의 호전을 사실상 포기하고 현 상태 유지를 위한 치료만 한다면 이 역시 인간으로서의 존엄과 가치를 훼손하는 일이며, 비교법적 관점에서도 연명의료 중단을 허용한 대부분의 국가에서 말기 환자를 그 대상으로 허용하고 있다는 것이다. 특히 연명의료를 지속하더라도 수일 혹은 수주 이내에 사망할 확률이 높은 임종 과정의 환자보다 연명의료를 지속하더라도 결국에는 사망에 이르게 되지만 수개월 이상 생명을 유지하게 되는 말기 환자의 인간으로서의 존엄이 심각하게 침해될 수 있기에, 「연명의료결정법」의 입법 취지를 살리기 위해서는 말기 환자를 연명의료 중단의 대상에 포함시켜야 한다는 것이다.[21] 이와 더불어 중단 가능한 연명의료가 심폐소생술·항암제 투여·인공호흡기와 같은 전문적 지식과 장비를 필요로 하는 특수연명의료로 한정되고, 영양 및 수분을 공급하는 일반연명의료를 제외한 점 역시 법의 취지에 맞지 않다는 점도 비판되었다. 연명의료 중단을 통해

---

20 양영순, 같은 책, 131-132쪽.
21 성중탁, 「현행 우리나라 연명의료중단제도의 주요 쟁점과 개선 방향」, 『법제』 705, 법제처, 2024, 191쪽 참조.

환자가 곧 사망에 이르러야만 환자의 자기결정권을 온전히 보장할 수 있음에도, 영양 및 수분을 지속적으로 공급하는 것은 특수연명의료 중단의 실효성이 감소할 뿐이며, 이는 곧 불필요한 의료 서비스 없이 죽음을 맞이하고 싶다는 환자의 진정한 의사에 반한다는 것이다. 또한 비교법적 관점에서 대다수의 국가들은 일반연명의료 중단 금지를 허용하고 있기에, 중단이 가능한 연명의료의 범위에서 일반연명의료를 제외하는 규정을 전면 개정할 필요가 있다는 것이다.[22]

대형병원의 원장을 거쳐 이사장을 지내다가 스스로 물러난 뒤, 노인요양병원에서 십수 년을 평의사로 지내면서 수백 건의 자연사 혹은 평온사를 지켜봤던 나카무라 진이치가 연명치료는 자연사를 향한 학대와 같다며 말한 다음과 같은 술회는 귀를 기울일 만하다.

더 이상 먹을 수 없게 된 노인에게는 콧속으로 튜브를 삽입해 위까지 연결하는 비강영양법, 위에 구멍을 뚫어 직접 관을 삽입하여 식사를 돕는 위루술이 즉각 시행됩니다. 탈수 증세가 일어나면 링거주사로 수분을 계속 넣어주기 바쁩니다. 빈혈에는 수혈을, 소변이 나오지 않으면 이뇨제를, 혈압이 떨어지면 승압제를 사용합니다. 그러나 이 모든 잔인한 행위는 결국 자연이 마련해 준 최후의 선물인 자연사를 방해합니다. 즉 불안도 두려움도 적막감도 느껴지지 않는 행복한 분위기 속에서 낙엽처럼 하늘하늘 죽어 갈 수 있는 그 평온사의 마지막 과정을 완전히 파괴하는 것이나 다름이 없습니다.[23]

---

22 성중탁, 같은 논문, 192쪽 참조.
23 나카무라 진이치, 강신원 옮김, 『의사를 반성한다-어느 노인요양원 의사의 양심고백』,

자발적 식음 중단과 일반연명의료의 중단은 분명 다르다. 그러나 환자가 어떤 선택을 하더라도, 전문화된 의료적 돌봄인 완화의료(palliative care)가 요구된다는 점을 공유한다. 또한 양자는 궁극적으로 좋은 죽음을 성취하기 위한 노력이다. 그런데 환자의 자기결정권을 온전히 보장하기 위해서는 선택지를 늘려 주고 충분한 정보를 제공하는 일이 선행되어야 한다. 일반연명의료의 중단과 더불어 자발적 식음 중단은 그러한 선택지로 고려될 수 있을 것이다.[24]

4. 결론

이 글에서는 이사야 벌린의 긍정적 자유와 자발적 식음 중단을 중심으로 연명의료에 종속되지 않은 '좋은 죽음'을 성취할 수 있는 하나의 이론적 근거를 확인하고자 하였다. 이상의 논의를 통해 다음과 같은 점들을

사이몬북스, 2025, 72-73쪽.

24 2025년 5월 27일(현지 시각) 프랑스 하원에서 '죽음에 대한 긍정적 조력(l'aide active à mourir)'을 허용하는 법안이 통과되었다. 2024년 11월 29일(현지 시각) 영국에서 말기 환자에 대한 '조력 사망(assisted dying)' 법안이 하원을 통과하였다는 국내 뉴스가 있었으나, 당시 리드비터 법안(Leadbeater bill)의 지지에 대한 찬반 투표가 있었을 뿐이다. 이후 14명의 찬성자와 9명의 반대자를 포함한 23명의 의원으로 구성된 위원회의 활동을 통해 변경 사항이 발생하였고, 2025년 6월 20일 하원 의원들이 법안에 찬성 표를 던지면 상원으로 넘어가게 될 예정이다. "Aide à mourir : ce que permettrait ou non la nouvelle loi française", Le Monde, 2022.5.27.; "How could assisted dying laws change?", BBC, 2022.6.20. '조력 사망'이 '의사 조력 자살'이나 '의사 조력 안락사'가 아닌 한, 말기 환자임에도 임종 과정에 근접한 환자에 대한 의료적 조력이라면, 그것 또한 환자의 자기결정권을 온전히 보장하기 위한 선택지 가운데 하나가 될 수 있을 것이다.

확인할 수 있었다.

첫째, 벌린에게 '부정적 자유'는 간섭의 부재 또는 간섭을 함축하는 강압의 부재였다. 그리고 긍정적 자유는 주인으로서 의지하는 바대로 살고 결정하는 것이었으며, 진실한 자유(true freedom)였다. 특히 주인은 그 자신의 의지에 따라 자기-지시 또는 자기-통제를 할 수 있는 합리적 존재였다.

둘째, 『단식 선종』의 번역서 『단식 존엄사』는 존엄사를 안락사의 한 종류로 이해하는 널리 확산된 오류를 재생산하는 문제를 일으키고 있었다.

셋째, 자발적 식음 중단은 의사결정능력을 가진 회복 불가능한 말기 환자에 의해 신중하며, 스스로 주도하여 죽음을 앞당기는 행위이며, 일반연명의료의 중단은 말기 환자에 대한 영양 및 수분 공급을 멈추는 것으로 각기 다르다. 그러나 환자가 어떤 선택을 하더라도, 전문화된 의료적 돌봄인 완화의료가 요구된다는 점은 같다. 또한 양자는 궁극적으로 연명의료에 종속되지 않은 좋은 죽음을 성취하기 위한 노력이라는 점에서 환자의 자기결정권을 온전히 보장하기 위해 늘려야 하는 선택지로 고려될 수 있을 것이다.

교황이나 추기경이 아니라 하더라도, 누구나 연명의료에 종속되지 않은 좋은 죽음을 성취할 수 있도록 길이 열려 있어야 한다. 모든 국민은 법 앞에 평등하며, 누구든지 성별·종교 또는 사회적 신분에 의하여 정치적·경제적·사회적·문화적 생활의 모든 영역에서 차별을 받지 않아야 한다. 의료라는 시스템 속에서 의료사하는 임종 과정이 강제되지 않는다면, 비류잉의 모친처럼 자발적 식음 중단을 통해 자연사하는 좋은 죽음을 성취할 수 있을지도 모른다. 벌린의 주장에 따른다면, 그것은 연명의료의 간섭이 없는 부정적 자유의 상태와 맞물려 환자가 자신의 의지에 따라 생의 마지막을 계획하고 여정을 떠날 수 있는 긍정적 자유의 실현, 즉 진실로 자유로운 상태에서 삶을 마치도록 돕는 하나의 길일 수도 있다.

그러나 환자의 통증 조절이 용이했던 의사 비류잉조차 모친의 선종을 위해 호스피스 병동의 수간호사 동료에게 임종을 앞둔 환자를 돌보기 위한 지도를 받을 필요가 있었음을 주목해야 한다. 바꿔 말해, 약물을 제공하여 통증을 조절할 수 없고, 임종을 앞둔 환자를 위한 지도를 받을 수 없는 이들은 자발적 식음 중단을 원활하게 진행할 수 없다. 프랑스의「1999년 6월 9일 제99-477호 완화의료를 받을 수 있는 권리를 보장하기 위한 법률(Loi n° 99-477 du 9 juin 1999 visant à garantir le droit à l'accès aux soins palliatifs)」은 완화의료를 의료기관 또는 가정에서의 통합진료를 통하여 적극적이고 계속적으로 치료하는 것이라 정의하고, 이 법의 목적은 통증을 감소시키고, 신체적 고통을 완화함으로써 환자의 존엄을 존중하고 가정을 지원하기 위한 것이라고 밝히고 있다.[25] 이와 같이, 우리나라도 완화의료의 장이 가정으로까지 확장되어야 한다. 임종 케어까지 제공하는 재택 의료 시범 사업의 성공적 안착은 그러한 가운데에서 이루어질 것이다.[26]

---

25 이신이,「프랑스 연명의료결정 법제 및 주요 판례 분석」,『2020 생명윤리관련 정책연구 과제 자유공모 결과보고서』, (재)국가생명윤리정책원, 2020, 13쪽.
26 「'재택 임종' 원하지만 현실은?…"임종 케어 인프라 부족"」,《KBS》, 2025.4.3.

우리는 어떤 의사를 원하는가?

—한국 메디컬 드라마의 '영웅-의사' 캐릭터를 중심으로

박성호
경희대학교 HK+통합의료인문학연구단 HK연구교수

1. 서론

의학 드라마, 혹은 '메디컬 드라마'는 병원이라는 공간을 주요 배경으로 삼아 의료인들이 겪는 직업상의 갈등을 핵심 사건으로 다루는 드라마 장르이다. 메디컬 드라마는 병원에서 벌어지는 일들을 사실적으로 다루어야 하고, 주요 갈등이 직업과 관련된 내용을 중심으로 구성되어야 하며, 등장인물 역시 의료인이라는 직업의 특성을 바탕으로 캐릭터가 구축되어야 한다.[1]

메디컬 드라마의 효시는 1954년 미국에서 방영된 〈메딕(Medic)〉이다. 이 드라마는 의학 정보와 지식의 정확성을 높인다는 명목하에 촬영 전에 주요 내용을 미국의학협회에 보여주고 검증받는 절차를 거쳤던 것으로 알려져 있다. 다만 이러한 자문의 이면에는 드라마 속에서 묘사되는 의료인이 긍정적인지를 살피려는 의도가 숨어 있었다고 전해지는데, 당시 미국의 의사 집단 내에서 드라마에 묘사된 의사상이 대중에게 끼치는 영향

---

[1] 김주미, 『메디컬 드라마』, 커뮤니케이션북스, 2016; 주효진·임훈, 「메디컬 드라마 등장인물의 캐릭터 구조와 유형분석」, 『사회과학연구』 41-2, 2017, 32쪽에서 재인용.

을 이해하고 있었기에 가능한 일이었다고도 해석된다.[2]

한국의 메디컬 드라마는 KBS 일요 주간드라마 〈소망〉(KBS, 1980)을 효시로 하여 〈당신〉(MBC, 1983), 〈제7병동〉(KBS, 1988), 〈종합병원〉(MBC, 1994) 등을 거치면서 대중적인 인기를 얻었다. 이러한 메디컬 드라마의 인기에는 드라마의 본질인 '딜레마'적 상황의 반복, 건강과 질병이라는 인류 보편의 관심사에 대한 서사적 친연성, 의학이라는 전문적인 분야에 대한 묘사가 주는 신선함 등이 그 원인으로 작동했다.[3] 2000년대 이후로도 메디컬 드라마는 꾸준한 인기를 끌었으며, 웹툰이나 웹소설과 같은 새로운 플랫폼에서도 적잖은 영향력을 발휘하여 최근에는 웹소설 원작의 〈중증외상센터〉(2025)가 넷플릭스 드라마로 제작되어 큰 인기를 끌기도 했다.

메디컬 드라마는 한국의 의료 현안과 접목될 수 있다는 점에서도 대중의 관심을 모으기에 적절했다. 2000년 의약분업에 따른 의사 파업이나 2020년 공공의대 설립, 2024년 의대 증원 정책을 두고 벌어진 의정(醫政) 갈등과 같은 사안들은 의료 현안에 대한 사회 일반의 관심을 끄는 계기가 되었고, 비슷한 시기에 나타난 SARS나 신종플루, MERS, COVID-19와 같은 신종 감염병의 주기적인 유행은 이러한 관심을 증폭시키기에 충분했다. 당장 2020년 공공의대 설립을 둘러싼 논란만 해도 COVID-19 팬데믹과 맞물려 있었던 만큼, 의과대학의 신설이나 정원 확충과 같은 보건의료 행정과 관련된 사안들도 일반 대중의 관심을 끌기에 충분한 여건을 갖추

2　강석훈, 「의학전문직업성의 관점에서 바라본 대한민국 의학드라마 속의 의사상」, 『대한의료커뮤니케이션』 13-1, 2018, 40쪽.

3　최성민, 「한국 의학 드라마 연구 현황과 전망」, 『인문학연구』 42, 경희대학교 인문학연구원, 2020, 49-50쪽.

게 되었던 셈이다.

실제로 〈골든타임〉(MBC, 2012)이나 〈낭만닥터 김사부〉(SBS, 2016), 〈중증외상센터〉와 같은 2010년대 이후의 메디컬 드라마들은 광역외상센터나 중증외상센터 설립과 같은 의료 현안, 특히 의료의 공공성 문제와 관련된 소재를 채택함으로써 의료 현안에 대한 사회 일반의 관심이 대중서사까지 폭넓게 영향력을 행사할 수 있다는 점을 보여준 바 있다. 게다가 이러한 시도가 특정 드라마에 국한된 일회성에 그치는 것이 아니라, 2010년대 이후 지속적으로 나타나고 있다는 점은 메디컬 드라마에 대한 관심이 한국의 의료 현실에 대한 사회 일반의 인식과 밀접하게 맞닿아 있다는 사실을 잘 보여준다고 하겠다.

하지만 이러한 드라마는 동시에 의료에 대한 사회 일반의 왜곡된 인식 역시 반영한다는 점에서 면밀한 분석과 검토를 요한다. 드라마는 시청자의 기호나 취향에 일정 부분 호응하여 드라마 특유의 허구적 요소를 가미하게 마련이다. 다큐멘터리와는 달리 한국의 의료 전달 체계나 건강보험 제도와 같은 복잡한 문제를 세밀하게 전달하는 게 목적이 아닌 만큼, 작중의 갈등 유발이나 시청자의 흥미 자극 등을 위하여 현실의 문제를 다루면서도 현실과는 사뭇 다른 재현이나 묘사를 채택하는 일도 잦다. 주인공과 빌런의 대결이라는 선명한 대립 구도를 통해 위기를 유발하고 갈등을 고조시키는 방식은 드라마에서는 흔히 쓰이는 방식이지만, 이것이 곧 현실의 복잡다단한 문제를 성실하게 반영한 결과물이라고 보기는 어렵다는 것이다.

물론 이는 드라마의 본령을 감안하면 비판의 대상으로 삼기는 어려운 지점이다. 특히 대중의 흥미에 어느 정도 영합해야 하는 상업용 드라마의 관점에서는 현실에 대한 정확한 분석과 재현보다는 시청자가 흥미를 느낄 만한 형태로의 데포르메(déformer)를 피할 수 없다. 그러나 동시에 이처럼 '열화된' 양상이 역으로 현실에 영향을 끼칠 가능성도 무시하기는 어렵다. 특히 일반인들이 정보를 접하기 쉽지 않은 전문적인 영역일수록 드라마와 같은 대중서사가 해당 분야에 대한 이해는 물론 관련 여론 조성에까지 미칠 영향을 고려할 필요가 있다.

이를 잘 보여주는 것이 메디컬 드라마를 통해 본격화된 '영웅-의사'[4]이다. 의료와 관련된 인물이나 소재를 채택한 드라마에서는 같은 시기 의료에 대한 대중의 시선이나 욕망이 드러나는 사례가 적지 않다. 특히 2010년대부터 본격화된 메디컬 드라마는 의료와 관련된 쟁점적인 현안을 전면에 내세우곤 했다는 점에서 한국의 의료 문제를 바라보는 대중의 시선을 상당 부분 반영했으리라 본다. 상술했듯이 2020년과 2024년 두 차례의 의정 갈등과 이로 인한 의료 붕괴를 직면했던 한국 사회의 입장에서는 메디컬 드라마가 재현하는 의사상에 사회의 시선과 요구를 일정 부분 반영할 수밖에 없다. 후술하겠지만 이는 〈언젠가는 슬기로울 전공의생활〉(2025, tvN)의 방영 연기 사태에서도 엿볼 수 있으려니와, 같은 시기에 역시 의사를 주인공으로 내세웠음에도 불구하고 상당한 인기를 끌었던 〈중증외상

---

4   '영웅-의사'는 보편화된 학술 용어는 아니며, 이 글에서의 논의 진행을 위해 임의로 채택한 단어임을 밝힌다. 의미상으로는 최근의 대중서사에서 두드러지는 '먼치킨' 캐릭터, 즉 '이해하기 어려운 초월적 능력을 지닌 인물'(최지운, 2024)과 의사의 조합에 가까우므로 '먼치킨 의사'라고 표현하는 것이 적절하겠으나, 2020년 이전의 메디컬 드라마에 나타난 의사 캐릭터에 대해서는 먼치킨이라는 용어 사용이 부적절하다고 판단되어 영웅-의사라는 임의의 용어를 채택하였다. 최지운, 「TV드라마 속 환생물 연구: 〈이번 생도 부탁해〉를 중심으로」, 『스토리앤이미지텔링』 27, 2024, 200-201쪽.

센터〉와 선명한 대비를 이룬다는 점에서 더욱 눈에 띈다.

이 글에서는 〈중증외상센터〉의 먼치킨 의사인 백강혁에 주목하여 이와 같은 영웅-의사가 탄생한 배경을 살펴보고 이것이 한국의 의료 현실에 어떤 메시지를 던지는지 살펴보고자 한다. 무엇보다도 의료를 바라보는 사회 일반의 욕망이 어떻게 드라마 속의 의사에게 투영되어 왔는지, 그리고 이것이 현재 한국이 직면한 의료 붕괴의 위기에 어떤 시사점을 던지는지를 탐구하는 것을 주된 목적으로 하였다.

2. 메디컬 드라마는 왜 영웅-의사를 소환하는가?

드라마 중에서 의사나 병원, 질병 등을 소재로 채택하는 경우는 매우 많다. 질병이라는 소재는 드라마는 물론이려니와 20세기 초 신문연재소설에서부터 서사에 중요한 영향을 끼치는 요소로 채택되기도 했고, 병원 역시 근대 의료의 새로움과 더불어 작중에서 결정적인 장면의 배경으로 등장하는 경우도 적지 않았다.[5] 최초의 신소설로 손꼽히는 이인직의 「혈의 루」(《만세보》, 1906)에서 주인공인 옥련이가 죽음의 위기로부터 벗어나 구원자인 이노우에(井上)를 만나게 된 것이 청일전쟁이 한창이던 평양의 어느 야전병원이라는 점만 보더라도 그렇다.

---

5   김미영, 「일제하 한국근대소설 속의 질병과 병원」, 『우리말글』 37, 2006, 1-28쪽; 이병훈, 「이광수의 『사랑』과 일제시대 근대병원의 역사적 기록」, 『의사학』 25-3, 2016, 407-444쪽; 박성호, 「1900-1910년대 신문연재소설에 나타난 병원의 역할과 의미」, 『Journal of Korean Culture』 63, 2023, 129-162쪽.

드라마의 영역에서는 상술했듯이 1980년에 방영된 〈소망〉이 메디컬 드라마의 효시에 해당하는 작품이라고 하겠다. 다만 〈소망〉 이전에도 병원을 배경으로 하거나 의사를 인물로 등장시킨 사례는 적지 않으며, 질병 경험을 소재로 한 드라마라고 하면 그 폭은 훨씬 넓어진다. 신체적 · 정신적 질환이나 장애 · 교통사고 등은 드라마의 성격이나 서사에 중요한 역할을 하는 만큼, 의료와 관련된 요소가 배제된 드라마를 찾는 것이 더 어려울지도 모르겠다.[6]

다만 '메디컬 드라마'는 소재 차원에서 의사나 병원, 질병을 다루는 드라마를 뜻하지는 않는다. 이런 기준을 적용한다면 거의 대부분의 드라마들이 메디컬 드라마에 해당하거나, 혹은 그에 상응하는 요소를 지닌다고 해야 할 것이다. 하지만 이를 모두 메디컬 드라마로 간주하는 건 정확하지도 않을뿐더러 논의의 폭을 한정하는 데에도 적절치 않다. 이러한 드라마를 모두 포괄하게 되면 "암세포도 생명, 죽이면 안 돼!"라고 했던 〈오로라공주〉[7]와 같은 드라마가 채택한 의료까지 다루어야 하는 맹점이 생기고 만다. 물론 이 역시 질병을 바라보는 시대적 관점을 일정 부분 반영한다는 점에서 흥미로운 주제이기는 하나, 보건의료 체계와 관련된 현안을 다루는 데에는 적절한 드라마라고 보기 어렵다.

드라마의 배경이 병원이거나, 의사나 간호사와 같은 의료인을 중심인물로 내세우는 드라마의 경우에도 본격적인 메디컬 드라마로 분류하기에

---

6   최성민, 앞의 글, 49쪽.
7   「오로라공주 엽기대사, "암세포도 생명, 죽이면 안돼" … "암이 아기야?"」,《조선일보》, 2013.11.7.

는 일정한 한계가 있다. 한국 최초의 의학 드라마로 평가받는 〈소망〉이라
든가, 실제 의료 현장에서 벌어지는 상황이나 사건 등을 차용하여 본격적
인 의학 드라마라는 평가를 받은 〈종합병원〉은 의학전문직업성을 표출
하는 단계에는 이르지 못했다는 평가를 받았다.[8]

이런 한계의 원인은 드라마 제작 여건의 문제나 의료 분야가 지닌 고도
의 전문성으로 인한 접근성의 부족 등도 작용했겠지만, 근본적으로는 대
중의 관심이 드라마에까지 반영될 만큼 의료 현실의 제 문제에 대해 깊숙
이 뻗어 나가지 않았던 점이 컸으리라고 본다. 예컨대 폭넓은 사랑을 받
은 〈종합병원〉만 하더라도 주요 등장인물들이 의사였고 배경이 병원이
기는 했어도 서사를 이끌어 나가는 핵심은 등장인물 사이의 로맨스에 초
점을 맞추었는데, 이는 비단 〈종합병원〉뿐만이 아니라 〈파일럿〉(1992,
MBC)과 같이 여타의 전문직을 주인공으로 내세운 드라마에서도 비슷하
게 나타나는 경향이었다. 드라마 속의 전문직이 구체적인 실감을 확보하
고서 리얼리티를 획득하게 된 것은 〈하얀거탑〉(2007, MBC)이 등장하면서
였다.[9]

본격적인 메디컬 드라마, 즉 의학적인 전문성하에 의료 현실의 제 문
제를 드라마의 소재로 삼은 작품들이 출현한 시점 역시 〈외과의사 봉달
희〉나 〈하얀거탑〉 등이 출현한 2007년 무렵부터였다.[10] 특히 2010년대에
접어들어서는 〈골든타임〉이나 〈굿닥터〉(KBS, 2013), 〈닥터 이방인〉(SBS,

---

8 강석훈, 앞의 글, 37쪽.
9 「'전문직 드라마' 왜 뜨나… 넘치는 외화속 정착할지 주목」,《경향신문》, 2008.6.12.
10 주효진·임훈, 앞의 글, 32쪽.

2014), 〈낭만닥터 김사부〉와 같이 병원과 의사에 대한 본격적인 조사와 탐구를 바탕에 둔 작품들이 등장했다. 특히 2010년대의 메디컬 드라마는 배경이나 소재 차원에서만 의사를 채택한 것이 아니라, 한국의 의료 현실에서 논란이 된 사건들을 서사의 내부로 끌어들여서 의료와 관련된 구체적인 실감을 부여하고자 했다.

그렇다면 메디컬 드라마는 왜 이런 형태의 변화를 거치게 되었을까? 어떤 형태로든 대중서사는 그 시대 사람들의 욕망을 투영하기 마련이다. 2000년대 후반부터 본격화된 '전문직 드라마'가 각종 직업의 세계에서 발생하는 갈등을 드라마의 핵심 소재로 채택하면서 시청자들의 요구에 부응했던 것처럼,[11] 메디컬 드라마의 변화 역시 의료에 직면한 현대 한국 사회의 구성원들이 접하고 싶어 하는 의료 현장, 혹은 의사의 모습을 상당 부분 반영하게 되었다.

이런 점은 본격적인 메디컬 드라마가 출현하기 이전의 의료 관련 드라마에서도 나타난 바 있다. 예컨대 『동의보감』을 쓴 허준은 과거부터 다양한 형태의 대중문화 콘텐츠로 재현되고는 했다. 1975년 MBC에서 방영된 사극 〈집념〉은 허준을 주인공으로 했는데, 정작 이 드라마에서는 의사로서의 허준에 대한 재조명은 그다지 관심을 받지 못했다. 저조한 시청률로 인해 조기 종영 압박을 받던 제작진 측은 40회 이후부터 매 회마다 민간처방을 집어넣자는 아이디어를 냈고, 이것이 시청자들에게 큰 호응을 얻

---

11 노동렬, 「드라마 소재로서의 '재벌'에 대한 인식 변화: 성공한 드라마에는 '직업'이 있다」, 『방송영상 트렌드』 38, 2024(https://www.kocca.kr/trend/vol38/specialissue/specialissue2.html, 2025년 8월 4일 검색).

어서 상당한 인기를 구가하게 되었다. 그만큼 1970년대의 시청자들에게 민간방(民間方)은 의료의 주된 관심사였고, 이것이 드라마에 반영되면서 인기를 얻은 요인으로 작동했다는 것이다.[12]

하지만 1991년의 〈동의보감〉이나 1999년의 〈허준〉에 이르면 이러한 민간방의 요소는 대폭 축소되고, 그보다는 불의나 출신 성분의 한계와 타협하지 않고 자신의 능력 하나만으로 주어진 난관을 극복해 나가는 허준의 성장 드라마가 서사의 전면에 나타나게 되었다. 임용한과 노태협은 이런 변화에 대해서 당시 '한국 사회의 불공정성에 대한 한국인의 소외감이 (…) 통쾌하게 극복된 것'[13]이라면서 〈허준〉에 투사된 동시대의 욕망이 무엇인지를 분석한 바 있다.

이처럼 실존 인물을 모델로 한 드라마라 할지라도 시청자가 관심을 두는 지점이 어디인지에 따라 재현 양상은 달라지게 마련이다. 하물며 허구적 인물을 상정하는 서사라면 이런 경향은 더욱 강할 터이다. 2000년대 후반부터 전문직에 대한 묘사가 정교해지면서 해당 분야의 종사자에게 자문을 받거나 혹은 아예 전문직 출신 작가들이 등장하여 본인 혹은 주변의 경험을 소재로 대중서사를 구성하는 경우조차 생겼지만, 이것이 반드시 현실에 '천착한' 주제나 인물 형상화로 이어진다고 볼 수는 없었다. 후술하겠지만 〈중증외상센터〉의 원작자인 한산이가 역시 의사 출신이면서도 본인이 생각하는 문제의식의 전달을 위해서 의도적으로 먼치킨 수준

12 　임용한·노태협, 「드라마 『허준』의 허구성에 내재한 역사적 실제성 · 한류의 개념과 성공요인에 대한 일고찰」, 『역사와 실학』 54, 2014, 230쪽.
13 　같은 글, 229쪽.

의 주인공을 내세워서 웹소설을 집필했다는 점을 밝혔듯이 말이다.

이는 2010년대 중반 이후의 메디컬 드라마에서부터 두드러지기 시작한 현상이기도 했다. 〈굿닥터〉에서부터 〈낭만닥터 김사부〉, 〈중증외상센터〉 등 대중적인 인기를 끈 메디컬 드라마 상당수가 권역외상센터나 중증외상센터와 같은 한국 의료 현실의 문제를 직접적으로 도마 위에 올린 바 있다. 물론 이들 사안에 대해 본격적인 접근을 시도한 것은 아니지만, 시청자들이 이와 같은 의료 공공성 문제에 대해 적잖은 관심을 가지고 있다는 점을 반영한 결과라고 보기에는 무리가 없을 것이다. 이는 드라마를 접하는 시청자에게 현실감을 부여하는 한편, 평소 언론을 통해 접하는 쟁점들을 소환함으로써 몰입도를 높여 주는 효과를 꾀할 수 있었다.

실제로 있었던 의료 관련 사건이나 인물을 모티프로 삼는 것도 이 시기의 메디컬 드라마에서 두드러진 현상이다. 〈골든타임〉의 주인공 최인혁은 이국종 의사를 모델로 삼은 것으로 알려져 있으며,[14] 작중에 등장하는 의료 관련 사건 중에는 '천사배달부'로 알려진 고(故) 김우수 씨의 실화를 재구성한 것도 있었다. 〈낭만닥터 김사부〉에서는 고(故) 백남기 씨의 사례를 연상시키는 가짜 사망진단서 사건이 등장하기도 하고,[15] 〈굿닥터〉에서는 소아외과 학회로부터 제공받은 실제 사례들을 바탕으로 에피소드를 재구성하기도 했다.[16] 〈중증외상센터〉 역시 첫 화에서 언급되는 '과로로 사망한 응급의학과 의사' 이야기는 고(故) 윤한덕 중앙응급의료센터장의

---

14 박상완, 「텔레비전드라마의 기획과 구현 전략: 2010년대 초반 미니시리즈를 대상으로」, 충남대학교 박사학위논문, 2015, 112쪽.

15 주효진·임훈, 앞의 글, 49쪽.

16 황혜진, 「'굿닥터' 진정성 있는 메디컬 드라마의 비결? '실제 사례'」, 《뉴스엘》, 2013.9.6.

과로사 사건을 모델로 삼은 것이며,[17] 작중의 여러 에피소드도 이국종이 겪었던 실제 사건들을 참고한 흔적이 짙다.[18] 〈중증외상센터〉는 원작자 본인이 실제로 이국종을 모델로 삼았다고 밝힌 바 있으며, 백강혁 역할을 맡은 주지훈 배우 역시 드라마를 준비하는 과정에서 관련 다큐멘터리를 다수 참고했다고 하였다.[19]

이러한 현실 묘사, 혹은 실제 사건을 모델링한 서사에서 부각되는 것은 한국의 의료 현실에 대한 비관적인 관측이다. 예컨대 〈골든타임〉은 중증 외상환자가 반드시 1시간 내에 치료를 받아야 한다는 개념[20]에 착안하여 드라마의 배경을 중증외상센터로 설정했지만, 드라마를 통해 비처지는 현실은 응급 환자에 대한 프로토콜과 응급처치가 가능한 장비·인력 등 이 제대로 갖춰지지 않은 참담한 상태이다.[21] 〈낭만닥터 김사부〉 역시 의료 전달 체계가 제대로 작동하지 않으면서 벌어지는 응급실 과밀화와 같은 문제들을 부각시켰다.[22] 이들 메디컬 드라마에서 묘사되는 한국의 의료 현실은 그야말로 총체적 난국이다. 그리고 이러한 난국을 타개할 수 있는 것이 바로 드라마의 중심에 선 영웅-의사이다.

---

17 「응급의료체계 근본 문제 설날부터 드러나 - 故윤한덕(51) 센터장, 설 연휴 기간 중 과로사」,《월드뉴스》, 2019.2.12.
18 황진미, 「작년에 죽은 K-의료… '중증외상센터'에서 그 영정사진을 보다」,《한겨레》, 2025.2.21.
19 「"이국종 모티브"… '중증외상센터' 주지훈×추영우, 사제 케미 터지고 시즌2 기대」,《조선비즈》, 2025.1.25.
20 「김태윤 이대서울병원 교수, "현실·드라마 공통점은 '골든타임'"」,《의사신문》, 2025.3.14.
21 「〈골든타임〉 본 의사들의 반응은?」,《시사인》, 2012.9.11.
22 「'낭만닥터 김사부3' 전속 자문 의사 "응급실 현실 알리고 싶어"」,《의협신문》, 2023.6.15.

이와 같은 흐름은 2020년을 전후로 영화, 드라마 등을 중심으로 한 기존의 대중서사 시장이 웹툰, 웹소설 등으로 대폭 확대되면서 등장한 먼치킨 캐릭터와 결합하는 결과를 낳기도 했다. 웹툰이나 웹소설의 문법은 철저하게 현실을 기반으로 제작되었던 이전의 대중서사와는 다른 맥락을 형성했고, 회귀나 빙의 또는 환생 코드를 적용한 먼치킨 캐릭터를 흥행시켰다. 그리고 이러한 상상력은 고스란히 영화나 드라마와 같은 기존의 플랫폼으로도 유입되었다. 웹툰이나 웹소설을 원작으로 하여 영상화되는 과정에서 이러한 코드를 자연스럽게 받아들이는 것은 물론, 아예 이러한 상상력을 기반으로 콘텐츠를 구성하기조차 했다.[23]

드라마가 묘사하는 한국 의료의 현실이라는 '골'이 깊을수록, 이에 대항하는 영웅-의사의 '산'도 점차 높아지게 되었다. 〈중증외상센터〉의 주인공 백강혁이 대표적이다. 그는 비단 의료와 관련된 기술뿐만이 아니라 보건복지부 장관과의 인맥, 나아가서는 분쟁 지역에서의 경험으로 인해 일정 수준의 CQB(Close Quarters Battle, 근접전투) 능력과 더불어 작중에 등장하는 유수의 민간군사기업과의 커넥션까지도 과시한다. 이런 먼치킨 주인공의 면모는 〈중증외상센터〉가 던지는 극단적인 위기 상황을 오롯이 백강혁 한 사람의 능력으로 극복하는 경쾌함을 가능하게 했으며, 이는 의료현실의 문제를 다루면서도 지나치게 무겁게, 혹은 복잡하게 이야기를 끌고 가지 않은 채 대중적인 인기를 확보하는 데에도 도움이 되었다.

그러나 동시에 이러한 변화 속에서 메디컬 드라마는 점차 판타지적인

23　김희경, 「마블 히어로는 지는데, 한국 먼치킨이 뜨는 이유는?」, 《한경BUSINESS》, 2024.3.19.

요소를 품게 되었고, 이로 인해 실제 현실 속의 문제가 지닌 핵심으로부터는 조금씩 멀어지는 결과를 낳기도 했다. 후술하겠지만, 이러한 격차는 적잖은 의료인들이 메디컬 드라마에 대해 흥미로운 판타지라는 다소 거리를 두는 반응을 보이게 만드는 한편, 드라마를 접하는 대중들에게는 현실 속의 의사와 드라마가 보여주는 인물 사이의 괴리, 즉 '이상적인 의사'란 무엇인가에 대한 실감을 확보하기 어렵게 만드는 문제를 야기한다. 이 글이 주목하는 것도 바로 이러한 균열과 간극인 바, 메디컬 드라마의 영웅-의사란 결과적으로는 의료의 모순을 해결하는 구심점이 아니라 오히려 이러한 모순의 진상을 알아보기 힘들 만큼 일그러뜨리고 마는 폭심(爆心)이 되어 버리고 말았다는 것이다.

3. 영웅-의사 캐릭터의 대두와 의료 현실과의 괴리

1) 설화 속 명의에서 천재 외과의로, 다시 먼치킨으로

명의, 혹은 신의(神醫)에 대한 선망은 근대 이전 설화의 세계에서부터 유구하게 이어져 내려오는 것이었겠지만, 현대 드라마의 명의 모티프를 형성한 드라마는 역시 〈허준〉이라 볼 수 있겠다. 물론 〈허준〉은 메디컬 드라마라기보다는 허준이라는 역사적 인물을 중심으로 한 사극에 가깝지만, 영웅-의사 캐릭터의 프로토타입을 제시하고 이를 중심으로 서사를 풀어 간다는 점에서는 오늘날의 메디컬 드라마와도 상당 부분 접점이 있다.

이 드라마 속에서의 허준은 비록 서얼(庶孽) 출신이지만 스승인 유의태로부터 독보적인 기술을 전수받는다. 물론 여기에는 허준이 평소 유의태가 강조해 오던 심의(心醫), 즉 자신을 돌보지 않고 환자의 목숨을 살리는 데 집념을 쏟는 의사로서의 소양을 갖추었다는 전제가 깔려 있기는 하지만, 결국 핵심을 차지하는 것은 유의태가 반위(反胃)로 죽게 될 자신의 몸을 해부하도록 하여 동시대의 다른 의관들이 범접할 수 없는 기술을 갖추도록 한 지점에 있었다.

사실 〈허준〉에서 의료 행위의 대부분을 차지하는 것은 시약(施藥)이나 시침(施鍼)과 같은 한의학 일반의 요소들이지만, 정작 허준에게 결정적인 우위를 부여한 것은 외과적 지식이다. 〈허준〉 44회에서 어의인 양예수와 반위에 대한 처치를 두고서 대립하는 장면이 이를 상징적으로 보여주는 대목이다. 반위는 고칠 수 없다는 양예수의 주장에 대해 허준은 자신이 스승인 유의태의 시신을 해부하여 위의 모양을 똑똑히 보았노라고 반박함으로써 어의에 대해서조차도 명확한 우위를 확보했던 것이다.[24]

반위, 즉 위암이라는 병변의 시각화는 서구 근대 의학의 발달 과정에서는 빼놓을 수 없는 대목이다. 신체 내부의 가시화는 근대 임상의학적 지식과 담론을 가능케 했고,[25] 비로소 질병으로부터 분리된 '질환'을 발견할 수 있게 만들었기 때문이다.[26] 이를 통해 서구 근대 의학은 동양의 전통 의학에 대비하여 확고한 우위를 점할 수 있었다. 〈허준〉에서 주인공 허준에게 영웅-의사의 권위를 부여하는 것은 바로 이러한 서구 근대 의학적

---

24 양진문, 「텔레비전 드라마 〈허준〉의 인물 형상화 방식 연구」, 『대중서사연구』 23-2, 2017, 331-332쪽.
25 서범석 외, 『근대적 육체와 일상의 발견』, 경희대학교 출판국, 2006, 151-152쪽.
26 알랜 래들리, 『질병의 사회심리학』, 조병희·전신현 역, 나남출판, 2004, 20-22쪽.

요소, 즉 해부학 지식에 근거하여 병변의 진단과 치료를 가능케 하는 외과적 기술이다.

당연한 이야기지만 이는 철저하게 허구적인 요소이다. 당장 유의태부터가 가상의 인물이려니와,[27] 자신의 시신을 해부하여 제자인 허준의 의술이 진일보하게끔 만드는 살신성인 역시 창작이다. 단순히 없는 사건을 지어냈다는 의미에서 그치는 것이 아니라, 작중인물 허준을 시대의 한계로부터 벗어난 일종의 신의(神醫)로 자리매김하게끔 하는 중요한 계기가 된다. "(나는) 위의 모양을 똑똑히 보았다."는 허준의 발언 앞에서는 유의태와 대등한 위치에서 실력을 겨루었다는 양예수마저도 자신이 열위(劣位)에 있음을 순순히 시인해 버리는 까닭이다.[28]

공교롭게도 뛰어난 외과적 지식 혹은 기술의 소유자라는 점은 여러 메디컬 드라마에서 공통적으로 나타난다. 〈낭만닥터 김사부〉의 부용주(김사부)는 일반외과는 물론 흉부외과, 신경외과 세 분야의 전문의 자격증을 획득한 '트리플 보드'의 소유자이다. 현실에서는 더블 보드는 존재해도 트

---

27 〈허준〉의 유의태는 경남 산청 지역에서 활동했던 의원 유이태(劉以泰, 1652-1715)를 모델로 한 허구적인 인물로, 『소설 동의보감』 집필 당시에는 역사적 사실인 것처럼 잘못 알려져 있었으나 드라마 〈허준〉이 제작될 무렵에는 이미 관련 사실이 밝혀진 상태였다. 다만 〈허준〉의 연출자였던 최완규는 원작의 내용을 전면적으로 수정할 수는 없었기에 이를 정정하지 않고 그대로 놔두었던 것으로 알려져 있다. 유철호, 『기억하고 싶은 조선의 참의원 유이태』, 삼부시스템, 2016, 324-325쪽.

28 "나는 유의태와 '구침지희'라는 치기어린 침술대결을 벌여 패배하고, 그 약속대로 조선 제일의 명의는 유의태라고 외친 적이 있다. 평생 그만한 치욕은 처음이었고, 그때는 패배를 인정하지 않았다. 그러나 만병의 근원을 파헤치기 위해 자신의 몸까지 허준에게 내놓고, 자네 같은 제자를 길러 냈으니, 이젠 유의태를 조선 제일의 명의라고 인정한 것이 억울하지 않다." (〈허준〉 제44회; 양진문, 앞의 글, 332쪽에서 재인용)

리플 보드는 사실상 불가능하다는 견해가 지배적이라는 점을 감안하면[29] 작중 부용주의 위치는 이미 첫 설정에서부터 신화적이다. 〈굿닥터〉의 박시온은 자폐성 장애 3급과 서번트 증후군 진단을 받은 이력이 있음에도 자신의 전공인 소아외과에서는 이미 레지던트 1년 차에 전문의들조차 인정할 만큼의 뛰어난 지식과 진단 능력을 발휘하는 것으로 묘사된다. 〈닥터 이방인〉(SBS, 2014)의 박훈은 탈북자 출신이지만 이미 북한 체재 시절부터 얻은 임상 경험을 바탕으로 20대임에도 천재적인 실력을 발휘하는 흉부외과의로 활약한다.

한국 메디컬 드라마의 영웅-의사는 이처럼 독보적인 실력을 지닌 외과의를 전제로 한다. 사실 이러한 시선은 비단 〈허준〉을 통해서 발견된 것은 아니다. 최초의 의료 선교사인 H. 알렌은 갑신정변 때 큰 부상을 입은 민영익을 외과 수술로 살려낸 바 있다. 당시 '조선의 의사'들은 누구도 민영익을 살릴 방법을 알지 못했으나, 알렌은 '여태까지 본 적이 없는 치료법', 즉 외과 수술로 이를 성공시켰다. 훗날 최초의 서양식 병원인 광혜원(廣惠院)이 설립된 데에는 이러한 외과 수술의 공이 적지 않았다.[30]

1910년대 《매일신보》 등의 미디어에서도 근대 의학의 우수성을 강조하기 위해 내세웠던 것이 총독부의원을 중심으로 한 의료 행위였으며, 이 중에서도 가장 주목을 받은 것은 역시 외과적 수술이었다. 오랜 지병을 앓던 환자를 한 번의 외과 수술로 완치시켰다는 스토리는 선전용으로 더

---

29 「〈낭만닥터 김사부〉 현실은? 김사부는 '없고', 윤서정은 '있다'!」, 《조선일보》, 2016.12.22.
30 이영아, 『육체의 탄생』, 민음사, 61쪽.

할 나위 없는 것이었다. 환자의 수술 전 사진과 함께 난소낭종(卵巢囊腫) 제거 수술을 성공한 사례를 소개한 양주 고 소사(召史) 관련 기사는 이를 단적으로 보여주는 대목이다.[31]

외과는 다른 분야에 비해 의료의 시각화와 더불어 드라마틱한 전개 방식을 채택하는 데 상대적으로 유리했다. 환부(患部)와 이에 대한 처치로서의 외과 수술에 대한 시각적 재현은 드라마의 '볼거리'를 만드는 데 효과적인 장치였고, 이러한 수술을 통해서 죽음의 위기에 처한 환자를 단번에 살려 낸다는 극적 연출을 확보하기도 수월했다. 남들이 고치지 못하는 병을 신묘한 방법으로 완치하는 의사, 즉 '명의(名醫)'에 대한 환상은 근대 이전부터 존재했으며 이는 야담의 형태로 이어져 내려왔다. 앞서 언급한 허준 역시 야담 속에서는 신비로운 명의 노학구(老學究, '늙은 서생'이라는 뜻: 필자)의 사사를 받아서 신묘한 의술을 펼칠 수 있게 된 것처럼 설명되기도 한다.[32] 여기에 근대 서구 의학을 대변하는 외과적 요소를 덧붙이면서 탄생한 것이 1900년대 이후의 명의 서사였고, 그 연장선상에 놓인 것이 바로 메디컬 드라마의 영웅-의사였다.

〈중증외상센터〉의 백강혁도 예외는 아니다. 웹소설 기준[33]으로는 어린

---

31 경기도 양주에 사는 고 소사(召史)의 난소낭종 치유담을 담은 이 기사에서는 환부와 더불어 고 소사의 전신을 찍은 사진을 기사와 함께 내보냈으며, 해당 수술을 집도한 가미오카(神岡) 총독부의원 의관의 뛰어난 의술을 강조했다. 「是誰之德고 聖恩」, 《매일신보》, 1913.10.4.

32 이경희, 「문헌에 나타난 명의 설화의 유형 분석」, 『한국한의학연구원논문집』 13-3, 2007, 32쪽.

33 2024년 11월부터 연재 중인 〈중증외상센터: 외과의사 백강혁〉에서 등장하는 내용이다. 〈외과의사 백강혁〉은 본편인 〈중증외상센터: 골든 아워〉의 스핀오프 격에 해당하며, 백강혁의 유년기와 의과대학생 시절의 이야기 등을 주로 다루고 있다.

시절에 받은 병원 진단 결과 모든 신경이 비정상적으로 발달되어 있는 사람으로 이러한 감각을 바탕으로 하여 신기(神技)에 가까운 의료 기술을 선보이는 것으로 설정되어 있다. 드라마에서도 메스 하나만 있으면 다 죽어 가던 사람도 살려 내는 외과 전문의이며, 미세하게 파열된 혈관을 단번에 찾아내거나 흔들리는 헬기 안에서 낙상 사고를 당한 환자의 처치를 완벽하게 해내기도 한다. 그야말로 자타 공인 '신의 손'으로 묘사되며, 그가 초인으로 설정되었다는 점은 원작자인 한산이가 본인이 직접적으로 언급한 바도 있다.[34]

말하자면 근대 이전의 설화에서는 영약(靈藥)이나 신비의 조우(遭遇) 등을 통해 제기되던 극적인 치료의 계기가 현대의 메디컬 드라마로 넘어오면서는 근대적 외과술을 중심으로 한 천재적인 기술로 치환된 셈이다. 그리고 과거의 명의 또는 신의(神醫)가 하던 역할을 이제는 영웅-의사가 감내하게 되었다. 다만 효성의 지극함이나 치유에 대한 간절함 등으로 하늘을 감동시킨 결과 이에 조응하여 영약이나 명의와 조우하게 되는 설화 시대의 화법과는 달리, 이제는 영웅-의사 본인이 투철한 사명감을 내재한 채 환자의 생명을 살리는 서사로 전환되었다는 점이 차이라고 할 만하다. 환자나 환자 가족의 절박함은 서사의 중심에서 주변부로 밀려났으며, 중핵을 차지한 것은 영웅-의사가 고난에 맞서서 의료를 수행하는 과정 그 자체가 되었다.

다만 이러한 메디컬 드라마들은 기술적인 진보를 전면에 내세우지는

---

34 「'중증외상센터' 원작자가 밝힌 "백강혁을 '초인'으로 그린 이유"」,《맥스무비》, 2025.2.4.

않는다. 〈허준〉의 경우에는 애초에 시대의 한계를 초월해 버린 외과적 지식과 기술을 부여함으로써 절대적 우위를 점하게 한 것이지만, 최근의 메디컬 드라마에서 등장하는 영웅-의사들에게는 그러한 초월적 기술은 부여되지 않는다. 비교컨대 〈닥터 진〉(2012, MBC)의 진혁이 타임 슬립을 통해 개항기의 조선으로 건너가서 시대를 초월한 의료를 선보이는 것과는 달리, 같은 기술 범주 내에 머무르되 비교할 수 없을 만큼 기민한 감각과 숙련된 솜씨를 부여받았을 따름이다. 그래서 이들 영웅-의사가 대면하는 고난도 대체로는 현실 내에서 접할 수 있는 의료와 관련된 사건·사고들이 중심이다. 그러하기에 이들의 극복 대상은 의료의 한계 그 자체라기보다는 의료를 수행하는 과정에서 발생하는 각종 현실적인 문제들, 즉 자본의 논리나 체계의 모순, 혹은 법적 한계 등과 같은 요소들이 대부분이다. 그리고 이런 점은 영웅-의사의 성격을 타협하거나 화합하지 않는, 고립된 천재로 묘사하게 만드는 주된 원인이 된다.

2) 세상과 대결하는 천재 외과의, 영웅-의사와 현실 사이의 갈등

상술한 이유로 인하여 영웅-의사는 천재적인 능력과는 별개로 방외인적인 존재이다. 〈중증외상센터〉의 백강혁은 작중의 설정으로든, 혹은 한국의 의료 현실이라는 관점에서든 철저하게 이질적인 존재이다. 자신이 속한 병원이나 의사 집단 내에서 적극적으로 소통하며 화합하고 메디컬 팀으로서의 의료진을 이끌어 나가는 리더로서의 의사라기보다는 좌충우돌하며 병원 내의 다른 의사는 물론 경영진과도 갈등하는 '싸가지 없는 천재"[35]이다. 백강혁이 추구하는 윤리는 오로지 환자를 살린다는 것 외에는 없으며, 이를 제외한 것들은 부차적이거나 혹은 불필요한 것으로 간주된다. 〈낭만닥터 김사부〉의 부용주 역시 이와 비슷한 인물로 묘사되어 있으며, 〈굿닥터〉나 〈닥터 이방인〉에 이르면 아예 서번트 증후군 환자이거나 탈북자 출신이라는 점 등으로 인해 원만한 사회적 관계를 기대하기 힘든 지경까지 이를 정도이다. 말하자면 메디컬 드라마의 영웅-의사는 철저하게 고독한 존재이며, 이 고독함은 그들의 독보적인 기술로 인해 정당화되고, 나아가서는 오로지 환자를 살리는 데에만 치중한다는 합목적적 행보를 통하여 합리화된다는 것이다.

사실 이런 경향은 이전부터 조짐을 보였다. 〈종합병원〉, 〈의가형제〉, 〈외과의사 봉달희〉, 〈산부인과〉 등 2010년대 이전까지의 메디컬 드라마 속 의사 유형을 분석한 황영미에 따르면, 드라마 속 의사들은 대체적으로는 개인적인 성향보다는 조직 내 구성원으로서의 성격이 부각된 형상으로 묘사되었으며, 온정주의적인 의사보다는 전문성과 치료 능력이 탁월한 의사를 이상적으로 바라보는 경향이 강했다.[36] 물론 이는 드라마 속에 묘사된 의사의 형상이기는 했지만, 동시에 어떠한 유형의 의사를 이상적이라고 생각하는지에 대한 당대의 인식이 반영된 결과이기도 했다.[37]

---

35 「'싸가지 없는' 천재 백강혁에게 끌렸다면?… 내 마음 속 '이것' 때문」, 《한국일보》, 2025.3.4.

36 황영미, 「한국 TV 의학 드라마에 나타난 의사 캐릭터 유형 변화 양상 연구」, 『세계한국어문학』 5, 2011, 247-280쪽.

37 최성민은 이에 대해서 의학 드라마 속 인물 유형과 현실 속 의사의 인물 유형을 나눈 것 사이에서 어떤 유형의 의사가 이상적인가, 혹은 이상적이라고 판단되어야 하는가의 문제를 혼동했다는 점에서 한계가 있다고 지적하기도 했다. 이는 뒤집어서 이야기하

메디컬 드라마가 묘사하는 이상적인 의사는 뛰어난 기술과 지식의 소유자여야 했다. 심지어는 영웅-의사가 나타나지 않는 유형의 드라마에서 조차도 이런 일은 드물지 않게 나타난다. 〈슬기로운 의사생활〉에서 주인공 격에 해당하는 다섯 명의 의사들(이익준·채송화·안정원·김준완·양석형)은 모두 각자의 전공 분야에서 탁월한 연구 업적과 임상 기술을 가진 것으로 묘사된다. 게다가 이는 인물들의 선성(善性)과도 직결되어 있어서, 작중에서 대립하는 위치에 놓인 여타의 의사들은 윤리적으로도 부패했지만 동시에 기술의 측면에서도 뒤처진 것으로 설정되었다. 예컨대 매번 당직을 다른 이에게 떠넘기거나 아예 연락이 두절되곤 하던 산부인과 전공의 명은원(김혜인 분)은 〈언젠가는 슬기로울 전공의생활〉에서는 후배의 논문을 가로채거나 응급 상황에서 제대로 대처하지 못하는 등의 무도하고 무능한 모습을 보인다. 신경외과 교수 민기준(서진원 분)은 전형적인 쇼닥터로 다양한 방송 출연을 통해 자기 이미지는 유지하면서도 정작 의사로서의 업무는 소홀한 것으로 그려지며, 흉부외과 교수 천명태(최영우 분)는 환자에게 매번 불량한 태도로 임하면서 리베이트나 정략결혼 등의 구설수에 휘말리다가 시즌2에서는 흉관 삽관조차 제대로 하지 못해서 망신을 당하기도 한다.

사실 한국의 대중서사에서 뛰어난 기술을 지녔음에도 주인공과 대립하는 안타고니스트(antagonist)로 활약하는 의사를 찾기란 쉽지 않다. 메디

<hr>

면 현실 속에서 사람들이 어떤 의사를 이상적으로 여기고 있는지에 대한 인식이 드라마 속 의사 인물 유형으로 투사된 결과라고도 풀어낼 수 있을 것이다. 최성민, 앞의 글, 69쪽.

컬 드라마는 물론이려니와 대중서사 전반을 살펴보더라도 조중환의 번안 작인 「쌍옥루」(《매일신보》, 1913)의 의사 서병삼 정도가 고작일 것이다. 작중 서병삼은 독일의 의과대학에서 학업을 마친 우수한 의사로 묘사되어 있으며, 이를 바탕으로 장티푸스 치료제 개발에 성공한 의학자이기도 하다.[38] 하지만 동시에 그는 주인공인 이경자를 미혼모로 만든 장본인이자, 훗날 그 유복자인 정남이 장티푸스[장감, 長感]를 앓자 치료약을 내어 주는 조건으로 자신의 아들인 정남을 내놓으라고 협박하는 악인이기도 했다. 이런 특수한 경우를 제외한다면 대부분의 경우 악역으로 묘사되는 의사는 기술은 부족하면서 돈만 밝히거나, 혹은 치료를 명목으로 사기를 치는 등 실력과 인성 모두 열악한 인물로 묘사되는 것이 보통이었다.

그리고 이러한 경향은 오늘날의 메디컬 드라마로까지 고스란히 이어져 내려오게 되었다. 메디컬 드라마에서 나타나는 주된 갈등 양상은 기술적으로도 우수한 의사이자 투철한 사명감의 소유자인 영웅-의사가 홀로, 혹은 소수의 조력자들과 더불어 현실과 대결하면서 주어진 고난을 헤쳐 나간다는 전형적인 영웅서사의 형태를 택하곤 했다.

문제는 이 과정에서 나타나는 고난의 양상이다. 물론 메디컬 드라마의 중심은 의료 현장인 만큼 가장 직접적인 고난에 빠진 사람은 위기에 처한

---

38 「쌍옥루」에서 채택된 병명은 장감(長感)이며 이는 전통 의학에서 감기와 비슷한 증상을 나타내는 병을 지칭하는 명칭이지만, 저본인 『오노가쓰미(己が罪)』에서는 의사의 입을 통해서 '장티푸스'라는 점이 명시된다. 작중 서병삼이 환자의 피 속에서 '세균'을 검출하고 이를 자신의 발명품인 '혈청주사'로 치료하는 장면이 나오는 것도 장티푸스를 상정한 저본의 맥락을 따른 것이다. 장근호·최규진, 「신소설에 비친 개화기 의료의 모습」, 『역사연구』 35, 역사학연구소, 2018, 120쪽; 박성호, 「조중환의 번안소설과 열병의 상상력」, 『현대소설연구』 93, 2024, 101-102쪽.

환자이다. 소생시키기 힘든 환자를 살려 냄으로써 고난은 극복되고 영웅-의사는 승리한다. 하지만 이 과정은 순수하게 의료적 위기에 대응하는 의료진 혹은 의료기관의 서사로 구성되지 않는다. 그보다는 영웅-의사나 그 조력자들을 방해하거나 혹은 이들의 활약을 못마땅하게 여기는 다른 의료진 혹은 병원 관계자 등과의 갈등이 더 큰 비중을 차지하곤 한다.

〈허준〉의 허준은 양예수를 위시한 내의원 전체와 대립한다. 〈낭만닥터 김사부〉의 부용주는 거산대학교병원장(시즌1)이자 거산대학재단 이사장(시즌2)인 도윤완 및 그의 아들 도인범과 끊임없는 갈등을 겪는다. 〈골든타임〉의 최인혁은 환자들에게는 친절하지만 스승이자 동료인 황세헌 정형외과장을 비롯하여 다른 병원 내의 중진급 의사들과 자주 마찰을 빚는다. 〈중증외상센터〉의 백강혁은 애초부터 한국대학병원의 소속도 아니었던 터라 병원의 운영진은 물론 항문외과나 마취과와 같은 다른 과 의사들과도 갈등한다.

이러한 갈등 구도는 대체로 환자를 살리겠다는 신념 하나만으로 움직이는 영웅-의사와 이에 반대하는 기존 의료진 혹은 병원의 경영진 사이의 대립으로 구성된다. 시청자는 당연히 의사보다는 환자의 입장에서 이 갈등을 바라볼 수밖에 없고, 이 과정에서 영웅-의사의 행위에는 자연스럽게 선성이 부여된다. 환자를 살리겠다는 명목으로 무리한 의료를 시도하는 영웅-의사는 대체로 특유의 독보적인 기술로 인해 희박한 가능성을 뚫고 '수술'에 성공하게 마련이며, 이러한 성공 서사와 맞물려서 영웅-의사들의 행위는 무모하거나 무리한 시도라기보다는 오히려 진정한 의사의 행위라는 찬사를 듣게 된다.[39] 이러한 '영웅담'은 의료 체계의 범주는 물론이려니와 때로는 실정법의 영역까지도 아슬아슬하게 넘나든다.

당연한 이야기겠지만 이러한 대결 구도는 현실 속의 양상과는 다분히 결이 다르다. 백강혁이나 김사부와 같은 영웅-의사 하나가 주도하는 권역/중증외상센터가 현실에서는 존재할 수 없다. 현실에서 중증외상센터와 같은 시스템을 유지하기 위해서는 센터 내의 각종 장비뿐 아니라 의료진 모두가 24시간 내내 출동 가능한 상태를 유지해야 하고, 신속한 환자 이송과 적절한 중증도 분류 등을 위한 협력 체계 역시 필수적이다.[40] 이는 의사 직역 내에서뿐만이 아니라 병원과의 관계, 나아가서는 지자체나 소방 당국과의 유기적인 협조를 필요로 하는데, 〈중증외상센터〉와 같은 드라마에서는 이 모든 난관을 백강혁과 같은 영웅-의사 한 명의 힘으로 해결하는 것처럼 묘사되는 게 보통이다.

물론 드라마는 다큐멘터리나 시사보도 프로그램이 아니므로 현실을 정확하게 재현하지 않았다는 것을 문제 삼을 수는 없다. 게다가 이러한 영웅-의사를 중심으로 한 극단적인 갈등 구조의 설정은 현재의 의료 체계가 직면한 위기를 더욱 선명하게 드러내기 위한 드라마적 허용이라는 해석도 가능하다. 〈중증외상센터〉의 원작자 한산이가도 물론이려니와[41] 〈낭만닥터 김사부〉 시즌3의 자문을 맡았던 세브란스병원의 박채령 응급의학과 전문의도 같은 이유로 이와 같은 드라마적 허용의 필요성을 언급한

---

39 최지연, 「사람들은 왜 '골든타임' 최인혁에 열광하는가」, 《미디어오늘》, 2012.8.25.
40 이국종·김재용 외, 「중증 외상센터 설립 방안」, 『대한외상학회지』 18-1, 2005, 12쪽.
41 「'중증외상센터' 원작자가 밝힌 "백강혁을 '초인'으로 그린 이유"」, 《맥스무비》, 2025.2.4.

바 있다.[42] 실제로도 〈골든타임〉, 〈굿닥터〉, 〈낭만닥터 김사부〉와 같은 드라마들은 의료 영역에서의 사회적 공공성 문제를 공론화하는 효과를 발생시켰다는 평가를 받기도 한다.[43] 〈중증외상센터〉 역시 현실적인 문제를 수정하는 데에는 이르지 못했다 할지라도 현재 한국의 의료 체계가 처한 문제점에 대해 대중의 관심을 환기하는 데에는 적잖은 역할을 한 것으로 보인다. 드라마의 흥행과 더불어서 관련 분야에 종사하는 의사들이나 혹은 의사 출신의 원작자인 한산이가 등의 입을 통해서 밝혀지는 한국 의료 체계의 현실에 대한 지적들이 계속해서 언론의 주목을 받고 있기 때문이다.[44]

그러나 앞서도 언급했듯이 드라마의 현실 반영이란 일정 부분 동시대의 대중이 지닌 욕망을 투사하게 마련이며, 나아가서는 드라마의 재현 양상이 역으로 현실에 영향을 끼치는 사례도 있다. 예컨대 〈허준〉의 초반부 배경이자 허준의 고향인 것처럼 묘사된 경남 산청은 실제 허준의 행적과는 큰 상관이 없음에도 불구하고[45] 드라마의 영향으로 인하여 동의보감촌을 조성하고 세계전통의약엑스포를 유치하는 등 한의학과 관련된 행사를 개최하는 한편 '가상의 인물'인 유의태의 가묘 등을 설치했다. 밀양 역시 드라마에서 허준이 유의태의 시신을 해부한 것으로 설정된 얼음골에 사

42 「'낭만닥터 김사부3' 전속 자문 의사 "응급실 현실 알리고 싶어"」, 《의협신문》, 2023.6.15.

43 박상완, 앞의 글, 113쪽.

44 「'중증외상센터' 이낙준 일침 "힘없는 레지던트도 소송… 누가 가겠나"」, 《중앙일보》, 2025.3.28.

45 이상곤, 「"허준의 고향은 경상도 산청이 아닌 전라도 담양" - 허준, 그 불편한 진실③」, 《프레시안》, 2009.8.12.

당을 조성하고 매년 동의제향을 지내기까지 했다.[46] 드라마를 통해 형성된 인식이 현실의 정책 입안에 영향을 줄 수 있다는 점을 잘 보여주는 사례들이다.

드라마의 원작자나 자문 역할을 맡은 의료계 관계자들이 담고자 한 의도가 온전하게 시청자에게 전달되기는 쉽지 않다. 영웅-의사의 존재는 어디까지나 현실의 난맥상을 극적으로 드러내기 위한 허구적 장치임을 역설하더라도, 시청자에게는 이러한 영웅-의사가 마치 이상적인 의사상인 것처럼 인식되기 십상이다. 혹은 영웅-의사의 대척점에 놓인 다른 의사나 병원 경영진, 혹은 보건의료 당국의 관계자들이 비난의 대상으로 떠오르기도 한다.

이런 맥락은 현실 속의 의료 문제를 다루는 언론의 보도 방식에서도 나타난다. 〈중증외상센터〉의 백강혁이나 〈골든타임〉의 최인혁이 모델로 삼은 이국종 교수와 관련된 보도들이 대표적이다. 중증외상의료체계의 열악한 현실을 널리 알리고자 한 이국종 본인의 의도와는 별개로, 언론은 이 과정에서 벌어지는 갈등 양상을 "국민들로부터 열렬한 지지를 받고 있는 이국종 교수가 정작 의료계와 정부로부터 외면을 받고 있다."[47]거나, 아주대학교 내에서 벌어진 갈등 양상에 대해 원색적인 표현을 인용해 가면서 이국종이 직면한 억압을 부각시키는[48] 등의 보도를 했다.

46　김동율 외, 「유이태와 『痲疹篇』에 대한 논란들에 대해서-유이태와 관련된 논쟁들과 향후연구방향을 중심으로」, 『한국의사학회지』 37-2, 2024, 72쪽.
47　「"인터뷰 때마다 5000명의 적… 이국종, 의료계 눈엣가시?」,《메디파나》, 2018.11.13.
48　「이국종 욕설 논란의 진실은… "병원이 돈만 밝혀" vs "영웅 뒷바라지 지쳤다"」,《한국경제》, 2020.1.18.

영웅-의사가 세계와 대결하면서 위기에 처한 환자를 살려 낸다는 메디컬 드라마의 서사는 매력적이지만, 그만큼 위험성도 적지 않다. 의사 직역이 확보한 의학전문직업성은 의사들의 '집단적 노력'이 낳은 결과물이며, 이것이 마치 현실과 좀처럼 타협하지 않는 고집 센 영웅-의사에 의해 실현되는 것처럼 묘사하는 드라마의 접근법은 유의해서 살펴보아야 한다.[49] 강석훈이 지적하는 것처럼 이는 자칫하면 현실 속의 의사 집단을 이기적인 이해 공동체쯤으로 여기는 부정적인 시각을 보편화할 우려마저 있기 때문이다.

4. 영웅-의사는 과연 '진정한 의사'일까?

의사라는 직역을 바라보는 한국 사회의 시선은 다분히 양가적이다. 의사는 전문직 가운데에서도 가장 높은 신뢰를 얻는 직종으로 손꼽히지만, 그와 동시에 짧은 진료나 비용, 처방 등에 대한 불만 및 각종 의료 사건·사고로 인하여 불신에 시달리는 직종이기도 하다.[50] 신뢰와 불신이 동시에 작동하는 이러한 체계는 '신뢰할 만한 의사'에 대한 천착으로 귀결된다. 소위 '명의(名醫)'에 대한 집착과 선호가 강한 것은 이러한 사정에서 기인한다. 의사라는 직 혹은 존재 자체에 대한 신뢰는 강하지만 현실에서 접하는 개별 의사에 대한 불신 또한 강한 만큼, 신뢰할 만한 기술과 인성

49　강석훈, 앞의 글, 41쪽.
50　최성민, 「의료 서사와 의료 윤리」, 『대중서사연구』 26-3, 2020, 300쪽.

을 갖춘 뛰어난 의사를 찾겠다는 열망이 강하게 작동한다는 것이다.

　불신은 불안을 낳고, 불안은 부정확한 정보에 천착하게 만든다. 환자들 가운데 상당수는 실질적인 차이가 없음에도 불구하고 수도권 대형 병원과 지방 소재 의료기관 사이에 의료 서비스의 질적 차이가 존재한다고 믿는다.[51] 더불어서 고비용 진료를 선호하며, 새로운 시술을 적용하거나 더 많은 진료를 받는 것이 좋다고 인식함으로써 의료비 증가를 야기한다는 점도 감안해야겠다.[52] 좋은 병원, 뛰어난 의사에게 양질의 의료 서비스를 받고 싶다는 환자의 욕망은 자연스러운 것이겠지만, 이 자연스러운 욕망이 적절한 통제하에 놓이지 않을 때에는 시스템 전반에 악영향을 끼치기도 한다. 부정확한 정보와 더불어 효과적으로 분화되지 않은 시스템 내에서 이루어지는 환자의 선택이 반드시 효과적이고 긍정적인 의료 서비스 전달로 이어지리라고 기대하기는 어렵다.

　실제로 이러한 현상은 한국의 기형적인 의료 전달 체계와 맞물려서 대형 병원으로의 쏠림을 가속화했다. 한국의 의료 전달 체계는 표면적으로는 1, 2, 3차 병원을 구분하고 있으나 실질적으로는 환자가 병원을 선택하는 데 거의 제약이 없다. 예컨대 진료의뢰제도나 회송제도와 같이 환자의 병원 선택을 제한하고 의료 전달 체계를 효율적으로 유지하기 위해 도입된 제도들은 제 기능과 역할을 다하지 못하고 있으며[53], 행위별 수가제

51　권순만 외, 「병원·의원 역할구분 모호한 "현행 의료전달체계" 명확한 기능 부여해야」, 『의료정책포럼』 8-2, 2010, 16-25쪽.

52　윤강재 외, 「한국의료체계의 쟁점과 발전방향」, 한국보건사회연구원, 2014, 116쪽.

53　민혜영·이정찬, 「진료의뢰 및 회송제도 개선방안」, 대한의사협회 의료정책연구원, 2010, 11쪽.

도로 인하여 대형 병원들은 더 많은 진료 행위를 통해 이익을 추구하고자 한다.[54] 실제로도 한국의 환자들은 대형 병원, 유명 의사, 고가의 기술을 선호하는 경향이 강하게 나타나는 형편이다.[55] 의료 전달 체계와 무관하게 여러 병원들이 고가의 의료 장비를 과다하게 구매하는 이른바 '의료계 군비 경쟁(medical arms war)'이 벌어지는 것도 최신 의료 장비에 대한 환자들의 선호가 병원 선택에 직접적인 영향을 끼칠 수 있기 때문이다.[56]

이와 같은 환경에서 종편 채널이나 유튜브 등을 통해 형성되는 '명의'나 특정 시술 등에 관한 콘텐츠는 특정 병원, 특정 의사에 대한 환자들의 선호를 부추긴다. 환자는 마치 TV에 나온 광고를 보고 상품을 선택하듯이 특정 의사나 시술과 관련된 콘텐츠를 접하고서 이에 해당하는 병원을 '쇼핑'하게 된다는 것이다. 영국처럼 NHS[National Health Service(국민 보건 서비스), 영국의 국영 의료 서비스]의 관할하에 GP(General Practitioner, 일반의)들을 중심으로 1차 의료기관에서 환자들을 통제하거나, 혹은 미국처럼 개인이 가입한 보험에 따라서 의료기관의 선택에 제약이 존재하는 환경[57]이 아닌 만큼 환자의 이러한 선택을 제어할 수 있는 수단은 사실상 전무한 형편이다.

고가의 의료 기기가 즐비한 대형 병원에 대한 환상, 방송이나 인터넷 등을 통해 퍼지는 명의에 대한 선망, 여기에 더하여 원하는 지역으로 당일 내에 언제든 이동할 수 있는 뛰어난 교통 편의성은 자연스럽게 환자들의

---

54 윤강재 외, 앞의 글, 51-52쪽.
55 보건복지부, 「의료기관 기능재정립 기본계획」, 2011, 6쪽.
56 윤강재 외, 앞의 글, 77-79쪽.
57 윤강재 외, 앞의 글, 58-59쪽.

쏠림 현상으로 이어진다. 환자는 의료 전달 체계에 따라서 자신이 가야 할 병원을 지정받는 게 아니라, 환자 스스로가 자신의 증상을 진단하거나 혹은 이에 가장 적합하다고 생각되는 의사나 병원을 '선택'한다.

물론 이것이 순전히 환자의 도덕적 해이에 의한 결과라고만 볼 수는 없다. 환자는 전문적인 의학 지식에 대한 접근성이 상대적으로 떨어질 수밖에 없으며, 이러한 정보의 비대칭성은 환자에게 의료 서비스에 대한 정확한 질적 평가를 어렵게 만들기 때문이다. 따라서 환자는 병상 수나 첨단 의료 기기 보유 여부 등과 같은 가시적인 요소 또는 의료 행위 외의 친절함 등과 같은 주관적인 요소에 의존할 가능성이 크며, 여기에 더하여 구전(口傳) 활동이나 다른 의사 교환 수단에 의해 영향을 받을 가능성이 크다.[58] 그런 까닭에 인터넷 등을 통해 습득하는 타인의 경험이나 혹은 이를 가장한 바이럴(viral) 마케팅에 노출되는 경우도 많다. 부족한 정보는 불안을 낳고, 이렇게 형성된 불안은 평판에 기댐으로써 해소된다. 그 결과가 바로 극심한 쏠림 현상이다.

문제는 그러한 현상이 의료 전달 체계에 적잖은 부담을 준다는 데 있다. 2024년 의대 증원 정책과 맞물린 의정(醫政) 갈등 상황에서 환자들이 겪는 피해가 극심해진 이유도 이와 무관하지 않다. 그렇잖아도 대형 병원으로의 쏠림 현상이 심한 상황에서 이처럼 가중된 무게를 감당하던 전공의들이 의대 증원 정책에 대한 반발로 이탈하자 의료 현장 전반이 붕괴될 위기에 직면하고 말았다. 물론 이것이 의료 전달 체계만의 문제라고 볼

58　김영주 외,「수요의 상호의존성을 고려한 의료 서비스 시장의 속성선호도 분석」,『소비문화연구』15-2, 2012, 58쪽.

수는 없지만, 적어도 대형 병원에 가해지는 부담이 애초부터 분산되는 체계였다면 그 충격 역시 다소나마 완화될 수 있었을 것이다.

메디컬 드라마가 재현하는 영웅-의사 중심의 서사는 이러한 기형적인 현상의 또 다른 이면을 비춘다. 환자들이 특정한 병원이나 의사에게 쏠리는 것처럼, 드라마의 서사 역시 영웅-의사를 향한 극단적인 쏠림으로 귀결된다. '초인적인 의사가 아니고서는 도무지 해결할 수 없는' 현실의 모순을 고발하기 위해 영웅-의사를 등장시켰지만, 정작 이 영웅-의사가 모든 문제를 해결하는 핵심으로 작동하면서 문제를 해결하기 위해서는 마치 한두 명의 '명의'에게 모든 힘을 실어 줘야 한다는 식의 시선이 생겨 버리고 만다. 이국종 교수에 대한 대중적인 관심이 중증외상센터와 같은 체계 마련에 보탬이 되었지만 동시에 이국종 교수를 의료계로부터 고립되게 만들었고, 나아가서는 중증외상센터와 같은 변화 역시 현실의 벽에 부딪히는 결과에 직면했던 것처럼 말이다. 이미 수많은 의사들이 "백강혁은 현실 속에 존재할 수 없다."[59]고 지적하고 있음에도 불구하고, 사람들에게 먼저 와닿는 것은 백강혁과 같은 영웅-의사의 존재 그 자체이다.[60] 마치 명의나 대형 병원에서 치료의 가능성을 찾듯이 제2, 제3의 이국종에게서

<hr>

59 「이러다 '백강현'의 사명감도 닳아 없어진다」, 『청년의사』, 2025.2.20.; 「드라마에서는 열광하는 '중증외상센터'… 현실은 의사들도 외면」, 『아시아경제』, 2025.2.27.; 「현실 속 '외상센터'에 백강혁의 독무대는 없다」, 『청년의사』, 2025.3.6.

60 예컨대 〈중증외상센터〉가 한창 인기를 끌던 2025년 2월, 《문화일보》는 조항주 경기북부권역센터장과의 인터뷰를 기사화하면서 그의 서사를 상세하게 소개했다. 이 기사의 제목으로 채택된 표현은 '백강혁 실사판'. 조 센터장에 대한 평가와는 별개로, 현재 사회 일반이 의료 문제를 바라보는 시선이 어떤 것인지를 단적으로 보여주는 사례 중 하나라고 하겠다. 「'중증외상센터' 백강혁 실사판… "환자 살릴때 나도 산다"」, 《문화일보》, 2025.2.19.

의료 체계가 처한 모순의 해결책을 바라는 셈이다.

이런 모순은 사실 최근의 메디컬 드라마에서만 나타나는 것이 아니다. 이미 1910년대부터 1930년대에 이르는 다양한 희곡 텍스트에서도 의사는 존경과 숭배의 대상이면서 동시에 돈만 알거나 식민 권력에 복종하는 비난의 대상으로도 묘사되었다. 의사는 인간의 생명을 살리는 숭고한 직역을 수행하는 전문직 종사자로서 상찬받는 동시에, 빈곤 등을 이유로 진료를 거부하는 반윤리적 행위의 주체로 비난받기도 했다.[61] 이처럼 상반된 시선을 동시에 받는 의사라는 존재는 자연스럽게 대중서사 내에서 양극단에 선 인물형을 내세우게 만들었다. 그리고 이러한 대립 구도 속에서 선성(善性)을 담당하게 된 것이 바로 영웅-의사였다.

2010년대에 접어들면서 영웅-의사가 더욱 두드러져, 심지어는 〈중중외상센터〉에서와 같은 먼치킨류의 의사까지 등장하게 된 데에는 물론 웹소설이나 웹툰, 게임 등의 대두로 인해 대중서사를 둘러싼 환경이 변화한 까닭도 있지만, 신종 감염병으로 인한 팬데믹의 주기적인 반복이나 의사 파업 등의 사회적 이슈로 인해 의료 현안에 대한 사회 일반의 관심이 커진 까닭도 클 것이다. 2024년 의정 갈등 사례에서도 보았듯이 한국의 의료 현안은 다양하게 얽힌 이해관계와 제도적 모순 등으로 인해 해결 자체가 난망한 경우가 많은 만큼, 이런 문제들을 막강한 실력과 뚜렷한 선성 하나만으로 돌파해 나가는 메디컬 드라마 속 영웅-의사의 존재는 시청자들에게 긍정적인 반향을 불러일으키게 마련이다.

반면 일상에서 접할 수 있는 '평범한' 의사를 다루는 서사는 오히려 후퇴

---

61   이주영, 「근대 희곡에 나타난 제국의 조선 의사들」, 『한국문학이론과 비평』 23-2, 153쪽.

하는 경향이 강해졌다. 웹툰 원작을 바탕으로 한 〈내과 박원장〉은 20년 경력의 의사 출신 작가의 생생한 경험을 바탕으로 한 작품으로 주목을 받았지만[62] 작품의 참신함에 대한 평가와는 별개로 평균 시청율은 2% 대로 저조한 편이었다. 인기 시리즈인 〈슬기로운 의사생활〉의 스핀오프 격으로 기획된 〈언젠가는 슬기로울 전공의 생활〉은 2024년 의대 증원 정책 논란에 의한 전공의 파업으로 인해 관련 여론이 악화되면서 방영을 무기한 연기한 바 있다.[63] 물론 이 드라마는 2025년 4월에 뒤늦게 방영되면서 괜찮은 성적을 거두었지만[64], 원래대로라면 비슷한 시기에 공개될 예정이던 〈중증외상센터〉가 누적 시청자 2,600만 명을 기록하면서 넷플릭스 코리아 역대 7위의 성적을 거둔 점을 감안하면 다소 저조한 편이었다. 게다가 〈중증외상센터〉는 예의 전공의 파업 등으로 인해 의사 직역에 대한 여론이 부정적인 상황하에서 거둔 흥행인지라 실질적인 격차는 더 클 것으로 보인다.

사실 이 부분이 〈중증외상센터〉와 같은 영웅-의사 중심의 메디컬 드라마를 통해서 드러나는 여론과 실질 사이의 간극을 보여주는 지점이기도 하다. 한국의 의료 현장에 대한 현실적인 재현을 놓고 본다면 〈언젠가는 슬기로운 전공의 생활〉이 〈중증외상센터〉보다 뒤처진다고 보기 어렵다. 오히려 〈중증외상센터〉는 의도적으로 백강혁이라는 비현실적인 먼치킨

---

62 「장봉수 "내과 박원장 덕분 의사 가운 벗고 전업만화가 도전"」, 《뉴시스》, 2022.2.19.
63 「'언젠가는 슬기로울 전공의생활' 편성 무기한 보류… 의정 갈등 여파」, 《한겨레》, 2024.7.5.
64 넷플릭스 기준 전체순위 18위, 비영어권 8위를 기록했으며, 누적 시청자수는 850만 명으로 집계되었다.

캐릭터를 전면에 내세워서 의료 현실의 모순을 선명하게 드러내고자 했다는 점[65]에서 일종의 메디컬 판타지에 가깝다. 이 작품에 대한 현직 의사들의 반응 역시 '의학적 요소가 가미된 순도 높은 액션 판타지 활극'[66]으로 수렴된다는 점은 이 드라마가 놓인 위치를 명확하게 보여주는 대목이다.

하지만 과연 현실 속의 의사들이 백강혁이 될 수 있을까? 혹은 백강혁처럼 되는 것이 긍정적인 효과를 불러올 것인가? 〈중증외상센터〉에서 초반부의 빌런 역할을 하는 항문외과장 한유림은 자기 과의 전공의를 빼낸 백강혁에게 앙심을 품고 있었지만, 백강혁이 예의 뛰어난 수술 실력으로 자신의 딸을 살려 낸 이후부터는 그를 은인처럼 여기면서 백강혁의 후원자 노릇을 하게 된다. 드라마에서는 백강혁의 부상으로 인한 빈자리를 대신하여 중증외상센터를 진두지휘하는가 하면, 웹소설에서는 보건복지부 장관으로 발탁되기조차 한다. 또 다른 영웅-의사의 탄생인 셈이지만, 과연 백강혁처럼 생각하고 행동하는 의사가 '늘어나는' 것이 현실의 문제를 해결하는 방책이 될까? 물론 드라마이기에 가능한 일이고 현실에서는 벌어지지도 않겠지만, 설령 한유림 같은 의사가 늘어난다 하더라도 이는 체계의 불안정성을 가중시킬 뿐 해소되는 것은 무엇 하나 없다. 이국종이 한 명에서 두 명, 혹은 세 명이 된다고 해서 그간 벌어진 일련의 사태들에 뚜렷한 돌파구가 마련되지는 않는 것처럼 말이다.

---

65 원작자인 한산이가(이낙준)는 '그런 인물을 주인공으로 설정했음에도 불구하고 여러 어려움이 들이닥칠 정도니 현실은 더 할 것'이라며 백강현이라는 먼치킨을 통해 적대적인 의료 현실을 선명하게 드러내기 위함이었다는 기획 취지를 밝힌 바 있다. 「이러다 '백강현'의 사명감도 닳아 없어진다」,《청년의사》, 2025.2.20.
66 「현실 속 '외상센터'에 백강혁의 독무대는 없다」,《청년의사》, 2025.3.6.

현실은 냉정하다. 드라마 속에서는 마치 돈에 눈이 먼 사람들의 모임처럼 묘사되던 병원 교수회의의 모습도, 그 과정에서 역시 환자의 생명보다는 돈벌이에 더 치중하고 있는 것처럼 간주되던 병원의 태도도 현실의 영역 내에서 보면 현재의 기형적인 의료 체계를 간신히나마 지탱하는 동력 가운데 하나이다. 한국의 병원은 영리 기관인 동시에 공공 기관이라는 기묘한 이중 체계 속에 놓여 있고, 공공복리의 증진이라는 명분하에 행위별 수가제로 묶인 건강보험 체계 내에서 영리 추구를 통해 병원을 운영해야 하는 모순에 직면해 있는 상태이다. 이 모순을 넘치는 사명감과 독보적인 실력으로 극복할 수 있는 건 오로지 드라마이기에 가능한 판타지이다.

판타지라는 이유로 드라마를 외면할 까닭은 없다. 오히려 이를 통해 의료 현실에 대한 관심을 환기하게 되었다면 판타지여도 그 현실적인 가치는 충분하다고 할 것이다. 그러나 드라마 속 영웅-의사가 지나간 자리에는 두 개의 질문이 서로의 간극을 좁히지 못한 채 현실의 빈자리를 뱅뱅 맴돌고 있다. "우리는 어떻게 해야 이 의료 위기를 극복할 수 있는가?", 혹은 "우리에게는 왜 이런 의사가 없는가?"라는 두 질문 사이에는 가늠할 수 없는 거대한 균열이 자리하고 있다. 이 사이를 어떻게 건너갈 것인지를 묻는 질문이야말로 우리가 현재 처한 의료 위기를 헤쳐 나갈 단서가 될지도 모르겠다.

5. 결론

"우리는 어떤 의사를 원하는가?"라는 질문은 어찌 보면 현 시점에서는 적절하지 않다고도 하겠다. 현재 우리가 직면한 의료 현실은 더 이상 의사 중심 일변도의 방식만으로는 우리 자신의 건강을 유지하기 힘든 형태이다. 급속한 고령화사회로의 진행으로 인해 보건의료 체계에 가해지는 부담은 가중되고 있으며, 만성질환의 대두와 더불어 환자 스스로가 자신의 질환을 적절하게 관리하면서 삶의 질을 유지해 나가는 방안을 모색하지 않으면 안 되는 시점에 직면하고 있기 때문이다.

문제는 정작 현실은 정반대를 향해서 치닫고 있다는 점이다. 2024년 12월, 충청권 권역외상센터에서 근무 중인 외과의는 『또다시 살리고 싶어서』라는 제목의 에세이를 펴냈지만, 의대 증원 문제로 촉발된 의정 갈등을 겪으면서 "더 이상 환자를 살리기 위해 나를 희생하는 삶을 살고 싶지 않아졌다."라고 고백했노라 전해진다.[67] 같은 시기를 지켜본 수많은 의료계 바깥의 사람들은 〈중증외상센터〉의 백강혁에게 환호했다. 과연 "어느 쪽의 판단이 옳은가?", 혹은 "어느 쪽이 더 많은 정당성을 확보하고 있는가?", 이런 류의 질문에 대해서는 답을 내리기 어렵다. 환자를 살리는 일이야말로 의사의 궁극적인 과업이라고 주장하기는 쉽지만 이를 구현하기 위한 환경을 갖추는 것은 별개의 사안이기 때문이다. 사명감만으로 현장을 지키라는 것은 일종의 극단적인 정신론이다. 정신일도 하사불성(精神一到何事不成)이라는 말을 21세기에 준칙처럼 여기며 살아가는 사람이 어디 있겠는가.

진짜 문제는 바로 이 '간극'에 있다. 우리가 대중서사 속의 영웅-의사에게 환호하는 동안 실제 의사들은 필수 의료 현장으로부터 멀어지고 있다.

---

67 「의사 백강혁, 드라마에만 있다」,《연합뉴스》, 2025.2.7.

2025년 2월 국내 유일의 중증외상전문의수련센터였던 고려대학교 구로병원의 중증외상전문의수련센터가 예산 부족으로 문을 닫았다.[68] 의정 갈등이 시작된 지 만 1년 4개월 만에 의대생은 물론 전공의들도 속속 의료 현장으로 복귀하기 시작했지만[69] 이러한 의대 정상화에 대한 사회 일반의 여론은 차갑기 그지없다. 의대생-전공의들의 복귀 시기를 둘러싸고 벌어지는 의료계 내부에서의 갈등[70]은 물론이려니와, 이들의 복귀를 위해 제시된 정부의 안을 '특혜'라고 받아들이는 사회 각계의 반응[71]은 의정 갈등 국면의 해소가 아니라 또 다른 갈등, 즉 의-사(醫-社) 갈등으로 이어질 수 있다는 우려마저 낳고 있다.

〈중증외상센터〉의 백강혁과 같은 의사가 판타지라는 점은 누구든지 쉽게 이해하는 바다. 그러나 이러한 영웅-의사를 두고서 우리가 직면한 현실을 바라보는 방식은 제각각이며, 이 차이는 여전히 좁혀지지 않고 있다. 아니, 오히려 더욱 멀어지는 형국이라고 보아도 좋겠다. 한쪽에서는 백강혁과 같은 영웅-의사에 대한 대망론(大望論)으로는 우리가 직면한 의료의 제 문제를 해결할 수 없노라는 위기 담론을 환기하지만, 다른 한편에서는 여전히 '진정한 의사'의 도래를 희망하면서 이국종과 같은 슈퍼 의사의 존재를 환기한다. 의사에게 부과된 사명감과 의사가 직면해야 하는 현실 사이의 거대한 균열은 지금도 계속해서 벌어지고 있다.

---

68 「국내 유일 '중증외상 수련센터' 11년 만에 문 닫는다… 정부 지원금 중단」,《동아사이언스》, 2025.2.5.
69 「의대생 이어 전공의 복귀… 커지는 '의료 정상화' 기대감」,《뉴스1》, 2025.8.8.
70 「전공의 복귀, 갈등의 끝 아닌 새로운 시작」,《메디컬 옵저버》, 2025.8.10.
71 「'특혜 반대' 싸늘한 여론… 전공의들, 환자단체 찾아 소통 시도」,《연합뉴스》, 2025.7.24.

의료 봉사자의 여정[*]

—1960~1970년대 국제의료협력기구와 세계 보건 담론

이동규

경희대학교 HK+통합의료인문학연구단 HK연구교수

[*] 이 글은 Lee, Dongkue, "The Journey of Medical Volunteers: MEDICO and Global Health Initiatives in the 1960s and 1970s" (*Korean Journal of Medical History* 34-2, 2025. 8)을 번역하고 수정, 보완한 것임을 밝힌다.

1. 서론

1962년 4월 뉴욕 출신 외과 의사 호세 카스테야노스(Jose Castellanos)는 베트남행 비행기에 탑승했다. 1930년대에 태어난 그는 제2차 세계대전에 참전하지는 않았지만, 어린 시절 세계 각지를 누빈 친지들로부터 세계 여러 곳에 관련된 이야기를 들으며 성장했다. 그는 1950년대에 의학을 전공했고, 인턴과 레지던트 과정을 마친 후 국제의료협력기구(Medical International Cooperation Organization: MEDICO)의 의료 봉사팀에 합류하여 경력을 쌓고자 했다.[1] 개발도상국에서의 의료 활동은 수련 중인 의사들에게 자국에서 경험할 수 없는 전문적 활동에 참여하는 독특한 기회를 제공했으나, MEDICO는 환자들이 국내외 어디에서든 단순히 교육 자료로 취급된다는 인상을 받지 않도록 주의를 기울였다. 이러한 가치를 유지하기 위하여, 의과대학생, 인턴, 레지던트 및 해외 봉사에 선발된 기타 인력의 업무와 활동을 세밀하게 조정하고, 미국과 캐나다에서 요구되는 전문적

---

1 호세 카스테야노스의 이름과 경력은 실제이지만, 출생 연도와 개인적인 성장사는 허구이다. "List of MEDICO Overseas Personnel," June 21, 1962, Series 6 MEDICO, Subseries 6.1 Gen. & Historical, Box 1038, Record of CARE (hereafter CARE), The New York Public Library (hereafter NYPL).

기준에 상응하는 범위로 엄격히 제한하는 정책을 고수했다.[2] 카스테야노스는 내과 의사이자 팀장인 제임스 루스(James Luce)와 함께 베트남 꽝응아이(Quang Ngai) 지역의 상주 의료팀에 합류했다. 이들의 활동은 해외정형외과여행기금(Orthopedics Overseas Travel Fund)과 MEDICO와 제휴한 여러 재단의 지원을 받아 수행되었다.[3] 본 글에서 밝히고 있는 이들의 의료 봉사 활동은 1960년대부터 진행된 세계 보건의 패러다임 전환과 맥을 같이 한다.

냉전이 한창이었던 1958년, 국제구호위원회(International Rescue Committee: IRC)는 자유주의적 성격을 지닌 프로젝트인 MEDICO를 설립했다.[4] IRC는 인도주의적 봉사에 헌신한 자원 단체로서, 그 영향력과 명성 덕분에 기부금을 확보할 수 있었고, 무엇보다 미국 대외 원조 정책과 우호적 관계를 유지했다. IRC의 지도부는 미국 동부 상류층과 뉴욕 유대인들로 구성되었으며, 그들의 정치적 성향은 뉴딜 자유주의에서부터 진보주의까지 다양했고, 이는 당시 기준으로는 정치적 주류의 일부였다.[5]

---

2 "Medico Policy on Use of Medical Students, Interns, Residents, Physicians' Assistants, Technicians, Registered Nurses and Licensed Practical Nurses in Overseas Programs," Series 6 MEDICO, Subseries 6.1 Gen. & Historical, Box 1039, CARE, NYPL.

3 미국정형외과학회는 자문위원회를 조직하고 먼저 요르단에서, 이어 나이지리아와 콜롬비아에서, 그리고 이후 다른 지역에서 각각의 사업을 설계하였다. 이 과정에서 자원봉사자를 모집하고, 현지의 협력자들과 긴밀한 연락을 유지하며, 워싱턴에 위치한 MEDICO 본부와 협력하여 의약품·예방접종·교육훈련 등 가능한 모든 방식으로 지원을 제공하였다. "List of MEDICO Overseas Personnel"; "Volunteer Specialists Program", Series 6 MEDICO, Subseries 6.1 Gen. & Historical, Box 1039, CARE, NYPL.

4 James Fisher, *Dr. America: The Lives of Thomas A. Dooley, 1927-1961*, Amherst, MA: University of Massachusetts Press, 1997, p.103.

5 Fisher, *Dr. America* 9, p.109; James O'Gara, "American Catholics and Isolationism",

MEDICO의 공동 설립자는 두 명의 의사이다. 조지워싱턴대학교 의과대학 교수였던 피터 코만두라스(Peter Comanduras)와 1954년 5월 북베트남에서 난민 철수를 지원하고 1956년 라오스 오지에 병원을 설립한 미국 해군 소속의 저명한 의사 토머스 둘리(Thomas A. Dooley)가 그들이다.[6] 두 의사는 라오스에서 활동한 둘리의 사례를 본떠, 홍보 기법을 능숙하게 결합하여 '비정부 의료 조직'을 구축할 것을 목표로 했다.[7] 적극적인 둘리의 능력에 힘입어 이들의 활동은 매우 성공적이었다. 1959년 9월 MEDICO가 국제구호위원회(IRC)로부터 독립했을 때, 이 단체는 아프가니스탄·케냐·캄보디아·아이티·말라야·베트남에서 단기 및 장기 사업을 수행했으며, 모로코·페루·칠레에서는 긴급 재난 구호 활동을 전개했다.[8] 1961년, 열정적인 지도력을 발휘했던 둘리가 사망한 이후, 코만두라스는 또 따른 구호 단체였던 국제구호개발기구(CARE)와 MEDICO 간의 공식적 협력을 제안했다. 양 기관은 합병에 합의했으며, 1962년 3월 MEDICO는 CARE 산하의 의료 서비스 부문으로 편입되었다.[9] CARE와 통합된 이후 MEDICO는 주민 대부분이 의사를 접해 본 적 없는 오지에 병원과 진료소를 설립하는 방식인 이른바 '둘리의 정글 의학'에서 점차 벗어나, 대도시

　　Commonweal 59, 1953.11.15.

6　Teresa Gallagher, *Give Joy to My Youth: A Memoir of Dr. Tom Dooley*, New York: Farrah, Straus and Giroux, 1965.

7　Fisher, *Dr. America*, 10.

8　"List of MEDICO Overseas Personnel"; "History of Medico", Series 6 MEDICO, Subseries 6.1 Gen. & Historical, Box 1038, CARE, NYPL; "Biographical/Historical Information", CARE, NYPL (https://archives.nypl.org/mss/470).

9　"History of Medico"; "Biographical/Historical Information".

의과대학 및 병원의 동료들과 협력하는 방식으로 MEDICO 계약 인력과 자원봉사자들의 임무를 수정했다. 그리고 이러한 변화는 세계 보건에 대한 변화된 인식과 맥락을 반영했다.[10] 즉, 의사뿐 아니라 준의료인의 활용 확대, 치료 중심이 아닌 예방 중심의 의학 강조, 그리고 지역사회의 참여 강화를 특징으로 했다.[11] MEDICO의 접근 방식은 단순히 의료 성과를 향상시키는 데 그치지 않고, 문화적 교류와 이해를 촉진함으로써 서구 중심적 모델에 도전했다. 의료 실천에 문화인류학을 접목함으로써 MEDICO는 향후 국제 보건 사업의 선례를 마련했으며, 장기적인 보건 향상을 달성하기 위해 문화적 민감성과 지역사회 참여의 중요성을 부각시켰다.

국제 인도주의 원조에 기여한 바는 크지만 MEDICO/CARE에 대한 학문적 연구는 저조하다.[12] 평화봉사단(Peace Corps)과 같은 다른 자원봉사 기관들이 주목받는 연구 주제가 된 것과 달리, 국제 보건 연구에서 MEDICO

---

10 "Biographical/Historical Information"; Robert S. Siffert, "Preventive Medicine in Developing Countries (With Special Reference to Orthopaedics)", Series 6 MEDICO, Subseries 6.1 Gen. & Historical, Box 1039, CARE, NYPL.

11 Dalmas A. R. Dominicus and Takashi Akamatsu, "The Role of Preventive Medicine in Developing Countries", *The Keio Journal of Medicine* 39-4, 1990, pp.265-269.; John Duffy, *The Sanitarians: A History of American Public Health*, Champaign, IL: University of Illinois Press, 1992.; Randall M. Packard, *A History of Global Health: Interventions into the Lives of Other Peoples*, Baltimore, MD: Johns Hopkins University Press, 2016.

12 Michitake Aso, "Performing National Independence through Medical Diplomacy: Tuberculosis Control and Socialist Internationalism in Cold War Vietnam", *The British Journal for the History of Science* 57-2, 2014.; Michael Barnett, *Empire of Humanity: A History of Humanitarianism,* Ithaca, NY: Cornell University Press, 2011.; Akira Iriye, *Cultural Internationalism and World Order*, Baltimore, MD: Johns Hopkins University Press, 1997.; Heather Jones, "International or Transnational? Humanitarian Action during the First World War", *European Review of History* 16-5, 2009, pp.697-713.; David Rieff, *A Bed for the Night: Humanitarianism in Crisis,* London: Vintage, 2002.

와 CARE를 언급한 사례는 극히 제한되어 있다.[13] 한봉석의 연구가 CARE 의 해외 원조를 다루고 있음에도 불구하고, MEDICO에 대한 전면적 연구 는 아직 이루어지지 않았다.[14] 본 글 역시 MEDICO의 총체적 서술을 목표 로 하지 않으며, 국제 보건 환경과 원조 프로그램이 변화하던 1960~1970 년대를 단면적으로 검토하는 데 목적을 둔다. 이를 통해 MEDICO가 자원 봉사자를 어떻게 준비시켰는지, 어떤 문화 간 도전에 직면했는지, 그리고 MEDICO를 세계 보건의 광범위한 맥락 속에 어떻게 위치시킬 수 있는지 를 검토하고자 한다.

2. 의료 봉사를 위한 준비

자선은 어려움에 처해 있는 사람들의 고통을 완화하기 위해 조건 없이 금전이나 물품을 제공하는 행위로 정의된다. 이는 누구도 고통 속에 살아 서는 안 되며, 도움을 줄 수 있는 사람은 마땅히 그렇게 해야 한다는 신념 에 기초한다. 그러나 비판자들은 자선이 빈곤층을 의존적이고 무력하게 만들며, 근본 원인보다는 표면적 증상만을 다루어 사회질서를 유지하는

13　Rebecca Schein, "Educating Americans for 'Overseasmanship': The Peace Corps and the Invention of Culture Shock", *American Quarterly* 67-4, 2015, pp.1109-1136.; Narae Seo, "Between A B.A. Generalist and An Expert: Challenges and Improvements in the Training Curriculum and Implementation of Peace Corps Health Auxiliary Program in Korea (1967-1970)", *Korean Journal of Medical History* 34-1, 2025, pp.121-170.

14　한봉석, 「1970년대 주한 케아(CARE)의 종합급식계몽교육사업 연구 저개발국 여성의 몸에 기입된 냉전과 젠더, 그리고 과학」, 『한국근현대사연구』 99, 2021, 213-251쪽.

데 기여할 뿐 구조적 문제를 해결하지 못한다고 지적한다. 그럼에도 불구하고 자선은 체제 변화를 위한 도구라기보다는 연민의 표현으로 역사 속에서 자주 등장했다.[15] 특히 냉전 시기 국제 자선 단체들이 개발도상국을 대상으로 해외 원조를 한 것도 그 시작은 자선 행위의 일환이었다. 1951년 당시 가장 부유한 자선 재단이었던 포드 재단은 인도가 농촌 빈곤의 악순환을 끊을 수 있도록 지원하는 것을 목표로 하였다.[16] 이러한 노력은 냉전 시기 개발도상국의 근대화를 지원하는 좀 더 근본적이고 광범위한 전략의 일환이었다. 또한 20세기 초부터 해외 자선 사업에 열을 올렸던 록펠러 재단은 1955년 아시아 · 아프리카 · 중동 · 라틴아메리카 등의 개발도상국에서 정치적 · 경제적 발전을 지원하는 데 관심을 가졌으며, 이들 지역에 대한 대규모 재정적 투자를 승인했다.[17]

포드 재단과 록펠러 재단과는 달리, 특정 전문직 종사자들을 중심으로 구성된 MEDICO는 긴급한 필요가 있는 국가들을 위해 다양한 의료 서비

15　William Schambra, "What Is Conservative Philanthropy?" Speech delivered at Kennedy School of Government, Harvard University, 2004.3.17, in Frumkin, 2006, p.5.

16　Lawrence J. Friedman, and Mark D. McGarvie, ed., *Charity, Philanthropy, and Civility in American History*, New York: Cambridge University Press, 2004, p.319.; Kathleen D. McCarthy, "From Cold War to Cultural Development: The International Cultural Activities of the Ford Foundation, 1950-1980", *Daedalus* 116, 1987, pp.93-117.

17　Edward H. Berman, *The Influence of the Carnegie, Ford, and Rockefeller Foundations on American Foreign Policy: The Ideology of Philanthropy*, Albany, NY: State University of New York Press, 1983.; Lawrence J. Friedman and Mark D. McGarvie, ed., *Charity, Philanthropy, and Civility in American History,* New York: Cambridge University Press, 2004.; Robert A. Packenham, *Liberal America and the Third World: Political Development Ideas and Social Science*, Princeton, NJ: Princeton University Press, 2016.

스를 제공했다. MEDICO는 해외에서 자신의 전문 기술을 자발적으로 제공하는 참가자들의 활동을 관리하기 위해 명확한 규정을 마련했으며, 특히 현지보건 당국과 지속적 관계를 구축하고 영향을 미칠 수 있는 상주팀의 존재가 핵심적이었다. 이 상주팀은 '적절히 자격을 갖춘 의사 및 준의료 인력'으로 구성되어, 현지 여건에 부합하는 병원 인력 교육을 장기적으로 제공하는 프로그램의 운영을 가능하게 했다.[18] 해외 의료 지원 프로그램은 환자 치료를 돕는 동시에 간호·물리치료·임상검사기술·방사선 촬영기술 등 준의료 기능을 포함한 다양한 의료 서비스 분야에서 현지 인력을 훈련시키는 것을 목표로 했으며, 이는 2차 세계 대전 이후 발전 프로젝트의 일부였다.[19] 이러한 '현지 의사와 준의료 인력의 기술을 향상시키는 것'이라는 목표는 MEDICO/CARE 통합 이후에도 수행되었다.

따라서 MEDICO 프로그램에 지원하는 의료 인력은 각자의 전문 분야에서 충분한 경험을 갖춘 인물들만이 될 수 있었다. 해외 봉사에 개인이 선발되는 과정은 특정 시점의 특정 프로그램에서 요구되는 자격 요건, 현지 의료 당국의 수용 여부, 그리고 활동에 대한 적절한 감독 체계의 존재 여부에 달려 있었다. 이러한 조건 속에서 의과대학생·인턴·레지던트는 다양한 인간적 고통의 양상을 접하게 되었으며, 이는 그들의 전문적 관심을 자극하는 동시에 전혀 새로운 문화적 환경을 탐구할 기회를 제공했다. 그들은 자신의 전문적 범위 안에서 봉사하고 경험으로부터 배우

---

18 "Medico Policy on Use of Medical Students, Interns, Residents, Physicians' Assistants, Technicians, Registered Nurses and Licensed Practical Nurses in Overseas Programs", Series 6 MEDICO, Subseries 6.1 Gen. & Historical, Box 1039, CARE, NYPL.

19 Packard, *A History of Global Health*, Introduction.

기 위해 파견되었으며, "그들의 학습은 봉사와 교육에 부수적인 것이었다."[20] 즉, 봉사자 자신에 대한 교육이 목표가 되지 않아야만 했다. 각 후보자는 수용국 정부가 그들에게 어떤 혜택이나 교육을 제공할 수 있는가가 아니라, 그들이 수용국에 어떤 서비스를 제공할 수 있는가를 기준으로 평가되었다.

실무적 차원에서 의료 자원봉사자들은 파견국으로의 여정을 계획하고, 임무 수행을 준비하며, 휴대할 물품을 결정하였다.[21] MEDICO는 비용을 절감하기 위해 특정 항공편을 수배했다.[22] 예컨대 MEDICO가 프로그램을 운영하던 지역 가운데 아프가니스탄의 경우, 팬아메리칸 항공과 에어캐나다가 아프간 항공과 협력하여 특별 항공편을 제공함으로써 상당한 비용 절감이 가능했다. 또한 도미니카공화국으로 이동할 때 일부 동부 지역

---

20 "Medico Policy on Use of Medical Students".
21 "Information for MEDICO Specialists", Series 6 MEDICO, Subseries 6.1 Gen. & Historical, Box 1039, CARE, NYPL.
22 미국인의 해외여행에 대한 열광은 급속히 성장한 국내 경제의 결과였으며, 항공우주산업의 발전은 이들이 외국으로 이동하는 것을 용이하게 했다. 항공우주산업은 국제적 군사 통합을 가속화하는 데 기여했을 뿐 아니라, 급성장하는 세계 관광 산업의 핵심 요소이기도 했다. 냉전 시기 동안 미국의 항공우주산업은 빠르게 성장하여 곧 세계적 선도적 위치를 차지하게 되었다. 미국과 영국은 1941년 발효된 「무기대여법(Lend and Lease Act)」에 서명했으며, 이 양자 협정은 미국이 유럽 국가들에 항공기를 생산·수출할 수 있도록 권한을 부여했다. 이러한 무역은 미국 항공우주산업의 급속한 성장을 촉진했다. 1938년까지 세계 시장에서 영국 항공우주산업의 점유율은 50% 이상이었으나, 1943년에는 12%로 급감하였다. 반면 같은 해 미국 항공우주산업의 세계 시장 점유율은 72%로 급등하였다. 이러한 변화는 미국이 세계 항공우주산업에서 우위를 점하게 되었음을 보여주며, 이는 국내 민간 항공우주 산업을 위한 물질적·기술적 기반을 형성하는 결과로 이어졌다. James L. Gormly, "Keeping the Door Open in Saudi Arabia: The United States and the Dhahran Airfield, 1945-1946", *Diplomatic History* 4, 1980, pp.189-206.

에서는 직항 노선이 아니라 미국 정부가 푸에르토리코행 항공편에 보조금을 지급했기 때문에 산후안(푸에르토리코)을 경유하는 노선이 훨씬 저렴했다.[23] 또한 항공편 수하물은 정교하게 포장되었다. 개별 자원봉사자의 수하물은 출국 전 계량되어 초과 중량에 대해서는 추가 요금이 부과되었는데, 항공사는 1인당 44파운드(20킬로그램)의 위탁 수하물을 허용하였고, 일부 항공편에서는 66파운드까지 허용했으며, 기내 반입 수하물은 반드시 좌석 아래에 들어가야 했다. 소지품을 운반하는 가방은 가볍고 견고하며 확장 가능하여 귀국 시 더 많은 물품을 가져올 경우를 대비했다. 구형 군용 B-4 가방은 이러한 조건을 충족시켰다.[24] 물론, 추가 수하물을 해상 운송하는 것이 비용 면에서는 저렴했으나, 소요 시간이 길고 손상이나 분실의 위험이 있었다.[25]

의류 선택 또한 자원봉사자들이 방문할 지역에서 중요한 고려 사항이

---

23 "Preliminary Travel Suggestions for CARE/MEDICO Volunteers", Series 6 MEDICO, Subseries 6.1 Gen. & Historical, Box 1039, CARE, NYPL; 전쟁 이후 더글러스 항공기와 록히드와 같은 항공기 제조사들은 대중이 해외여행에 나서도록 유도하기 위해 인쇄 매체 광고를 시작했다. 이러한 광고는 민간 부문에서 미국적 국제주의가 확산되는 양상을 보여주었다. 팬암(Pan American Airlines)과 아메리칸 항공(American Airlines)과 같은 민간 항공사들도 이 상업적 흐름에 동참했다. 팬암의 푸른 지구 로고는 널리 사용되었으며, 광고에는 항공편 일정, 이국적 풍경, 해외의 자연경관 등이 등장했다. 급성장한 항공우주산업은 세계가 마침내 하나의 지붕 아래 통합되었다는 인상을 대중에게 심어 주었다. John Fousek, *To Lead the Free World: American Nationalism and the Cultural Roots of the Cold War,* Chapel Hill, NC: The University of North Carolina Press, 2000, p.73; Daniel Yergin, *Shattered Peace: The Origin of the Cold War and the National Security State*, Boston, MA: Houghton Mifflin, 1977.

24 군용 B-4 가방(B-4 garment 혹은 flight bag으로도 불림)은 긴 역사를 지니고 있으나 학술적 연구는 많지 않다. 이 가방은 제2차 세계대전 당시 개발되어, 주로 미 육군 항공대(U.S. Army Air Force) 병사들이 군복과 개인 물품을 운반하는 데 사용되었다.

25 "Preliminary Travel Suggestions for CARE/MEDICO Volunteers".

었다. 정장과 같은 격식을 갖춘 복장은 거의 필수적이지 않았으며, 일반적으로 보수적이거나 실용적인 복장이 선호되었다. 예를 들어 회색과 청색 정장을 가져간다면 동일한 색의 셔츠, 넥타이, 양말을 각각에 맞추어 착용할 수 있었다. 무게를 줄이기 위해 외투와 비옷의 기능을 겸할 수 있는 코트가 권장되었으며, 세탁 후 쉽게 건조되는 셔츠·양말·속옷을 구입했다. 여성 복장에서도 동일한 원칙이 적용되었으나, 특정 국가에서는 반드시 준수해야 할 규범과 기준이 있었다. 예컨대 모스크를 방문할 때 여성은 스카프를 착용해야 했으며, 앞머리를 드러내서는 안 되었다. 일부 모스크뿐 아니라 일부 유대교 회당과 교회에서도 팔과 다리를 가리는 복장을 선호했다. 긴소매와 바지가 필수는 아니었으나, 바지는 다리를 가릴 수 있어 모스크 방문 시 일반적으로 바람직한 복장으로 여겨졌다.[26] 관광 시에는 편안한 보행용 신발이 필요했다. 자원봉사자들이 집을 떠날 때는 다림질 된 정장을 입었으나, 장시간 항공편을 이용한 뒤 도착했을 때는 그 정장이 알아볼 수 없을 정도로 구겨져 있기도 했다. 이 경우 자원봉사자들은 목욕이나 샤워를 하는 동안 구겨진 정장을 욕실에 걸어 두어 주름을 펼 수 있었다.[27] 이처럼 적절한 복장과 문화적 민감성에 대한 강조는

---

26 "Preliminary Travel Suggestions for CARE/MEDICO Volunteers."

27 자원봉사자들의 해외 경험은 세계 관광(global tourism)의 일부로 이해될 수 있다. 세계 관광은 미국인들에게 팽창주의적 프로젝트에 동참할 기회를 제공하였으며, 특히 아시아로의 여행은 미국적 국제주의(American internationalism)의 홍보에 의해 크게 영향을 받았다. William Harlan Hale, "Millions of Ambassadors," *Saturday Review,* 1959.1.10.; *Horace Sutton, Travelers, the American Tourist from Stagecoach to Space Shuttle*, New York: Morrow, 1980.; Christina Klein, *Cold War Orientalism: Asia in the Middlebrow Imagination, 1945-1961*, Berkeley, CA: University of California Press, 2003.

자원봉사자들이 비공식적 외교사절로서 수행하는 역할을 부각시켰다. 이러한 접근은 효과적인 문화 간 교류를 가능하게 했을 뿐 아니라, 미국인을 세계시민으로 인식하게 하여 국제적 호의와 이해를 증진하는 데 기여하였다.

또한 여행자수표를 사용하길 권장했다. 그러나 대부분의 여행자는 여전히 모든 국가에서 가장 손쉽게 환전할 수 있는 미국 달러를 사용했다.[28] 일부 여행자들은 은행에서 발급받은 신용장을 활용하기도 했는데, 예컨대 문서에 1,000달러가 승인되어 있고 200달러가 필요할 경우 은행에서 해당 금액을 찾을 수 있었으며, 문서에는 여전히 800달러를 인출할 권리가 남아 있음을 표시했다.[29] 환율 측면에서 일부 국가는 방문객에게 유리한 환율을 제공했으나, 이는 일정 금액 이상을 환전해야만 적용되기도 했다. 예를 들어 폴란드에서는 50달러 이상을 환전할 경우 폴란드 즈워티 외에도 특정 국영 상점에서만 사용할 수 있는 보너스 쿠폰을 지급했다. 신용카드는 현금을 소지할 필요가 없다는 뚜렷한 장점을 제공했으며, 아메리칸 익스프레스(American Express)·다이너스 클럽(Diners Club)·힐튼 카르트 블랑슈(Hilton Carte Blanche)와 같은 일부 신용카드가 널리 사용되었다. 그러나 이집트와 스리랑카와 같은 일부 국가에서는 신용카드를 사

28　누군가에게 팁을 주거나 저가의 물품을 구입하려 했으나, 미국 달러 현금에 대한 거스름돈이 없어 곤란을 겪기도 했다. 이러한 이유로 항상 상당한 양의 미국 달러 잔돈을 소지했다. Stephen Quinn and William Roberds, "The Evolution of the Check as a Means of Payment: A Historical Survey." *Federal Reserve Bank of Atlanta Economic Review*, 2008.

29　"Preliminary Travel Suggestions for CARE/MEDICO Volunteers."

용하면 이례적으로 유리한 환율 혜택을 포기해야 했다.[30]

보안 문제에 관한 세부 사항 역시 중요한 부분이었다. 자원봉사자들이 다른 나라에 입국할 때 세관 직원과 마찰을 겪을 가능성은 매우 낮았다. 만약 세관원이 특정 물품에 대해 심각한 의문을 제기하면, 자원봉사자는 해당 물품을 보관소에 맡겨 달라고 요청할 수 있었다. 이는 곧 그 물품을 해당 국가로 반입하지 않고, 출국 시 공항에서 다시 찾아가는 것을 의미했다. 물품은 공항에 보관되며 해당 정부의 관할권 아래에 놓였다. 물론 입국과 출국이 서로 다른 공항을 통해 이루어지는 일정에는 이러한 조치가 적용되지 않았다. 특히, 당시 공중 납치(hijacking)에 대한 예방책으로 모든 기내 반입 수하물을 검색했고, 승객들은 금속 탐지기를 통과하거나 신체검사를 받았다. 위탁 수하물은 일반적으로 예외였으나, 때때로 정밀 검사를 받기도 했다. 이러한 예방 조치의 중요성은 부인할 수 없었지만, 많은 시간을 소요했다. 여러 항공사들은 국내선 승객에게는 출발 1시간 전, 국제선 승객에게는 출발 1시간 30분 전에 공항에 도착할 것을 요구했다.[31] 세관 및 보안 절차의 이러한 세부적 운영은 국제 여행에 대한 시대적 접근이 변화하고 있음을 보여주며, 효율성과 경계심 사이의 균형을 반영했다. 이는 강화된 보안 규정이 여행의 표준적 요소로 자리 잡게 된 냉전기의 맥락은 해외 자원 봉사 활동의 이면에 존재했고, 국제 자원봉사자와 여행자들의 경험을 형성하는 데도 중요한 역할을 했다.

---

30 "Preliminary Travel Suggestions for CARE/MEDICO Volunteers"; "Information for MEDICO Specialists".
31 "Preliminary Travel Suggestions for CARE/MEDICO Volunteers".

준비 과정의 마지막 단계에는 건강 수칙과 백신 정보가 포함되었다. 황열·콜레라·천연두·도시 흑사병·발진티푸스·재귀열 등은 대부분의 자원봉사자가 거주하던 북미 지역에서는 드물었으나, 세계의 많은 열대 및 아열대 지역에서는 여전히 유행하고 있었다. 백신접종은 이러한 질병이 국제 교류를 통해 확산하는 것을 예방하는 데 중요한 역할을 했다. 미국과 캐나다를 포함한 여러 국가는 천연두 예방접종을 의무화했으며, 황열과 콜레라 예방접종은 감염 지역에 입국할 때 요구되었고, 특정 상황에서는 국제 여행을 위해 권장되거나 출국 전 의무화되기도 했다.[32] 추가 질병에 대한 예방접종은 필수는 아니었지만, 강력히 권장되었다.[33] 일부 백신은 며칠 내에 효과가 나타났으나, 다른 백신은 수개월이 지나야 효과가 발휘되었기 때문에 자원봉사자들이 접종 지침을 철저히 따르는 것이 중요했다.[34] 세계보건기구(WHO)의 국제 예방접종 증명서(일명 옐로카드)는 해외여행 시 유일하게 인정되는 예방접종 증명서였으며, 정부가 의무화

---

32 Niall Ferguson, Charles S. Maier, Erz Manela, and Daniel J. Sargent, ed., *The Shock of the Global: The 1970s in Perspective*, Cambridge, MA: Belknap Press, 2011, pp.251-262.; Anna Lena Lopez, Maria Liza Antoinette Gonzales, Josephine G Aldaba, and G Balakrish Nair, "Killed Oral Cholera Vaccines: History, Development and Implementation Challenges", *Therapeutic Advances in Vaccines and Immunotherapy* 2-5, 2014, pp.123-136.; Lawrence J. Friedman and Mark D. McGarvie, ed., *Charity, Philanthropy, and Civility in American History*, New York: Cambridge University Press, 2004.; Erez Manela, "A Pox on Your Narrative: Writing Disease Control into Cold War History", *Diplomatic History* 34-2, 2010, pp.299-323.

33 "Immunization Information for CARE/MEDICO Volunteers", Revised April 1975, Series 6 MEDICO, Subseries 6.1 Gen. & Historical, Box 1039, CARE, NYPL.

34 James Colgrove, *State of Immunity: The Politics of Vaccination in Twentieth Century America,* Berkeley, CA: University of California Press, 2006.

한 백신접종 사실을 반드시 기록해야 했다.[35] 자원봉사자들은 여권 신청 시 이 증명서를 받았고, 많은 여행사와 운송 회사들도 이를 제공했다. 자원봉사자들은 특히 부적절한 취급으로 인해 오염된 물과 음식에 주의를 기울였다. 이는 이질, 설사, 장티푸스 및 기타 열대성 질환을 유발할 수 있었기 때문이다. 따라서 끓이지 않은 식수, 얼음, 생과일과 채소, 생우유 및 유제품, 소독되지 않은 수영장은 피하도록 권고되었다. 대도시나 고급 호텔에 머무른다고 해도 안전이 보장되는 것은 아니었으므로, 여행자들은 현지 여행사나 외교관, 혹은 MEDICO 전문가로부터 구체적인 정보를 얻어야 했다. 특히 모든 음식을 조리해 섭취하고, 양치와 음용에는 반드시 병에 든 물을 사용할 것이 권장되었다.[36] 종합적으로, MEDICO는 자격을 갖추고 철저히 준비된 의료 인력을 파견함으로써 현지 보건의 훈련과 지속 가능한 실천을 지향했다. 비록 우선적 목표는 수용국을 지원하는 것이었지만, 이러한 경험은 자원봉사자들에게도 전문적·문화적 성장을 제공하는 계기가 되었다.[37]

3. 문화를 넘어서는 의료 실천

MEDICO의 활동에서 발생한 문제의 대다수는 방문자의 문화 충격

---

35 Evan S. Rice, *Wayfarer's Handbook: A Field Guide for the Independent Traveler*, New York: Black Dog & Leventhal, 2017.

36 "Preliminary Travel Suggestions for CARE/MEDICO Volunteers".

37 "Preliminary Travel Suggestions for CARE/MEDICO Volunteers".

과 그로 인한 태도 및 행동에서 발생했다. MEDICO는 종교적, 정치적, 이념적 함의가 전혀 없는 민간의 노력이었다. 인도주의적 호소 속에서 MEDICO는 수용국이 허용하는 범위 내에서 서비스, 교육, 지도에 최대한 중점을 두려 했다.[38] 바바라 스칸달리스(Barbara Scandalis)는 정형외과 의사이자 간호사 겸 인류학자로서 콜롬비아, 나이지리아, 인도네시아에서 MEDICO 활동에 참여했다. 그는 그 외 여러 국가를 방문해 각기 다른 문화와 미국·캐나다의 의료 관행을 적용하면서 발생하는 문제를 관찰했다.[39] 인도네시아 경험을 바탕으로, 스칸달리스는 의료진이 파견된 해외 지역에서 적용할 수 있는 인류학적 원리에 관한 영향력 있는 논문을 집필했다.[40] 그의 연구는 문화 간 의료 환경에서 인류학 이론을 임상 실천에 접목하는 데 초점을 맞추었다. 이는 문화적 관념, 관행, 사회구조가 환자의 질병 인식과 경험에 어떠한 영향을 미치며, 이러한 요인이 보건의료 전달 방식에 어떻게 작용하는지를 이해하는 작업을 포함했다. 스칸달리스는 인류학 이론과 임상 실천의 간극을 메워 보건의료 성과를 개선하고 의료 현장에 문화적 민감성을 촉진하는 것을 목표로 했다. 스칸달리스에 따르면, 타 문화를 이해하는 방법은 두 가지이다. 하나는 현지인의 관점에 공감하려 시도하는 것이고, 다른 하나는 그들의 가치관과 행위를 해석하는 것이다. 그러나 단기적 상호작용에서는 첫 번째 방식이 현실적이지

---

38 "Cultural Shock", Series 6 MEDICO, Subseries 6.1 Gen. & Historical, Box 1039, CARE, NYPL.

39 Letter from Christof J. Scheiffele to John H. Wrinch, December 7, 1974, Series 6 MEDICO, Subseries 6.1 Gen. & Historical, Box 1039, CARE, NYPL.

40 Barbara Scandalis, "Application of Anthropological Concepts in Cross-Cultural Medical Practice", Series 6 MEDICO, Subseries 6.1 Gen. & Historical, Box 1039, CARE, NYPL.

않아, ‘문화 간 행동’을 자문화적 관점에서 해석해 이해할 수 있게 만드는 것이 필요하다고 했다.[41]

　문화 충격은 해외 자선 활동에 참여한 정부 및 민간 자원봉사자들 사이에서 오래전부터 논의되어 온 주제였다. 많은 미국인이 외국을 방문하면서 특별한 이유 없이 불안감을 경험한 이후, 문화 충격은 인류학 연구를 넘어 일반적으로 인식되는 현상이 되었다.[42] 서유럽을 여행할 때는 문화 충격이 거의 없거나 쉽게 지나치기 일쑤였으나, 아시아·아프리카·중동 지역에서는 가치관 차이가 커서 문화 충격이 두드러졌다.[43] 사람들은 종종 익숙하지 않은 환경이 초래하는 불안을 달래기 위해 방문 문화의 차이를 강조하고 자국 문화를 비교 잣대로 삼아 우월성을 과장했다.[44]

　문화적 차이에 대한 적응은 인간이 동일한 문제에 대해 다양한 사회·정치·경제적 해법을 고안할 수 있으며, 이러한 대안이 물리적 환경·문화적 맥락·역사에 의해 형성된다는 사실을 이해하고 수용할 때 더욱 쉬워진다. 궁극적으로는 인간의 고통을 완화하고 불안정한 환경 속에서 안정감을 추구하는 것이 공통된 목표였으며, 건설적인 문화 간 상호작용은 이러한 차이에 대한 인식에서 비롯되었다. 그러나 정부, 기업, 개인이 타

41　Scandalis, "Application of Anthropological Concepts".

42　Rebecca Schein, "Educating Americans for 'Overseasmanship': The Peace Corps and the Invention of Culture Shock", *American Quarterly* 67-4, 2015, pp.1109-1136.; Robert George Cooper and Nanthapa Cooper, *Culture Shock! Thailand,* Portland: ORL Graphic Arts Center, 1990.

43　Elizabeth Cobbs Hoffman, *All You Need is Love: The Peace Corps and the Spirit of the 1960s,* Cambridge, MA: Harvard University Press, 1998, p.134.

44　Schein, "Educating Americans for 'Overseasmanship'".

문화와 접촉할 때 자국의 태도와 신념을 강요하려는 접근은 오히려 관계를 악화시켰다.[45]

보건과 의학은 사회 여러 요소로부터 독립적 영역이 아니며, 이들과 제도와 문화적으로 연결되어 있다.[46] 개발도상국에 초청된 의료 전문가는 관찰된 질병이 궁극적으로 건강 개선으로 이어지기를 기대하며 단기적이고 단편적인 접근을 취하는 경우가 많았다.[47] 그러나 의사들이 새로운 의료 이념을 도입하려 할 때, 그것은 공백 속에서 이루어지는 것이 아니라 이미 질병에 대한 설명 체계가 존재하는 맥락 속에서 이루어진다는 점을 인식해야 했다. 전통적 치료 개념과 충돌할 때 전통이 우선될 수 있으며, 환자는 의사의 설명을 개인적 경험에 따라 재해석하기 때문에 치료가 계획대로 시행되지 않을 수 있다. 따라서 새로운 개념은 문화적 공백에 주입되는 것이 아니라 기존 패러다임을 대체하는 방식으로 접근해야 했다.[48]

의료 자원봉사자에게 요구된 문화적 관점은 20세기 후반 인류학적 접근과 밀접하게 맞닿아 있었다. 냉전기에 발전한 인류학적 접근은 지역 문화를 존중하고 그 가치와 신념 체계에 주목하는 것이 특징이었다. 특히 문화상대주의는 서구의 인종적·문화적 우월성을 전제한 기존의 인종주

---

45 Schein, "Educating Americans for 'Overseasmanship'".

46 Nicole Tan and Shuangyu Li, "Multiculturalism in Healthcare: A Review of Current Research into Diversity Found in the Healthcare Professional Population and the Patient Population", *International Journal of Medical Students* 4-3, 1916, pp.112-119.

47 Packard, *A History of Global Health, Introduction; Michael Barnett, Empire of Humanity: A History of Humanitarianism*, Ithaca, NY: Cornell University Press, 2011.

48 Scandalis, "Application of Anthropological Concepts".

의적 관점을 비판하며, 각 문화의 규범에 따라 가치를 평가할 것을 제안했다.[49] 프란츠 보아스와 루스 베네딕트는 문화상대주의를 대표하는 인물로, 베네딕트는 『국화와 칼』(1946)을 통해 일본 문화를 분석하며 미국인의 아시아 이해에 큰 영향을 미쳤다.[50] 그러나 그녀의 분석은 동양주의적 시각에서 완전히 벗어나 있지 않았으며, 일본 사회를 민주주의와 자유가 결여된 남성적인 엄격한 구조로 묘사하면서 서구 남성 문화를 기준으로 삼았다.[51] 문화인류학과 통합 이론은 모두 다양한 문화를 자유세계라는 하나의 틀 안에서 통합할 수 있다는 보편주의적 관점을 공유했다. 이러한 원칙은 서구 사회의 근본적 성격을 구현하는 것이기도 했다. 따라서 MEDICO는 문화인류학적 실천을 의료 현장에 적용한 선구적 사례로 볼 수 있다. 스칸달리스의 연구와 같은 이론적 논의는 MEDICO의 실제 경험을 설명하는 데 중요한 틀을 제공하며, 이는 곧 국제 보건이 단순한 기술 이전이 아니라 문화적 이해와 상호 존중을 기반으로 한 협력 과정임을 보여준다.

49 Lewis Perry, *Intellectual Life in America: A History*, Chicago, IL: The University of Chicago Press, 1984, pp.319-324.

50 Christopher Shannon, "A World Made Safe for Differences: Ruth Benedict's The Chrysanthemum and the Sword", *American Quarterly* 47-4, 1995, p.670, pp.678-679.

51 Mari Yoshihara, "America's Asia: Racial Form and American Literature, 1893-1945", *The Journal of American History* 92-3, 2005, p.1032.

4. 사회의학에서 예방의학으로

전후 개발 프로그램인 포인트 포(Point Four)나 평화봉사단(Peace Corps)과 같은 인도주의에 기반한 자원봉사 활동에서 공중보건이 중요한 부분을 차지하게 되면서, 저개발 지역에서 가장 큰 문제는 숙련된 보건 인력의 부족이었다.[52] 1930년대에 등장한 세계 보건(world health) 개념은 제국주의 시대의 공중보건 접근을 대체하지는 못했으며, 오히려 양차 대전 사이 시기부터 전후까지 국제 보건 활동을 지배한 다양한 공중보건 실천과 전통을 확장·다변화하는 형태로 발전했다. 이러한 흐름은 냉전 이데올로기와도 긴밀히 상호 작용했다.[53] 1930년대 사회의학(social medicine)의 핵심 개념은 '보건은 공동체나 국가의 삶에서 상호 연관된 요인 중 하나'라는 것이었으며, 이는 전후 세계, 특히 서구 이외 지역에서 주요한 전통으로 자리 잡았다.[54] 국경을 넘어 확산된 사회의학은 예방적·치료적 보건 활동을 모두 강조했으며, 경제·문화·환경 등 사회의 다른 구조들과 긴밀히 연결된 의학의 성격을 부각시켰다. 따라서 사회의학은 보건 당국뿐 아니라 농업·수의학·교육·도시 행정 등 다양한 행정·기술 기관과의 협력을 요구했다. 또한 초등학교 단계부터 위생 교육을 강화하는 것이

---

52 Hilary Francis, "Point Four Does Not Exist: U.S. Expertise in 1950s Nicaragua", *Diplomatic History* 46-1, 2022, pp.121-143.; Michael Latham, *The Right Kind of Revolution: Modernization, Development, and U.S. Foreign Policy from the Cold War to the Present*, Ithaca, NY: Cornell University Press, 2011.

53 Packard, *A History of Global Health*, p.49.

54 "Reflections on Education and Training of Foreign Health Workers", S-0526-0023-0005, UNKRA Records, Archives and Records Management Section, New York.

중요하다고 강조했으며, 치료와 예방 활동 모두에서 현지 인력을 최대한 활용할 것을 촉구했다.[55] 이러한 접근은 유럽과 그 식민지에서 활동한 공중보건 지도자들의 더 큰 운동의 일부였다. 이들은 건강을 개선하기 위해서는 보건 서비스의 확립뿐 아니라 보건의료와 사회·경제적 발전 패턴 간의 관계를 구축해야 한다고 보았다. 이러한 경향은 1920년대 후반부터 시작되었으며, 사회의학은 우생학과 사회 위생, 질병 원인론 등 여러 문화적·지적 전통을 반영하는 다면적 개념으로 유럽에서 등장했다.[56] 또한 정부는 국민의 건강에 대해 책임을 지며, 이는 적절한 보건 및 사회 정책의 시행을 통해서만 보장될 수 있었다.[57]

이후 1960~1970년대에는 사회의학과 유사하면서도 구별되는 예방의학(preventive medicine)으로의 전환이 이루어졌다. 이는 단순히 질병 치료를 넘어, 장기적이고 구조적인 차원에서 건강을 유지·증진하기 위한 새로운 접근을 의미했다. 1970년대 이후 MEDICO의 자원봉사 프로그램은 예방의학과 밀접하게 연관되었다. MEDICO의 사례는 질병 치료보다 예방이 더 효과적이라는 전 세계적 보건 패러다임 전환 속에 위치했다. 이러한 전환은 단순히 의사와 보건 인력이 질병을 치료하는 것에 그치지 않

---

55 Packard, *A History of Global Health*, pp. 47-48.

56 Nitsan Chorev, *The World Health Organization between North and South*, Ithaca, NY: Cornell University Press, 2012.; Marcos Cueto, "The Origins of Primary Health Care and Selective Primary Health Care", *American Journal of Public Health* 94-11, 2004, pp. 1865-1874.; Marcos Cueto, Theodore M. Brown, and Elizabeth Fee, *The World Health Organization: A History*, Cambridge, UK: Cambridge University Press, 2019.

57 Amy L. S. Staples, *The Birth of Development: How the World Bank, Food and Agriculture Organization and the World Health Organization Changed the World, 1945-1965*, Kent, OH: Kent State University Press, 2006.

고, 예방에 대한 철학과 태도를 형성하는 것이 그들의 핵심 과제임을 강조했다. 특히 교사와 같은 교육자들이 예방의학의 확산에 중요한 역할을 담당했다. CARE의 이사였던 로버트 시퍼트(Robert S. Siffert)는 이를 "가라앉는 배를 젓는 노와 같다. 단지 물이 차오르는 것을 퍼내며 간신히 떠 있는 것일 뿐이다."라고 비유했다.[58] 실제로 골절·척추 및 관절 결핵·소아마비·감염증 등은 수술로 치료되었으나, 이들의 발생·재발·합병증을 예방하기 위한 노력은 거의 이루어지지 않았음을 지적했다.[59] 즉, 예방이 단순한 보조적 활동이 아니라, 근본적으로 보건의 지속 가능성을 좌우하는 핵심 과제임을 드러낸다. 질병 예방은 산업화 국가와 개발도상국 모두에서 중요한 의료적 관심사였으나, 예방에 대한 태도와 방법, 절차는 종종 부차적 문제로 취급되었고, 특히 개발도상국의 훈련 프로그램과 일상적 의료 실천에서는 낮은 우선순위를 차지했다.[60]

사회의학(social medicine)이 사회를 관리하기 위한 정부의 통제를 중시했던 것과 달리, 예방의학(preventive medicine)은 개인 차원의 해결책, 특히 영양과 면역에 초점을 맞추었다. 예방적 공중보건의 대표적 사례로는 예

---

58 Siffert, "Preventive Medicine in Developing Countries"; Jonathan, J. Kaufman, "Obituary: A Remembrance of Robert S. Siffert MD (1918-2015)," *Clinical Orthopedics and Related Research* 474- 5, 2016, pp.1348-1351.

59 Robert S. Siffert, "Preventive Medicine in Developing Countries (with Special Reference to Orthopaedics)," Series 6 MEDICO, Subseries 6.1 Gen. & Historical, Box 1039, CARE, NYPL.

60 Siffert, "Preventive Medicine in Developing Countries"; Dalmas A. R. Dominicus and Takashi Akamatsu, "The Role of Preventive Medicine in Developing Countries," *The Keio Journal of Medicine* 39-4, 1990, pp.265-269.

방접종, 위생, 영양, 질병의 조기 발견, 모성 및 아동 보건이 있었다.[61] 이 가운데 예방접종은 아동에게 가장 효과적인 예방 수단으로 인식되었다. 영양과 위생 역시 동일한 원리에 따라 강조되었다. 그러나 가족들은 종종 잘못된 식습관, 오염된 물 섭취, 결핵에 걸린 가축의 우유 음용 등으로 질병이 발생하거나 악화되는 경우에도 이에 대한 정보를 거의 제공받지 못했다.[62] 조기 진단의 영역에서는, 적시에 의사의 진료를 받았다면 저렴하고 효과적으로 치료할 수 있었던 질환이 아동이나 성인에게서 진행된 상태로 발견되는 것이 훨씬 심각한 문제였다. 따라서 조기 발견과 치료는 후속 장애를 예방하는 가장 중요한 접근법 중 하나였다. 임신부와 생후 1년 이내의 영아를 대상으로 한 정기검진 클리닉은 질병과 합병증을 조기에 발견할 수 있었으며, 어머니에게 개인적 차원과 아동 보건 차원의 예방 조치를 지도하는 기능을 수행했다.[63]

예방의학은 질병을 사전에 차단하기 위한 의료적 조치를 포괄하는 공중보건의 한 분야이다.[64] 저개발국에서는 공중보건의 최소 기준을 충족

---

61 The Health Aspects of Food and Nutrition: A Manual for Developing Countries in the Western Pacific Region of the World Health Organization, Regional Office for the Western Pacific of the World Health Organization Manila, (1969); Siffert, "Preventive Medicine in Developing Countries".

62 Harvey A. Levenstein, *Revolution at the Table: The Transfiguration of the American Diet,* Berkeley, CA: University of California Press, 2003.; Gyorgy Scrinis, *Nutritionism: The Science and Politics of Dietary Advice,* New York: Columbia University Press, 2013.

63 Siffert, "Preventive Medicine in Developing Countries".

64 Proposal to Increase Concern for the Preventive Aspects of Health Care in CARE/ MEDICO Programming, September 10, 1971, Series 6 MEDICO, Subseries 6.1 Gen. & Historical, Box 1039, CARE, NYPL.

하기 위한 장벽이 지나치게 높아 패배주의적 사고가 만연하기도 했다. 경제적 제약으로 인해 과밀한 주거 환경, 불충분한 위생, 기아 문제를 피하는 것이 불가능한 경우가 많았다. 문화적·종교적·사회적 관습은 비용 효율적인 치료 방식을 규정하였으며, 병원과 의사는 최후의 선택지로 여겨졌다. 예방접종, 식습관 개선, 위생 관리, 정기검진은 종종 제공되지 않거나 적절히 시행되지 못했다. 국가의 경제가 성장하면 주거·위생·교육·인구 관리 등 여러 요인이 개선되어 영양·소화기 질환·감염성 질환의 위협이 줄어드는 것은 사실이지만, 이러한 변화는 점진적으로만 이루어진다. 경제 발전 과정에서 공중보건은 흔히 낮은 우선순위로 밀려났다. 필요한 변화를 실질적으로 이끌어 낼 수 있는 것은 의료 전문직뿐이었다. 의료인의 리더십은 학생과 보건 인력, 특히 간호사들의 의식 속에 예방을 최우선으로 하는 태도와 철학을 형성할 수 있으며, 나아가 행정가·보건부 장관·정부 기관에까지 영향을 미쳐 예방의학의 의학적·경제적 원리를 국가 발전의 핵심 요소로 인식하게 만들 수 있었다.[65] 이러한 사상은 의사뿐 아니라 의료 보조 인력의 활용 확대, 치료 중심에서 예방 중심으로의 전환, 지역사회 참여의 강화라는 구체적 변화로 나타났다.[66] 이는 과거 사회의학이 집단적 차원에서 실천되던 방식이 MEDICO 자원봉사 프로그램에서 보이듯 개인 차원의 예방의학으로 전환되었음을 보여준다.

---

65 Siffert, "Preventive Medicine in Developing Countries".; "Self-Help and MEDICO's Role in Preventive Medicine", Series 6 MEDICO, Subseries 6.1 Gen. & Historical, Box 1039, CARE, NYPL.

66 "Proposal to Increase Concern for the Preventive Aspects of Health Care".

5. 결론

MEDICO의 자원봉사 프로그램은 1960~1970년대 세계 보건 이니셔티브의 진화를 보여주며, '정글 의학(jungle medicine)'에서 예방적 돌봄과 개인 역량 강화를 중시하는 좀 더 체계적인 접근으로의 전환을 부각시켰다. MEDICO가 현지 보건 인력과 협력한 것은 국제 의료 자원봉사 활동에서 중요한 변화를 의미했다. 이는 단순히 즉각적인 의료 지원을 제공하는 데 그치지 않고, 현지 보건 인프라와 역량을 강화함으로써 지역사회를 실질적으로 역량화(empower)하려는 시도였다. 또한 인류학적 원칙을 수용함으로써 MEDICO 자원봉사자들은 다양한 문화적 맥락 속에서 발생하는 복잡성을 효과적으로 다룰 수 있었다. 이러한 문화적 관점은 의료 개입이 존중과 효과성을 동시에 확보하도록 하는 데 핵심적이었으며, 궁극적으로 더 나은 건강 성과로 이어졌다.

MEDICO의 노력은 단기적 개입보다 지속 가능한 발전과 지역사회 참여를 우선시하는 새로운 세계 보건 패러다임을 형성하는 데 중요한 역할을 했다. 예방의학과 문화적 민감성을 통합한 MEDICO의 접근은 이후 국제 보건 활동의 선례가 되었으며, 비록 널리 알려지지는 않았지만 세계 보건과 인도주의적 지원에 중요한 기여를 남겼다. 이러한 변화는 1978년 알마아타 선언(Alma-Ata Declaration)과 같은 더욱 광범위한 공중보건 운동을 예견한 것으로, 지역사회가 스스로 보건 체계를 관리할 수 있도록 역량을 강화하는 것이 지속 가능한 개선의 핵심임을 보여주었다.

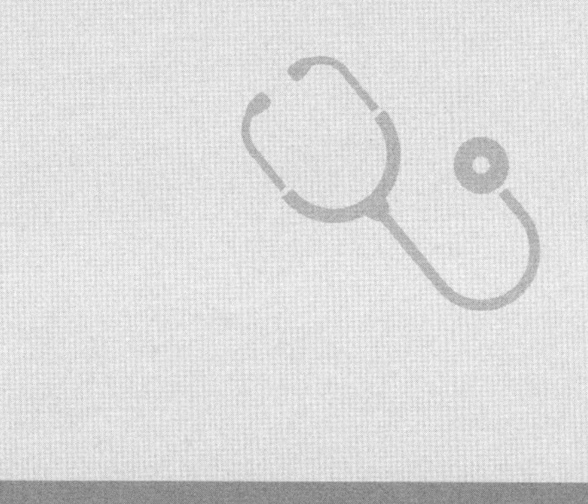

공유의사결정의
자율성 증진 방안*
—결혼이주민 환자를 중심으로

조민하
경희대학교 HK+통합의료인문학연구단 HK연구교수

*   이 연구는 저자가 '환자-의사가 함께하는 의사결정 모형 개발 연구'의 기반연구팀(사회학팀)에 속하여 자료를 수집한 후, 일부 자료의 사용을 승인받아 작성한 것임. 연구방법론은 사회학의 질적 연구방법론을 따른 것임.

1. 서론

본고는 결혼이주민을 대상으로 한 공유의사결정 과정에서 이들의 자율성 증진 방안을 고찰하는 것을 목적으로 한다.[1] 공유의사결정(SDM, Shared Decision-making)은 의료적 의사결정에서 의사와 환자가 최선의 가능한 증거들을 공유하고, 환자의 가치와 선호에 알맞은 선택지를 고려할 수 있도록 지원하는 접근방식이다.[2] 공유의사결정의 핵심 요소는 환자의 자기결정권을 이행할 수 있는 '자율성'과 환자의 자율성을 실현하기 위해 제공되어야 하는 '충분한 의료적 정보'이다. 최근 환자 중심형 의료의 필요성이 강조되면서 이를 실현하기 위한 환자 자율성에 대한 논의도 함께 이루어지고 있다. 김지경(2021)에서는 공유의사결정의 자율성 개념은 기존의 추상적이고 개인주의적인 자유주의적 자율성 개념[3]보다 더욱 확

---

1 〈환자-의사가 함께하는 의사결정 모형 개발 및 실증연구 사업단〉. https://www.pdsdm.or.kr/main.php

2 Elwyn G., Frosch D., Thomson R., Joseph-Williams N., Lloyd A., Kinnersley P. & Barry M., "Shared decision making: a model for clinical practice", *Journal of General Internal Medicine* 27-10, 2012. 이하 SDM

3 일반적으로 '자율성'에 관해서는 칸트(Immanuel Kant)가 주장하는 개인의 도덕적 운명을 결정할 수 있는 능력 또는 밀(J.S. Mill)의 자유에 대한 존중에 가까운 의미가 혼재되

장된 개념에 기초해야 한다고 보았다. 에바 키테이(Eva Kittay)의 '의존성(dependency)' 모델과 여성주의 윤리학에서 제시하는 '관계적 자율성' 또는 '절차적 자율성'에 입각해야 한다는 것이다[4]. '관계적 자율성'은 환자의 의료적 결정에 깊숙이 개입하고 있는 환자·의사·환자 지원자(가족 등)의 관계가 상호 의존적 속성을 지니고 있으므로 이들은 의사결정에서 필수적인 참여자가 되어야 한다고 보았다. '절차적 자율성'은 '반성적 승인(reflective endorsement)'의 과정을 거쳤을 때 그 결정이 충분히 자율적인 것이 된다는 것이다. 즉, 의료적 의사결정에서 새로운 치료 기술이 환자의 삶의 질을 현저히 악화시킬 가능성이 있음에도 불구하고 환자가 이를 선택할 경우 환자와 의사가 서로 충분한 정보를 나누어 환자가 오해하는 부분에 대해 해소할 수 있어야 한다. 이를 통해 환자의 자율성을 존중한다는 명분으로 그들 각자의 자율성이 침해되는 결과를 방지할 수 있다.

결혼이주민(이후 이주민)의 경우는 국내에서 결혼과 출산 과정을 겪고 국내 산업에 종사하며 살아간다. 그러나 자국과의 언어적, 사회 문화적 차이로 인해 환자로서의 의료적 결정에서 '관계적 자율성'과 '절차적 자율성'을 충분히 확보하는 데 어려움이 있다. 이에 따라 이주민들은 자기결정권을 충분히 발휘하기 어렵고, 공유의사결정의 목표인 환자 중심의 최선의 의료적 선택에 이르는 데 한계가 있을 것으로 파악된다. 이와 같은 이주민들의 특수한 상황을 이해하고 이를 공유의사결정의 소통 모델에 참

어 사용되고 있다. 최경석, 「생명의료윤리에서의 '자율성'에 대한 비판적 고찰」, 『한국의료윤리학회지』 14-1, 2011.
4   김지경, 「공유의사결정의 선행 개념으로서의 자율성」, 『생명윤리정책연구』 15-1, 2021.

고할 필요가 있다.

본고는 이를 위해 취약 집단으로 분류되는 이주민들의 의료 경험을 인터뷰하고 효과적인 공유의사결정을 저해하는 요인을 파악해 논의하고자 한다.

2. 연구방법론

실험은 2024년 9월 24~25일 양일간 심층 면담 방식인 포토보이스 인터뷰 형식으로 진행했다. 포토보이스는 참여자들이 병원을 방문할 때 인상적이었던 사진을 촬영하게 한 후, 촬영한 사진을 함께 보면서 사진에 담긴 의미와 진료 과정에서의 경험을 나누는 질적 연구의 한 방법이다. 이 방법은 어려운 글쓰기 능력을 요하지 않으면서 참여자들의 경험을 심도 있게 탐구할 수 있다는 장점이 있다. 이번 실험에서는 이주민들이 병원을 방문하는 과정과 환경을 이해하고, 이들의 의료 결정에 미치는 영향을 파악할 수 있을 것으로 보았다. 인터뷰는 간호학을 전공한 연구원 한 명과 인문학을 전공한 연구교수(저자) 한 명이 진행했다. 자세한 실험 내용은 다음과 같다.

1) 연구 대상

실험 참가자는 지난 12개월간 한국 내 병원을 이용한 경험이 있는 이주민 5명이다. 인터뷰에 참여한 이주민의 정보를 아래 〈표 1〉에 제시하였다.

〈표1〉 실험 참가자 정보

식별 기호	국적	성별	직업	혼인 상태	연령
A	중국	여성	유학생	기혼	37
B	대만	여성	유학생	기혼	47
C	미얀마	여성	유학생	기혼	32
D	네팔	여성	유학생	기혼	32
E	네팔	여성	유학생	기혼	42

인터뷰에 응해 준 실험 참가자는 모두 기혼 여성이며 현재 국내에서 학업을 진행 중인 유학생이었다. 참가자의 국적은 중국, 대만, 미얀마가 각 1명이며, 네팔인이 2명이다. 참가자 'D'를 제외한 4명은 한국어 소통 능력이 유창하지 못했다. 전체 5명의 평균연령은 38세로 조음기관과 청력 기능에 이상은 없었다.

2) 연구방법론

(1) 사진 촬영

보토보이스 인터뷰를 위해 먼저 이주민들에게 사진 촬영을 공지하였다. 다음의 내용을 지켜 3개월 동안 총 3장의 사진을 촬영하도록 했다.

나의 건강 상태를 잘 보여줄 수 있는 사진을 찍어 오세요. 현재 건강 상태를 잘 보여줄 수 있는 사진은 어떤 것일까요?

병원 안에서 의료진과 의사소통을 할 때 나의 감정 상태를 가장 잘 드러낼 수 있는 사진을 찍어 오세요. 병원에서의 대기 시간, 진료실에서의 상황, 의료진과의 상호작용 등을 포함할 수 있는 사진이면 됩니다.

병원에서 집, 집에서 병원을 오고 갈 때 그 과정을 가장 잘 대표할 수 있는 사진을 찍어 오세요. 병원에 도착하는 과정부터 진료를 받고 퇴원하는 과정까지를 나타낼 수 있는 사진이면 됩니다.

첫 번째 질문은 환자가 의료진과의 의사결정 과정에서 자신의 건강 상태를 어떤 식으로 공유하고 있는지 파악할 수 있다. 두 번째 질문은 환자가 의사결정 과정에서 영향을 받을 수 있는 감정을 가시화할 수 있는 질문이다. 이를 통해 의사소통의 질이 환자의 치료 결정 과정에 미치는 영향을 분석하고, 더 나은 의사결정 지원 방안을 마련하는 데 도움이 될 수 있다. 세 번째 질문은 의료 접근성과 경제적 상황이 환자의 의사결정에 미치는 영향을 분석하고, 사회 · 경제적 요인이 어떻게 환자의 선택을 제한하는지 이해하는 데 중요한 자료로 활용될 수 있다.

(2) 심층 인터뷰

다음으로 시간을 확정하여 실험자와 참가자가 함께 만나 심층 인터뷰를 진행한다. 사회생태학적 모델[5]의 4가지 차원인 개인 · 대인관계 · 커뮤니티 · 사회적 수준을 활용하여 세부 질문을 다음과 같이 구성하여 시행했다. 5)는 기타 의견을 수렴하기 위해 추가한 문항이다.

5　개인의 행동과 건강이 단순히 개인적 요인에 의해서만이 아니라, 개인을 둘러싼 다양한 환경적 요인들과 상호 작용하여 결정된다는 이론적 틀이다. 정상혁 · 윤희상, 「학교 건강증진 사업을 위한 사회생태학적 모형의 이론적 접근」, 『한국학교보건교육학회지』 7, 2006, 87-99쪽.

1) 개인 수준(Individual level)

① 현재 어떤 질환으로 병원을 방문하시나요? 본인의 건강 상태는 어떠십니까?

② 스스로 건강을 잘 관리하고 있다고 생각하세요?

③ 건강이나 질병 관련 정보는 주로 어디에서 찾으세요?

2) 대인관계(Interactional context)

① 의사나 간호사가 치료에 대해 충분히 설명해 주었나요?(의학 용어, 치료 방법, 약물 복용법 등)

② 의료진과 대화할 때 좋았거나 힘들었던 점이 있으셨나요? 의료진과 대화할 때 가장 어려운 점은 무엇인가요? 그때 어떻게 해결하셨나요?

③ 중요한 결정을 했을 때 누구의 의견이 제일 중요했습니까?

④ 의료 결정을 할 때 충분한 선택지가 주어졌다고 느끼셨나요?

⑤ 치료 결정에 본인이 어느 정도의 주도권을 가지고 있다고 생각하시나요?

3) 커뮤니티(Hospital context)

① 병원 예약이나 진료, 치료 과정에서 좋았던 점이나 어려웠던 점은 무엇이었나요?

4) 사회적 맥락(Societal context)

① 병원에 갔을 때, 한국에서는 보통 환자가 의사에게 어떻게 행동해야 한다고 생각하세요? 환자의 역할은 무엇이라고 보세요?

② 한국에서는 의사가 환자에게 어떤 태도로 대해야 한다고 생각하시나요? 의사가 해야 할 역할은 무엇이라고 보세요?

③ 한국 병원에서 간호사는 주로 어떤 일을 하고, 환자에게 어떤 도움을 주어야 한다고 생각하세요?

5) 환자-의료진의 활발한 의견 교환과 환자의 적극적인 의료 결정을 위한 개선점은 무엇이라고 생각하시나요?

이와 같은 방법을 통해 참여자들은 각각의 사진의 의미와 중요성, 해당 사진을 촬영한 이유와 배경, 경험을 설명한다. 1인당 평균 20분 정도의 시간을 할애하여 인터뷰를 진행했다. 이때 그들이 겪은 질병 관련 의사결정의 어려움이나 이슈를 다룬다. 이후 연구진들은 인터뷰 참가자들의 이야기를 분석하여 그들이 어떤 주제를 중요하게 여기는지, 어떤 어려움을 느끼는지 이해하고, 논의한다. 마지막으로 논의 결과를 종합하여 이주민들을 위한 공유의사결정에서의 참고 사항을 제안한다.

3. 연구 결과

여기에서는 포토보이스 방법으로 진행한 심층 면담의 내용을 사회생태학적 수준으로 나누어 그 주안점을 정리하고자 한다. 가능한 한 실험 참가자들의 언어 표현을 그대로 옮기는 방법을 통해 질적 연구의 의의를 드러내고자 한다. 개인 수준, 대인관계, 커뮤니티(병원), 사회적 맥락으로 구분하여 요약한다. 좀 더 다양한 의견을 수렴하기 위해 추가로 구성한 5번의 기타 의견도 함께 정리하고자 한다.

1) 개인 수준(Individual level)

개인 수준은 첫 번째 사진과 세 번째 사진과 연계된 질문에 관한 것이다. 이와 관련해서는 본인이 앓고 있는 질병 정보를 수집하는 것의 어려움과 의료기관을 오고 갈 때의 불편함에 대한 이야기였다.

A : 인터넷으로 핸드폰 맨날 이런 거 저런 거 보고 중국에서 위챗 있잖아요. 거기서는 부모님들 항상 이런 문자 보고 저런 문자 보고 그다음에 카톡 가족 카톡방 카톡 위챗방에 공유해요. 그렇게 보고 그다음에 자기도 만약에 무슨 문제가 있으면 인터넷 이런 네이버에서 찾으러 가요. 네이버에서 찾거나 아니면 중국의 어떤 사이트에서 찾아요.

참가자들은 주로 자국어 검색이 가능한 인터넷 사이트에서 건강 관련 정보를 수집하거나 가족이나 지인과 정보를 교환하는 방법으로 의료 정보를 얻는 편이었다. 짧은 진료 시간 외에도 언어적 장벽에서 오는 의사소통의 문제 때문인 경우가 많았다.

B : 아파트인데 주변에는 생활하기 조금 불편해요. 그래서 남편 차 타고 아침에 여기 오는데 병원 나올 때 그냥 버스 타고 가야지 했는데 마을버스만 있어요. 그래서 1시간 걸려요. 차는 10분밖에 안 걸리는데 버스 기다리고

버스 내리고 집까지 20분 걸어야 해서 1시간 걸려요. 만약에 남편 차 안 타고 버스 타고 왔다 갔다 하면 2시간 걸려서 조금 복잡해요.

C : 소화가 안 되니까 계속 가스가 나오고 머리를 땅 치는 느낌이었어요. 그럴 때는 회사 근처에 내과가 있긴 있는데 걸어가면 10분이나 15분 정도 걸리는 거예요. 그래서 가는 길이 저한테 진짜 힘들어요. 머리도 아파 죽겠는데 걸어가야 되니까….

C : 거리가 애매해요. 아픈데 택시까지 잡아야 되고 이렇게 가면 걸어가면 10분 15분이니까. 이쪽 길로 가면 빠르고 택시도 잡아야 되지, 내려야 되지. 그리고 택시가 어디서 내린다라고 얘기하는 것도 사실은 힘들잖아요. 그리고 택시 아저씨들도 이렇게 가까운 데 가면 뭐라고 하고 그래서 걸어갔습니다.

이주민들의 한국어 구사 능력은 병원을 내원하는 데에도 영향을 미쳤다. 가족과 함께 병원을 방문할 수 있는 경우가 아니면 대중교통을 이용해야 한다. 그러나 시간이 지체될 뿐 아니라 대중교통의 이용 방법에서 어려움을 느끼는 경우가 많았다. 택시를 타는 것조차 불편함을 느껴 불편한 몸으로 걸어가는 방법을 택하기도 했다.

2) 대인관계

두 번째는 대인관계(Interactional context)에 관한 내용이다. 주로 두 번째 사진을 설명하는 과정에서 다양한 의견을 들을 수 있었다. 의료진과의 면담, 질병에 대한 정보 이해와 병증의 관리에 관한 어려움 등에 대한 것이다. 한국어를 유창하게 구사하지 못하는 이주민들은 진료 과정에서 직면해야 하는 의사소통 자체를 걱정하는 경우가 많았다.

C : 근데 뭐 가면 되니까 가긴 가는데 '어떻게든 되겠지'라고 하는데 그래도 거기에서 더 걱정되는 게 내가 거기에서 하는 내용을 의사소통하는데 잘 모르면 어떡하나 이거 제일 걱정했어요.

B : 저는 모르는 것은 남편이 다 설명해 줘요. 남편은 중국어 알아서 남편이 나에게 중국어로 설명해 줘요.

A : 그런 거 있어요. 그때는 선생님 그냥 정리해서 써 줘요. 뭔지 약 약이 무슨 약인지 다 이름을 한글로 써 주고 그다음에 내가 바로 사전에서 찾으면 돼요.

E : 제가 다 해야 해서 너무 답답해요. 건강검진 해도 말 안 하고 리포트만 주면 어떻게 알아요. 이렇게 생각해서 여기 왜 이래? 우리 외국 사람이라서 차별하고 설명도 안 해 주고….

가족이나 지인으로부터 설명을 듣거나 한글로 표기된 의료 정보를 번역하여 이러한 문제를 해결하기도 했다. 그러나 건강검진 결과지와 같이 방대한 양의 텍스트에 대해서는 간단한 설명이라도 들었으면 했다. 의료

기관에서는 이주민을 한국인과 동일하게 대하는 것이지만, 이들의 입장에서는 외국인이기 때문에 차별받는다는 느낌을 받기도 했다. 이때에도 자신의 의견을 적극적으로 드러내지 못하는 경우가 많았다.

D : 처음에 말 모를 때는 무슨 말인지 몰라요. 그냥 "네네." 하고 왔어요. 그 다음에 또 갈 때 다시 똑같은 고통이 있는데 설명을 못하는 거 이거 처음하고 똑같아요. 이렇게 말 못하고 무슨 말인지 몰라요. 그냥 웃어요. 또 와요.

C : "왜 나만 이런 건가?" 그 생각 했어요. 다쳐서 이렇게 정형외과 가긴 갔는데 어차피 의사가 언제 오는지 얘기 안 하니까 그래서 두 번째 아파서 가고 또 세 번째 갈 때 사고가 또 나니까 그랬더니 이제는 저는 의사 선생님께 물어보는 거지요. 어떻게 해야 되냐고. 그러니까 사진부터 다시 찍고 "이제는 매일 와도 된다." 이렇게 하고. 왜냐하면 매일 가야지 물리치료 받을 때는 괜찮은데 조금 있으면 삐끗하고 그래서 좀 그렇거든요. 그래서 갔더니 아는 지인들이 얘기했는데 사실 정형외과는 별로 효과가 없는데 그 교통사고나 이런 거 나면 한방병원 가야 한다.

C : 다른 분들이 "자주 가고 여러 번 와야 한다." 그래서 여기서 이렇게 여러 번 갈 수 있구나. 그래서 교통사고 나면 나중에 한방병원 가는 게 더 좋겠다. 이런 인식 들었어요. 그래서 저는 그렇게 듣고 거기서 약도 줬는데 비싼 것 같긴 한데 그냥 한 번 먹어 보고 못 먹겠어요. 너무 써요. 그런데 갈 때마다 줘요.

자신에 대한 병증을 제대로 설명하지 못하거나 궁금한 점이 있어도 질 문하지 못할 때는 답답한 마음이 들었다. 의사가 설명하는 정보만 수용하 거나, 의사의 지시를 일방적으로 받아들일 수밖에 없었다. 특히 물리치료 를 위해 자주 내원해야 하는 정형외과에서는 불편함이 반복되었다. 이를 개선하기 위해 한방병원을 방문했지만 역시 일방적인 진료 방식에 어려 움을 겪게 된다.

A : 약간 좀 애매한, 거의 다 그런 것 같은데요. 안 하면 좋겠지요. 그렇게 말 해요.

D : 저는 내시경 그거 자주 해요. 왜냐하면 스트레스 받으면 가스 많이 차기 때문에 처음엔 몰랐어요. 가스인지 그다음에 자꾸 울렁거리고 하니까 처음 에 한국말도 모르고 통역원도 없고 그때 12년도에 없었어요. 통역원도 없 고. 가는데 그다음에 우리가 영어 발음이 다르잖아요. 못 알아들어요.

D : 이렇게 우리 한국말 알잖아요. 모르면 통역원 데리고 가잖아요. 그다음 에 이렇게 아침 점심 저녁 말하면 되잖아요. 이건 나이트, 유노 나이트 이렇 게 그건 약간 외국인이라서 가끔 시간 없는 거 있잖아요. 그럴 때는 너무 오 래 걸려요. 그 다음에 제 이름은 앞에 스선 D 있잖아요. 이상하게 부르는데 그 사람은 스, 선 이렇게 모르면 그냥 엘리스 부르면 되잖아요. 이런 거 많 아요. 약 받을 때 많이 이거 알아요? 이거 이렇게 이거 알아요? 그다음에 하 나 영어 하면 한국어 하고 영어 모르면 그냥 한국어로 하세요. 이런 점도 있 어요. 저 한국말 알아요.

　의료진과의 의사소통 과정에서 명확하지 않은 표현을 해석하는 일도 어려웠다. 비영어권 외국인의 경우는 영어로 소통하는 일도 쉽지 않았다. 발음상의 차이로 의사소통이 원활하지 않았기 때문이다. 특히 의료진이나 약사가 자신의 이름을 부정확하게 호명하거나 동반한 통역사를 적절하게 활용할 수 없을 때 시간이 지체되고 의사소통에 어려움을 겪었다.

　B : 선생님은 너무 바쁘니까 태도가 너무 차가워요. 언제 수술할지 계속 우리한테 물어봤어요. 그런데 우리가 시간 바로 정할 수 없었어요. 그러면 지금 정할 수 없으면 다시 와야지 가서 초음파도 했는데 안에 무슨 문제 있어도 선생님이 다 이야기하지 않거든요. 그런데 우리가 질문하면 대답해요. 그런데 너무 짧게 대답해요. 나 바쁘니까 수술 한 달 후에 예약 꽉 찼어. 너 언제 수술하고 싶어? 우리 지금 시간 정할 수 없는데 그러면 다음 주에 다시 와서 이야기해 줘. 그런데 자궁근종 몇 개고 뭐가 큰지 모르고 계속 언제 수술할지 그것만 물어봐서 마음에 여기서 수술하기 싫은데 그랬어요.

　C : 솔직히 말해서 미얀마는 제가 어차피 우리나라고 말이니까 막 해도 되는 거지요. 여기서는 얘기하고 싶은데 가끔은 그래도 의사 성향마다 다른데 어떤 분들도 딱 끊고 이렇게 짜증 내고 그런 거 있잖아요. 그래서 질문만 하고 그 질문만 답해야 되고. 그래서 미얀마에 있을 때는 미얀마 말 하니까 오히려 제 증상에 대해서 많이 얘기하게 될 것 같아요. 가끔 제가 몰라서 물어봤으면 '괜히 왜 물어보지?'라고 그런 눈치들 가끔 갖기는 해요. 외국인이고 모르는데 차라리 내가 티가 났으면 얼마나 좋을까 그러면 많은 분들이 도와줄 것 같아요. 그런 생각도 할 때도 있어요.

D : 소아청소년과요. 애기에게 친절하지 않아서 거기 가는 거 제일 무서워해요. 거기 사람도 많고 하니까 친절 없어요. 사람 많아서 그래서 거기는 안 가려고 하고.

의료진의 태도에 대한 아쉬움도 드러냈다. 수술에 대한 의료 결정에서 병증과 처치에 대한 충분한 설명을 제공하지 않고 수술 일정을 확정해야 하는 경험도 이야기했다. 바쁜 일정으로 인한 재촉이 압박으로 다가왔고 이는 수술 자체에 거부감을 느끼는 계기가 되기도 했다. 의사의 차가운 태도와 짜증 내는 듯한 말투는 환자를 경직되게 한다. 특히 자녀에게 불친절한 의료진에게 거부감이 컸다. 외형이 한국인과 비슷한 이주민의 경우는 오히려 외국인으로 대접받을 수 있었으면 하는 바람도 내비쳤다.

A : 그냥 그것만 얘기했어요. 항생제니까 꾸준히 먹으라고 중간에 끊기면 소용없다 그러면 다시 아파서도 다시 먹어야 된다. 그것까지만 얘기 들었어요.

C : 그 백신을 이렇게 맞아야 되는데 제가 몰라서 안 맞았어요. 그래서 그것도 맞았고 그래도 균이 계속 나와요. 균 나왔다고 해서 약 먹고 치료받고 그래서 균이 계속 나온대요. 그래서 한 번은 "약을 바꿀게요."라고 해서 약 바꿨는데 그 약 먹고 너무 어지러워서 약간 쓰러질 것 같은 느낌이 들었어요. 다음에 병원 갔더니 의사가 힘드냐고 해서 제가 조금 힘들었어요. 그러니까 약을 조금 센 거 줬대요. 그때 제가 몰라서 내가 쓰러지나 그런 생각을 했었어요.

C : 의사는 동네 병원 가면 그냥 "약 처방 있어요." 이렇게 하고 끝나고 저희가 처방전 받고 이렇게 가면 저기 약사분들이 이거 이렇게 먹어야 돼. 그 정도만 얘기한 거지 약 먹으면 어떻게 된다. 저렇게 된다. 이렇게 설명까지 들어 본 적 없어요. 내가 모르는 병명이 나왔을 때 제일 당황했던 것 같아요. 처음 들어 보니까. 그래서 가끔 "이거를 발음을 어떻게 하세요. 어떻게 해 주세요."라고 먼저 물어보고 찾아봐야 되는데 예를 들어 그 병에 대해서 내가 인식이 없으면 내가 이것에 대해서 질문해야 되는 거는 모르잖아요. 한 번은 제가 생리주기에 가까워서 가서 그런 건지 자궁내막이 좀 두꺼운 경우라서 "이거 암으로도 갈 수 있다."라고 진단을 받았는데 내가 아는 단어가 일단 암밖에 없잖아요. 자궁도 있고 자궁내막도 있는데 "암일 수도 있다."라고 그러니까….

약물에 대한 정보나 부작용을 사전에 설명받지 못한 상태에서 겪게 되는 어려움도 있었다. 수술이 필요한 중증의 질병에 관해서는 환자가 안심할 수 있도록 다양한 상황과 가능성에 대한 상세한 설명이 필요하다. 한국의 진료 문화와 새로운 약물에 적응하지 못하는 외국인에게는 한국 의료 문화에 대한 맥락을 이해시키고 환자의 요구를 확인할 필요가 있다. 통역 서비스를 제공하거나 간단한 의견서를 제공하는 방법도 고려해 볼 만하다.

E : 참을 수 있는데 페인킬러는 안 줬으면 하고 다른 약 필요하다고 하거나 아니면 어떻게 해야 돼요? 이렇게 말을 해야 돼요. 빨리빨리 낫는 약 페인킬러를 줘서 저번에 한 번 제가 날짜는 기억 안 나는데 애기 아파서 작은 병

원에 갔어요. 친구나 언니들이 괜찮아라고 말해 줘서 갔는데 조금 나이 많이 먹은 아저씨 의사가 있어서 잘 설명 안 하고 엑스레이도 안 하고 주사 맞아 그랬어요. 그래서 아무 말 안 하고 주사만 이거 무슨 주사냐고 물어보니까 페인킬러 그리고 주사 맞았는데 많이 아파요. 선생님 어떻게 손 무슨 스트레칭 해야 돼요? 주사만 말하고 아무 말 안 해 줘요.

D : 페인킬러만 하면 그때만 괜찮고 그다음에 또 아프면 또 가야 되잖아요. 그다음에는 낫는 방법으로 스트레칭 같은 거 그런 거 알려 주지도 않고 그냥 갈 때마다 주사만 하고 언니는 해결 방법 알고 싶은데 그거 안 알려 준다고.

자국의 의료 문화와의 차이로 인한 불만족도 보고된다. 실생활의 습관과 재활 중심의 호전을 경험했던 이주민의 경우는 진통제 처방 위주의 한국 진료에 불만을 갖기도 한다. 한국의 의료진 역시 스트레칭이나 홈트레이닝에 대해서는 다른 분야의 처치로 이해하고 있는 경우가 많아 이에 대한 안내가 부족할 수 있다. 약물로 인한 통증 완화뿐 아니라 이주민의 문화를 이해하고, 개인 차원의 건강관리를 위한 방법을 안내해 주는 일도 필요해 보인다.

D : 저는 산부인과 자주 가는데 만족스럽지 않아요. 왜냐하면 계속 자궁 검사해도 갈 때마다 그냥 검사해요. 그다음에 물어보지도 않아요. 금액이 얼마인지 처음에 이렇게 갔는데 금액도 안 알려 주고 가서 그냥 누우래. 그다음에 어디 뭐 검사하는지도 몰라요. 그다음에 금액이 너무 많이 나와요. 금액은 대학병원 가도 되겠다 생각했어요. 그 정도로 그리고 똑같은 약 줘요.

B : 얼마 나오는지 알려 줘야지. 그래서 선생님한테 물어봤어요. 그런데 선생님이 모르니까 간호사에게 물어봐. 그리고 간호사가 이름을 부르잖아요. B님 그래서 간호사에게 물어봤더니 나도 몰라요. 수납에게 물어봐. 그래서 계산할 때 대충 얼마냐고 하니까 상황마다 달라요. 대충 얼마에요? 나도 몰라. 그런데 저기는 전화를 해서 물어봤어요. 비싸지 않아. 대충 250정도. 다 몰라요. 선생님 몰라 간호사도 몰라 수납도 몰라.

사전에 진료 및 처치 비용에 대한 안내가 필요하다는 의견도 있었다. 외국의 경우는 대부분 의사결정의 사전 정보에 의료 비용에 관한 내용이 포함된다. 한국은 진단, 처치에 대한 결정이 이루어지고 난 후 수납 창구에서 비용을 안내받는 경우가 많다. 수술이 필요한 경우는 수술 과정에서 투입되는 약물이나 수술 방법에 따라 그 비용이 달라질 수 있어 정확한 안내가 쉽지 않다. 이와 같은 과정을 좀 더 이해하기 쉽게 설명하는 방법을 마련할 필요가 있다.

B : 대만 가서 큰 병원에서 했어요. 나 대만 사람이에요. 대만 선생님은 환자한테 다 잘해 줘요. 친절하고 무슨 문제도 다 대답하고도 너무 친절해요. 대만 의료도 좋아요. 그리고 싸요. 한국보다 더 싸요.

A : 자세히 얘기해요. 한국에는 의사 선생님 항상 너 이런 이런 경우 이런 증상이 있으면 그럼 이런 약을 처방해 주고. 근데 중국에는 "너 왜 이렇게 했냐?" 왜 이런 병이 나오는 이유를 항상 좀 추천하고 물어보고 얘기해요. 예를 들어서 나 콧물 났어. 감기 걸려서 너무 심해서 나 폐렴 걸려서 중국에

있으면 선생님이 "너 요즘 뭐 좀 잘못 먹거나 요즘 어디 사람 많은 곳에 가거나…?" 그럼 그런 곳에 가지 말라고 이런 여러 가지 등등 원인을 같이 찾아 줘요.

D : 의사가 자기 몸이니까 자기 선택할 수 있어요 잘하셨어요 이렇게 많이 울었어요. 무서워서.

한국의 의료 시스템에 어려움을 느끼는 경우 자국에서 치료를 받기도 한다. 특히 수술이 동반되는 중증의 질병을 앓고 있는 환자들은 의사소통의 어려움이나 문화적 차이를 극복하는 데 어려움을 느끼기 때문이다. 통증을 완화하는 데 목적을 두는 결과 중심 의료 문화는 병증의 원인을 함께 찾아가고 자신의 결정권을 존중하는 양상으로 변화될 필요가 있다.

3) 커뮤니티

여기에서는 병원 커뮤니티(Hospital context)에 대한 의견을 소개하고자 한다. 두 번째 사진과 세 번째 사진과 연계된 하위 질문에 대한 답변에서 주요 내용을 중심으로 정리했다. 의료기관의 선정과 이용 방법, 전문용어의 이해, 접수와 대기, 번역 서비스 등에 대한 아쉬움이 드러났다.

C : 내가 어디가 진짜 아프고 그러면 이걸 잘 치료를 해 주는 의사를 찾아야 되는 거 맞는데 지금은 아직은 그때그때 아프고 제일 가까운 데만 갔어요. 그런데 이제는 좀 나이 드니까 큰 병원 알아보고 어떤 병원에 잘 치료하는

지 알아봐야 되는데 일단 일하니까 시간이 없고 그리고 저도 대학병원 가려고 하는데 그 예약을 어떻게 잡고 어떻게 가야 되는지 의사 누구를 선택해야 되고 저가 지금 아직은 미숙해서 안 가 봤어요. 가야 되는데 저도 인식이 있는데 보통 아프면 일단 동네 병원 먼저 가고 잘 안 돼야지 대학병원 가는 경우가 많잖아요. 그리고 그래서 동네 병원으로 가고 있어요.

일단 모르는 병원 갈 때 예를 들어서도 정형외과 처음 가 보거나 이렇게 한방병원 갈 때 어디 가서 어떻게 사진 찍고 오세요. 그런 거 있잖아요. 어떻게 해야 하는지 정말 좀 황당한 경우도 있고. 예를 들어 아직 큰 병원 안 가 봤지만 정형외과도 그렇고 물리치료 갈 때는 어디로 올라가서 어디로 이렇게 가세요. 침 맞은 방으로 가세요. 이런 것을 처음 안 와 보니까 조금 황당한 경험이 있는 것 같아요. 보통은 제가 '한국말을 조금 알 수 있다.'라고 생각하는데 그래도 병원에 가면 가끔 이거 맞는지 그때부터 멘붕이 오는 것 같아요.

이주민의 경우는 국내 네트워크가 충분하지 않기 때문에 의료기관에 관한 정보를 얻기 힘들다. 특히 병증에 따른 적절한 시스템과 의료진을 선택해야 하는 기준 역시 명확하지 않은 경우가 많다. 병증과 관련 없이 위치상 가까운 의료기관을 찾아가게 되는데, 이때 적절하지 않은 선택을 하게 될 수도 있다. 의료기관을 이용할 때에도 자국인의 수준에서보다 좀 더 자세하게 위치를 안내해 주는 노력이 필요해 보인다. 아래는 예약 접수 및 수납 과정의 어려움을 알 수 있는 내용이다.

D : 그때 딸 손 부러졌어요. 병원에 기다리는 시간이 예약해도 너무 기다려

요. 1시간 반 이렇게 그래서 기다릴 때 찍었어요.

저는 그 사진 보냈잖아요. 대학병원이랑 동네 병원 계산하는 거 자기가 해야 돼요. 만약에 내가 한국말 모르면 어떻게 계산하는지도 모르고 거기서는 이렇게 이런 거 찍어야 된다고 하는데 전 몰랐어요. 그다음에 여기 번호표도 그렇게 나온대요. 우리는 몰라요. 이건 동네랑 대학병원이 달라요.

한국은 다른 나라에 비해 상대적으로 IT 기술이 발달된 나라이다. 특히 빠른 처리를 선호하는 한국인의 기질적 특성으로 인해 생활 곳곳에서 자동화 시스템을 도입하여 활용하고 있다. 이에 대해 익숙하지 않은 이민자들은 진료뿐 아니라 의료기관에서의 접수 및 수납에 대해서도 어려움을 겪고 있다. 외국인을 위한 안내 책자를 제작하여 병원 방문의 단계에 따른 행동 요령을 제공하는 노력도 필요해 보인다.

D : 제가 병원에 가서 느끼는 것은 검진 결과 있잖아요. 어떤 병원에 한국인만 문자로 받을 수 있고 외국인은 문자로 받을 수 없대요. 그다음에 우리 시간 만약에 회사 다니면 시간 없으면 못 하잖아요. 결과 어떻게 나오는지 뭐 나오는지 몰라요. 그래서 이건 우리 외국인도 한국같이 차별 없이 이렇게 우리도 문자로 받을 수 있으면 좋겠어요. 저는 타 병원에 문자 준 거 아니고요. 저는 많이 가 봐서 많은 병원 알아요. 그중에 50% 정도 문자 주고 50% 안 줘요.

C : 그런데 애매한 게 이 번역도 번역기가 해야 되잖아요. 그래서 저는 가능하면 한국어 외국어 둘 다 보내셨으면 좋겠어요. 이상하게 나오기도 하니까.

D : 저는 한국어만으로도 괜찮아요. 그것만 받으면 마음이 편하잖아요. 이거 있었다. 이거 내 몸에 안 좋아요. 그냥 괜찮아 가세요. 돈 냈는데 이거 없어요.

E : 처음에 갈 때 신청하는 거 너무 어려워서 영어로 되어 있으면 할 수 있잖아요. 여기 써 주세요. 이렇게 말하면 이름하고 생일만 적을 수 있어요. 다른 거 없어요. 다 한국말만 있어서 컴퓨터에서도 어떻게 해야 돼요 물어봐서 사장님한테 도와 달라고 말해야 돼요.

진료 과정 및 결과에 대한 문자 전송 시스템과 통역 서비스 등이 병원 커뮤니티에서도 보완되어야 한다는 의견이 있었다. 동일한 진료비를 지불하는 고객의 입장에서 외국인에게는 예외가 되는 서비스가 있거나, 외국인이기 때문에 더 불편할 수 있는 점을 고려하지 않을 때 진료의 전 과정이 불만족스러워지기도 한다.

4) 사회적 맥락

여기에서는 사회적 맥락(Societal context)에 대한 내용을 다루고자 한다. 환자를 대하는 의료진의 역할과 표현이 주로 언급되었다.

D : 한국에 엉덩이 주사 있잖아요. 한국에 친구는 몰라서 저도 몰랐는데 한국은 "엉덩이 주사 맞아야 돼요. 바지 벗으세요." 있잖아요 그래서 다 벗었대요. 그런 경우 있대요.

여자들 브라 벗으라고 하잖아요. 참 많이 부끄러워요. 그다음에 제 생각 이만큼 벗으면 돼요? 간호사가 와서 싹 벗겨 버렸어요. 엄청 부끄러워 이런 경험 있어요. 네팔에 이렇게 하는 거 몰랐어요. 저는 한국에 와서 많이 아파서 많이 알았어요.

의료진이 치료를 위한 환자의 행동을 요청할 때 표현상의 오해가 있어서 당황했던 경험을 이야기했다. '벗으라'는 말이 '탈의'의 의미로 해석되어 민망했다. 외국인에게는 벗으라는 말보다 '한쪽 엉덩이 부위의 어느 정도만 보일 수 있게 해 달라'는 표현과 같이 구체적인 지시를 통해 오해를 방지할 수 있을 것이다.

C : 저희도 한국 사회가 빨리빨리 이렇게 돌아가는 거 알고 있고 저희도 사실은 병원 가면 앞에 사람이 있으면 기다리는 거 싫어요. 그래도 저도 빨리빨리 치료하고 끝나면 좋은데 가끔 큰 병이나 이런 것도 있을 수 있잖아요. 그래서 가끔 이 병이 어떻게 생기는 건지 이거 어떻게 조심해야 되는 거지. 특히 언제 다시 찾아오면 좋겠고 안 와도 되고 집에서 어떻게 하고 그런 것을 조언을 해 주시면 저는 그때 약간 만족감을 느끼는 것 같아요. 이분이 아파서 치료하는 "끝났고 가세요."라고 하면 저희가 언제 또 와야 되는 건지 어떤 건지 잘 모르는 경우. 그래서 "이건 좋아지면 다시 올 필요 없어요."라든가 추후 관련돼서 안내를 조금만 더 해 줬으면 좋겠어요.

A : 가끔씩 너무 구체적인 검사 안 해도 되는 것 같아요. 그런 거 안 하면 좋겠어요. 내가 저번에 폐렴 걸릴 때 검사 너무 많이 받은 것 같아요. 엑스레

이 찍고, CT도 찍고. CT는 한 달에 한 번 찍지만 그런데 피검사도 하고 너무 자주 하는 것 같아요.

의사의 진료 및 처치 이후의 관리 단계를 좀 더 자세하게 설명해 주는 일도 중요하다. 한국의 의료 문화에 익숙하지 않은 외국인의 경우는 추후의 병원 방문 횟수나 방문의 시간 간격을 미리 안내해 줄 필요가 있다. 이와 함께 치료 및 관리 단계를 자세하게 설명해 주어야 자신의 건강 상태를 이해하고 건강관리 계획을 수립할 수 있다. 이와 함께 환자 본인이 생각하기에 불필요한 검사를 시행한다는 느낌을 받았다는 의견이 있었다. 병증의 진단을 위한 필수적인 검사라면 검사의 필요성을 설명하고, 검사를 하지 않았을 때 환자에게 발생할 불이익을 함께 설명해 준다면 의료진과 병원 측에 대한 신뢰도를 높일 수 있을 것이다.

5) 기타 개선점

여기에서는 지금까지의 질문에서 도출되지 못한 의견을 수렴하기 위해 기타의 개선점을 논의한 내용을 정리했다.

D : 사장님 같이 갔어요. 사장님도 영어도 몰라요. 한국말만 그다음에 사장님 더 설명 못 해 줘요. 계속 보고 있어요. 언제 끝나? 빨리 가서 일해야 되는데 언제 끝나? 의사가 제 무릎도 안 좋아요. 왼쪽 너무 아파요. 원래 번개 칠 때 이거 꼬였어요. 그다음에 한 달 동안 쉬라고 했어요. 우리 사장님 안 돼 안 돼 일해야 돼. 그래서 그때 진짜 우리나라는 안 아파도 쉬어 괜찮아

이런 것이 있어요. 여기서는 무조건 일해야 돼. 내 월급 적어도 괜찮아요. 그다음에 안 된대. 일해야 돼. 너 왜 왔지 일하러 왔지. 이렇게 물어봐요. 그때는 의사 선생님한테 제대로 물어보는 것도 못하고 사장님도 그렇고 그때는 너무 힘들었어요.

D : 그렇게 통역할 때는 그냥 여기 통역사랑 이야기했잖아요. 그다음에 우리한테 말 없어요. 그냥 이렇게 해 주면 돼요. 그다음에 만족 없잖아요. 그건 우리가 몰라서.

C : 제가 통역사로 갔어요. 예를 들어 저는 외국인 노동자들이 병원 가고 싶은데 병원을 모르거나 그리고 본인이 증상을 설명해야 하는데 모르거나 의사 선생님이 하는 말을 모르는 경우가 간혹 있어요. 가끔 사업주랑 가면 병원에서 2주 3주 쉬라고 하는데 사업주가 "아니야 너 일 해야 돼." 하면 본인이 모를 거잖아요. 그래서 특히 한국어 모르는 외국인 친구들은 그냥 자국어 통역사를 알아서 구해서 가는 경우 많더라고요. 그래서 저도 여러 번 가 봤어요.

이주민들은 대부분 1차 노동 현장에서 근무하는 경우가 많았다. 의사소통의 어려움으로 인해 경영주와 함께 병원을 찾게 될 때 근로자의 건강보다는 사업자의 입장에서 근무를 지속하도록 강요하는 데 주안점을 두는 경우가 많다. 이러한 상황을 피하기 위해 자비로 통역사를 동반하여 병원을 방문하기도 한다. 적은 임금을 받는 외국인의 입장에서 추가적인 부담이 되는 일이기도 하다. 통역사 역시 사업주의 입장을 대변하는 경우가 있다. 병원에서 저비용으로 통역 서비스를 선택할 수 있도록 하거나, 정부에서 건강과 주거와 같은 중요한 사안에 대해 외국인을 위한 통역 시스템을 제공하는 방안을 마련할 필요가 있어 보인다.

C : 요즘 병원 예를 들어 치과랑 피부과랑 성형외과 이런 병원들이 요즘 일요일 토요일에 운영해 주는 데들이 많거든요. 거기에 손님들이 많이 가더라고요. 그래서 일단은 약간 외국인 이주민들은 괜찮은데 예를 들어 요즘 노동자들 많잖아요. 제가 노동 상담을 하다 보니까 그 친구들은 예를 들어 병원 가고 싶어도 사업장이 바쁘니까 못 가는 거예요. 그래서 일단 현재도 지금 의료 부족으로 힘들어하는 걸 알긴 알지만 그래도 나중에 좀 개선이 되면 약간 외국인 노동자들을 위해서라도 주말에 운영하는 병원들이 생겼으면 좋겠다는 생각 들어요. 일하는 사람들 더 아프잖아요. 병원을 못 가니까 더 힘든 것 같아요. 그리고 사업장 때문에 안 되는 경우도 많아서.

C : 저도 병원 가면 어차피 외국인 등록증 주잖아요. 저는 귀화자가 아니어서 아직 제 이름을 쓰거든요. 정수인 그다음에 뒤에 안 나와요. 그리고 저는 티가 안 나지만 가끔 병원 갈 때는 사람들이 이름 부르잖아요. 수인띤텍님 그러면 사람들이 쳐다봐요. 저보고 "너 누구야?" 이렇게 하고 그런 건 있어요.

근무 시간이 일정하지 않은 외국인을 위해 주말에도 방문할 수 있는 의료기관이 있으면 좋겠다는 의견도 있었다. 이와 함께 외국인에 대한 한국인들의 시선과 편견도 이들을 힘들게 하는 요인으로 보고된다. 이주민들이 담당하는 노동시장은 야근과 주말 근무가 많고 노동 강도가 강한 편이다. 따라서 병증에 대한 염려가 많고, 건강관리에 대한 요구도 높다. 외국인 근로자가 점차 증가하고 있고, 이들이 한국 저변에서 중요한 역할을 하고 있는 만큼 이들에 대한 고려와 관련 정책을 시행하기 위한 각 기관의 노력이 함께 동반되어야 할 것으로 보인다.

4. 결론

지금까지 이주민 환자에 대한 자율성 증진을 위한 방안을 제안하기 위해 사회생태학적 모형에 따라 이주민에 대한 질적 연구를 진행하여 그 결과를 제시했다. 이를 통해 도출된 논의와 결론은 다음과 같다.

첫째, 이주민들의 대부분은 의사소통 능력의 한계로 인해 겪는 어려움이 가장 많았다. 개인 수준에서는 의료 정보의 검색과 대중교통의 이용 과정에서 다른 사람의 도움을 받거나 도보로 이동하면서 불편을 참기도 했다. 대인관계에서는 의약품 정보나 검진 결과에 대한 이해도가 떨어지는 경험을 보고하기도 했다. 이로 인해 타 기관을 찾으려 해도 본인에게 적절한 의료기관과 의료진을 찾는 데 어려움을 겪었다. 병증에 대한 설명, 치료 방법과 과정, 검진 결과 등을 영어로 된 텍스트 자료로 제공하고, 외국인의 이익을 대변할 수 있는 통역 시스템을 구축할 필요가 있다.

둘째, 의료진의 불친절한 태도와 소통 방식으로 인해 자율성을 충분히 발휘하지 못한다는 답변이 많았다. 차갑고 짜증 내는 듯한 태도와 일방적인 전달 방식으로 인해 본인의 의견을 충분히 전달하지 못했다. 이는 의료 면담 상황에서 외국인이 긴장하게 되는 요인이 된다. 의료진과의 관계에서뿐만 아니라 약국에서도 약물에 대한 설명을 충분히 듣지 못해 스스로 의료 정보를 검색하는 번거로움을 겪기도 했다. 한국의 의료 현장에서는 많은 환자 수와 짧은 진료 시간으로 인해 의사소통이 원활하지 못한 외국인 환자를 충분히 만족시킬 수는 없을 것이다. 진료 후에도 궁금한 사항이나 의료적으로 중요한 정보를 다시 한번 안내받을 수 있는 시스템을 마련할 필요가 있다.

셋째, 이주민들의 문화와 한국 의료 시스템 상호 간의 이해가 부족한 경우 어려움을 겪었다. 스트레칭이나 재활 방법을 알고자 하는 환자에게 별다른 설명 없이 통증 완화를 목적으로 하는 시술만을 하는 경우가 많았다. 비용에 대한 사전 고지 없이 의료 결정이 이루어지기도 했다. 신체 부위를 노출해야 할 때 별다른 설명이 없어 당황하기도 했다. 자동화 시스템에 익숙하지 않은 이민자들에게 충분한 안내를 제공하지 않아 대기 시간이 길어지고 진료를 받는 데 어려움을 느끼기도 했다. 자신의 병증 관리에 적합한 의료기관이나 의사를 알아보기 위한 방법을 찾는 데에도 어려움을 느꼈다. 지역이나 기관에서 외국인을 대상으로 하는 교육을 통해 한국의 의료 문화와 의료 시스템을 활용하기 위한 정보를 제공하는 노력이 필요하다. 외국 문화와 정서를 이해하기 위한 질문, 민감한 처치에 대한 목적과 방법을 구체적으로 설명하는 것도 중요하다.

연구를 통해 이주민들은 개인 수준, 대인관계, 병원 시스템, 사회적 맥락에서 자기결정권을 발휘하는 데 어려움을 겪고 있다는 것을 알 수 있었다. 이주민들의 자율성을 확보하기 위해서는 진료 기관의 서비스 확대, 이주민에 대한 선입견 완화, 사업장의 근로자 중심 정책이 시행되어야 할 것으로 보인다.

정상성과 장애, 그리고 현대 의료의 역할

최성민
경희대학교 HK+통합의료인문학연구단 HK교수

1. 서론

필자가 근무한 군부대 사령부에는 커다란 돌에 쓰인 문구(文句)가 하나 있었다.

"안 되면 되게 하라."

쿠데타로 정권을 차지한 박정희의 어록이라는 말도 있고, 전두환의 어록이라는 말도 떠돌았는데, 정확한 출처는 알지 못한다.

"YOU CAN DO IT." "JUST DO IT." 긍정적인 신념을 심어 주며, 무엇이든 적극적으로 도전해 보라는 의미의 표현들이다. 광고 카피로, 또는 어떤 종교나 정치 행사의 캐치프레이즈로 쓰일 법한 표현들이다.

라틴어 하빌리스(habilis)에서 온 것으로 알려진 에이블(able)은 무엇을 할 수 있는 능력을 의미하며, 유능함·가능성·적합성의 의미도 담고 있다. 목표를 향한 적극적인 도전, 그리고 그 도전을 성취하기 위한 능력, 그리고 그것을 바탕으로 결국 '되도록' 만드는 성취, 이 모든 것이 아름답게 보일 수도 있다.

그러나 '에이블리즘(ableism)'은 전혀 다른 의미로 쓰인다. 에이블리즘은 할 수 있다는 가능성을 강조하는 이념이나 최선을 다하자는 사상을 의미하는 단어가 아니다. 일반적으로 '차별주의', '장애차별주의'라고 번역되곤 한다. '할 수 있다'는 것을 긍정적 가치로 내세우는 것이 지나치게 되면, 결국 '할 수 없는 존재'를 비정상적이고 열등한 존재, 차별적 존재로 간주하게 된다. '걸을 수 있음', '볼 수 있음', '이해할 수 있음'과 같은 특정한 능력을 '정상'으로 정의하고, 이를 기준으로 그 기준에 들어오지 못한 사람들을 배제하거나 교정·예외의 대상으로 간주한다. 결국 이때 '에이블(able)'은 단순한 능력이 아니라, 능력 기반의 사회구조적 편견이 되고, 기준을 벗어난 존재들을 소외시키는 사회적 폭력의 도구가 된다.[1]

다시 말하자면, '안 되면 되게 하라'는 말은 긍정적 신념을 심어 주는 말로 받아들일 수도 있지만, '할 수 없는 존재'들에 대한 폭력적 언사이거나 결과를 위해서는 수단과 방법의 정당성이나 현실성을 무시해도 된다는 위험한 주장이 된다.

이 글에서는 우리 사회가 장애나 질병을 어떻게 폭력적으로 배제해 왔는가에 대해서 먼저 성찰하고자 한다. 두 권의 책, 킴 닐슨의 『장애의 역사』와 김은정의 『치유라는 이름의 폭력』을 중심으로 살펴보게 될 것이다. 킴 닐슨은 주로 미국의 역사를 살펴보았다. 김은정은 한국 사회와 한국의 문학작품, 문화콘텐츠 등을 연구 대상으로 삼았다. 두 사람이 살펴본 지역이나 대상은 다르다. 하지만 두 사람의 저작이 도달한 공통된 통찰을 주목할 필요가 있다. 우리는 그러한 성찰과 비판의 토대 위에서, 우리 시대의 의료는 어떤 역할을 해야 할 것인지, 우리 시대는 '건강'을 어떻게 정의해야 할 것인지에 대해 생각해 보고자 한다. 당장 명확한 답을 찾

---

1   김승섭 교수는 『장애의 역사』 옮긴이의 말을 통해, '에이블리즘'의 번역어에 대해 고민 끝에 '비장애중심주의'로 번역했다고 밝혀 두었다.

지 못하더라도, 탐구해 나가고 성찰해 나가야 할 의료인문학의 방향이라고 생각한다.

2. 장애의 역사

킴 닐슨(Kim E. Nielsen)의 저서 『미국 장애의 역사(A Disability History of the United States)』(2012)는 김승섭에 의해 『장애의 역사』라는 제목으로 한국에 번역, 소개되었다. 이 번역서에는 '침묵과 고립에 맞서 빼앗긴 몸을 되찾는 투쟁의 연대기'라는 부제가 붙어 있기도 하다. 킴 닐슨 교수는 장애·여성·정치를 주요 키워드로 하여 헬렌 켈러와 그녀의 스승인 앤 설리번의 정치적 삶을 주목해 온 학자로, 아이오와대학교에서 역사학 박사학위를 받았고, 위스콘신대학교를 거쳐 톨레도대학교에서 교수로 재직 중이다. 김승섭 교수는 연세대학교 의과대학을 졸업하고 서울대 보건대학원에서 석사학위, 하버드대학교 보건대학원에서 박사학위를 받았다. 현재는 고려대학교 보건과학대학과 대학원 보건과학과에 재직 중이다.

킴 닐슨의 『장애의 역사』 서문에서 인용한 두 부분을 먼저 살펴보기로 하자.

장애를 의존과 동일시할 때, 장애는 낙인이 된다. … 그러나 민주주의의 본래 모습이 그러하듯, 우리 모두는 타인에게 의존하며 살아간다. 우리 모두

는 다른 사람들을 보살피고 또 보살핌을 받는다. (20쪽)[2]

오늘날 많은 사람들은 '완치'하기 위해 '치료'를 받아야 하는 명확한 '원인'이 있는 의학적 '문제'로 장애를 바라본다. 이러한 관점은 장애를 신체적 결함 때문에 생겨난 것으로 여기게 한다. 진단 가능한 그 결함을 가지고 있는지 여부에 따라 장애인을 배타적으로 정의한다. 장애를 몰역사적이고, 고정불변하는 개념으로 잘못 간주하는 것이다. (22쪽)

장애(障礙)를 『표준국어대사전』에서 찾으면 '신체 기관이 본래의 제 기능을 하지 못하거나 정신 능력이 원활하지 못한 상태'라는 풀이가 나온다. 장애인(障礙人)은 그러한 장애로 인해 일상생활이나 사회생활에서 어려움이 있는 사람이라는 뜻으로 풀이된다. 킴 닐슨은 장애에 담긴 어려움과 불편함이 '의존'을 필요로 하는 존재, 혹은 어떤 문제가 해결되지 못한 '결함'이 있는 존재라는 배타적 낙인으로 이어지는 것을 비판한다. 킴 닐슨이 보기에 장애는 결코 배타적인 것이 아니다. 돌봄이나 의존은 장애인과 비장애인을 가리지 않고 사회를 살아가는 모두에게 당연하게 보편적으로 필요한 것이다.

킴 닐슨이 이렇게 보는 이유는 장애라는 개념이 고정되어 있지 않고 늘 변화해 왔다는 점에서 근거를 찾을 수 있다. 서문의 다음 부분을 살펴보자.

---

2   『장애의 역사』의 인용은 킴 닐슨, 『장애의 역사』, 김승섭 역, 동아시아, 2020. 이하 쪽수만 괄호 안에 표기. 밑줄은 인용자의 표기임.

의료 서비스, 일상생활의 조건에 따라서도, 우리는 '장애인'의 범주에 들어갈 수 있고 그 범주에서 제외될 수도 있다. 어떤 사람은 사고나 질병 때문에 일시적으로 장애를 갖기도 한다. … 장애의 의미는 사회적 맥락에 따라 달라지고 시간에 따라 변화한다. 간단한 사례를 들어 보자. 몬트리올에서 열린 학술대회에 참가한 나는 동료와 즐거운 시간을 보냈다. 사람들은 나를 두고 비장애인이라고 생각했고, 흰 지팡이를 짚은 내 동료를 보고는 맹인이라고 여겼다. 우리를 만난 웨이터와 택시 기사는 내가 모든 상황을 주도하리라 여겼다. 그러나 그들의 기대와 달리 나는 프랑스어를 하지 못했고, 다행히 내 동료는 프랑스어에 유창했다. 그 상황에서 내 부족한 언어 능력은 내 친구의 맹보다 더 결정적인 장애였다. 장애는 단순히 신체적 범주가 아니라, 계속해서 변화하는 사회적 요인들에 의해 결정되는 사회적 범주다. 능력 있는 몸(Able-Bodiedness)이 무엇인가에 대한 대답이 그러한 것처럼. (23쪽)

장애의 의미는 사회적 맥락과 역사적 상황, 문화적 배경에 따라 늘 변화해 왔다. 앞을 보지 못하는 맹인(盲人)은 신체적 불편함을 갖고 있는 장애인으로 볼 수 있다. 하지만 어떤 경우에 그 지역의 언어를 구사하지 못하는 부족한 언어 능력은 겉보기에 비장애인으로 보이는 사람보다 더 결정적인 장애가 될 수 있다. 물론 이러한 사례는 맹인의 장애가 별것이 아니라는 의미를 담고 있는 것은 아니다. 킴 닐슨이 강조하고자 하는 것은 장애에 대한 기존의 고정관념을 버리게 되면, 누구나 장애의 요소를 갖고 있는 존재임을 깨닫게 된다는 점이다.

킴 닐슨의 서문은 다음과 같은 내용으로 이어진다.

예를 들어, 19세기 의학 전문가들은 생리와 출산이 여성의 몸을 손상시키기 때문에(적어도 중산층과 상류층 여성의 몸을), 그 여성들이 스스로와 사회 전체를 위해 고등교육과 일자리로부터 완전히 배제되는 게 필요하다고 주장했다. 20세기 초 다리가 하나뿐인 사람들은 대중교통을 이용할 수 없었고 직장을 구할 수 없었다. <u>당시 그들을 사회적으로 고립시키고 실업으로 몰아넣은 것은 그들의 신체가 아니라 장애인을 사회적 차원에서 배제하는 사고방식이었다.</u> (24쪽)

생리와 출산을 하는 여성의 몸으로는 사회적 활동이나 취업은 불가능하거나 그들의 몸에 해로운 것이라고 생각하던 시절도 있었다. 21세기에 그러한 사고방식을 주장하는 사람은 거의 없을 것이다. 사회는 오히려 여성이 사회 진출을 원활하게 할 수 있도록 시설과 제도를 개선하는 방향으로 발전해 왔으며, 앞으로도 당연히 그렇게 되어 갈 것이다. 킴 닐슨은 다리가 불편한 사람을 사회적으로 고립시킨 것은 그들의 신체적 조건이 아니라, 그들을 배제시키려는 사회의 태도와 고정관념이었다고 지적했다.

킴 닐슨의 관점에서 미국에서의 장애의 역사는 곧 '배제'의 역사이다. 무엇을 장애라고 인식하고 범주화하였는지, 그리고 그것을 사회가 배제하려고 하였는지를 주목했다. 이렇게 되면, 이제 장애는 개인의 문제거나 신체의 문제가 아니라, 사회적 구조와 역사적 맥락의 문제가 된다.

킴 닐슨의 『장애의 역사』는 전체 8개의 장으로 이루어져 있다. 각 장의 제목과 주요 내용은 다음과 같이 요약할 수 있다.

제1장 〈영혼은 자신이 머무를 몸을 선택한다〉에서는 1492년 콜럼버스의 아메리카 대륙에 도달하기 전까지 북미의 토착민 사회가 장애를 어떻

게 보았는지를 살펴보았다. 식민화되기 전, 북미의 토착민 사회에서는 장애를 공동체 내의 역할 수행 여부로 판단했다. 신체적 차이가 있더라도 공동체에 기여할 수 있다면 그것을 장애로 보지 않았다. 다양한 신체적 차이를 가진 사람들의 가치는 폄하되지 않았다. 그리고 일부 부족에서는 정신적 차이를 장애로 인식하기보다는 영적(靈的) 능력으로 인식했다. 어떤 토착민 연구자에 따르면, 맹수나 천연두, 전쟁 등으로 인한 (신체적) 장애가 너무나 흔했기 때문에, 거기에 관심을 기울이는 경우는 거의 없었다고 한다.

제2장 〈가난한, 사악한, 그리고 병약한 사람들〉에서는 16~17세기 식민지 공동체 시대를 살펴보았다. 북미로 건너온 유럽인들이 가져온 질병은 북미 토착민들의 신체와 공동체를 크게 훼손시켰다. 개개인이 감염병에 대응하기 어려웠고 새로운 질병들에 시달렸기 때문에 토착민의 상호 간호혜 활동이 붕괴되는 상황을 맞이한다. 북미가 유럽의 식민지가 되자, '(노동을 할) 능력 있는 몸'을 가지고 있지 못한 존재는 사회 구성원에서 배제되기 시작했다. 장애는 개인의 결함으로 인식되기 시작했다.

제3장 〈가여운 이들이 바다로 던져졌다〉에서는 18세기 식민지 시대를 다루었다. 이 시기 장애는 노동력의 문제로 인식되었다. 1700년에는 2만여 명의 아프리카인들이 북미로 끌려와 노예로 살아가고 있었다. 노예무역회사는 30세 이상이거나 키가 작은 사람, 팔다리에 기형이 있는 사람을 노예로 삼을 대상에서 제외하고자 했다. 노예로 팔려 가지 않게 되었다고 위험을 벗어난 것은 아니었다. 그들은 가치 없는 존재로 인식되거나 학살되기도 했다. 대표적인 사례는 '르 로데르'라는 노예선에서 '안염' 전염병이 퍼지자 병자들을 배 밖으로 던진 일이었다. 노동 능력이 없는 이들은

살아남기 어렵게 된 것이다.

제4장 〈비정상적인 자와 의존하는 자〉에서는 미국의 독립혁명 이후부터 19세기 중반까지 '시민'의 탄생 시기를 살펴보았다. 미국의 독립혁명 이후, 국가는 좋은 시민과 나쁜 시민을 구분하여 정의하고 구별했다. 백치, 정신이상자, 여성, 토착민은 시민권의 대상에서 배제되었다. 1818년 제정된 「미국 독립전쟁 연금법」은 법적, 사회적 복지의 범주에서 장애를 정의했다. 장애는 생산적 노동을 할 수 없는 상태를 의미했는데, 퇴역 군인들은 신체적 손상에도 불구하고 일자리를 구했고, 시민으로 인정되었다. 반면 장애를 가진 노예들은 '폐품 노예'로 분류되었다. 기형이거나 장애를 가진 아이들은 노예시장에서 '전시'의 대상이 되었다. 한편, 정신이상자 수용시설, 농인과 맹인을 위한 학교, 빈민을 위한 병원 등이 만들어지기 시작했다.

제5장 〈나는 장애가 있어서 중노동이 아닌 다른 일을 찾아봐야 해〉에서는 19세기 후반에 장애가 제도화되는 시기를 다루었다. 남북전쟁 시기, 장애를 가진 상이군인들로 별도의 부대를 구성했다. '능력 있는 몸'을 가진 군인은 전투에 참여했고, 이들은 후방에서 전투 지원의 역할을 맡았다. 남북전쟁 이후, 장애인을 위한 시설들이 늘어났지만, 주로 격리와 통제의 목적으로 운용되었다. 몇몇 도시들은 '어글리 로(Ugly law)'로 불린 법을 만들어, 장애와 외모를 이유로 '도시의 거리, 공공장소, 주요 도로'에서 추방하는 제도를 만들었다. 누구의 어떤 장애인가에 따라, 전혀 다른 사회적 대접을 받게 된 셈이다.

제6장 〈저능아는 삼대로 충분하다〉에서는 19세기 말부터 제1차 세계대전을 거쳐 대공황 직전에 이르는 시기를 다루었다. 이 시기에는 우생학

이 유행하면서 장애인에 대한 강제 불임 시술이 성행했다. 1924년에는 이 민법이 엄격하게 강화되면서, 도덕적·신체적·지적 결함이 있는 사람들의 이민을 제한했다. 기준은 '공공의 부담' 여부였고, 관료들에 의해 주관적으로 판단되었다. 하루에 수천 명의 이민자를 '한눈'에 판단하던 이민국 관료들은 그들의 능력을 자랑스럽게 여겼다. 제1차 세계대전 이후 장애를 가진 퇴역 군인들을 위한 재활 산업·직업 프로그램 등이 생겼지만, 퇴역 군인이 아닌 장애인들에게는 혜택이 주어지지 않았다.

제7장 〈우리는 양철컵을 원하는 게 아니다〉에서는 1920년대 말 대공황기부터 1968년 무렵까지를 다루면서, 장애 권리 운동이 시작되는 과정을 살펴보았다. 여기서 양철컵은 거지들의 구걸 도구를 의미한다. 1920년대 말, 대공황이 미국을 덮쳤다. 대공황 이후, 장애인들에게 새로운 기회가 열렸다. 청각이 좋지 않은 농인(聾人)들은 단체를 만들어 자신들이 장애인이 아니며, '고용될 수 있는 존재'임을 강조했다. 1944년 헬렌 켈러는 사회안전법을 보강해야 한다고 주장했다. 소아마비 아이들을 위한 공동체가 만들어지기도 했다. 제2차 세계대전 중에 장애인은 늘어나고, 전시산업도 크게 성장하자, 정부 기관은 장애인 고용을 권장하기 시작했다.

제8장 〈난 운동가인 것 같다. 운동은 마음을 주는 일이라 생각한다.〉에서는 1968년 이후 더욱 활발해진 장애인 권리 운동의 과정을 살펴보았다. 1974년 장애인연맹연합이 창립되었다. 1990년에는 「장애인법(ADA)」 제정으로 법적 보호를 받게 되었다. 장애를 감추기보다 자부심을 강조하는 '장애 자부심(Disability Pride)'의 목소리도 높아졌다. 그러나 여전히 사회적 편견과 차별은 존재하며, 장애인들은 지속적으로 평등한 권리를 쟁취하기 위해 싸우고 있다.

킴 닐슨은 19세기 미국에서 "장애라는 개념은 법적으로 확립된 불평등을 정당화하기 위해 사용되었다."(116쪽)고 말한다. 장애인을 사회적 수용의 대상으로 본 관점에서, '정상과 비정상', '유능함(Ableness)'과 '장애(Disability)'를 구분하여 정의하는 일은 불가피했다. 그렇다고 장애가 누구에게나 똑같은 차별의 요소였던 것도 아니다. 같은 장애를 갖고 있어도 계급이나 출신에 따라 다른 대우를 받기도 했다.

배제의 대상이었던 장애가 20세기 이후에 사회에 받아들여지기 시작했다. 장애가 있는 사람들의 일부가 노동자로 고용되었다. 돌봄과 사회적 배려의 대상이 되기도 했다. 하지만 장애는 여전히 차별의 대상으로 남아있고, 평등한 권리를 보장받기 위한 투쟁이 이어지고 있다.

장애는 치유의 대상이나 극복의 대상이 아니다. 장애를 치유나 극복의 대상으로 보는 것 자체가 장애에 대한 편견이 된다. 장애를 위로나 도움의 대상으로 보는 것도 마찬가지이다.

2019년 EBS 교양프로그램 〈배워서 남줄랩〉(2019.1.21.)에 등장한 '골형성부전증' 장애를 가진 변호사 김원영 씨는 "자신은 장애를 갖고 태어난 이후 장애를 극복한 적이 없다."면서, 장애는 '노력'을 해서 극복할 수 있는 대상이 아니라고 말했다. 다만 장애를 다루는 방법이 노련해지거나 익숙해질 수는 있다고 이야기했다. 그리고 영국에서 장애인을 위한 '가이드라인'이 제시되었다며, 장애인에게 "당신은 어떤 장애를, 어떤 질병을 갖고 있냐?"고 묻기보다, "당신은 무엇이 필요한 장애를 갖고 있느냐?"를 묻기를 권장한다고 말했다.

킴 닐슨은 『장애의 역사』에서 '장애의 역사는 미국 이야기의 핵심'이라고 말하며 '장애라는 렌즈를 통해 미국의 역사를 바라보게 되면, 미국의 과거를 더 친근하게 느낄 수 있으며, 동시에 급진적으로 바꾸어 바라볼 수 있는 기회가 생길 것'(316쪽)이라고 말했다. 궁극적으로 킴 닐슨의 『장애의 역사』는 공정한 사회와 평등한 사회를 향한 통찰이라고도 할 수 있다. 역사적으로 장애의 개념이나 장애의 범위는 계속 변화해 왔다. 장애라는 경계의 범위가 줄어들수록, 장애라는 편견의 눈으로 바라보아야 할 사람이 줄어들수록, 사회는 좀 더 공정해지고 더 평등해질 수 있을 것이다.

그런데 우리 사회는 지금 어떨까? 의료인류학연구회가 기획하여 펴낸 『아프면 보이는 것들』에 실린 글 「나를 설명하지 못하는 이름표」에서 이 글의 필자 이예성은 흔히 뭔가 행동이나 말투가 다른 사람을 보았을 때, '장애'나 '장애인'이라는 단어를 떠올리곤 하는 현상을 주목한다. 그리고 여러 유형의 불편과 고통의 차이를 주목하기보다 '장애'라는 개념으로 통합하여 범주화하고 유형화하는 경향을 비판적으로 바라본다.

장애라는 개념의 이런 특성은 의료화를 잘 보여주는 지점이다. 의료화는 그 자체로 부정적인 함의를 갖지는 않는다. 의료화는 의학 지식의 발달과 의료적 개입의 확장을 통해 개인이나 사회가 겪는 문제를 경감하거나 완화할 수 있기 때문이다. 그럼에도 불구하고, 의료화가 개인의 삶이나 사회적 안녕의 개선으로 연결되지 않고 문제를 개별화하여 개인을 고립시키거나 억압하는 결과를 낳는다면 의료화에 대한 날카로운 재평가가 불가피하다.[3]

---

3   이예성, 「나를 설명하지 못하는 이름표」, 『아프면 보이는 것들』, 후마니타스, 2021, 252-253쪽.

사람의 행동이나 말투의 차이를 생물학적 차원에서 뭔가 부족하고 모자란 것으로 간주하거나, 치료나 재활을 통해 정상성의 회복이 필요하다고 보는 의료적 모델에 대해서 문제를 제기하는 목소리는 최근 들어 조금씩 커지고 있다.

어린 자녀가 장애 진단을 받고 '장애인'이라는 제도적 증명을 받기에 이르면, 부모는 큰 충격을 받게 된다. 장애는 의료적 관점을 기반으로 한 장애 분류에 따라 제도적 증명서로 확정된다. 장애인 등록과 그에 따라 발급되는 복지카드는 장애인을 위한 사회적 복지와 국가적 관리, 경우에 따라서는 일부 경제적 혜택까지 이어지는 행정적 차원의 절차이겠지만, 이 절차를 기쁜 마음으로 받아들일 부모는 없을 것이다.

우리 사회에는 특수학교와 같은 이름의 장애인을 위한 교육 시설도 존재한다. 하지만 대부분의 부모들은 자녀가 특수학교에 가는 것을 원하지 않는다. 부모들은 자녀가 특수학급이나 특수학교에서 특수교육을 받으면 장애인으로서의 삶에 갇히게 된다고 느끼게 되고, 그렇게 고정된 삶을 살게 될 것을 두려워한다.[4]

특수학교에 대한 부정적 인식은 지역 주민들에게 더욱 강하게 나타난다. 2016년 서울 강서구에서 한 특수학교 건립을 앞두고, 지역 주민들이 반대를 하자 장애 학생 부모들이 주민들 앞에서 무릎을 꿇었던 일은 이와 관련한 상징적인 사건이었다.

세계보건기구는 '국제 장애 분류 기준(International Classification of Impairments, Disabilities and Handicaps, ICIDH)'을 1976년에 수립하고 1980

---

4 이예성, 위의 책, 257-258쪽.

년에는 다음과 같은 도식으로 정리한 바 있다.

질병(disease) → 손상(impairments) → 장애(disabilities) → 사회적 불리(handicap)

이러한 도식은 장애를 질병으로 인한 신체나 정신의 손상 혹은 상실로 보는 것이며, 능력이 제한되거나 결여된 존재라는 의미를 내포한다. 이른바 의료적 모델이 바라보는 장애의 관점이다. 물론 세계보건기구는 2000년대 들어서 이와 같은 관점과 기준을 전면적으로 수정했지만, 현재 장애를 바라보는 많은 사람들의 편견과 태도를 변화시키는 일은 쉽지 않을 것으로 보인다.[5]

특히 장애인을 대하는 사람들 중 상당수는 '어쩌다가 장애인이 되었나?'와 같은 원인을 궁금해한다. 장애 학생의 부모들도, 나의 과거 생활 습관이나 건강 상태, 임신 중의 행동 등이 장애에 영향을 미치지 않았는가를 고민하며 죄책감에 사로잡히곤 한다.

장애인이라는 개념은 결국 어떤 이들을 그 개념 안에 가두어 두게 만든다. 장애인을 무조건 사회와 격리시켰던 시대보다는 많은 발전이 있었다고 볼 수 있지만, 여전히 '정상'이라는 기준에서 벗어난 존재로 제도화한다. 그러나 '정상', 혹은 '정상인'이라는 개념은 과연 가능한 것일까? 치유, 치료, 재활을 통해 '정상'으로 회복할 수 있는 것일까? 정상이라는 허상적 개념은 장애라는 실존을 공격하는 무기가 되고 있다.

---

5   이예성, 위의 책, 262-263쪽.

3. 치유라는 이름의 폭력

김은정은 미국 시라큐스대학교 여성/젠더학과와 장애학 프로그램 부교수로, 그의 대표 저작 『치유라는 이름의 폭력(Curative Violence: Rehabilitating Disability, Gender, and Sexuality in Modern Korea)』은 2017년 1월 미국에서 출간되어, 2017 전미여성학회 앨리슨 피프마이어상과 2019 미국 아시아학학회 제임스 팔레이즈상을 수상했다. 이 책은 강진경과 강진영의 공역으로 2022년 한국에도 번역, 소개되었다. 이 책에는 김은정의 박사논문과 두 편의 연구논문, 그리고 추가적인 연구 활동이 포함되어 있다.

'근현대 한국에서 장애 · 젠더 · 성의 재활과 정치'라는 부제에서 보듯이 이 책은 근현대 한국을 배경으로, 장애 · 젠더 · 성의 문제에서 '치유'라는 개념이 어떠한 방식으로 개인과 사회에 폭력적으로 작동되었는가를 탐구한다. 그 과정에서 한국의 고전문학에서 현대적 문학작품, 영화, 대중가요 등을 폭넓게 인용했다. 고전 〈장화홍련전〉 · 〈심청전〉에서부터 한하운 · 주요섭 · 이문열 · 이청준의 문학작품들, 그리고 〈만종〉 · 〈아다다〉 · 〈오아시스〉 · 〈도가니〉 · 〈말아톤〉과 같은 영화, 〈월남에서 돌아온 김상사〉와 같은 대중가요 등이 폭넓게 언급되었다. 황우석 박사를 둘러싼 이슈와 가수 강원래 씨의 사례도 언급되었다. 책에 포함된 연구는 대체로 2013년 정도까지의 한국 상황을 담고 있다. 한국어판 서문에서 저자는 최근 변화를 담지 못한 아쉬움도 언급하면서도, 다음과 같이 언급했다.

장애와 질병이 치유될 필요가 없다거나, 치유를 위해 노력하지 않는다거나, 치유 때문에 오히려 장애를 경험할 수 있다는 생각은 (비장애 · 건강 중심의)

상식으로는 이해되기 어렵습니다. 장애와 질병이 없는 상태가 있는 것보다는 바람직하다는 전제 때문입니다. 이런 전제는 이데올로기로 작동하여 이에 반하는 많은 행위들과 경험 그리고 장애와 질병으로 얻게 되는 지식을 부정하게 만듭니다. …(중략)… 이 책은 장애와 질병의 낙인이 초역사적으로 존재해 왔던 것이 아니라 치유에 대한 근대적 접근을 통해 만들어졌다고 보고, 이 과정에 대해 탐색합니다. (12쪽)[6]

장애와 질병이 없는 상태가 바람직하다는 전제는 언뜻 당연하게 느껴진다. 하지만 이 책의 저자 김은정은 이와 같은 전제가 하나의 이데올로기로 작동하고 있다고 판단한다. 장애와 질병은 치유와 건강에 대한 근대적 접근에 의해 하나의 낙인처럼 존재하게 되었다는 지적이다. 치유라는 개념이 장애에 대한 편견을 만들어 냈다는 관점은 다음과 같은 서문의 한 부분에서 다시 확인된다.

치유는 대개 의학적 치료를 통해 질병과 장애를 없애고 '건강'을 회복하는 것을 뜻한다. 옥스퍼드 영어사전에 따르면 큐어(cure)는 '고치다, 교정하다, 어떤 종류의 악을 제거하다'라는 뜻도 있다. … 서구 장애학계에서 치유에 대한 비판은 의학적 치료와 그 사회적 영향에 초점을 맞춰 왔다. 이는 <u>장애를 전문적 개입을 통해 바로잡아야 하는 개인의 결함이나 병리적인 상태로</u>

---

6 『치유라는 이름의 폭력』의 인용은 김은정, 『치유라는 이름의 폭력: 근현대 한국에서 장애·젠더·성의 재활과 정치』, 강진경·강진영 공역, 후마니타스, 2022. 이하 쪽수만 괄호 안에 표기. 밑줄은 인용자의 표기임.

치유라는 개념을 비판적으로 보는 것은 치유라는 행위를 문제 삼는 것이 아니다. 치유를 강조하다 보면, 장애를 다양성의 한 부분으로 보지 않고 바로잡아야 하는 결함으로 인식하게 되는 문제를 지적한 것이다.

치료가 가능한 질병들과 달리, 장애는 치료가 불가능하다는 선고를 받은 몸으로 간주된다. 결국 장애를 가지고 살아가야 하는 존재들에 대한 부정적 인식으로 이어진다. 치료와 치유를 바람직한 가치로 간주하고, 만성적 질병이나 장애를 고통으로 인식하는 것은 결국 전자를 선으로, 후자를 악으로 인식하는 데에 도달하게 된다. 저자는 더 극단적으로 나아가면, 치유가 불가능한 장애인에 대한 의사 조력 자살이나, 비용의 효율성을 따지면서 장애인에 대한 장기 돌봄 역시 비효율적인 것이거나 불필요한 것으로 간주하는 상황에 도달할 수 있다고 주장한다.

치명적인 질병을 가진 이들이 겪을 것이라고 여겨지는 고통은, 장애인들과 만성적으로 아픈 사람들의 삶이 그려지는 방식과 분리될 수 없다. 치명적인 병이 있는 삶을 반드시 치유되어야 하는 명백한 '악'으로 간주하는 정치적인 판단은, 치유가 불가능한 장애인을 위한 의사 조력 자살에 대한 담론을 강화한다. 또한 치료하지 않으면 치명적이지만 쉽게 완치가 가능한 질병에 더욱 집중해야 한다는 주장은, 비용의 효율성에 대한 분석에 따라 장애인을 위한 장기 돌봄의 필요성을 외면하는 사람들에게 이용될 수 있다. 치명적인 것에 대한 판단과 예후 또한 우리가 한 개인의 삶을 바라보는 방식과 고통을 겪는 개인의 삶에 대해 죽은 것보다 못한 상태로 바라보는 데에 영향을 미치는 정치적인 견해를 수반한다. (37쪽)

치료해도 나아질 것이 없다고 판단하거나 치유에 대해 불가능한 기대감만 증폭시키는 것에 대해서는 폭력이나 다름없다고 판단한다. 이미 장애나 만성적 질병을 갖고 살아가고 있는 사람들에 대해 다른 방식으로 살아가는 존재로 인정하는 것이 아니라, '치유받지 못한 존재', 혹은 '치유가 불가능한 존재'로 폄하하는 것은 폭력이 될 수 있다.

나는 타자를 소위 나아지게 해 줄 것이라는 명목으로 타자가 지닌 차이를 지우려는 힘의 행사를 묘사하기 위해서 '치유 폭력(치유라는 이름의 폭력, curative violence)'이라는 말을 사용한다. 치유 폭력은 치유가 장애의 존재 자체를 문제로 규정하고 치유 과정에서 그 대상을 파괴할 때 일어난다. … 치유와 관련된 폭력은 두 가지 차원에서 존재한다. 첫째, 장애와 질병을 삶의 다른 방식으로 보는 여지를 없애는 폭력이다. 둘째, 치유의 이름으로 정당화하며 장애인들에게 신체적 · 물리적으로 가하는 폭력이다. (38쪽)

한국 사회에서 장애에 대한 폭력적 공격이나 혐오는 '병신'이라는 표현의 욕설로 대표될 수 있을 것이다. 하지만 '병신'이란 표현이 단순히 신체적 결함이나 열등함에 대한 혐오를 담고 있기만 한 것은 아니었다. 병신은 때로는 무능한 상층 계급을, 때로는 사회 변화를 외면하는 구태를 비판하는 표현으로 쓰이기도 했다. 김은정은 박희병의 논문을 인용하면서, 다음과 같이 설명한다.

> 박희병은 논문 「'병신'에서의 시선」에서 전근대기에 병신이라는 표현이 어떻게 쓰였는지를 추적하면서, 처음에는 중립적인 표현으로 쓰였다가 18세기 중후반에 소위 '열등한' 사람을 조롱하는 말이 되었다고 주장한다. 그리고 당시 민중들은 부패한 양반을 병신으로 칭했던 반면, 건강한 몸과 도덕성에 바탕을 둔 자신들의 힘을 강조했다. 박희병에 따르면, 19세기 후반부터 '병신'이라는 말은 개화론자들에 의해 구습을 상징하는 표현으로 쓰이기 시작했다. (58쪽)

한국에서 장애인을 하나의 제도로 다루게 된 것은 1988년 장애인등록제도가 도입되면서부터였다. 장애인에 대한 복지 혜택이나 사회적 지원제도를 위해 도입된 것이었다. 하지만 이는 혜택을 받기 위한 등급에 얽매이게 만드는 문제를 유발했다. 장애와 장애인에 대한 이해가 전제되어 있지 않고, 장애를 지원이나 도움의 대상으로 인식하는 것이 전제된 결과이다.

정부는 1988년에 장애인등록제도를 만들었고, 그 후 등록된 장애인 수는 계속 증가하고 있다. 2011년 등록 추정률은 93.8%까지 높아졌고, 전체 인구에서 장애인 비율이 5.61퍼센트로 나타났다. … 2000~2010년에 활동가들이 대중교통 접근성과 활동 보조의 제도화를 이뤄 내고, 현재 장애 운동은 개인의 장애 정도를 결정하기 위해 의료적 검사에만 전적으로 의존하는 장애등급제와 등급 재심사 제도를 폐지하는 데 중점을 두고 있다. 이 같은 제도 아래에서는 의료 종사자들이 다양한 장애와 개별적 필요 사항을 고려하지 않고, 연금·장애인 전용 교통수단·재활 서비스·활동 지원 같은 자원을 할당하는 결정권자가 된다. 예를 들어, 신체적 장애가 있는 어떤 여성이 1급 장애로 판정되었다가 재심사 때 등급이 4급으로 내려간 결과, 국가에서 지원하는 활동 지원·장애 연금·장애인 전용 콜택시 등의 서비스를 받을 수 없게 되었고, 그 때문에 대학 수업을 들을 수 없게 되었다.(69-70쪽)

이러한 장애등급제는 현재 폐지되었으나, 여전히 여러 가지 유형의 구분은 존재한다.[7] 현재 한국의 요양등급제도 역시 비슷한 문제를 안고 있다. 요양등급을 받아야만 요양원 입소 자격이 주어지고 요양보험의 혜택을 받을 수 있기 때문에, 더 '좋지 못한 상태'임을 입증하기 위해 노력하는 아이러니한 상황이 벌어지기도 한다.

장애는 치유나 극복, 혹은 비장애를 지향해야 한다고 생각하는 편견은

7　『치유라는 이름의 폭력』 번역서에 실린 옮긴이의 주에 따르면 다음과 같다. "장애 운동의 기나긴 투쟁으로 장애등급제는 2019년 7월 1일부터 폐지되었으나 '장애 정도가 심한 장애인'과 '장애 정도가 심하지 않은 장애인'이라는 구분은 남아 있다. … 장애 운동계는 실질적인 예산을 반영하고 관련 법이나 제도를 정비하는 '장애등급제 진짜 폐지'를 요구하며 여전히 싸우고 있다." (69쪽의 각주)

장애의 원인을 들추면서 장애인의 가족에게 또 한 번 상처를 주는 폭력으로 이어지기도 한다. 무엇을 잘못했기에 아이가 장애를 가지게 되었냐는 비난이나 문제제기에 노출되기도 한다.

> 장애 있는 아이를 낳은 장애인 엄마와 비장애인 엄마, 그리고 장애아동 본인은 무책임하고 무지하며 부도덕하다고 비난받을 수도 있지만, 그들의 존재와 경험은 엄마가 되지 않기로 선택해 여성으로서 성별이분법에 온전히 포섭되지 않는 장애여성들과 함께, <u>비장애를 지향해야 한다는 의무가 과연 도덕적으로 확고한 가치인지에 대해 문제 제기하고 있다.</u> 치유라는 이름으로 이뤄지는 폭력은 대체로 장애를 직접적으로 겨냥하기보다는 장애가 생길 가능성이 있는 재생산을, 더 정확히는 해악으로 설정된 장애의 재생산을 겨냥한다. 문화 텍스트는 장애를 낳지 않는 재생산 미래상에 투여된 복잡한 과학적·의료적·역사적·도덕적·감정적 지형을 살펴볼 수 있는 분명한 매개체가 되었다고 할 수 있다. (134쪽)

장애를 온전함이 훼손된 상태의 몸으로 인식한다면, 장애는 끊임없이 치유되어야 하고 극복되어야 하는 대상이 된다. 장애인이나 그 가족은 끊임없이 죄의식을 갖고 치유를 위해 고행을 행해야 하는 존재들이 된다. 장애를 가지고 삶을 살아가는 것도 의미 있는 삶이라는 생각은 자꾸만 배제된다. 김은정은 심청 이야기를 국가주의와 연결시키면서, 장애는 치료되거나 기적에 의해 극복되어야 하는 대상으로 상상하게 만들고, 그 목표를 위해서는 여성의 희생이 요구되는 폭력적 구조를 발견한다.

소위 사람으로서의 온전함을 장애가 훼손한다고 생각한다면, 그 상태에서의 '개선'은 도덕적 · 정신적 · 심리적 · 육체적 변화를 요구하는 것으로 그려진다. 그럴 때 장애는 누군가의 몸에 존재하는 것이 아니라 그와 결합해 있는 가족 전체의 특성이 되며, 가족 공동의 신체는 부양하고, 개선시키고, 치료해야 할 의무를 갖는다. 한국적 덕목을 가진 한국인으로 사는 게 어떤 의미인지를 보여주는 심청 이야기를 국가주의와 연결해 보면, <u>가족의 집단적 이익을 위해 여성의 희생을 요구할 뿐만 아니라 장애를 끊임없이 치료해야 하는 대상으로 상상하고, 가족 구성원을 도덕적으로 시험한다는 것을 알</u> 수 있다. 치유는 장애를 가진 사람에게도 살 만한 인생이 있다는 생각을 하지 못하게 한다. 심청 이야기가 수없이 반복해서 만들어졌다는 사실은 '자신을 희생하여 효를 행하는' 딸의 역할을 강화하는 치유 서사의 문화적 영향력과 그 중요성을 보여준다. (152쪽)

지금은 한센병으로 불리는 '나병'은 대표적인 낙인 질병 중의 하나이다. 『치유라는 이름의 폭력』에서도 인용하였는데, 일찍이 미셸 푸코는 『광기의 역사』에서 나병은 가톨릭교회의 권력과 함께 떠올랐다가 사라진 '개념'이라고 말하기도 했다. 나병은 한동안 치료의 대상도 아닌 격리와 감금, 통제의 대상이었다. 심지어 그 치료와 극복도 단순히 장애나 질병이 사라진 상태가 아니라, 외면적으로 '정상'을 회복해야만 의미가 있는 것처럼 받아들여진다. 질병이 남긴 상처나 흉터 같은 외면도 성형수술을 통해 사라져야 진정한 회복으로 인식되기도 한다. 한센병을 앓았던 시인 한하운의 일생을 다룬 영화 〈황토길〉의 한 장면에 대해 『치유라는 이름의 폭력』에서는 다음과 같이 분석한다.

질병이 남긴 모든 흔적을 지우는 성형수술은 치유에서 가장 가시적인 부분이다. 이는 외모가 정상적으로 돌아오지 않으면 치유는 완성되지 못하고 진정한 변화를 가져오는 효과도 없다는 뜻이다. (1962년 미국공보원 영화부서에서 제작한 한하운의 일생을 다룬 영화 〈황토길〉에서) 간호사가 한하운 얼굴의 붕대를 풀 때, 카메라는 그 모습을 가까이 들여다보고 화자는 기적이라고 말한다. 의료 기술에 초자연적인 힘을 부여하기 위해 기적이라는 용어가 반복해서 나온다. (295쪽)

치유에 대한 집착은 치유를 위해서라면 죽음의 위험도 무릅써야 한다는 인식과 행동으로 이어지기도 한다. 『치유라는 이름의 폭력』의 저자인 김은정은 '장애 보정 생존 연수'라는 세계보건기구(WHO)의 지표 자체의 이면에 담긴 의미를 다음과 같이 비판적으로 바라본다.

치유와 죽음은 상반된 것이 아니며, 문제로 여겨지는 몸에 접근할 때 서로 떼어 낼 수 없는 요소이다. 만성적인 질병이나 장애를 갖고 살아가는 것을 생각하기 어려울 때, 그런 삶을 살아 있지 않은 것으로 간주할 때, 치유의 기회를 위해 죽음을 무릅쓰는 일은 이성적인 선택이자 예상되는 행동으로 여겨진다. '장애 보정 생존 연수(Disability-Adjusted Life Year, DALY)'라고 불리는 WHO 지표 이면에 숨겨진 개념적 모델은 다음과 같은 논리를 담고 있다. … 장애와 질병을 갖고 사는 연수를 손실된 시간으로 보는 이런 가정은 장애와 질병을 갖고 현재에 머무는 것의 어려움을 보여준다. 장애나 질병을 갖고 살아온 시간의 유미함은 '전체 인구가 장애와 질병 없이 노년까지 살 수 있는' 실재하지 않는 시간과 공간에 비교해 측정됨으로써 훼손

된다. (358-359쪽)

　말하자면, 장애나 질병을 갖고 사는 삶은 손실된 시간, 훼손된 삶으로 인식하는 전제에 문제를 제기한 것이다.

　이 책의 핵심적 개념 중 하나는 '접힌 시간(성)'이다. 장애인의 현재를 무시하고, 과거의(혹은 존재하지 않은) '정상상태'나 미래의 '치유 완료된' 상태에만 초점을 맞추는 사회적 태도를 '접힌 시간성'이라 말한다. 이는 결국, 현재 장애인의 삶을 부정하고 유예시키려는 시도가 내재된 폭력이라는 비판의 관점이다.

　이 책은 장애를 고쳐야 할 것, 재생산되거나 (사회적으로) 노출되어서는 안 될 것으로 바라보는 시선이 장애의 현실, 현재를 부정하고 '치유의 대상'으로만 호명한다고 비판한다. '접힌 시간성'의 구조에서, 장애인은 과거의 상처나 미래의 회복 사이의 '비가시적 존재'가 되고 만다. 이 책에 따르면, 치유는 돌봄의 이름으로 등장하기도 하지만, 실제로는 차이를 지우고 정상성으로의 귀속을 강요하는 수단으로 작동한다.

　결국 많은 이들이 보편적으로 지향한다고 보거나 긍정적인 개념으로 인식하는 '건강(健剛)'이나 '능력 있는 몸', '온전한 심신', '자립적 주체'라는 개념이 배타적이고 폭력적으로 작동할 수 있는 경우들을 주목한다. 건강과 질병, 정상과 장애의 구분은 자기 관리나 윤리적 태도의 문제로 환원되기도 한다. 질병과 장애는 실패와 결핍의 영역, 혹은 '고쳐야 할 무언가'로 이해될 수 있다. 문제는 그러한 이해는 결국 장애인이나 가족들에게 '고쳐질 희망'보다는 '고쳐질 수 없다는 절망'으로 다가올 가능성이 크다는 것이다.

수전 손택은 『은유로서의 질병』[8]에서 질병이 신의 분노의 결과이거나 악행에 대한 천벌로 받아들여지던 시대를 떠올린다. 수전 손택은 질병의 고통이나 치료를 위한 노력에 주목하기보다 질병 자체를 형벌처럼 받아들이거나, 그 원인에 자신이나 가족의 잘못이 있다는 것을 발견하려는 시도를 비판한다. 그것은 질병을 질병 그 자체로 보지 않는다는 점에서 문제가 있다. 그리고 질병의 고통이나 치료보다 죄책감에 초점이 맞춰진다는 점에서 더욱 심각한 문제가 된다. 수전 손택은 질병에 덧씌워진 은유를 걷어 낼 것을 강조했다. 그리고 "질병은 질병이며, 치료해야 할 무엇일 뿐이다."라고 말했다.

1948년 세계보건기구(WHO)에서 제시한 건강 개념은 소극적인 수준이 아니라 적극적인 수준의 건강이 보장되어야 함을 강조했다. 건강은 단지 질병 혹은 병약함의 부재가 아니라, 완전한 신체적·정신적·사회적 안녕(well-being)의 상태'라는 것이다. 이는 시민의 건강에 대해 사회와 국가가 큰 관심이 없던 시대에 비하면, 매우 혁신적인 전환이었다. 그러나 '완전한'이라는 의미의 절대성은 지속적으로 비판의 대상이 되어 왔다. 이 기준에 따르면, 대부분의 사람은 건강하지 않은 상태에 놓이며, 결국 사회는 의료 체계를 작동시켜 건강하지 않은 사람을 건강하게 만들도록 노력해야 한다는 결론에 도달한다.

건강이 추구해야 할 목표가 되는 것은 당연하게 받아들여질 수 있지만, 문제는 이러한 목표가 강조되면서 건강하지 못한 존재는 가치를 깎아먹거나 바로잡아야 할 대상이 되어 버린다는 점이다. 세계보건기구(WHO)

---

8 수전 손택, 『은유로서의 질병』, 이재원 역, 이후, 2002.

의 건강 개념은 '완전한 안녕'을 지향함으로써, 사실상 도달할 수 없을 것 같은 모호한 지향이 되어 버렸다는 지적에 직면한다.[9]

4. 결론

도나 해러웨이는 「사이보그 선언」(1985)[10]에서 인간과 비인간·자연과 인공·유기체와 기계를 구분하는 이분법 자체를 해체하며, 사이보그를 이러한 경계들을 재조합하는 새로운 정치적 상징으로 제시한다. 현대의 과학기술과 '포스트휴먼' 기술은 때로는 장애인의 몸을 회복시켜 주거나 '치유'해 주는 것으로 보일 수 있지만, 그것은 '회복'이라기보다는 '몸'의 확장이나 재구성이라 할 수 있다.

장애를 가진 소설가 김초엽과 변호사 김원영이 함께 쓴 『사이보그가 되다』에서 김원영의 서문에는 이런 구절이 나온다.

예수님이 "일어나 걸어라."라고 말하지 않고, "걷지 않아도 좋으니 (네 방식대로) 당당히 일어나라."라고 말했다면 더 좋지 않았을까? (9쪽)

김초엽은 보청기를 착용하고 김원영은 휠체어를 타며 생활하듯, 우리는 기계와 결합한 유기체라는 점에서만 보아도 '사이보그적인' 존재일 것이다. 그렇지만 보청기와 휠체어가 우리의 전부를 설명할 수 없으며, 마치 아이언

---

9   조태구, 「질병은 어떤 성격의 개념인가」, 『의철학연구』, 모시는사람들, 2020, 49쪽.
10   도나 해러웨이, 황희선 역, 『해러웨이 선언문』, 책세상, 2019.

맨의 슈트처럼 우리를 멋진 미래의 존재자로 만드는 것도 아니다. … 우리는 과학기술과 밀접하게 연관되어 살아가고, 장애인을 치료하고 구원한다는 일부 기술 엘리트들의 유토피아적 언설 속에 등장하며, 인간인지 아닌지를 매일 아침 고민하지는 않지만 '온전한 인간'인지 아닌지, '동등한 인간'인지 아닌지를 고민한 시간은 제법 길었다.(11쪽)[11]

보청기와 휠체어는 물론이고, 최근의 첨단 기술이 적용된 포스트휴먼 기술은 장애인들의 삶에 적지 않은 변화와 도움을 주었을 것이다. 하지만 그것은 '보조적 돌봄의 도구'라기보다는 존재론적 확장이다. 장애의 극복이라기보다는 오히려 장애 정체성의 형성이다.

다시 해러웨이의 「사이보그 선언」으로 돌아와서 살펴보면, 해러웨이는 이렇게 말한다.

사이보그 이미지는 우리 자신에게 우리의 몸과 도구를 설명해 왔던 이원론의 미로에서 탈출하는 길을 보여줄 수 있다. 이것은 공통 언어를 향한 꿈이 아니라, 불신앙을 통한 강력한 이종언어(heteroglossia)를 향한 꿈이다. 이것은 신우파의 초구세주 회로에 두려움을 심는, 페미니스트 방언의 상상력이다. 이것은 기계, 정체성, 범주, 관계, 우주 설화를 구축하는 동시에 파괴하는 언어이다. 나선의 춤에 갇혀 있다는 점에서는 마찬가지이지만, 나는 여신보다는 사이보그가 되겠다.(86쪽)[12]

11 김초엽 · 김원영, 『사이보그가 되다』, 사계절, 2021, 9쪽 및 11쪽.
12 도나 해러웨이, 황희선 역, 『해러웨이 선언문』, 책세상, 2019, 86쪽.

여신이 되기보다는 사이보그가 되겠다는 해러웨이의 선언은 물론 은유적 표현이다. 기존의 권력 구조나 성차별적인 사회에 예속된 존재가 되기보다는, 새로운 기술에 의해 재창조되고 재탄생한 새로운 사회의 주체가 되겠다는 선언이며, 그러한 주체들이 만들어 낼 새로운 네트워크, 새로운 공동체에 대한 상상을 의미한다.

우리는 여기서, "치유란 과연 누구를 위한 것인가? 그리고 장애는 무엇이고 온전한 몸이란 무엇인가?"라는 질문을 다시 떠올려 볼 수 있다. '온전한 몸'과 '건강'은 근대적 신화이거나 현대 의학이 만든 '이데아' 혹은 유령일 수도 있다. 정상성의 신화에 얽매인 시대는 이미 과거가 되었다. 휠체어나 보청기, 의족은 정상으로 근접하기 위한 도구가 아니라, 고유의 정체성과 존재 방식이다. 그리고 그것은 사람들 사이에 존재할 수밖에 없는 수많은 '차이' 중 하나일 뿐이다.

신체적 '장애'와 달리, 정신적 어려움은 훨씬 더 발견되거나 구분하기 어렵다. 더욱 중요한 것은 '장애'라는 기준과는 달리, '노화'는 훨씬 더 보편적으로 적용된다는 점이다. 일반적인 성인 인류들은 모두 '노화'를 경험하고 있으며, 노화와 함께 동반되는 수많은 변화는 의료화된 사회 속에서 점차 '의료적 치료'나 '치유, 돌봄'의 대상이 되고 있다. 그리고 그와 함께 의료 공급의 부족, 의료 자원의 분배, 의료 접근성의 문제, 의료비로 인한 경제적 부담 등이 논의되고 있다.

물론 불가피한 변화일 수 있다. 가장 빠른 속도로 '초고령사회'에 도달한 한국 사회의 경우는 더더욱 의료에 대한 요구가 높고, 의료의 사회적 책임과 권한이 커지고 있다. 의료가 판단해야 할 것은 더욱 늘어나고, 의료의 권력은 (원하든 원하지 않든) 확장되고 있다.

의료 진단 기술은 더 발전했지만, 장애인들은 장애 정도의 구분을 세분화하려는 시도를 오히려 무력화하거나 해체하기를 희망한다. 돌봄이 주요한 화두로 등장하고 사회적 지원이 강화되어 갈수록, 장애인 운동은 탈시설화를 목표로 전환하고 있다. 노인 질환에 대한 대책으로 마련된 요양병원이나 요양원이 많아질수록, 원래 살던 곳에서 나이 들어 가기(AIP, Aging in Place)를 바라는 요구는 더욱 커지고 있다.

의료 전문가, 복지 전문가들의 공학적이고 '객관적'인 접근 방식과 의견에 귀 기울여 오는 동안, 우리는 구분·구별·배제를 치유와 정상화라는 이름으로 받아들여 왔는지도 모르겠다. '좋은 의료'는 의료에 얹어 놓은 부담과 역할을 덜어 주는 것을 지향하면서 시작될 수 있지는 않을까? 우리가—그러니까 '의료'가 아니라 '의료인문학'이—궁극적으로 지향해야 할 것은 개인 각각의 개별화된(혹은 의학적 지표로 확인되는) 건강보다는 '건강한 사회'여야 하지 않을까?

산후풍의 의료화
―생활어에서 질병분류로의 전환, 1964~2024

최성운
경희대학교 HK+통합의료인문학연구단 HK연구교수

1. 서론

이 글은 한국에서 '산후풍(産後風, sanhu-pung)'이 생활어에서 질병분류 체계로 이행한 과정(1964-2024)을 추적한다. '산후풍'은 오늘날 한의학의 단일 질병명(U32.7)로 존재하지만, 그 형성의 궤적은 단순한 병명 진화가 아니라 생활세계의 언어, 임상 현장의 경험, 공식 분류와 임상 지침의 언어가 중첩·교섭한 복합적 변환사이다. 1964년 가톨릭의대 내과교실의 「산후바람의 임상적 관찰」은 이 과정의 출발점이었다. 이 보고는 민간에서 통용되던 '산후바람'을 postpartum syndrome이라는 의학 용어로 번역하여 임상 기록의 언어로 편입한 최초의 시도였다. 다만 여기서 postpartum이 지시한 '분만 후'는 외래 현실—유산·소파수술·자궁 절제 등 '임신 종결 후'의 다양한 사건 이후 나타난 증상들—을 온전히 포괄하지 못했다. 이러한 명칭과 현실의 비대칭은 1960~1970년대 대규모 인공유산의 확산과 여성 생애주기 내 건강 경험의 변동을 드러내는 사회적 징후였다. 이후 한의학·간호학·보건학은 이 비대칭을 각자의 공식 분류와 임상 지침의 언어 또는 돌봄 실천의 언어로 재배치하며 '산후풍'을 다시 썼다. 이 논문은 바로 그 재배치의 역사적·담론사적 층위를 해명하고자 한다.

이 연구는 다음 세 질문을 중심으로 전개된다.

첫째, 번역의 비대칭: 1964년 postpartum syndrome 명명은 생활어 ‘산후바람’을 어떤 방식으로 의학화했으며, ‘산후(産後)’와 postpartum 사이의 의미 간극은 어떻게 드러났는가?

둘째, 개념의 확장과 제도화: 1960~1970년대의 인공유산 확산과 가족계획 정책은 ‘산후’를 어떻게 ‘임신 종결 후’ 범주로 확장시켰으며, 이 현실이 한의학의 공식 분류와 임상 지침 체계 속에서 어떤 형태로 포섭·정착되었는가?

셋째, 재서술과 재맥락화: 1970년대 이후 한의학의 임상 연구와 표준화 문헌은 ‘산후풍’을 어떤 경로로 재서술했는가? (예: 통증 중심의 협의화, 1990년대 임상 재기술, 2024년 표준 임상 지침의 정의·진단 틀) 또한 간호학·보건학은 산욕기 관리의 돌봄 언어를 어떻게 정식화했는가?

자료와 방법에서, 1964~2024년의 한의학·의학·간호학·질병분류 문헌을 횡단적으로 읽었다. 먼저 1964년 의학 논문 「산후바람의 임상적 관찰」을 검토하여, 생활어 ‘산후바람’을 postpartum syndrome으로 번역·명명하는 과정과, 그 번역어 ‘postpartum(분만 후)’이 실제 외래 현장에서 관찰된 유산·소파수술 등 ‘임신 종결 후’ 사건을 충분히 포섭하지 못하는 명칭과 현실의 비대칭을 드러냈다. 이 점은 ‘산후’ 범주의 의미가 분만 중심의 협의 범주를 넘어, 임신 종결 전반을 포착하는 방향으로 읽힐 수 있음을 시사하는 출발점으로 기능한다. 이어서 가족계획 정책의 강행과 인공유산의 급증 속에서 발생하는 후유증에 대한 한의학 자료(박호풍 1974, 한창률 1987, 박병곤 1971, 백남욱 1975, 송병기 1978, 유동열 1997 등)를 통해 전통 병명 체계의 내적 확장과 환자 서사의 임상적 흡수 양상을 추적한다.

간호학·보건학 자료(변수자 1978, 유은광 1993 등)는 '풍'이 감각 언어이자 관리 규범으로 작동하는 지점을 파악하기 위해 참조했다. 병명과 상병분류기호(코드)의 변동은 1972년 「부록 한의분류」, 1979년 『한국표준질병사인분류(한의)』, 1994년 KCD-OM2, 2010년대 KCD-7 등을 통해 비교하여, '산후풍'의 코드 정착(U32.7) 및 축소·존치의 논리를 분석한다. 방법론은 의사학적 텍스트 분석과 담론사적 접근을 병행한다. 곧 '산후풍'을 단일 질병이 아니라 의학적 언어·분류기호·돌봄 규범이 교차하는 담론적 장으로 설정하고, '번역·확장·제도화·재맥락화'의 연속선상에서 변화를 읽는다.

이 글의 구성은 다음과 같다. 제2장은 1964년 보고서를 중심으로 생활어의 의학화 실험을 분석한다. 제3장은 1960~1970년대 인공유산 확산과 '임신 종결 후' 증상군의 가시화가 '산후' 개념을 사회적으로 확장한 과정을 다룬다. 제4장은 박호풍·한창률·박병곤 등 한의계 자료를 통해 범주 확장과 서사적 병리의 임상 번역을 검토한다. 제5장은 간호학과 생활세계 자료를 바탕으로 '풍' 언어와 산후조리의 관리 원리가 돌봄의 언어로 체계화되는 양상을 보인다. 제6장은 1972~2010년 사이 '산후풍'이 한의 질병분류에서 통증 중심의 협의 범주로 축소·통합되는 과정을 분석한다. 제7장은 1997년 임상 재서술(유동열)과 2024년 한의 표준 임상 지침을 대비하여, 명칭의 단일화(U32.7)와 임상 내용의 복합화(통증·감각장애의 이분 진단, 자율신경/순환 평가)의 현재 균형점을 제시한다. 제8장(결론)은 1964~2024년을 관통하는 '명명·확장·제도화·재맥락화'의 궤적을 종합한다.

2. 1964년—생활어의 의학적 번역으로서의 '산후바람'

1) 명명의 장면—'산후바람(postpartum syndrome)'의 의학화 실험

1964년 가톨릭의대 내과교실 보고는, 한국 의료 현장에서 널리 쓰이던 생활어 '산후바람'을 '증후군'이라는 의학 용어로 묶어 하나의 임상 범주로 제시한 국지적·실험적 명명 사건이었다.[1] 이후 내과·산부인과의 담론으로 확산되지 못하고 1회성 보고에 그치고 말았지만, '산후에 반복되는 어떤 것들'을 흩어진 민간 경험담이 아니라 의학적으로 보이는 하나의 장면으로 떠올려 놓았다는 점에서 분기점이었다.

해당 기간(1961.1.1. · 1962.9.15.) 내과 외래를 방문한 여성(21 · 45세) 7,219명 중, 저자들이 자체 임상 기준으로 '산후바람이라 생각되는' 환자로 분류한 사례는 200명(약 2.8%)이었다.[2] 저자들은 '부인 환자의 상당수가 산후 또는 유산 후 ⋯ 여러 가지 모호한 증상(vague symptoms)을 호소하며 내과 외래로 찾아옴'을 임상 현실로 적었고,[3] 입원을 요할 정도의 중증은 드물지만 여러 병원을 전전하며 서로 다른 진단과 치료를 받는 만성·재발형 자각증상군의 존재를 문제 삼았다.[4]

이때 교실은 생활어 '산후바람'을 postpartum syndrome이라는 범주명으로 번역·제시하며[이 글에서는 '산후바람(postpartum syndrome)'으로 병

---

1 閔炳奭·金瑛·崔應圭, 「"産後바람"의 臨床的 觀察」, 『中央醫學』 6-5, 1964, 523-525쪽.
2 같은 글, 523쪽.
3 같은 글, 523쪽.
4 같은 글, 524쪽.

기] 정의와 치료 지침을 모색하겠다고 밝혔다.[5] 여기서 postpartum은 통상적 의학 용례대로 '분만 후'를 가리킨다.

2) 해석의 이중 경로—정신신체와 내분비 사이

흥미롭게도, 이렇게 정한 범주명(분만 후)이 실제 외래에서 포섭한 임상 현실 전체를 다 담지는 못했다. 원인 사건 분포를 보면 정상 분만(54.5%)뿐 아니라 소파수술(25.5%)·유산(13.5%)·자궁 절제(5%)·자궁외임신(1.5%) 등 분만 이외 사건 이후의 사례도 같은 군으로 묶여 있다.[6]

진단 해석 또한 두 갈래로 전개된다. 첫째, 저자들은 당대 임상 관행에 기대어 이 환자군을 불안반응(anxiety reaction)·전환반응(conversion)·우울(depression) 같은 정신신체적 조건으로 보는 입장을 1차 설명으로 채택했다.[7] 이러한 해석은 진단 기준인 불안반응(anxiety reaction)·전환반응(conversion)·우울(depression) 같은 정신신체적 조건—'이학적 소견은 없거나(혹은 환자 호소에 비해 극히 경미), 수개월~수년 지속되나 전신 상태는 양호'—에 반영되어 있다.[8]

둘째, 동시에 저자들은 '아직 미지의 체액/호르몬 불균형(humoral/hormonal imbalance) 가능성'을 열어 두며, 당시 의학적으로 잘 설명되지 않

---

5   같은 글, 523쪽.
6   같은 글, 523쪽. 제2표의 '유산'은 '소파수술'과 별도 항목이므로 자연유산으로 해석할 개연성이 높다.
7   같은 글, 524-525쪽.
8   같은 글, 523쪽.

던 산후 부종(puffiness) 같은 현상을 내분비 변화의 궤적 속에서 더 관찰할 필요가 있다고 여지를 남겼다.[9] 요컨대 1차 해석은 정신신체, 2차 가설은 내분비/체액성이며, 둘은 배타적이라기보다 보완적 층위로 병렬 공존한다.

이런 이중 경로는, 당시 유럽권에서 '기질적(organic) vs 기능적(functional)' 이분법을 재검토하던 Slater · Walshe 논쟁의 맥락과도 맞닿는다.[10]

3) 번역의 비대칭―'산후'와 postpartum의 간극

생활어 '산후바람'의 '산후'는 의학 용어 postpartum(분만 후)으로만 축소 번역하기 어렵다. 전통 의서에서 産(산)은 기본적으로 정산(正産, 분만)을 가리키지만, 유산에 해당되는 용어인 반산(半産)이나 소산(小産)을 다루는 조문에서는 유산 이후의 회복을 산후(産後) 조리와 유사한 논리 속에서 서술하는 경우가 적지 않다. 『동의보감』은 반산(半産) 조항을 두고 소산(小産)을 언급하며,[11] 『언해태산집요(諺解胎産集要)』는 "정산은 익은 밤이 저절로 떨어짐과 같고, 반산은 익지 않은 밤을 후벼 내는 것과 같으니 손상이 반드시 많아 '열 배로 조리'해야 한다."고 강조한다. 이후 『광제비급

---

9   같은 글, 524-525쪽.

10 Eliot Slater, "Diagnosis of 'Hysteria'", *British Medical Journal* 1-5447, 1965, pp.1395-1399; F. M. R. Walshe, "Diagnosis of Hysteria", *British Medical Journal* 2-5460, 1965, pp.1451-1454.

11 許浚, 『東醫寶鑑』 雜病篇卷之十 「婦人 · 半産」, 「半産」에 수록된 安榮湯과 和痛湯에 小産이 半産의 의미로 언급된다.

(廣濟秘笈)』(1790), 『제중신편(濟衆新編)』(1799), 『의종손익(醫宗損益)』(1867), 『의원거강(依源擧綱)』 등도 유산 후 조리의 엄중함을 반복한다.[12] 이러한 어휘·병기 전통을 감안하면, 1964 보고서가 묘사한 혼합된 환자 현실(분만·유산·시술/수술 후)은 생활어 '산후바람'이 가리키는 '임신 종결 후'의 폭넓은 경험과 자연스럽게 맞물린다. 반면, 공식 범주명 postpartum은 행정·임상 관행상 '분만 후'로 좁게 고정되는 경향이 있어 용어의 범위와 실제 임상 현실 사이에 비대칭이 발생한다. 이 비대칭은 이후 한의계에서 산후풍을 한의학 의료 체계 내부로 포섭하는 과정에서도 동일한 방식으로 반복적으로 나타났다.

4) 의의―'보임[見]'의 시작과 '임신 종결 후' 현실로의 문턱

1964년의 '산후바람(postpartum syndrome)' 보고는 생활어를 의학어로 번역해 처음으로 가시화된 임상 범주로 만든 사건이었다. 진단 기준에 '환자 호소에 비해 경미한 이학적 소견, 수개월~수년 지속, 전신 상태 양호'를 명시함으로써, 그동안 애매하게 취급되던 중등도·만성·전신 자각증상군을 합법적 임상 장면 안으로 불러들였다. 이는 곧 민간의 언어를 근대 의학의 분류와 진단 서사 속으로 이행시킨 최초의 '보임[見]'의 순간이었다. 그러나 postpartum('분만 후')이라는 협의적 명칭과 실제 외래에서 포

12　『諺解胎産集要』「胎産·半産」("正産 如栗熟子落… 半産… 宜十倍調治"). 이어 『廣濟秘笈』卷之三「婦人門·落胎, 斷臍帶」(1790), 『濟衆新編』卷之六「婦人·半産」(1799), 『醫宗損益』卷之十一 戌集「婦人·半産」(1867), 『依源擧綱』「胎前三十二·半産後調理」참조.

착된 현실—분만뿐 아니라 유산·자궁수술·시술 이후까지 포함된 '임신 종결 후'의 환자군—사이에는 여전히 커다란 간극이 존재했다. 이러한 명칭과 현실의 비대칭은 단순한 번역상의 문제가 아니라, 한국 사회의 급격한 인구 변동과 여성 생애주기 내의 건강 경험이 기존 의학 용어 틀을 넘어 확장되고 있음을 보여주는 징후였다. 이 비대칭이 이후 1970년대 대규모 인공유산의 확산과 더불어 폭발적으로 드러나며, '산후(産後)'는 담론 속에서 점차 '출산 후'의 생리적 구간이 아니라 '임신 종결 후'의 사회적·신체적 경험 포괄하는 개념으로 재구성된다.

3. 1960~1970년대
—대규모 인공유산의 파고와 '임신 종결 후' 증상군의 가시화

1) 인구 변동의 전환—인공유산의 확산과 사회적 재구성

1960년대 초 가족계획사업(1962) 개시 이후, 인공유산은 상층·도시에 한정된 선택지에서 점차 전 계층·전 지역으로 확산되었다. 1966년 기혼여성의 인공유산 경험률이 13%였으나, 1971년 26%로 뛰었고, 서울은 같은 기간 25%→41%, 기타 도시는 23%→34%, 농촌은 10%→19%로 상승했다.[13] 1970년 한 해의 추정 시술 건수는 28만 3천 건,[14] 국가 통계 추정치는

---

13 한성현, 『인공임신중절에 관한 연구』, 가족계획연구원, 1973, 73쪽.
14 홍성봉, 「우리 나라 人工姙娠中絶의 實態」, 『대한의학협회지』 13-7, 1970, 543-547쪽.

1963년 13만 9천 → 1976년 48만 2천으로 가파르게 늘었다.[15] 연구 종합 평가는 1960년대 조사와 1970년대 조사 사이에 연령이 낮고 사회경제적 지위가 더 낮은 집단으로까지 인공유산이 넓게 퍼졌음을 지적한다.[16] 1970년대 후반에는 미혼의 비중도 적지 않았는데, 서울시 조사에서 인공유산 수용자의 약 29%가 미혼 여성으로 보고되었다.[17] 이러한 규모·구성의 변화는 '산후(産後)=분만 후'로만 국소화된 담론으로는 포착되지 않는 '임신 종결 후(출산·유산·시술/수술 후)'의 폭넓은 건강 경험을 전면화했다.

2) 임상적 관찰—유산 후 증상군의 만성화와 조리의 부재

임상·간호·지역 실태 조사는 이 현실을 다양한 각도에서 기록했다. 산부인과 외래 기반의 단면 조사들은 인공유산 후 요통·복통·전신 쇠약·부종·질분비 과다·월경불순과 같은 자각증상이 흔함을 반복 보고했고(후유증 '있었다' 47.7%, 요통 10.3%, 복통 7.3% 등),[18] 대규모 통계에서도 요통과 복통(33.9%)·전신 허약(15.8%)·부종(11.9%)이 후유증 항목 상위로 나타났다.[19] 그리고 여기에서 언급된 자각증상과 후유증이 단기적 증

15　가족계획연구원, 『인구 및 가족계획 통계자료집(제1권)』, 1978, 329쪽.

16　홍승직, 「韓國에 있어서 人工流産 研究의 評價」, 『한국사회학회 기타간행물』, 1972, 103쪽.

17　홍성봉, 「서울시 일원의 인공유산의 최근동향」, 『대한산부인과학회지』 22-9, 1979, 800쪽.

18　이이상, 「人工流産 試圖者에 對한 一考察」, 『중앙의학』 24-4, 1973, 439쪽.

19　나건영, 「人工姙娠中絶과 그 合倂症의 現況」, 『대한불임학회잡지』 3-2, 1976, 21쪽. Table 20. Percent Distribution of Complications Following First and Last Abortion (Hong). 본문에서 언급된 %는 서울지역의 통계에 해당된다.

상으로 자연 소실되는 경우도 있었지만, '수술 후 안정'과 '조리'의 결핍이 겹치며 만성화되는 궤적 또한 문제로 지목되었다. 지방 도시 조사에서 유산 후 몸가짐을 산후와 같게 했다는 응답은 9.1%에 불과했고, 미혼 응답에서는 0%였으며, 미혼일수록 증상이 가벼우면 치료하지 않는다(66.1%)는 회피·은폐 양상이 두드러졌다.[20] 간호·공중보건 축은 1973년 수원 외래 조사에서 "분만 후뿐 아니라 인공임신중절 후에도 조리가 필요하다."는 메시지를 현장 자료로 제시했고,[21] 한의학계의 임상 기록에서는 인공임신중절수술로 인한 후유증이 마치 하나의 병명과 같이 등장하기 시작했다.

1967년에 사망한 한의사 한창률의 유고집에는 부인과 질환 99개 처방 중 7개가 '유산후유증(流産後遺症)에 응용(應用)한 예(例)'로 명시되어 있다.[22] 박병곤은 자신이 1971년에 간행한 한의학 임상 서적인 『한방임상사십년』에서, 《보건신보》(1970.4.6.)에 실린 한의사 임종국의 글을 인용하며 인공임신중절 후 요통(腰痛)·하복통(下腹痛)·신경과민(神經過敏)·사지동통(四肢疼痛)·불면(不眠)·부종(浮腫)·소화기질환(消化器疾患) 등 다양한 부인병이 발생할 수 있음을 경고했다.[23] 이 증상들은 1964년 민병석이 보고한 「산후(産後)바람의 임상적(臨床的) 관찰(觀察)」 속 신경성 증후군(요통·말단통증·불면증), 심장맥관계 증후군(숨찬 증세), 소화기계 증후군

20 김영자, 「지방도시 여성의 혼인 유무별 인공유산 경험 실태조사」, 『대한간호』 15-4, 1976, 75-76쪽.
21 배원자, 「一部 中都市 人工姙娠中絶…後遺症 實態調査」, 『최신의학』 16-3, 1973, 125쪽.
22 韓昌律, 『(秘藏)極齋醫方集大成』, 극재 한창렬동서의학연구소, 1987, 474쪽. "19-25 流産後遺症에 應用한 例이다." 韓昌律(1889~1967) 第11章 産婦人科疾患.
23 박병곤, 『한방임상사십년』, 서원당, 1971, 532쪽.

(식욕부진 · 소화불량 · 팽만감) 등과 유사하다.[24] 백남욱(1975)은 『보건생활』
이라는 잡지에 기고한 「소파수술의 후유증과 경험방」에서 "가정부인들은
거의 1~2회 이상의 수술 경험이 있으며, 점차 하복통 · 요통 · 냉대하증 ·
월경불순 · 자궁내막염 · 사지동통 등이 생긴다."고 보고했다. 그리고 그
는 "좌골신경증상통이 일어나서 발바닥이 화끈거리고, 발을 디디고 다니
면 터져나가는 것 같은 느낌"이 발생한다는 증상 또한 소파수술의 후유증
중 하나라고 기술했다.[25] 4인의 한의사들에게 유산 후 후유증이 하나의 병
명 혹은 증후군으로 인식되고 있음을 드러낸다.

또한 유산 후 후유증에 대한 한의계의 대처는 한의과대학 내의 학계 인
사에 의해서도 주목받고 공론화되었다. 1975년 경희의대 한의학과 한방
부인과 교수 강효신은 "기혼 여성의 유산율이 100명 중 80명에 달한다."
며 유산을 반복할수록 부작용이 심각하다고 지적했다.[26] 이 글은 한의과
대학 교수층이 이미 1970년대 중반에 인공유산의 광범위한 실태를 인식
하고, 이에 대한 접근을 한의학적 관점에서 고민하면서 이 문제를 공론화
하려 했음을 보여준다. 이 시기 임상을 하는 한의사만이 아니라 한의과대

---

24 閔炳奭 · 金瑛 · 崔應圭, 「"産後바람"의 臨床的 觀察」, 『中央醫學』 6-5, 中央醫學社,
    1964, 124쪽.
25 白南郁, 「소파수술의 후유증과 경험방」, 『보건생활』 28, 1975, 83쪽.
26 강효신, 「婦人病과 漢方療法」, 『保健生活』 6-30, 1975, 釜山保健生活社, 119쪽. 이어서
    그는 "그 후유증이나 여기에 만족할 것이 아니고 한의학적 수단에 의한 피임방법 내지
    조기중절의 방법을 연구개발할 필요가 절실하다 하겠읍니다."라고 말한다. "그 후유증
    이나 여기에 만족할 것이 아니고"는 비문이어서 의미를 정확하게 파악하기 힘들지만,
    '후유증(에 대해 지금 시행되고 있는 한의학적 치료) 여기에 만족할 것이 아니고, (후유
    증이 없거나 적게 일으키는) 한의학적 피임법 혹은 조기중절법을 개발할 필요성을 언
    급하는 것으로 보인다.

학·출판계·언론이 모두 인공유산의 후유증을 다루었던 것이다.

3) 의의—명칭과 현실의 간극, 그리고 제도적 응답의 시발점

1960~1970년대의 유산 후 후유증 보고와 조리 결핍 서사는, '산후'라는 단어가 더 이상 postpartum으로만 환원될 수 없음을 집단적으로 증명했다. 이 점은 산후풍과 유산 후 후유증 사이에 공유되는 대단히 두드러진 증상 중 하나인 '팔다리의 뼈마디가 아픈 것'에서 다시 한번 드러난다.

한의계의 학계에서 처음으로 산후풍을 한의학 이론 내로 포섭하면서 사용한 증상이 바로 이것이다. 한의과대학의 한방부인과 교수인 송병기가 저술한 한의과대학교 한방부인과 교과서인 『한방부인과학(漢方婦人科學)』(1978)은 산후신통 즉 산후편신동통이 '속칭(俗稱) 산후풍(産後風)'이고 그 증상이 '전신(全身)의 근맥(筋脈)과 골절(骨節)에 동통(疼痛)을 발(發)'하는 것이며, '류머티즘성의 관절(關節) 및 근육통(筋肉痛)'이 여기에 속한다고 적었다.[27]

증상 면에서 유산 후 후유증과 산후풍의 증상이 서로 호환 가능하며, 가장 핵심적 증상 중에 하나를 공유한다는 점은 박병곤에게서 드러난다. 그의 『한방임상사십년』에서 '인공유산[人工流産: 낙태수술(落胎手術), 소파수술(小派手術)] 후유증(後遺症)'의 사지동통(四肢疼痛), 산후풍을 가리키는 또 다른 용어인 '해산독(解産毒)'의 사지백절유주자통(四肢百節流注刺痛)을 비롯한 신경통과 류머티즘 증상, 그리고 산후편신동통(産後遍身疼痛)의 사

27 　송병기, 『漢方婦人科學』, 수문사, 1978, 473쪽.

지골절통(四肢骨節痛)은 공통적으로 나타난다. 교과서의 '류머티즘성의 관절(關節) 및 근육통(筋肉痛)'은 다시 해산독(解産毒)의 류머티즘 증상과 겹친다.

더 나아가 이 증상은 「산후(産後)바람의 임상적(臨床的) 관찰(觀察)」의 사지부 통증(Extremity pain) 및 「소파수술의 후유증과 경험방」의 사지동통(四肢疼痛)에서도 빠지지 않고 드러난다. 「산후(産後)바람의 임상적(臨床的) 관찰(觀察)」에서 사지통증은 산후바람의 통증 증상 중 두통(37.5%)에 이어 13.5%로서 두 번째로 많이 보인다. 이와 같이 사지의 뼈마디가 아픈 증상은 통증 면에서 산후풍의 핵심 증상이었고, 이것이 유산 후유증과 산후풍 사이에 존재하는 가장 두드러진 접점이었다. 1960~1970년대 한국의 의료·생활 담론에서 '산후'는 postpartum를 넘는 의미가 있었다. 출산한 여성이나 임신중절수술을 한 여성 모두에게서 매우 특징적인 공통 증상이 나타나는 경우가 많았던 것이다.

1964년 보고서에서 시작된 명칭과 현실의 비대칭은, 1970년대에 사회적·임상적 논의로 가시화되며 산후풍이 한의학과 간호학의 언어 속으로 흡수·정착되는 기점으로 작용했다. 따라서 이 시기는 임신중절수술이 급증하는 단순한 보건 통계상의 변동기가 아니라, 이후의 병명 분류의 제도화(6장)와 병명 분류와 임상의 재맥락화(8장)를 잇는 결정적 전환기로 이해될 수 있다.

4. 1960~1970년대 초
─한의학 내부의 응답, 전통 병명 체계의 자족성과 새로운 현실의 파고

1964년 내과의 「'산후(産後)바람'의 임상적(臨床的) 관찰(觀察)」이 생활어 산후바람을 'postpartum syndrome'으로 번역해 제시한 사건이 외부적 명명이었다면, 같은 시기 한의학 내부에서는 이미 산후 관련 증상군을 전통적 병명 체계 속에서 어느 정도 충분히 다루고 있었다. 한의사들에게 환자들이 자신의 증상을 표현하며 붙인 병명인 '산후풍'은 기존 병명[산후부종(産後浮腫)·산후각기(産後脚氣)·산후위궐(産後痿厥)·산후편신동통(産後遍身疼痛) 등]을 통해 설명될 수 있는 증상들의 조합으로 이해되었다. 다시 말해, '산후풍'이라는 이름을 쓰지 않았다고 해서 이에 대한 인식이 없었던 것이 아니라, 기존 언어로 진단과 처방이 가능했던 시대의 임상 언어적 자족성을 반영한다.

1) 박호풍(1974): 전통 병명 체계의 지속과 병인(病因) 언어의 활용

박호풍(朴浩豊)의 『경험비방 남정의학대전(經驗秘方 楠梃醫學大全)』(1974)은 이러한 자족적 언어 체계의 대표적 예이다. 그는 '치산후감풍한(治産後感風寒) 요통불가전(腰痛不可轉)', '산후사지부종(産後四肢浮腫)', '산후편신통(産後遍身痛)'과 같은 항목을 통해 산후기 풍한형·허약형 증상군을 다루었지만, '산후풍(産後風)'이라는 용어를 직접 사용하지는 않았다.[28]

---

28 박호풍, 『經驗秘方 楠梃醫學大全』, 상일문화사, 1974, 496-499쪽.

박호풍은 전통적으로 사용된 병명과 처방(예: 사물탕, 오적산, 십전대보탕 등)을 그대로 유지하면서, 환자들이 말하는 '산후풍'이라는 생활어를 굳이 새 항목으로 분리하지 않았다. 이는 곧 민간 병명의 의학적 수용이 아니라, 증상·병인·처방의 병렬적 운용이라는 임상적 관성의 표현이었다.

2) 한창률(1889·1967): 유산 후유증의 범주화―'산후' 개념의 외연 확장

1889년에 태어나 1967년에 사망한 한창률(韓昌律)은 일제기부터 활동한 한의사로, 평생의 임상 경험과 처방을 정리한 유고를 그의 아들 한승련이 『비장 극재의방집대성(秘藏 極齋醫方集大成)』(서울: 東西醫學硏究會, 1987)이라는 제목으로 간행했다.[29]

이 책 제11장 「산부인과질환(産婦人科疾患)」에는 "19·25: 유산 후유증(流産後遺症)에 응용(應用)한 예(例)이다."(474쪽)라는 항목이 있다. 이는 부인과 질환에 대한 처방 99개 중 19번째 처방에서 25번째 처방까지가 유산 후유증에 사용되는 처방임을 의미한다. 그는 '산후(産後)' 범주를 유산(流産) 이후까지 명확하게 확장하여, 가족계획·인공유산의 증가라는 1960년대 현실을 포섭하려는 범주적 움직임을 뚜렷하게 내보였다. 즉, 한창률은 '산후(출산 후)'를 '임신 종결 후'로 재정의한 것이다.

그의 처방들은 풍한(風寒)·기혈허(氣血虛)·냉통(冷痛)·부종(浮腫) 등을 기본 병리 구조로 하며, 이는 현대 한의학에서 '산후풍' 병기에 해당되는 내용과 거의 일치한다. 이처럼 한창률은 1960년대 초 가족계획 정책

---

29 한창률, 『(秘藏)極齋醫方集大成』, 東西醫學硏究會, 1987, 474쪽.

이후 급증한 인공유산이라는 현실을 기존 한의학 범주 안으로 수용하면서, '산후'의 의미를 생리적 분만에 한정하지 않는 한의학적 재정의를 선취했다.

3) 박병곤(1971): 환자 담론의 임상적 번역으로서 '해산독(解産毒)'

박병곤(朴炳坤, 1912~?)의 『한방임상사십년(韓方臨床四十年)』(1971)은 1967년에 사망한 한창률이 경험한 가족계획·인공유산이 사회적으로 대규모로 확산되어 가고 있던 시기를 반영했다. 그는 기존 범주[산후부종(産後浮腫), 산후편신동통(産後遍身疼痛), 산후각기(産後脚氣)]를 유지하면서도 '소위 해산독(解産毒)'이라는 항목을 새로 두고 다음과 같이 적었다.

> 경산부(經産婦)의 사지백절유주자통(四肢百折流注刺痛)은 산후(産後) 몸조리(調理)를 못한 자(者)의 풍습담사혈소치(風濕痰死血所致)로 생긴다. 해산하였든 달[月]이 돌아오면 신경통(神經痛), 류마치스 증상(症狀)이 발작(發作)함을 소위(所謂) 해산독(解産毒)이라 한다.[30]

이 구절의 중요성은 두 가지이다. 첫째, '소위(所謂)'라는 표현이 말해 주듯, '해산독'은 박병곤이 새로 만든 의학 용어라기보다 당시 여성 환자들이 쓰던 생활어(vernacular term)를 임상 기록 속으로 옮겨 온 사례이다. 둘째, '해산하였든 달[月]이 돌아오면'이라는 표현은 출산월(出産月)이 다시

---

30 박병곤,『韓方臨床四十年』, 書源堂, 1971, 571-572쪽.

돌아올 때마다 증상이 재발한다는 시간성을 뜻한다. 이는 산후풍 서사에서 자주 등장하는 "출산 이후 수년간, 아이 낳은 달만 되면 아파 온다."는 민속적 서사의 직접적 반영이다.

박병곤은 이를 병인론적으로 '풍·습·담음·어혈 작용[風·濕·痰·死血所致]'으로 기술하여, 체내에 남아 있는 병인으로 인해 증상이 특정 시기가 되면 재발한다고 해석했다. 그가 말하는 '해산독'은 새로운 의학 개념이라기보다, 민간 서사의 시간적 구조를 한의학의 병리 언어로 '번역'한 임상적 기록이라 할 수 있다.

박병곤의 '해산독'은 '산후조리의 미비가 기혈 정체의 장기화를 야기하고 이로 인해 (출산월 회귀 시) 증상이 악화된다'라는 민간에 회자되던 산후풍의 서사적 병리 구조를 한의학적 용어로 가시화한 최초의 사례 중 하나라는 점에서 의미가 크다. 박병곤은 산후풍을 단발적 '산후 질환'이 아니라 시간이 남긴 병, 곧 기억되는 산후병으로 드러냈다.

4) 병명화의 전야―언어적 변용과 범주의 확장

세 인물―박호풍·한창률·박병곤―의 기록은 한의학 내부에서 '산후풍'이 단일한 병명으로 정립되기 이전, 각기 다른 방향으로 진행된 범주적·언어적·사회적 재배열의 과정을 보여준다.

구분	인물	핵심 서술	의사학적 의의
전통의 지속	박호풍(1974)	산후부종·편신동통 등 전통 병명 유지	민간 병명을 한의학 병리 용어로 변환하지 않은 채 지속되는 전통 한의학 체계
외연 확장	한창률(1889·1967) / 1987 간행	'유산 후유증'을 산후 범주로 포섭	가족계획·유산 확산기 현실의 수용, '임신 종결 후' 개념의 등장
환자 서사 기록	박병곤(1971)	"해산하였든 달[月]이 돌아오면…" / 풍습담어혈 병리	출산월 회귀형 시간성의 의료 텍스트화, 서사적 병리의 가시화

이 세 사례는 '산후풍'이라는 명칭이 공식 병명으로 등장하기 전, 이미 한의학 내부에서 언어적 변용과 사회적 현실의 접합이 진행되고 있었음을 보여준다. 1960~1970년대 이후 '산후풍'이 한의학계에서 본격적으로 표제화될 수 있었던 것은, 이러한 전통 병명 체계의 내적 확장과 환자 서사의 의료적 기록화가 축적된 결과였다.

5. 간호학·생활세계의 축
—'임신 종결 후' 관리 담론과 '풍' 언어의 작동

1) 좌표 짚기: 간호학 논의의 자리

이 글에서 다루는 간호학의 '임신 종결 후' 논의는 '산후풍'이라는 한방 병명(상병분류기호 혹은 상병코드) 체계와 독립적으로 축적되었다. '산후풍'은 한의학 내부에서 1980년대 학술지·교과서 서술을 거쳐 1994년 KCD-OM2(카29 산후풍')에 편입되고, 이후 U32.7로 승계된 병명·분류의 궤도를 밟았지만, 간호학의 주 관심사는 임신 종결 후의 신체 변화와 회복을 실제로 어떻게 관리할 것인가에 있었다. 두 흐름은 동시적·직선적 연동 관계가 아니라, 서로 다른 제도권에서 비동시적으로 전개된 병행 담론으로 보아야 한다.

2) 1978년 변수자 재독해: '산후바람이라는 두려움, 즉 풍이 온다는 전설'

변수자는 도시 병원과 가정에서의 산욕부 관리 실태를 설문으로 수집하여, '세발은 1주 후·샤워는 상처가 다 아문 뒤'라는 응답이 높았고, 그 이유로 '산후바람이라는 두려움, 즉 풍이 온다는 전설'(80%), '감기에 걸릴까 봐'(16%)가 제시되었다고 보고했다.[31] 같은 항목에서 구강 관리에 관해선 칫솔 사용을 회피(44%)하며 '치아 보존'(78%)을 이유로 든 점을 기록했다.[32] 변수자는 이러한 응답을 생의학적 간호 규범의 관점에서 '옳지 않은 보건 관습'으로 평가했다.[33]

본고는 여기서 두 층위를 분리해 읽는다. 첫째, 당대 일반인(산모·가족)의 언어가 무엇을 보여주는가? 변수자의 자료는 '산후바람이라는 두려움, 즉 풍이 온다는 전설'이 감각의 언어(몸의 느낌)와 행위의 규범(무엇을 하지 말아야 하는가)을 결속시키는 방식으로 작동했음을 보여준다.[34] 즉 이때

---

31 변수자, 「산후관리에 대한 한국 산욕부들의 지식 및 관습 조사」, 『대한간호』 17-2, 1978, 80쪽(세발·샤워 시기 및 이유: "산후바람이라는 두려움, 즉 풍이 온다는 전설" 80%, "감기에 걸릴까 봐" 16%).
32 같은 글, 80쪽(구강관리: 칫솔 사용 회피 44%, 이유 "치아 보존" 78%).
33 같은 글, 80쪽("…산후바람이라는 두려움… 전설에 의해 비롯된 것으로 이와 같은 옳지 않은 보건관습은… 장애 요인").
34 같은 글, 80쪽.

의 '풍'은 한의 병인 풍(風)과 동일한 전문 개념이라기보다, 출산 후 신체를 위협하고 불편하게 만든다고 지각되는 감각적·물리적 요인 전반을 묶어 부르는 민속적 병명(생활 병명)이자, 행동을 규제하는 근거로 함께 쓰였다. '머리를 감지 말라.' 그리고 '바람에 쐬지 말라.'는 진술은 병리 이론의 설명이라기보다 금기·주의의 이유를 제시하는 생활 언어로 기능한 것이다.

둘째, 연구자(변수자)의 입장은 이 생활 관행을 생의학적 간호 기준에 비추어 부정적으로 평가했다는 점이다. 두 층위는 동일하지 않다. 따라서 변수자의 글은 간호학의 규범적 판단(부정적 평가)과, 그 판단의 근거가 된 일반인의 감각·규범 언어(자료 층위)를 동시에 전하는 사료로서 의의가 있다.[35]

3) 1993년 유은광: '변화의 시기'로서의 산후와 산후조리의 체계

유은광의 연구는 산후를 '변화의 시기', 곧 '새로운 상태'로 개념화했다. 그 새로운 상태란 '기분·신체가 정상이 아니고 고장 난 것 같은 상태로서 병은 아니지만 환자 같은 생각, 신생아처럼 면역이 없는 느낌, 하고자 하는 모든 일에 주의를 해야 한다는 생각으로 특징지어지는 상태'이다.[36] 이 때 여성들은 공간적 변화(속이 텅 빈 느낌), 구조적 변화(살·뼈·관절·치

---

35 같은 글, 80쪽.
36 유은광, 「여성건강을 위한 건강증진 행위: 산후조리 의미의 분석」, 『간호학탐구』 2-2, 1993, 44-46쪽(산후를 "변화의 시기", "새로운 상태"로 개념화; '병은 아니지만 환자 같은 생각', '신생아처럼 면역이 없는 느낌' 등).

아의 '느슨해짐/물러남/벌어짐' 등), 기능적 변화(전신 무력 · 피로), 증상적 변화(오한 · 추위 민감 · 전신통 · 발한 · 부종 · 감각 이상), 정서적 변화(민감 · 슬픔 · 분노 · 불안), 사회적 변화(역할의 재편) 등을 한 세트의 체험으로 진술했다.[37]

이 체험 언어를 바탕으로, 유은광은 산후조리의 의미 체계(신념 · 실천)를 정식화했다. 핵심은 여섯 원리―① 따뜻하게 하고 찬 것을 피하기, ② 일하지 않고 쉬기, ③ 잘 먹기, ④ 무리하게 힘을 쓰지 않기, ⑤ 청결 유지(다른 원리와의 균형 속에서), ⑥ 정성껏 돌보기―이며,[38] 권장 기간은 최소 2주, 통상 3~4주, 이상적으로 100일로 표상되었다.[39] 조리의 결과는 '잘하기(회복 · 예방 · 증진)'와 '잘못하기(산후병 발생)'로 나뉘며,[40] 산후병은 산후기간에도, '일생 중 아무 때에든' 나타날 수 있으되 만성형은 40대 후반 · 노년에 심화하는 것으로 진술되었다.[41]

여기서 통증 · 저림 · 시림 · 발한과 같은 '산후풍적' 증상은, 질병명 자체가 아니라 산후의 관리가 겨냥하는 핵심 대상으로 자리 잡는다. 곧 산모의 감각과 행위는 병리 분류 이전의 수준에서 신체 변화와 회복을 조절하려는 실천적 지식 체계로 작동한다.[42]

이 지점에서 1978년 변수자가 기록한 생활 규범('풍이 온다'는 두려움)과,

37　같은 글, 44-51쪽(공간 · 구조 · 기능 · 증상 · 정서 · 사회적 변화의 진술).

38　같은 글, 47-51쪽(여섯 기본 원리 - 따뜻하게/쉬기/잘 먹기/무리 금지/청결/정성 돌봄).

39　같은 글, 51-53쪽(권장 기간: 최소 2주, 통상 3-4주, 이상적으로 100일; 개인차 인정).

40　같은 글, 52-55쪽('산후조리 잘하기/잘못하기' - 성과와 산후병 발생의 이분).

41　같은 글, 54-55쪽(산후병의 급성 · 만성, 만성은 40대 후반 · 노년에 심화 가능).

42　같은 글, 46-47, 54-55쪽(전신통 · 오한 · 발한 · 부종 · 감각 이상 등 증상 서술과 만성화 인식)

1990년대 유은광이 구조화한 조리의 원리는 각기 다른 분석의 인식론적 틀 속에 놓이지만, 산후기간의 취약성·불안정성에 대한 체험적 대응을 공통분모로 갖는다.

4) 건강 증진 행위로의 확장—유은광과 간호계의 후속 연구

유은광의 1993년 논문은 산후조리를 여성의 건강 증진 행위로 개념화하며, 산후기의 회복을 단기적 질병 예방을 넘어 생애 전 주기 건강과 연결되는 실천으로 이어지는 궤적의 출발점으로 본다. 그녀는 산후조리의 목적을 '산후 신체·정신·정서적·사회적 변화로부터의 회복을 증진시키고 여성의 평생 건강과 안녕을 유지·증진'하는 데 둔다고 밝히며, 온열·회복 중심의 규범이 지켜지지 않을 때 이후의 삶 속에서 고질병으로 안고 살아야 하는 산후풍으로 이어질 수 있다는 생활세계의 인식을 체계화한 것이다.[43]

이후 유은광·김명희(1999)는 산후조리 수행 정도가 높을수록 중년기의 갱년기 증상 호소가 낮고(r =−0.19), 건강 증진 행위는 높다(r = 0.34)고 보고하며, 산후기의 자기 관리 경험이 중년기 건강 경험과 통계적으로 연결됨을 제시했다.[44] 이 연구는 산후조리를 단기적 회복 행위를 넘어 장기적 건강 성과(QoL, Quality of Life)로 확장되는 건강 증진 과정으로 인식하

---

43 같은 글, 47, 53-54쪽.
44 유은광·김명희, 「중년여성이 경험하는 갱년기 증상 관련 요인 및 대응양상 - 산후조리와의 관계 -」, 『여성건강간호학회지』 5(2), 1999, 238쪽.

는 연구 방향을 제시했다.

김문정·강경자(2014)는 중년 여성을 대상으로 산후조리 경험과 건강 관련 삶의 질(Health-Related Quality of Life, HRQoL)의 연관을 분석했다. 연구 결과, 산후조리의 질이 '좋았다'고 응답한 집단과 산후조리 기간이 31일 이상인 집단에서 건강 관련 삶의 질(HRQoL)이 유의하게 높다고 보고했다(횡단면 설계로 인과는 단정하지 않음). 이는 산후조리가 단기적 회복을 넘어 장기적 건강 성과(QoL)에 영향을 미치는 건강 증진 과정일 수 있음을 시사한다. 동시에 응답자 수준의 인식 자료로서, 산후조리를 향후 QoL 연구 및 실무의 주요 설명변수로 제안할 근거를 제공한다.[45]

5) 만성화의 인식과 산후 경험의 다양성

정리하면, 한의학의 '산후풍' 병명·분류의 정식화와 간호학의 산후기간 관리 담론은 연결되어 있지 않은 독립 궤도를 걸었다. 변수자의 자료는 '산후바람이라는 두려움, 즉 풍이 온다는 전설'을 통해 일반인의 감각 언어와 행위 규범이 결속되는 방식을 보여주며, 연구자 자신은 그 관행을 생의학적 기준으로 비판했다. 유은광은 산후를 '새로운 상태'로 정의하고, 여섯 원리와 기간·성과의 틀로 산후조리의 신념·실천 체계를 제시함으로써, 산후기간의 취약성과 회복을 다루는 관리 언어를 정교화했다.

특히 유은광이 기술한 '산후병은 산후기간에도, 그리고 일생 중 아무 때

---

45 김문정·강경자, 「산후조리와 폐경기 적응이 중년여성의 삶의 질에 미치는 영향」, 『여성건강간호학회지』 20-1, 2014, 69쪽.

에든 나타날 수 있으되 만성형은 40대 후반·노년에 심화할 수 있다. 그리고 나이가 들기 전에는 자녀가 출생한 달에 주기적으로, 혹은 비가 오거나 날이 흐리거나 바람이 불 때 증상이 심해진다.'(53·54쪽)는 진술은 중요한 지점을 보여준다. 이는 1970년대 박병곤이 기술한 "해산하였든 달[月]이 돌아오면 증상이 재발한다."는 회귀형 만성 서사와 부분적으로 일치하는 측면이 있다. 두 서술은 모두 산후병이 산후의 회복기에 국한되는 단기적인 문제만이 아니라 장기적·주기적 재발 가능성을 지닌 병리 경험으로 인식되었음을 보여준다.

그러나 박병곤의 해산독이 하나의 고정된 병명으로 기술된 것에 반해, 유은광이 기록한 여성들의 진술은 이를 단일 병명으로 환원하지 않았다. 더 나아가 박병곤의 해산독에 해당되는 증상이 나이가 들었을 때 나타나는 만성 산후풍의 발병 전 단계이며, 외부의 환경과 결부되어 증세의 변화가 나타나는 것으로 기록되었다. 이들에게 산후풍은 '일생을 통틀어 반복될 수 있는 신체적 불안정 상태'로 파악된다는 점이 결정적인 차이점이다. 이와 같은 여성들의 인식을 이론화한 간호계의 산후조리 담론은 이후 여성의 생애주기와 건강 관련 QoL(삶의 질)에 대한 건강 증진 문제에 개입하는 방식으로 발전할 수 있었다.

이처럼 산후병·산후풍의 만성화 인식은 단일한 질병 서사가 아니라, 출산 이후 신체 변화의 시간적·개인적 다양성을 반영하는 생활세계적 지반 중 하나로 이해될 수 있다. 당시 민간에서 임신이 종료된 여성들이 겪던 경험들은 일정 부분 유형화되었지만, 여전히 다양한 감각적·정서적·사회적 양상을 지니고 있었으며, 이를 채록한 한의사나 간호사들은 각기 다른 '산후풍적' 증상어와 관리 언어를 통해 그 다양성을 드러냈다.

결국 간호계에서 변수자와 유은광으로 대표되는 두 축은 병명화(진단 분류기호)가 아니라 돌봄 실천의 조직이라는 관점에서 한국적 산욕 관리 담론을 입체화한다. 그리고 '풍' 언어는 민속적 병명이자 행동을 규제하는 근거로서, 다양한 행위자들과 조건들로 구성된 생활세계에서 계속 작동해 왔음을 보여준다.

6. 병명 분류의 제도화—'산후풍'의 축소와 범주 확립

1) 1972년 「부록 한의분류」: 전통 병명의 '참고용' 분류기호화

1972년 경제기획원 조사통계국이 처음 편찬한 「부록 한의분류」는, 근대 통계행정의 틀 안에 한의학 병명 체계를 시범적으로 접목해 본 참고용 부록이었다.[46] 이때 편찬부는 본 부록이 독립 체계가 아닌 '한국질병사인분류(KSCD)'를 사용하는 한의사들을 위한 참고용 배열임을 명확히 밝혔으며, WHO 권고 분류와의 직접적 연계를 부인했다.[47] 그러나 실제 편제는 ICD-8의 17개 대분류와 상응하는 구조를 따르면서, 각 대분류 아래 한의 병명을 종속적으로 병렬 배치하여 대응시키는 방식으로 구성되었다.

---

46   경제기획원 조사통계국 편, 『한국질병상해사인분류』, 경제기획원, 1972, 부록 「한의분류」 수록(서지·목차 참조).

47   같은 책, 653쪽, 「한의 분류의 이용상 주의」: "본 한의 분류는 독립된 체계로서 사용하기 위하여 작성된 것이 아니라 한의업에 종사하는 한의사들이 '한국질병사인분류'를 사용함에 있어 필요한 참고적 분류로서 제정되었다. 따라서 세계보건기구에서 권고하고 있는 질병사인분류와는 상관이 없다."

산후병 항도 이러한 배치 구조 에 따라 배열되었다(최성운, 2025).

「산후병(産後病)」 항은 『동의보감』 「부인문(婦人門)·산후제증(産後諸證)」을 기본 참조 대상으로 삼았으나, 실제 배열의 기준은 전통 항목의 포괄적 반영이 아니라 ICD-8 674(산욕기 뇌출혈)에 대응 가능한 신경계 징후의 선별적 재배열에 있었다. 산후혈훈(産後血暈)이나 산후허로(産後虛勞) 등과 함께 산후병 중 하나로 병렬된 '산후풍(産後風)'은 그 하위 항목으로 산후혼모(801.0)·산후실어(801.1)·산후섬망(801.2)·산후두통(801.3)·산후구역(801.4)·산후와사(801.5)·기타 산후풍(801.6)을 연속 배치했으며,[48] 이때 801 '산후풍'은 ICD-8 본체의 674 '산욕기의 뇌출혈(Puerperal cerebrovascular disorders)'과 일대일 대응하도록 설계되었다.

이 배열은 단순히 『동의보감』의 산후제증을 기호화한 것이 아니라, 의식장애(혼모)·언어장애(실어)·정신 착란(섬망)·두통·구역·구안와사(와사) 등 신경학적 증상군을 '산후풍(801)'이라는 행정적 상위 항목 아래 묶어, ICD-8 674(산욕기 뇌출혈)에 병렬시키려는 목적이 반영된 편제였다. 다시 말해, 1972년 「부록 한의분류」에서의 '산후풍(801)'은 민간통증서사의 기호화가 아니라, 산욕기의 뇌출혈과 그 신경증상을 한의 용어로 번역·재배열한 행정적 병명 항목이었다. 아울러 801항목은 의식장애·언어장애·구안와사·두통·구역 등 서로 이질적인 증상군을 하나의 상위 항목 아래 묶은 구조였으며, 이러한 '이질적 신경증상군을 하나로 묶는' 상위범주적 형식 자체가 이후 분류 변천의 기초틀을 형성하였다.

---

48 같은 책, 부록 「한의분류」 801 '산후풍'(배열 801.0-801.6, 801.3 '두투'는 '頭痛'의 오식으로 판단됨), 707쪽.

2) 1978년 『한방부인과학(漢方婦人科學)』
 : 속칭 '산후풍'의 산후신통(産後身痛)으로의 수렴

경희대 한의과대학 한방부인과 조교수 송병기의『한방부인과학(漢方婦人科學)』(1978)은 현장 임상 언어를 교과서로 정식화하면서, '산후(産後身痛症)'을 체계화하고 이를 '속칭(俗稱) 산후풍(産後風)'으로 병기하였다. 병인 축은 혈체·혈허·혈풍에 두고, 처방 운용도 그 축을 따른다.[49] 결과적으로 1972년 「부록 한의분류」에서 '산후풍(801)'이 산욕기의 뇌출혈과 연관된 신경증상군의 상위 항목으로 배열되었던 데 비해, 1978년 교과서에서는 '산후풍(속칭)'이 산후신통(産後身痛症)을 가리키는 협의의 병명으로 수렴·정리되었다. 1978년의 '산후풍(속칭)'은 신경·의식장애와 같은 1972년식 항목군을 포함하지 않고, 산후신통을 핵심 증후로 삼는 협의화된 범주로 재정의된 것이었다.

이것은 민속 병명 '산후풍'을 한의학의 병리·증후 범주 속으로 포섭하려는 이론화 시도였고, 이후 한의계의 접근방식에서 통증 축을 이론적 중심에 두는 경향을 강화한 작업이었다. 즉 1972년의 '산후풍'은 의식·언어·구안와사·두통·구역 등을 하나의 항목으로 묶는 분류적 구성물이었던 반면, 1978년의 '산후풍(속칭)'은 산후신통으로 수렴한 임상적 정의였다.

49 송병기,『漢方婦人科學』, 수문사, 1978, 473쪽("俗稱 産後風은 産後身痛症의 略稱"; 혈체·혈허·혈풍 병인 서술).

3) 1979년 『한국표준질병사인분류(한의)』: 상·하위 항목의 병치와 통증 축 강조

1979년 『한국표준질병사인분류(한의)』에서 한의 항목 937 '산후풍'(분류군)은 하위 범주에 산후혈훈두통·산후혈풍·산후복통·산후신통·산후번갈 및 발한·산후중풍·산후전광 및 경계를 포함했다. 이러한 구성은 통증·풍증 계열(산후신통·복통·혈풍)과 의식·정신 또는 자율신경 관련 증상(혈훈두통·번갈/발한·중풍·전광/경계)을 동일한 상병명 아래에 병치한 체계로, 1972년의 '산후풍(801)'이 갖고 있던 상위 범주의 포괄성이 그대로 유지되었음을 보여준다.[50] 또한 이 분류서의 편찬에는 경희대 한방부인과 조교수였던 송병기가 직접 참여했고, 그의 『한방부인과학(1978)』이 편찬 참고문헌으로 등재되어 있었다.[51]

이러한 사실은 1972년식 포괄적 상위 항목의 편제와, 1978년 교과서에서 구조화된 진단 언어가 1979년 공식 분류 과정에서 절충적으로 결합되었음을 시사한다. 즉 1979년의 '산후풍'은 1972년식의 '포괄적 상위 항목' 구조를 유지하는 동시에, 1978년 교과서에서 정리된 통증·풍증 중심 진단틀이 부분적으로 반영된 결과로 볼 수 있다. 다시 말해, 1979년 '산후풍'은 통증 중심 항목(산후신통·복통·혈풍)과 비통증성 항목(혈훈두통·중풍·전광 등)을 동시에 포괄하는 체계를 지속함으로써, 1972년의 분류적 기초틀을 유지한 채 1978년 임상적 재정의와 절충된 형태로 자리 잡았다.

50　경제기획원 조사통계국 편, 『한국표준질병사인분류(한의)』, 경제기획원, 1979, 148-149쪽.

51　같은 책, 편찬위원 명단 10쪽, 참고 문헌 11쪽(송병기·『漢方婦人科學』 등재).

4) 1994년 KCD-OM2: '카29 산후풍'의 유지와 정식화

1994년 KCD-OM2(제2차 개정)에서도 '카29 산후풍' 하위 구성은 1979년 판의 틀을 크게 변경하지 않고 유지·정식화되었다. 산후혈훈두통·산후혈풍·산후복통·산후신통·산후번갈 및 발한·산후중풍·산후전광 및 경계가 동일한 상위 범주의 상병명 아래 병치되었고, 그 외의 산후기 증상들은 별도의 범주로 분리되어 '카30 산후잡병' 계열에 배치되었다.[52]

이러한 KCD-OM2의 편제는 1979년의 절충적 구조—즉 포괄적 상위 항목(산후풍) 아래에 통증·풍증 계열과 의식·정신·자율신경 계열을 함께 두는 방식—을 그대로 계승한 것으로, 1972년식 포괄 범주가 한의 분류 체계 안에서 지속적으로 유지되었음을 보여준다. 동시에 '산후잡병(카30)'을 별도로 둠으로써, '산후풍(카29)'이 산후기의 다양한 증후 중 특정 군(통증·풍증 및 신경·자율 관련 증상군)을 중심축으로 삼는 상위 범주로 재확인되었음을 보여준다.

5) 2010년 KCD-6와 2016년 KCD-7: U32.7 단일화와 타 체계로의 분산

2011년 시행된 KCD-6에서는 '카29 산후풍'의 하위 항목을 단일 분류기호 U32.7(산후풍)로 통합했고, 이 구성은 2016년 시행된 KCD-7에서도 유지되었다. 이와 동시에, 과거 '산후풍' 하위에 있던 비통증성 항목(예: 번

---

52 보건사회부, 『한국표준질병사인분류(한의)』(KCD-OM2 제2차 개정), 1994, 카29-카30 관련 항목.

갈·발한, 전광·경계, 중풍 등)은 임상·청구 맥락에서 O99.x(산욕기 동반 상태), F-계열(정신·행동장애), R-계열(비특이 증상) 등 다른 상병명 체계로 분산 처리되었다. 그 결과 U32.7 '산후풍'은 명칭의 역사적 관성(산후신통·복통·혈풍 등)에 기대어, 주로 통증·풍증 계열을 대표하는 협의의 상병명으로 정착하였다. 이는 단순한 목록 정비를 넘어, 출산 이후 여성의 신체·정신 경험 중 무엇을 '산후풍' 명의 아래 남기고 무엇을 외부 체계로 이관할 것인지를 결정한 분류 체계상의 선택이었다.

2010년대 개정은 한의 분류를 KCD 본체의 특수목적(U) 체계로 편입하면서, 현대 의학 분류기호와 의미상 대응 가능한 항목은 일반 분류기호(A00·Z99)로 이관하고, 의미 대응이 곤란한 소수의 한의 고유 상병만 U코드에 존치시키는 원칙을 채택했다.[53] 이 원칙은 KCD-6·KCD-7 개정을 거치면서 지속적으로 적용되었고, 이에 따라 별도 한의 U코드 수는 약 306개에서 149개로 축소되었다.[54] 이러한 재편 결과, 1979년과 1994년에 '한의 항목 937 산후풍'과 '카29 산후풍' 하에 병치되어 존재하던 여러 하위 항목들은 KCD-6(2011 시행) 개정 과정에서 U32.7 단일 상병명으로 통합되었으며, '산후풍'은 현행 KOICD·KCD 코드 색인에서도 U22·U33(한의병명) 하의 단일 상병명으로 남아 임상과 청구에서 고유 분류기호를 유지하고 있다.[55]

---

53 통계청, 「한국표준질병·사인분류(KCD) 개정·고시(제7차)」, 통계청, 2015. - 특수목적(U) 체계 편입·정비 원칙(연계 가능 항목은 일반코드 사용, 연계 곤란 항목은 U코드 존치).

54 통계청 고시(제2010-150호 등) 및 시행 안내, 「KCD-6 시행 공고」(2011.1.1 시행); 「KCD-7 개정·시행 공고」(2016.1.1 시행). - U코드 총량 약 306→149 축소 경과.

55 KOICD·KCD 코드 색인, 「U32.7 산후풍(産後風)」, KOICD, 2024 열람 - U22-U33(한의

6) 정리와 함의—'표준화'의 산물, 동시에 '배제'의 산물

정리하면, 1972년의 다층적 복합 후유증 묶음(의식·언어·정신 혼미까지 포함)이 1979년에는 '산후풍(937)'이라는 새로운 상위 범주 아래, 통증·풍증 계열과 의식·정신·자율 관련 항목들이 함께 재배치되는 방식으로 다시 구조화되었고, 1994년에 그 체계가 유지·정식화되었으며, 2010년에는 단일 분류기호(U32.7)로 통합되었다. 이 변천을 통해 '산후풍'은 통증·풍증 중심의 협의 상병명으로 축소·고정되었다. 이 과정에서 민간이 포괄하던 '유산 후 산후풍', '갱년기 산후풍'과 같은 폭넓은 체험 범주는 다른 분류기호로 분산되거나 분류 외부에 남게 되었다. 이는 단순한 분류 작업상의 정비가 아니라, 출산 이후 여성의 경험 가운데 무엇이 의료 제도 속에서 '질병'으로 승인되는가를 규정한 제도적 재배치였다. 그 결과, 산후풍은 한의학 병리 체계와 국가 표준분류 체계가 교차하는 지점에서 형성된, 표준화의 산물이자 동시에 배제의 산물로 남았다. 또한 1972년의 구성 방식(상위 범주 아래 여러 증상군을 병렬적으로 묶어내는 형식)은 1979년 이후에도 '산후풍'을 광의의 상위 항목으로 유지하게 만든 기초틀로 작용하였고, 분류 변천사(1972→1979→1994→2010)는 산후기의 다양한 증후군을 특정 구성(신경증상 또는 통증·풍증)의 항목 아래 재정렬하는 경향을 형성하였으며, 이는 임신 종결 이후의 경험 중 일부를 제도 내부로 끌어오면서 동시에 다른 요소들을 외부로 밀어내는 효과를 낳았다. 그러나 동일 시기 및 그 이후의 현장 자료들은 유산 이후 후유증이나 장기·만성화된

병명) 하의 단일 상병명 현행 표기.

산후 증상을 꾸준히 기록해 왔으며, 이는 공식 분류(출산 중심)와 임상·생활세계의 현실 사이의 간극을 남겼다. 이러한 간극은 제도적 분류가 산후기 경험의 전체 범위를 포착하지 못한 채, 특정 축을 중심으로 의미를 재구성해 온 결과임을 시사한다.

7. 병명 분류와 임상의 재맥락화
—1990년대 이후 '산후풍'의 재서술

2010년대 KCD 개편을 거치며 '산후풍(産後風)'은 한의 관련 분류 체계에서 단일 상병(U32.7)으로 정리되었다. 그러나 임상 연구와 현장 진료에서는 여전히 출산(또는 유산) 이후의 전신 생리의 불균형을 동반한 복합증상군으로 기술되었다. 다시 말해, 2000년대 이후 한의학적 병명으로서의 '산후풍'이 분류 표준에서는 통증·풍증 중심의 협의 개념으로 수렴되는 동안, 임상 현장의 서술은 통증·감각 이상·자율 및 순환 기능 저하·피로를 포괄하는 다층적 실체로 남아 있었다. 본 장은 이러한 분류(표준)와 임상(현장) 사이의 간극과 재수렴을 1990년대 임상 재서술(유동열, 1997)과 2024년 표준 임상 지침이라는 두 개의 기준점으로 추적한다.

1997년(유동열)은 '산후풍'을 통증 중심의 병명으로 정식화하면서도, 실제 서술에서 혈허·기체·어혈과 더불어 과로·수술/유산 등 '임신 종결' 사건을 포괄해 임상 현실의 폭을 드러냈다(유동열, 1997, 513·515·519쪽). 2024년 표준 임상 지침은 U32.7 단일 항목을 유지하되, 산후풍을 출산·유산 후 6개월 이내에 발병하는 복합증후군으로 정의하고, 문화 관련 증후군 표기를 병기하며, 통증형/감각장애형의 이분화된 진단 축을 제시해(대한한의학회 2024, 2·20·24·25쪽) 임상 다층성을 제도 문서에 선명히 반영했다. 특히 2024 지침은 관절·근육 통증 중심의 '협의의 산후풍'(24쪽)과 자율신경장애(심간기울)·신허성 관절 질환을 포함하는 '광의의 산후풍'(2·24·62쪽)을 아우르되, 발병 시점은 6개월 이내로 한정한다. 두 가지 사례는 각각 임상 현실의 확장(1997)과 단일 분류 아래의 재수렴(2024)을 보여주며, '산후풍'이 명칭은 단일화되었지만 내용은 복합화되는 현재의 균형으로 수렴해 온 궤적을 드러낸다.

1) 1990년대: 임상 단위의 재서술―통증의 재맥락화(유동열, 1997)

유동열은 산후풍을 '산후 전신 근골격계 동통[産後遍身疼痛]'으로 기술하면서도, 병인 축을 혈허·기체·어혈의 복합 작용에 두었다. 발병 동기 통계에서는 과로 29.0%, 유산·난산·제왕절개 26.6%, 산후 부조리 17.0%, 별무동기 14.9%, 임신 중 발병 7.4%, 풍한 4.3%가 보고되어, 임상 현장에서 이미 '임신 종결 이후'의 사건(유산·제왕절개 등)이 산후풍 인식에 깊게 개입되어 있음을 보여준다. 이러한 기술은 산후풍을 통증에 초점을 맞춘 질환으로 한정하지 않고, 임신 종결 이후 전신 생리의 불균형과 회복 실패의 결과로 확장하여 다루려는 임상적 경향을 드러낸다.[56] 동시에 이 논문에서는 송병기의 교과서적 정의('산후신통=속칭 산후풍')를 계승

56　유동열, 「産後風에 關한 研究」, 『대전대학교 한의학연구소 논문집』 5-2, 1997, 513·519쪽(정의·인용 구조), 515쪽(발병 요인 통계).

해 산후풍을 산후기 질환으로 고정했지만, 실제 통계에서는 '유산·제왕 절개 26.6%'가 차지하는 비중은 개념의 작동 범위가 이미 '출산' 너머 '임신 종결' 전반으로 넓어져 있음을 시사한다. 민간에서 '낫지 않는 불치병'으로 통용되던 산후풍은 이 시점에 '출산 후 과로·조리 부재'라는 관리 가능한 병리 범주로 재정의되기 시작했다.[57]

2) 2020년대: 표준 임상 지침과 재수렴—단일 분류, 복합 내용

2010년 이후 한의병명 체계가 축소·통합되는 과정에서도, '산후풍'은 U32.7 단일 분류 항목으로 존치되었다. 이와 같은 단순화된 분류 체계를 전제로, 대한한의학회는 2024년 「한의임상진료지침: 산후풍」에서 다음과 같이 정의했다.

산후풍은 출산이나 유산 후에 국소 및 전신의 통증과 시리거나 저린 등의 감각장애를 주 증상으로 하며, 피로·발한·현훈 등의 전신증상을 동반한다.[58]

산후풍은 우리나라의 전통적 산후조리 문화와 관련된 문화 관련 증후군으로 인식된다.[59]

---

57 제소희, 「산후풍의 바람風, 그리고 바람望-민속병의 의료화 과정과 질병서사의 괴리」, 『아프면 보이는 것들』, 후마니타스, 2021, 30-32쪽.
58 대한한의학회, 『한의임상진료지침: 산후풍』, 대한한의학회, 2024, 24쪽.
59 같은 책, 20쪽.

즉, 지침은 분류상 단일 분류기호(U32.7)를 유지하면서도, 정의에서 출산과 유산 후 모두를 명시적으로 포함시켰다. 또한 '분만 혹은 유산 후 6개월 이내 발생하는 전신 및 국소의 다양한 증상군으로 이루어진 복합증후군'(2쪽)으로 규정하여, 자율신경계 기능 실조·순환 기능 불균형 등을 병행 평가하는 임상적 다층성을 인정했다.[60] 이것은 당시 한의계에 존재하는 협의와 광의의 산후풍 모두를 포괄한 것이다. 첫 번째 인용문은 '산후조리를 잘못하여 나타나는 관절 질환 및 근육통' 중심의 협의의 산후풍에 해당된다.[61] 그리고 두 번째 인용문은 '화병처럼 문화적 특수성이 반영된 질환'[62]으로 인식되며, '심간기울(心肝氣鬱)의 자율신경장애 증상' 및 '신허(腎虛)로 인한 관절 질환'을 포함한 광의의 산후풍에 해당된다.[63]

진단 기준은 문진·신체검사·변증 단계를 포함하며, 핵심은 통증형·감각장애형의 이분 진단이다. 즉, 분류 표준은 단일화되었지만 임상 내용은 여전히 통증, 감각장애, 자율신경계 불균형, 순환 기능 저하를 포함하는 복합 구조로 재구성된 것이다. 또한 '신허(腎虛)로 인한 관절 질환'을 포함시켜 만성화되는 경향성을 지니는 산후풍의 특성을 조명한 반면, 증상 발현 시점을 '출산 또는 유산 후 6개월 이내'로 한정해, 평상시에는 정상적이다가 산달에 발병하거나 중년·노년기에 발병하는 등의 서사로 남은 '산후풍'은 공식 진단 범위 밖에 두었다.

---

60 같은 책, 2쪽, 20쪽, 25쪽.
61 같은 책, 2쪽, 24쪽.
62 같은 책, 62쪽.
63 같은 책, 2쪽, 24쪽.

3) 분류와 임상의 간극—1997년과 2024년 사이

1997년 임상 보고는 산후풍을 통증 중심으로 명명하면서도, 실제 병인·증상 서술에서는 혈허·기체·어혈과 더불어 과로·수술/유산 등 '임신 종결' 사건을 폭넓게 포섭했다. 반면 2010년대 이후의 분류 표준은 U32.7 단일 항목으로의 축소·정리를 통해 명칭을 간결화했다. 2024년 표준 임상 지침은 이 두 흐름을 매개한다. 즉, 표준 분류의 단일성을 유지하면서도 정의·진단 틀에서 출산과 유산 후 6개월 이내의 복합증후군을 분명히 하고, 통증/감각장애를 핵심 축으로 하되 자율신경장애 증상·순환 기능 저하와 피로를 함께 평가하는 다층적 임상 내용을 명시했다. 결과적으로 명칭은 단일화, 내용은 복합화된 현재의 균형점이 형성되었다.

요컨대 1990년대 이후 '산후풍'은 분류 표준에서는 단일 표제(U32.7)로 수렴했으나, 임상 서술에서는 통증·감각 이상·자율신경계 불안정 및 순환 기능 저하·피로를 아우르는 복합증후군으로 재구성되었다. 1997년 임상 재서술은 통증 중심 명명과 넓은 병인·증상 현실 사이의 긴장을 드러냈고, 2024년 표준 임상 지침은 그 긴장을 '단일 분류-복합 임상'의 틀로 재수렴함으로써 오늘의 표준 기준점을 마련했다.

1997년 임상 보고는 '산후풍'을 통증 중심으로 명명하면서도 실제 병인·증상층에서는 혈허·기체·어혈과 과로·수술/유산 등 '임신 종결' 사건을 폭넓게 포섭했다(유동열, 1997). 반면 2010년대 이후 분류 표준은 U32.7 단일 항목으로 정리해 명칭을 간결화했으며, 2024년 표준 임상 지침은 이 간극을 정의·진단 틀의 정교화로 매개한다. 즉, 지침은 산후풍을 출산·유산 후 6개월 이내 발병하는 복합증후군으로 규정하고(2쪽), 문화 관련 증후군으로 병기(20쪽)하며, 통증형/감각장애형의 이분 구조를 핵심 축으로 삼되 자율신경장애 증상(심간기울)과 신허로 인한 관절 질환의 평가를 포함해 (2·24·25·62쪽) 협의/광의의 산후풍을 동시에 수렴한다. 결과적으로 분류 표준은 단일화, 임상 내용은 복합화되었고, 시간 범위를 '6개월 이내'로 제한함으로써 산달 회귀형·중년/노년기 재현 서사는 공식 진단 밖으로 남게 되었다. 요컨대 1997년의 임상 재서술이 드러낸 넓은 현실과 2024년 지침이 구현한 단일 분류-복합 임상의 틀 사이에서, 오늘의 '산후풍'은 단일 코드 아래 다층 임상이라는 형태로 재정렬되었다.

8. 결론—'산후풍'의 명명, 확장, 제도화, 그리고 재맥락화

1960년대 이후 '산후풍'의 역사는 단일 병명으로서의 진화가 아니라, 생활어·임상·제도의 층위가 중첩된 복합적 변환사로 읽혀야 한다. 1964년 내과의 「산후바람의 임상적 관찰」이 생활어를 근대 의학의 진단 언어로 번역해 낸 사건이 그 서막이었다면, 이후 한의학은 제도적 분류와 임상 서술의 틀 속에서 이 표현의 의미를 재배치해 왔다. 이 과정을 통해 '산후풍'은 단순한 질병명이 아니라 한국 사회에서 여성의 신체와 회복을 둘러싼 지식의 체계화 과정을 드러내는 하나의 문화적 장(場)이 되었다.

1) 명명에서 제도화까지—'보임[見]'의 시작과 제도 언어의 수렴

1964년 보고의 'postpartum syndrome' 명명은 생활세계의 언어를 임상 기록으로 편입한 최초의 '보임'의 순간이었다. 그러나 그 명칭(postpartum)은 실제 외래 현실(유산·수술 포함)을 온전히 포괄하지 못했다.

이 간극은 1970년대 가족계획 정책과 대규모 인공유산의 확산 속에서 폭발적으로 드러나며, '산후(産後)'는 담론 속에서 점차 '출산 후'의 국소적 구간이 아니라 '임신 종결 후' 경험 전반을 가리키는 표현으로 재구성된다. 한창률·박병곤 등의 기록은 이러한 확장을 한의학 체계 내부로 도입해 낸 사례로, 기존 병명 체계의 자족성을 유지하면서도 새로운 사회 현실을 내포할 수 있도록 조정을 수행했다.

제도적 차원에서는 1972년 「부록 한의분류」에서 처음으로 '산후풍'이 병명 목록에 등장하고, 1979년 『한국표준질병사인분류(한의)』에서 상위 항목으로 확립되었다. 1994년 KCD-OM2의 '카29 산후풍'과 2010년대 KCD-7의 'U32.7 산후풍'은 이 명칭이 표준 분류 체계 내에서 어떻게 정착·축소되어 왔는지를 보여준다. 즉, '산후풍'은 민간어의 의학화와 동시에 제도화의 산물이었다. 그러나 이러한 표준화는 동시에 배제의 과정이었다. 복합적 증후군으로서의 폭넓은 경험은 통증 중심의 협의 개념으로 축소되며, 유산·갱년기·노년기의 후유증은 분류 외부로 이탈했다.

2) 한의학 내부의 재편―병명화와 서사적 병리의 결합

1970년대 한의학은 산후풍을 본격적으로 교과서적 병명으로 수용하면서도, 그 내부에서는 여전히 환자의 서사적 경험이 중요한 자료로 기능했다. 박병곤의 '해산독'(1971) 개념은 "해산하였든 달[月]이 돌아오면 다시 아파온다."는 민속적 시간성을 병리 언어로 옮겨 놓은 예이며, 이는 산후풍을 단발적 질환이 아닌 일종의 '기억되는 병', 즉 만성질환의 일종으로 재구성한 것이다. 송병기의 『한방부인과학(漢方婦人科學)』(1978)은 '산후풍'을 전통적인 한의학 이론에 근거하여 통증 중심으로 정리하며 한의학 체계 속으로 포섭했다. 그러나 생활세계에서 사용되는 '산후풍'이라는 용어의 뿌리에는 여전히 민속적인 감각·서사·시간의 병리가 작동하고 있었다.

이후 유동열(1997)은 산후풍을 임상적으로 재기술하며, 이에 대한 '출산 후'와 '유산 후'의 경계를 허물었다. 또한 임신 종결 이후 전신 생리의 불균형과 회복 실패의 결과라는 관점에서 산후풍에 대해 접근하는 방향성을 제시했다. 이로써 산후풍은 통증 질환에서 회복 실패의 생리학적·사회적 은유로 자리 잡았다.

3) 현대적 재맥락화—제도상 단일 분류기호와 복합 내용의 병존

2010년대 이후 '산후풍'은 제도상 단일 분류기호(U32.7)로 통합되었지만, 임상 내용은 오히려 중층화되었다. 대한한의학회의 2024년 「한의임상진료지침: 산후풍」은 출산·유산 후 6개월 이내의 전신·국소 통증, 감각 이상, 자율신경계 불균형을 주요 증상으로 규정하고, 동시에 '문화 관련 증후군'으로 병기한다. 이는 단일 분류 아래 '통증형/감각장애형'의 이분 진단 축과 자율신경장애·순환 기능 저하까지 평가하는 복합 임상을 표준 문서에 명시한 조치이다. 본고에서 1997년과 2024년을 특별히 지목한 이유는, 두 시점이 각각 임상 현실의 확장(1997)과 단일 분류 아래의 재수렴(2024)을 대표하며, 오늘날 '명칭의 단일화·내용의 복합화'라는 균형

점이 형성되는 핵심 분기이기 때문이다.

4) 병명화의 전야—언어적 변용과 범주의 확장

'산후풍'은 단일한 병리나 문화적 잔재가 아니라, 한국 현대 여성의 몸을 둘러싼 지식 체계의 교차점이다.

> 1960년대: 생활어의 의학적 번역—'산후(産後)바람(postpartum syndrome)'의 임상 범주화(1964).
>
> 1970년대: 유산 후 증상군의 가시화와 한의 임상 포섭(해산독·유산 후유증 등), 교과서 편입(1978).
>
> 1990년대: 임상 재서술의 분기—통증 중심 명명과 함께 '임신 종결(유산·수술)' 사건 포섭(유동열, 1997).
>
> 2010년대 이후: 분류의 단일화(U32.7)와 문화 관련 증후군 병기, 통증형/감각장애형 이분 구조의 표준화(2024 지침).

이 일련의 궤적은 산후풍이 현대 한국의 맥락에서 '임신 종결 후 신체의 전환기'를 포착한 문화적 의학 범주로 작동해 왔음을 보여준다. 즉, 산후풍은 질병이자 은유이며, 제도적 표준이자 생활세계의 언어다. 오늘날 U32.7이라는 단일 분류기호에도, 그 내부에는 반세기를 거쳐 축적된 의학·민속의 다층적 기억이 공존한다. 결국 산후풍의 역사는 한국 사회에서 여성의 몸이 어떻게 보였고, 어떻게 분류되었는가를 가시화하는 근현대 의료문화사의 축약판이라 할 수 있다.

2부
의료인문학 3.0을 바라보며

선진 유학에서 성명(性命)과 예악(禮樂)의 치유적 의미[*]

윤민향
경희대학교 HK+통합의료인문학연구단 HK연구교수

* 이 글은 윤민향, 「『성자명출(性自命出)』에서 인도(人道)의 교화론 -성명(性命)과 예악(禮樂)의 치유적 의미-」(『한국철학논집』 87, 2025)을 수정, 보완한 것임을 밝힌다.

1. 서론―전쟁의 시대와 성명(性命)

서주(西周)·춘추(春秋)를 거쳐 전국(戰國)에 이르는 격동의 시대는 인간 사회가 점차 약육강식과 전쟁의 소용돌이로 치닫는 가운데, 하늘의 명(命)과 인간성에 대해 진지한 물음을 가지게 했다. 이러한 물음은 질서가 무너진 난세의 해결책으로서 인간의 도리를 구하는 절실하고 실질적인 고민이었다. 공자(孔子)를 위시로 맹자(孟子)와 순자(荀子)가 활동한 시기가 춘추전국시대(기원전 770~221)임을 되새겨 본다면, 유학의 문제의식과 지향이 무너진 인간성의 회복과 공존 가능한 사회의 실현이라는 점은, 당시로서는 생(生)을 보전하는 문제와 직결된 실천적 고민이자 기획이었다. 사실 도덕과 신념을 가볍게 여길 수 있는 사회는 역설적으로 일정한 안전과 규범이 작동하는 사회이다. 반대로 권력·욕망이 최우선이 되고 시기·질투·배신·폭력이 난무하는 사회에서는, 도덕성과 신뢰가 곧 생존의 문제로 다가온다. 우리 사회의 곳곳에서 인간의 탐욕과 무도한 일들이 언제든 일어날 수 있다는 점에서, 춘추전국시대의 인간성에 대한 고찰은 시대를 막론하고 의미심장하게 탐구해 볼 만하다.

이러한 시각에서 무도했던 춘추전국시대를 재조명할 때, 1993년 곽점(郭店) 초묘(楚墓)에서 출토된 죽간 『성자명출(性自命出)』은 특히 귀중한 가치를 지닌다. 이 문헌은 맹자의 생존 시기인 전국시대 중후기의 작품으로 여겨지고 있으며, 하늘과 인간의 성정, 마음과 도덕에 대한 당시의 사유를 생생하게 보여준다는 점에서 중요한 의미를 지닌다. 흔히 송대(宋代) 리이학(理學)의 계보에서 하늘의 도[天道]와 인간의 도[人道]의 내적 합일을 강조하는 독법이 널리 퍼졌으나, 『성자명출』의 문맥은 먼저 천도(天道)와 인도(人道)를 분리하여 배열하며, 그 사이를 심(心)의 작용이 메우는 구조를 제시한다는 점에서 유가 인성론의 목적과 방향을 재고하게 한다. 『성자명출』의 1장에서 밝히고 있는 "성(性)은 명(命)에서 나오고, 명은 하늘[天]에서 내려온다. 도(道)는 정(情)에서 시작되고, 정은 성(性)에서 생겨난다. 시작은 정에 가깝고, 끝은 의에 가깝다."[1]라는 간명한 도식은 '천→명→성'과 '성→정→도'의 이중 사슬을 송대 리학보다 분명하게 분리하고 있다는 점에서 새로운 독법의 가능성을 제기하는 한편, 이것이 완전한 분리가 아니라 성에서 나오는 정(情)과 비어 있는 심(心)의 활동을 매개로 접속하고 있다는 점에서 연결된다. 특히 도의 발단을 '성'이 아닌 '정'에, 완결을 '의'에 두면서, 결국 인도(人道)의 교화 과정을 전면에 부각하고 있다는 점이 특징적이다.

『성자명출』에 대한 국내외·학계의 선행 연구는 '성·정·심'의 관계, 교화·예악의 역할 등을 중심으로 조명해 왔다. 중국어권에서는 리링(李零)이 『곽점초묘죽간(郭店楚墓竹簡)』(1998) 정본을 바탕으로 난자·용자·

---

1   『郭店楚墓竹簡』,「性自命出」 제1장: "性自命出, 命自天降. 道始於情, 情生於性. 始者近情, 終者近義."

편차를 면밀히 교정하여『곽점초간교독기(郭店楚簡校讀記)』[2]를 간행했고, 이는 연구자들이 원문 인용·해독의 기준점을 잡을 수 있게 해 주었다. 리톈훙(李天虹)은『성자명출연구(性自命出研究)』[3]에서 심술(心術)·성정(性情)·악론(樂論)을 중심으로 텍스트의 구조와 핵심 범주를 계통적으로 정리했다. 기초 자료 외에 본고의 주제와 관련해서, 판리메이(范麗梅)는 신(身)―심(心)―기(氣)―악(樂)의 상호작용을 미시적으로 분석하여 도덕 수양의 과정을 논증하였으며,[4] 웨이빙어(魏冰娥)는 유가의 음악 교육이 어떻게 인간의 성숙을 가능케 하는가를 성정의 상호성과 진정(眞情)·문리(文理)·화락(和樂)의 단계적 구조로 재구성하였다.[5]

국내에서는 2000년대 초반부터 본격적인 연구 논문이 발표되어 왔는데, 철학 분야에서는 대체로 성정 및 심성에 대한『예기』·『중용』·『맹자』·『순자』와의 비교 연구가 주를 이루며, 그 외 이승률은 마음을 얻는 정치적 통찰로 연결하였고, 손성군은 음악 사상에 특히 주목했다. 이 중 본고와 좀 더 직접적으로 연결되는 성정론 중심 선행 연구로는, 먼저 임형석이 곽점 초간의『성자명출』과 1994년 홍콩에서 구입하여 중국으로 들여온 상해박물관 초죽서의『성정론』의 내용을 면밀하게 교차 분석하고『맹자』·『중용』과의 비교를 통해 유가 심성론의 계보를 탐구했다. 그는『성자명출』의 명(命)-성정(性情)-심지(心志)-도(道)로 이어지는 구도를 이해하기 위해서는 그간 익숙하게 여겨 온 도에 대한 개념, 즉 '모든 것에

---

2   李零,『郭店楚簡校讀記』, 北京大學出版社, 2002.

3   李天虹,『性自命出 研究』, 湖北教育出版社, 2002

4   范麗梅, 「郭店〈性自命出〉亟治德的身心氣書寫」, 『清華學報』 43-1, 2013.

5   魏冰娥, 「"成於樂"何以可能？- 論儒家樂教的成人根據」, 『西南大學學報』, 2022.

우선하는 도', '명령하는 천의 지위를 가진 도'의 개념을 배제해야 한다는 점을 지적하였다.[6] 이 구도를 적용해 보면, 『중용』의 '솔성지위도(率性之謂道)'의 '도'는 '인도(人道)'임이 명확해진다는 것이다. 또 정병석은 성·정의 개념 변환과 중층적 영향 관계를 밝혔고,[7] 정재상은 맹자·순자와 『성자명출』을 대조하여 중국 고대 인성론을 '정(자연적 정)-예(당위적 정)'의 관계 틀로 재구성하고, 성선/불선 논쟁을 정과 예의 연속·괴리 문제로 재해석했다.[8] 예악과 교화의 측면에 주목한 연구로, 유흔우는 심의 '사유[思]' 기능을 중심으로 심성론의 골격과 예악·교화의 결합을 정리했고,[9] 차민경은 「악기(樂記)」와의 비교를 통해 예악·교화가 내적 덕성의 발현을 어떻게 촉진하는지 논증하였다.[10] 빈동철은 초(楚) 지역 의례 전통과 죽간 텍스트의 상관을 고고학·의례론의 지평에서 재구성하여, '의례화된 덕의 수양'이라는 사회·문화적 층위를 조명한 바 있다.[11] 출토 문헌 분석에 기초한 앞선 연구들은 본 고찰이 나아가는 문제의식의 든든한 토대가 되었다.

그럼에도 『성자명출』을 다양한 각도에서 분석하며 그 의미를 음미하

---

6 임형석, 「유가 심성론의 계보 -『맹자』, 『중용』, 『성자명출(性自命出)』, 『성정론(性情論)』의 비교 연구」, 『한국철학논집』 17, 2005.
7 정병석, 「性自命出의 性情說」, 『철학논총』 42, 2006.
8 정재상, 「중국 고대 인성론의 재인식」, 『철학사상』, 2016.
9 유흔우, 「郭店楚簡 『性自命出』의 心性論 연구」, 『한중인문학연구』 54, 2017.
10 빈동철, 「의례 전통과 楚 나라 지역의 儒家-의례화된 덕의 수양」, 『철학』, 2022.; 「전국시대의 '性'에 대한 담론과 인간의 본성-맹자와 순자, 그리고 『곽점 초묘 죽간』의 유가 텍스트로부터」, 『동양철학연구』 108, 2021.
11 차민경, 「『性自命出』을 통해 본 전국시대 유가 예악관 - 樂記와 비교를 중심으로」, 『공자학』 52, 2024.

고, 기존의 시각 및 철학사를 성찰적으로 재조명하는 연구는 상대적으로 미진한 실정이다. 더욱이 이를 현대적으로 고찰하고 그 적용을 모색하는 시도는 더욱 찾기 어렵다. 이에 본고에서는 시대 배경에서 엿볼 수 있는 『성자명출』의 인간 이해에 관한 특징적인 지점을 분석하고, 그것을 '치유'라는 현대적 의미로 조명해 보고자 한다. 『성자명출』에서 치유는 병리적 증상을 제거하는 협의의 의학적 치료가 아니라, 정서적 기운의 무질서와 사회적 불안을 '예악(禮樂)-교화(敎化)-습(習)'의 연쇄를 통해 조절하고 바로잡아서 '안에서 덕이 나도록' 하는 삶의 방도를 가리킨다. 의례·음악의 전승을 도덕 수양의 체계로 전환하여 '반선복시(反善復始, 선을 되찾아 처음으로 돌아감)'라는 실천 동력을 확보하려는 『성자명출』의 구상은 오늘날에도 유효한 공명의 영역을 제공할 수 있을 것이다.

본 고찰은 이러한 문제의식을 바탕으로, 첫째, 성정(性情) 개념을 중심으로 『성자명출』이 제시하는 '천(天)-명(命)-성(性)'과 '정(情)-도(道)-의(義)'의 구조가 어떻게 인도(人道)의 교화론을 전면화하는지, 둘째, 그 교화론이 예악의 심리·행위적 메커니즘과 어떤 방식으로 접속되는지, 셋째, 그 접속이 개인의 정동 안정·자기 회복이라는 치유적 효과로 어떻게 이어지는지를 살펴보고자 한다. 이를 통해 하늘과 땅 사이에 선 유한한 인간에 대한 연민과 대동사회(大同社會)를 지향하는 유가적 이상이, 어떻게 전국시대의 비정한 현실 속에서 구체적 교화와 수양의 장치로 설계되었는지를 밝히고, 그 현대적 보편성을 탐색해 갈 것이다.

2. 인간의 조건과 사람의 길 사이

천명(天命)과 성정(性情)에 대한 『성자명출』의 관점은 천도(天道)의 권위에 사람의 길[人道]을 곧바로 합치시키려는 후대의 성리학적 도식과는 다른 구도를 제시하고 있다는 점에 주목해 볼 필요가 있다. 『성자명출』은 '천(天)-명(命)-성(性)'의 근원 계통과 '성(性)-정(情)-도(道)-의(義)'의 규범 전개를 분리하여 배열하고, 그 사이를 심(心)―더 정확히는 아직 고정되지 않은 심지(心志)의 성숙 과정―이 매개하는 구조를 제시한다.

> 성은 명에서 나오고, 명은 하늘에서 내려온다. 도는 정에서 시작되고, 정은 성에서 생겨난다. 시작은 정에 가깝고, 끝은 의에 가깝다.[12]

『성자명출』의 첫 문장으로 등장하는 이 간명한 진술은, 한편으로 '천-명-성'의 수직적 사슬을 통해 인간에게 선험적으로 부여된 생명의 근원을 가리키면서, 다른 한편으로 '성-정-도-의'의 수평적 사슬을 통해 인도(人道)가 어디서 시작되고 어디로 귀결되는지를 명확히 덧붙인다. 천명(天―命―性)과 인도(情―道―義)의 접속을 '심의 형성'이라는 과정에 의탁한다는 점에서 특징적인 시각을 제시하는 것이다. 여기서 주목할 점은 '도'의 발단을 '성'이 아니라 '정'에, 완결을 '의(義)'에 둔 배열이다. 이는 인도의 내용이 추상적 본체 규정이 아니라 기운의 처리와 규범적 귀결이라는, 말하자

---

12 『郭店楚墓竹簡』, 「性自命出」 제1장: "性自命出, 命自天降. 道始於情, 情生於性. 始者近情, 終者近義."

면 '발(發)의 국면에서의 인간'에 초점을 둔 구성임을 시사한다. 여기서 '발
(發)의 국면'이란, 정(情)이 외물[物]과의 마주침을 통해 실제로 드러나고
[出] 다시 수렴되는[入] 과정 전체를 가리킨다.

　이 구성의 배후에는 '성'에 대한 규정 전환이 놓여 있다. 『성자명출』은
"희·노·애·비의 기(氣)가 성이다. 그것이 밖으로 드러나는 것은 외물
이 그것을 끌어내기 때문이다."[13]라고 한다. 이는 성을 도덕규범의 선험적
실체가 아니라 정동적 에너지, 즉 기(氣)의 근거로 파악한다는 뜻이다. 이
어서 "좋아함과 싫어함은 성이고, 무엇을 좋아하고 무엇을 싫어하는지는
외물이다."[14]라고 하여, 정동의 방향 설정이 외물과의 교섭에 의해 비로소
특정화된다는 점을 지적한다. 여기서 성과 마음의 분절 또는 차이에 대한
흥미로운 관점이 제기된다. 사람에게는 하늘이 부여한 성이 있으나 그것
이 곧이 마음의 지향에 작동하고 있지 않다는 것이다. "사람은 비록 성이
있으나 마음에는 정해진 뜻이 없다. 사물을 기다려서야 발동하고, 기쁨을
기다려서야 움직이며, 익힘(익숙해짐)을 거쳐서야 안정된다."[15]라는 설명
은, 심지가 외물·감응·습(習)의 과정을 거쳐 서서히 형성되는 진행성의
구조임을 드러낸다. 요컨대 '성'은 보편적이되 그 자체로 구체적인 지향을
갖지는 않은 정동적인 잠재이고, 그 잠재가 외물의 자극과 심의 개입을
통해 비로소 '정'으로 발현되며, 그 정이 다시 '의'로 수렴될 때 인도로서의
'도'가 완결된다.

13　『郭店楚墓竹簡』,「性自命出」 제1장: "喜怒哀悲之氣, 性也. 及其見於外, 則物取之也."

14　『郭店楚墓竹簡』,「性自命出」 제1장: "好惡, 性也. 所好所惡, 物也."

15　『郭店楚墓竹簡』,「性自命出」 제1장:"凡人雖有性, 心無定志. 待物而後作, 待悅而後行,
　　待習而後定."

이때 '명(命)'은 '천'과 '성' 사이에서 부여되는 근거이되, 곧장 상명(上命)·호령(號令)의 표상으로 환원되지는 않는다. 죽간의 표기 습관을 보면 '性'을 전부 '眚' 자로 적는데, 이는 '생(生)'의 의미를 강하게 환기한다. 임형석은 '性' 자는 '心'을 부수로 하는 개념인 데 비해 '眚' 자는 형태상 심과 관련이 없는 것처럼 보이며, 심리 현상이나 본질이라기보다는 주어진 '생(生)'의 선천성에 의중을 둔 것으로 추측했다.[16] 유흔우 또한 '眚'의 고의(古義)가 생명·생리·욕망·능력에 결부된다고 해석한 바 있다.[17] 이런 맥락에서 보면, '성자명출, 명자천강(性自命出, 命自天降)'은 하늘이 생명적 성정의 바탕을 '내리되[降]' 그 성정의 구체적 전개는 인도적 장치와 수양의 노력이 맡아야 함을 예고하는 것이다. 그렇다면 『성자명출』의 도는 만물적 도와 구분되는 인도적 도를 명시하는 것으로 이해된다.

"무릇 도는 심술을 주로 삼는다. … 도에는 네 가지 방법이 있는데 오직 인도만이 도라고 일컬을 만하다. 시·서·예·악은 그 처음 나옴이 모두 사람에게서 생겨났다. … 그 뜻을 체득하여 절제하고, 그 정을 다스려 드러내고(내보내고) 받아들인 다음, 다시 가르침으로 되돌아간다. 가르침은 안에서 덕이 나게 하는 까닭이다."[18]

---

16 임형석, 「유가 심성론의 계보 -『맹자』, 『중용』, 『성자명출(性自命出)』, 『성정론(性情論)』의 비교 연구-」, 『한국철학논집』 17, 2005, 347쪽 참조.

17 유흔우, 「郭店楚簡 『性自命出』의 心性論 연구」, 『한중인문학연구』 54, 2017, 230쪽 참조.

18 『郭店楚墓竹簡』, 「性自命出」 제8장: "凡道, 心術爲主. 道四術, 唯人道爲可道也. 詩書禮樂, 其始出皆生於人. …體其義而節度之, 理其情而出入之, 然後復以教. 教, 所以生德於中者也."

여기서 "오직 인도만이 도라고 일컬을 만하다."는 말은 도의 실천적·규범적 성격이 인간의 정동과 행위의 층위에서만 규정 가능함을 뜻한다. 그리고 이 인도의 주된 내용은 '정'을 '가다듬고[理]'하고 '출입(出入)'을 규율하는 심술(心術)의 방법으로 구현되며, 그 집약적 장치로 제시되는 것이 예악이다.

이 분리와 접속의 도식이 단지 형이상학의 재배열에 그치지 않는다는 점은, 성-정-도의 관계를 명확히 하는 다음의 진술에서도 확인된다. "정을 아는 자는 그것을 밖으로 드러나게 할 수 있고, 의를 아는 자는 그것을 안으로 수렴할 수 있다."[19] 곧 정(情)의 외면화와 의(義)의 내면화는 상보적이어서, 드러냄과 받아들임의 균형이 인도의 핵심 과제가 된다. 이런 균형은 선(善)과 불선(不善)의 논의에서도 반복적으로 확인된다. "선하고 [선하지] 않음은 [성이고], 무엇을 선하다 하고 무엇을 선하지 않다라고 하는가는 세(勢)이다."[20]라고 하여, 선악의 판단이 성의 밖에서 형성되는 '사물(사정)의 형세[勢]'[21]에 의해 좌우됨을 밝히고 있다. '세'란 개인 내부가 아니라 사물(사정)의 형세, 곧 외적 구성·상황의 힘이다.[22] 즉 세(勢)란 내재적 본성의 선악값이 아니라, 평가가 발생하는 외적 국면(형세·정세)이고, '성'을 끌어내는 조건이며, 그때의 규범적 경향은 무엇을 선/불선이라 부르게 되는지를 가리키는 것으로 이해할 수 있다. 따라서 '세'를 바르게 만들고 조

19　『郭店楚墓竹簡』,「性自命出」제1장: "知情者能出之, 知義者能內之."

20　『郭店楚墓竹簡』,「性自命出」제1장: "善不[善, 性也. 所善所不善, 勢也."

21　『郭店楚墓竹簡』,「性自命出」제7장: "物之勢者之謂勢."

22　이는 맹자가 성을 논하면서 물의 흐름에 비유하여 "그것은 형세가 그러할 뿐(其勢則然也)"라고 한 것을 떠올리게 한다. 『孟子』「告子」上: "告子曰: 性猶湍水也, 決諸東方則東流, 決諸西方則西流. 人性之無分於善不善也, 猶水之無分於東西也."

절하는 장치가 필요하며, 그것은 곧 예(禮)의 제정과 의(義)의 질서를 세우는 일로 연결된다.

이러한 바탕의 보편성과 실현의 다양성은 『성자명출』의 또 다른 핵심 구절에서 분명해진다. "사해 안의 성은 하나이지만, 마음 씀은 각기 다르니, 가르침이 그렇게 만든 것이다."[23] 성(性)의 평등성과 심지(心志)의 격차를 매개하는 요체가 곧 '교화'임을 밝히는 대목이다. 요컨대『성자명출』의 구조는 하늘과 인간과 사회의 관계에 대하여 다음과 같은 시각을 제공한다. 첫째, '천-명-성'의 근원 계통은 인간에게 공통적인 생(生)의 바탕을 부여하지만, 그 자체로 구체적인 규범을 산출하지는 않는다. 둘째, '성-정-도-의'의 전개는 정서적 기운의 발현인 정(情)을 인도(人道)의 출발점으로 삼아 '의'라는 규범 질서로 귀결시키는 과정을 제시한다. 셋째, 외물과 형세[勢], 그리고 심의 작동이 이 두 층위를 실제로 접속시키는 매개이며, 그 매개를 체계화한 장치가 곧 교화, 특히 예악이라는 점이다. 이러한 토대 위에서 다음 장에서는 예악이 어떻게 정을 다듬어 그 '출(出)·입(入)'을 규율함으로써 '정-도-의'의 회로를 실천적으로 작동시키는지, 그리고 그것이 개인의 정서적 기운의 안정과 '반선복시(反善復始)'로 이어지는 치유적 효과를 어떻게 산출하는지를 살펴볼 것이다.

---

23 『郭店楚墓竹簡』,「性自命出」 제4장: "四海之內, 其性一也. 其用心各異, 教使然也."

3. 마음의 역할과 예악(禮樂)의 체화

앞서 확인한 바와 같이 『성자명출』은 '천-명-성'의 바탕과 '성-정-도-의'의 전개를 구분하면서도, 한편으로는 성정의 관계를 통해 하늘과 인간을 매개하고 있다. 그 접점에서 『성자명출』의 용법상 '정(情)'은 두 층위를 가로지르는 것으로 해석된다. 즉 희노애비의 기운으로 설명되는 성(性)이 발(發)하여 드러난 구체적인 감정을 지칭하기도 하고, 그 감정을 예(禮)·악(樂)·사(思)로 다듬어 출(出)·입(入)의 균형을 세우는 인도(人道)의 출발점을 가리키기도 한다. 이렇게 성정을 통해 분리와 접속이 중첩된 구조에서, 그 사이를 마음[心]의 작용─아직 고정되지 않은 심지(心志)가 형성되어 가는 과정─이 메우는 구조를 제시한다. 이 장에서는 그 구조가 실제로 어떻게 작동하는지, 곧 '정(情)'이 어떤 경로를 통해 밖으로 드러나고[出] 다시 '의(義)'로 수렴되는지[入]를, 외물[物]과 심(心)의 이중 매개라는 관점에서 살펴볼 것이다.

『성자명출』은 먼저 정서적 기운의 표출이 외부 자극과 내적 취사의 결합일 때 비로소 가능하다고 말한다. "금석(金石)에는 소리가 있으나 두드리지 않으면 울리지 않는다. 사람은 비록 성(性)이 있으나 심(心)이 취하지 않으면 드러나지 않는다."[24]라고 하여, '물(物)'이 '성(性)의 기운[氣]'을 밖으로 끌어내는 계기이고, '심(心)'이 그것을 취사·지향하는 문턱이라고 본다. 이때 심의 핵심 기능으로 부각되는 것이 '생각[思]'이다.

---

24 『郭店楚墓竹簡』, 「性自命出」 제2장: "金石之有聲, 弗扣不鳴. 凡人雖有性, 心弗取不出."

무릇 근심스러운 것은 생각을 거친 뒤에 슬픔이 일어나고, 무릇 즐거운 것
은 생각을 거친 뒤에 기쁨이 일어난다. 무릇 생각함의 쓰임은 마음에서 매
우 중요하다. 탄식은 생각의 방식이다. 그 소리가 변하면 마음이 따르고, 그
마음이 변하면 그 소리도 또한 그러하다.[25]

　여기서 소리와 마음의 상호 가변은, 표현의 변주가 마음의 변화를 이끌
고 다시 그 마음의 변화가 표현을 바꾸는 되먹임의 회로를 가리킨다. 이
회로가 곧 교육과 수양이 개입할 수 있는 지점이다. '정(情)-사(思)-행(行: 出
入)'의 연결부에서 '사'는 정동을 선별하고[擇], 가다듬으며[理], 방향을 부
여하는[度] 중추적인 역할을 한다. 동시에 "무릇 마음 씀의 조급함 가운데
서는, 생각함[思]이 특히 심하다."[26]라고 하여, '사'가 과열되면 오히려 심
을 조급하게 만든다고 경계한다. 이러한 언급은 유가적 수양의 실제에 있
어 간과하기 쉬우나 주의해야 하는 병통이라는 점에서 흥미로운 통찰이
다. 이 양면성 때문에, '사'는 반드시 바깥의 형(形)과 도(度)—곧 예(禮)와
악(樂)—로 조화롭게 보정되어야 한다. 이런 맥락에서 음악·의례에 대한
진술은 단순한 미학이 아니라 심(心)의 '사(思)'를 길들이는 학습 또는 마음
씀씀이에 관한 일종의 방법론으로 읽힌다.
　먼저 예(禮)는 정서적 기운의 사실성 위에 형식과 질서를 세우는 장치이
다.

25　『郭店楚墓竹簡』,「性自命出」第12장: "凡憂思而後悲, 凡樂思而後忻. 凡思之用心爲甚.
　　歎, 思之方也. 其聲變, 則心從之矣. 其心變, 則其聲亦然."
26　『郭店楚墓竹簡』,「性自命出」第14장: "凡用心之躁者, 思爲甚."

예는 정에서 만들어진다. 일을 당하여 경우에 따라 그것을 제정한다. 그 선후의 질서를 따르는 것이 곧 의다.[27]

즉, 예의 규범은 사람들의 정(情)이라는 원재료에서 길어 올려지되, 사정의 형세[勢]와 시간·장소의 맥락[因方]에 맞게 제정[制]되어야 한다는 뜻이다. 같은 장에서 이어지는 다음의 진술은 예가 격식을 강요하는 외적 틀이라기보다 '정을 다듬는[理[28]其情]' 방도이며, 밖으로 드러냄[出]과 안으로 수렴[入]하는 리듬을 가르치는 학습 장치임을 분명히 한다.

그 뜻[義]을 체득하여 절제하고, 그 정(情)을 다듬어[理] 드러내고[出] 받아들인[入] 다음, 다시 가르침[敎]으로 되돌아간다. 가르침은 내면[中]에서 덕이 나게[生] 하는 까닭이다.[29]

이와 같은 독법은, 죽간 텍스트 전반에 깔린 정(情)-사(思)-예(禮)의 상호 보완 관계를 하나로 묶어 주는 해석 틀이기도 하다.[30] 즉, 무엇을 선하다/불선하다 부르는 것 또한 형세에 기대어 정립되므로, 예는 바로 그 형세

---

27 『郭店楚墓竹簡』, 「性自命出」 제8장: "禮作於情, 當事因方而制之. 其先後之序, 則義也."
28 여기서 '리(理)'는 억압이나 제어가 아니라, 정서적 기운의 흐름을 판단과 절제로 골라내고 분별해, 밖으로의 표출[出]과 안으로의 수렴[入]을 법도에 맞게 균형 잡아 주는 작용을 가리킨다.
29 『郭店楚墓竹簡』, 「性自命出」 제8장: "體其義而節度之, 理其情而出入之, 然後復以敎. 敎, 所以生德於中者也."
30 차민경, 「『性自命出』을 통해 본 전국시대 유가 예악관 - 樂記와 비교를 중심으로」, 『공자학』52, 2024 참조.

를 사정(事情)에 따라[因方] 제정[制]하여 '정'을 '의'로 이끄는 맥락 감응적 장치가 되는 것이다.

악(樂)은 이 방법이 심층에서 어떻게 작동하는지를 가장 뚜렷하게 보여준다. 『성자명출』은 먼저 표현의 진실성[信]을 전제하며 치유의 시간성을 그린다. 이어지는 설명은 악(樂)이 만들어 내는 즉각적인 영향력을 생생하게 묘사한다.

> 무릇 소리는 그 나옴이 정(情)에서 참됨이 있어야 하고, 그런 다음에야 사람의 마음 속 깊이 감동을 준다. 웃음소리를 들으면 확연히 기뻐하게 되고, 노랫가락을 들으면 감흥에 취하여 흥분하게 되며, 거문고와 비파 소리를 들으면 가슴이 뛰며 감탄하게 된다. 뇌(賚)·무(武)의 춤을 보면 엄숙하게 감정을 진작시키고, 소(韶)·하(夏)의 춤을 보면 힘써 감정을 다잡게 된다[31]

사람은 기쁘면 감흥에 취하고, 감흥에 취하면 흥분하게 되고, 흥분하면 노래 부르고, 노래 부르면 몸을 움직이고, 몸을 움직이면 덩실덩실 춤추게 되는 법이니 덩실덩실 춤을 추는 것은 기뻐하는 감정의 극단이다. 사람이 노여우면 근심하게 되고, 근심하면 슬퍼하게 되고, 슬퍼하면 탄식하게 되고, 탄식하면 가슴을 치게 되고, 가슴을 치다 보면 몸부림치며 날뛰는 법이니, 몸부림치며 날뛰는 것은 노여운 감정의 극단이다.[32]

---

31 『郭店楚墓竹簡』,「性自命出」제9장: "凡聲其出於情也信, 然後其入撥人之心也夠. 聞笑聲, 則鮮如也斯喜. 聞歌謠, 則陶如也斯奮. 聽琴瑟之聲, 則悸如也斯歎. 觀《賚》·《武》, 則齊如也斯作. 觀《韶》·《夏》, 則勉如也斯斂."

32 『郭店楚墓竹簡』,「性自命出」제12장: 喜斯陶, 陶斯奮, 奮斯詠, 詠斯猶, 猶斯舞. 舞, 喜之

정(鄭), 위(衛)의 음악은 사람들이 그 소리를 부정하면서도 실제로는 이를 따르게 된다. 대개 고대의 음악[古樂]은 마음으로 연주하고, 요즘의 음악[益樂]은 손가락으로 연주하는데, 모두 사람들을 교화하는 것이다. 뇌(賚)와 무(武)는 무왕이 천하를 얻게 된 것을 찬양한 것이고, 소(韶)와 하(夏)는 사람의 진실한 감정을 노래한 것이다.[33]

시를 읊으며 생각하는 것은 정서적 기운을 성찰의 장으로 인도하고, '머묾[居次]'은 감응을 충분히 가라앉혀 재배열하게 하며, 그 결과로 출·입의 순조로움이 회복되고 '덕의 시작'이 열린다. 정서적 에너지를 소진시키거나 부정하지 않고, 진실한 감응을 통해 방향을 조정해 가는 것, 이것이 『성자명출』이 말하는 회복의 리듬이다. 소리나 몸짓과 같은 표현의 정직함이 마음[心]의 변화를 부르고, 변화된 마음이 다시 표현의 질서를 바꾼다는 것이다.

이러한 접근은 도덕·인성 교육에 있어서 중요하고도 오랜 통찰을 확인하게 한다. 이성과 사유만으로는 되려 조급함의 병통을 키울 위험이 있음을 알고, 그러므로 시나 음악, 무용과 같은 예악과 결합한 생각이어야 진실로 정을 다듬고 마음을 움직이며 일상에서 덕스러움이 일어나는 변화를 일으킬 수 있다는 것이다. 여기서 덕의 실현에 있어 생각의 기능뿐만 아니라 정의 진실성 또는 진정성을 중요하게 여긴다는 점에 주목하고

終也. 慍斯憂, 憂斯慼, 慼斯歎, 歎斯辟, 辟斯踊. 踊, 慍之終也.
33　『郭店楚墓竹簡』, 「性自命出」 제9장: "鄭衛之樂, 則非其聲而從之也. 凡古樂弄心, 益樂弄指, 皆教其人者也. 賚武樂取, 韶夏樂情."

싶다. 실제 '덕의 실천을 가능하게 하는 사(思)'란, 조율된 진실한 정으로 말미암아 감응을 일으킬 때 가능해진다는 것이다. 진정의 반응은 실천으로 연결되는 참된 앎의 조건이라고 할 수 있다.

여기서 '진실한 정'이란 무엇인가?『성자명출』에 의하면, 외물을 만났을 때 '마음이 취한 것[取]'과 '사물(사정)의 형세(정세)'를 내면화한 상태를 의미하는 것으로 이해할 수 있다. 곧 마음이 취한 바와 형세의 내면화란 당시의 사정과 상황에 따라 제정된 예를 감정적으로(진정으로) 수용하는 것과 같다. 그리고 이것을 진정으로 내면화하면 선(善)으로 돌아간다[反善復始]라고 한다. 이를 다시 "성 자체는 본래 선·불선의 구분이 없으나 그 발현이 사회적·상황적 맥락 속에서 평가된다."고 설명한 것에 비추어 보면, 선이란 천이 직접적으로 명령하는—절대성을 지닌 특정한—내용이 아니라 인간 사회의 사정과 정세에서 형성되는 것으로 볼 수 있다. 그러므로 선에의 복귀의 실제 또한 "오직 인도만이 도라고 일컬을 만하다."는 취지대로, 사람의 길이 도가 될 수 있는 범위에서 성취되는 것이다. 따라서 그 실천은 심이 하고, 예악이 돕고, 교화가 완성한다. 그렇다면 인도의 입장에서 천명(天命)은 '선의 원천'이라기보다 '선으로의 복귀가 가능한 인간 조건'을 마련하는 것이라고 하겠다.『성자명출』의 예악 교화가 설계한 치유의 경로는 바로 여기에 있다. 이 경로는 하늘[天]이 내려 준 성(性)의 보편적 바탕 위에서, 인도의 실천으로 완성된다. 하늘이 삶의 바탕을 '내려주되[命自天降]' 그 바탕을 어떻게 다듬어 '의'로 이끌지는, 예악과 교화, 그리고 우리의 마음 씀에서 결정된다.

『성자명출』이 인도(人道)의 실현에 있어 예악(禮樂) 교육을 중시한 까닭에는 그 속도와 방향에 대한 효율성이 포함되어 있다. "무릇 배우는 자가 그 마음을 구하기는 어렵다. 그가 하는 바를 좇으면 가까이 얻을 수도 있으나, 음악[樂]으로 이끄는 것만큼 빠르지는 않다."[34]라고 하여 '악(樂)'이 심의 변화를 가깝고 빠르게 붙잡는 매체라고 보았다.

그러나 곧바로 다시 "비록 그 일을 능숙하게 해도, 그 마음을 능숙하게 하지 못하면 귀히 여기지 않는다. 마음을 구함에 거짓이 있으면, 얻지 못한다."[35]라고 경계한다. "눈이 좋아하는 색, 귀가 좋아하는 소리는 울체된 기운이니, 사람은 그것으로 죽음을 불사하기 쉽다."[36]에서 보듯이 외형의 기량이 아니라 마음의 진실성[信]이 수양의 관건임을 환기시키며, 마음의 사유[思] 기능과 주체성을 확인하게 한다.

이상에서 살펴본 『성자명출』에서 정(情)과 심(心), 예악(禮樂)의 흐름에 대한 분석을 종합하면 다음과 같다. 첫째, 정(情)은 배제·억압의 대상이 아니라 도덕 행위의 발단이며, 그 발단은 '사물[物]의 자극'과 '마음[心]의 취사'가 맞물릴 때 형상화된다. 둘째, '사(思)'는 정서적 기운을 선별·정돈하는 심(心)의 중추로서, 음악적 감응과 결합할 때 소리와 마음의 상호 변화를 통해 내적 균형을 회복한다. 셋째, 예(禮)는 정에서 만들어지되, 맥락[因方]에 따라 제정되고, 의(義)가 그 선후의 질서를 부여한다. 넷째, 예악은 '정을 다듬고' '출·입'을 규율하는 심술의 방법으로 체계화되어, 반복적 교화를 통해 덕이 '안에서 나도록' 돕는다.

---

34 『郭店楚墓竹簡』,「性自命出」 제13장: "凡學者求其心爲難. 從其所爲, 近得之矣, 不如以樂之速也."
35 『郭店楚墓竹簡』,「性自命出」 제13장: "雖能其事, 不能其心, 不貴. 求其心有僞也, 弗得之矣."
36 『郭店楚墓竹簡』,「性自命出」 제14장: "目之好色, 耳之樂聲, 鬱陶之氣也, 人不難爲之死."

이때 '오래 머무름[居次]—선을 되찾음[反善]—처음으로 돌아감[復始]—나가고 들어옴의 질서가 서는 것[出入之順]'으로 이어지는 예악 교화의 시간성은, 정서적 에너지의 혼란을 억누르지 않고 길들이는 '회복의 윤리'를 구성한다. 소리와 마음의 상호 변용에 주목하여 예악 교화를 통해 정(情)을 세심하게 길들이는 과정은, 당시 사정과 형세에 적합한 윤리의 체화를 치유의 경로로 삼는 것으로도 조명해 볼 수 있을 것이다. 성의 보편성과 교화의 필요, 그리고 예악을 통한 심술의 훈련은 정(情)의 진정성을 얻는 길이면서, 전쟁과 불안의 시대를 견디던 고대의 공동체가 마련한 지속 가능한 회복의 방법론이었다. "시·서·예·악은 모두 사람에게서 나온다."는 선언은, 하늘로부터 내려온 인간의 바탕에 토대하여 몸과 마음으로 성찰하고 길들여 가는 길이야말로 인도(人道)의 실현이자 유가적 치유의 실천이라는 사실을 확인하게 한다.

4. 결론—인도(人道)의 실천과 치유의 리듬

춘추전국시대의 혼란 속에서 인간과 사회의 회복을 모색했던 공자 이후의 인간 이해의 원형을 곽점 초간 『성자명출』을 중심으로 살펴보았다. 특히, 이 문헌이 제시하는 천명(天命)과 성정(性情), 그리고 예악(禮樂)의 관계와 그 특징을 분석하고, 이를 '치유'라는 관점에서 재해석하며 그 현대적 의의를 탐색하고자 했다.

『성자명출』은 천명(天命)과 인도를 분리하면서도 긴밀하게 연결하는 독특한 구조를 제시한다. 하늘이 생명의 근원인 성을 부여하지만, 이 성은 그 자체로 도덕적 규범이 아니라 정서적 기운, 즉 정(情)의 바탕이 된다. 이 정이 구체적인 도(道)와 의(義)로 나아가기 위해서는 외부 세계와의 상호작용과 마음[心]의 작용이 필수적이다. 이는 인간이 하늘로부터 주어진 바탕을 가지고 있지만, 끊임없는 수양과 노력을 통해 스스로 사람의 길[人道]을 완성해야 함을 강조한다.

이러한 인간 이해를 바탕으로, 『성자명출』은 예악(禮樂)을 인간의 정서를 다듬고 교화하는 핵심적인 방법으로 제시한다. 예는 정(情)이라는 일종의 원재료에 상황에 맞는 질서와 형식을 부여하여, 정서적 에너지가 올바른 방향으로 나아갈 수 있는 길을 열어 준다. 반면 악(樂)은 그 감정을 억누르지 않고, 오히려 읊고 생각하는 과정을 통해 마음의 깊은 곳을 움직여 혼란스러운 기운을 순조롭게 만든다. 이는 감정을 억압하기보다, 진정성 있는 표현과 성찰을 통해 정서적 불균형을 회복하는 '반선복시(反善復始)'의 치유적 리듬을 형성한다. 결국, 예악은 단순한 도덕적 규범이나 미학이 아니라, 전쟁과 불안으로 상처받은 개인과 공동체의 마음을 어루만지고 회복시키는 실질적인 수양의 방법론이었던 것이다.

오늘날 우리 사회는 불확실성과 다양한 집단 간의 갈등을 겪고 있으며, 그러한 가운데 개인은 무분별한 경쟁과 욕망 속에서 정서적 공허와 불안을 호소하고 있다. 『성자명출』의 전개와 구조는 이러한 현대적 병증에 의미 있는 통찰을 제공한다.

『성자명출』의 성정론에 의하면, 우리는 타고난 본성[性]을 그저 이상적인 선(善)으로 여기기보다, 희노애비의 에너지[氣]인 정(情)으로 인식하고 이를 있는 그대로 마주해야 한다. 감정을 억누르기보다, 그 생동감과 진실성을 존중하고 올바른 방향으로 다듬어 가는 노력이 필요하다는 것이다. 이는 곧 스스로 정(情)의 조절 및 수용의 시간을 가지는 것이며, 사회적 구조나 규범의 바람직한 형세[勢]가 이것을 뒷받침해야 한다. 정(情)을 돌보는 이러한 치유의 시공간을 통해 개인과 사회의 윤리적 회복을 도모해 볼 수 있게 된다.

따라서 정을 다듬는 가장 효과적인 방법으로서의 예악(禮樂)은 더 이상 고정된 옛 의례나 전통음악에 국한되지 않는다. 이는 우리의 삶 속에서 정서를 공유하고, 마음의 질서를 잡아 주는 모든 예술적이고 의례적인 행위로 확장될 수 있다. 공동체의 불안을 해소하고 개인의 마음을 안정시키는 음악, 문학, 미술, 그리고 서로를 배려하는 일상의 의례들은 『성자명출』이 이야기하는 치유적 예악의 현대적 형태라고 할 수 있다.

이처럼 전국시기 『성자명출』의 지혜는 인간의 본성에 대한 심층적 이해를 바탕으로, 정서적 불균형을 바로잡는 구체적인 실천 방안을 제시한다. 이는 도덕적 완성을 지향하는 것을 넘어, 하늘이 내려 준 생명의 바탕 위에서 우리 스스로의 삶을 건강하고 풍요롭게 가꾸어 가는 방법을 가르쳐 준다. 그리고 천명을 밝히는 것은 결국 인간의 도에 달려 있음을 깨우친다. 『성자명출』이 비정한 시대에 던진 위로와 희망의 메시지는, 수천 년의 시간을 넘어 지금 이 순간에도 삶의 상처를 치유하고 진정한 사람의 길을 묻는 우리에게 의미 있는 영감을 줄 수 있을 것이다.

고대의 사유에서 발견하는
건강인문학
─그리스, 로마의 '좋은 건강'
이상덕
경희대학교 HK+통합의료인문학연구단 HK교수

1. 서론

의학은 언제나 인간의 삶과 사회적 맥락 속에서 전개되어 왔다. 고대 그리스 히포크라테스의 저술에서 보이듯, 의사는 단순한 기술자가 아니라 윤리적 품성과 공동체적 책임을 지닌 존재로 규정되었다. 히포크라테스는 의료를 과학과 기술을 활용한 치료를 넘어 인간적 돌봄의 행위로 이해했으며, 이는 의학과 인문학의 긴밀한 접점을 강조하는 것이었다. 고대 그리스 철학자들에게 '건강(hygieia, ὑγίεια)'은 단순히 질병의 부재가 아니라, 몸과 영혼, 그리고 우주 질서 간의 조화(harmonia, ἁρμονία)를 의미했다. 이때의 건강은 생리적 안정이나 기능적 효율성만을 뜻하지 않았으며, 인간 존재 전체가 자연과 맺는 비례적 관계(symmetria, συμμετρία)의 상태였다. 플라톤과 아리스토텔레스는 각각 우주론적, 윤리적 관점에서 이러한 '조화로서의 건강'을 정립했다. 이어 로마 사상가들이 제시한 salus populi, 곧 '민중의 안녕'이라는 개념은 건강을 정치적, 공동체적 차원으로 확장했다. 키케로가 말한 '민중의 안녕이 최고의 법(salus populi suprema lex esto)'이라는 원칙은 개인적 건강과 사회적 정의가 분리될 수 없음을 일깨워 주었고, 세네카는 공동체의 윤리적 삶과 각 시민의 덕성이 곧 공동체의 건강임을 강조했다. 고대사회로부터 의학은 단순한 기술 이상의 가치를 추구해야 하는 학문으로 인식되었다.

현대를 사는 우리는 빠른 기술의 발전을 의료 분야에서도 느끼고 있다. 질병, 장애, 쇠약이 없는 삶에 대한 기대가 예에 없이 커졌다. 이제 우리는 건강을 설계하는 수준에 이르렀다. 그러나 이 지점에서 인류는 욕망과 대결해야 한다. 인류가 설계하는 건강은 어떤 것인가? 이는 하나로 수렴할 수 있는가? 여러 건강 개념이 대립한다면 그 타협점은 찾을 수 있는가? 찾을 수 있다면 어디에서 찾아야 하는가? 건강인문학의 개념은 의료인문학의 한계를 뛰어넘기 위해 만들어졌다. 폴 크로포드(Paul Crawford)를 위시한 학자들이 인문학을 통해 좁은 범위 안에서의 의료만을 다루는 것에 문제를 제기했고, 더 넓은 의미의 '건강'에 대한 고민이 필요한 시점이라는 점을 강조했다. 의학사, 의철학 등 의과 교육 내에서 이루어지던 학문은 의학 내에서의 건강 개념만을 다루지만, 점차 우리는 의학 밖의 건강, 즉 과학적인 건강이 아닌 사회문화적 건강, 건강의 선택 등 폭넓은 문제가 중요하다는 것을 깨닫게 되었다. 이러한 고민은 갑자기 튀어나온 것은 아니다. 제롬 브루너가 『인간 과학의 혁명—마음, 문화, 그리고 교육, *Acts of Meaning*』에서 제기한 문제의식은 인간 정신을 단순한 정보처리 기계로 축소하지 않고, 문화와 내러티브 속에서 의미를 구성하는 존재로 바라보아야 한다는 것이었다. 이는 환자를 질병의 집합체가 아니라 삶의 이야기를 지닌 주체로 이해해야 한다는 건강인문학적 요청과 직접 맞닿아 있다. 기술보다 인간을 중심에 놓으려는 시도를 존중하고, 이를 정리·발전시키려는 건강인문학적 노력이 필요한 시점이다.

오늘날 우리는 인공지능과 포스트휴먼 시대를 살아가고 있다. AI는 질병 진단과 예측, 치료에서 혁명적 가능성을 열어 주지만, 동시에 환자의 고통과 서사를 이해하는 인간적 능력 역시 요구됨을 묵인할 수 없다. 여기서 의료인의 정체성은 다시금 문제시된다. 의료인은 단순한 기술 전문가가 아니라, 기계와 인간, 데이터와 서사 사이를 연결하는 해석자이자 돌봄의 동반자가 되어야 한다. 고대적 '조화'와 '비례', '안녕'은 이 지점에 아이디어를 제공한다. 본 장에서는 건강인문학의 필요성과 건강인문학이 고대적 사유와 만나는 지점에 대해 살펴보고자 한다.

2. 건강인문학 개념의 형성

오늘날 '건강인문학(Health Humanities)'라는 용어는 점점 더 널리 쓰이고 있다. 기존의 '의료인문학(Medical Humanities)' 역시 꾸준히 연구되고 있지만, 이제는 의료의 범주가 확장되고 있으며, 그 과정에서 의료인문학의 한계를 둘러싼 논쟁이 벌어지고 있다. 그러나 언어의 전환은 단순한 수사가 아니다. 그것은 의학과 건강을 바라보는 관점의 차이를 드러내며, 더 넓은 교육적 · 윤리적 함의를 지닌다.

1) 의료인문학에서 건강인문학으로

1970년대, 서구 사회는 의학 기술 발전에 따라 일련의 의학적 혁명을 마주했다. 이 변화들은 놀라운 성취였지만, 동시에 심각한 윤리적 질문을 던졌다. 기존의 의학 교육은 기술과 과학 지식은 제공했지만, 인간적 · 도덕적 문제를 다루는 데는 부족했다. 이미 의학사 · 의철학 등의 의료인문학은 존재하고 있었지만, 이때 인문학이 의학 교육 속으로 더욱 깊이 들어왔다. 학계에서도 인문학의 필요성이 주장되었다. 의사이자 윤리학자였던 에드문드 펠레그리노(Edmund Pellegrino)는 "인간적 가치에 관심 있는 우리 의사들이 의학 바깥의 학문들과 대화해야 한다."고 했으며, K. 대너 클라우저(K. Danner Clouser)는 "각 인문학 분야가 의학의 특정 영역과 개념적 · 방법론적 연계를 이루어야 한다."고 주장했다.[1] 이 시도들은 의료인문학이라는 이름 아래 구체적 프로그램으로 확산되었다. 1970년대부터 1980년대에 걸쳐 많은 의과대학이 '문학과 의학', '철학과 의학', '의학사'와 같은 교과목을 개설했다. 의료인문학 분야의 학술지들이 창간된 것도 이때이다. 1968년에 창립된 Society for Health and Human Values는 후에 생명윤리학회와 합병되어 현재 American Society for Bioethics and Humanities로 이어지고 있다. 의료인문학은 의학 기술로는 해결되지 않았던 인간적 문제들, 혹은 의학 기술로 인해 야기된 인간적 문제들을 다루기 위해, 의학과 인문학이 만나는 접점에서 탄생했다. 기술이 지속적으로 발전했기에 의료인문학의 문제들도 계속해서 생겨났다.

건강인문학이라는 개념이 본격적으로 등장한 것은 21세기 초반이다. 2006년, 폴 크로포드(Paul Crawford)는 영국의 예술, 인문학 연구 위원회(AHRC, Arts and Humanities Research Council)와 협의하여 당시 의료인문학 등에서 다루고 있던 범위보다 훨씬 넓게 예술과 인문학을 의료, 건강, 웰

---

1   Jones, T. et al., "The Almost Right Word: The Move From Medical to Health Humanities", *Academic Medicine* 92, 2017, p.933에서 재인용.

빙에 적용하는 방안을 고안했다.[2] 이전에는 다소 모호하게 사용되던 '건강 인문학'이라는 용어의 최초의 분야적 정의와 설명은 2007년 영국 노팅엄 바이오시티에서 열린 경제·사회 연구 위원회(ESRC, Economic and Social Research Council) 비즈니스 세미나에서 발표되었고, 이후 최초의 논문으로 발표되었다.[3] 같은 해 8월 크로퍼드가 재직 중인 영국 노팅엄대학교에서 열린 제1회 국제 건강인문학 학술대회에서도 같은 내용이 발표되었다. 2011년에는 AHRC의 지원을 받은 국제 건강인문학 네트워크가 출범하여 전 세계적으로 심포지엄과 워크숍을 열었다. 2015년에는 미국에서 건강 인문학 컨소시엄이 출범하여 국제 건강인문학 학술대회를 공동 주최하기 도 하였다.

2015년 크로퍼드의 기념비적 저서인 *Health Humanities*에서 그는 "모 든 건강이 반드시 의학적 비전과 일치하지 않는다. 건강과 웰빙에는 의 학 바깥에도 기여하는 수많은 요소가 있다."고 지적했다.[4] 역학적 증거 만 봐도 의학적 개입은 건강의 한 요인일 뿐이며, 계급·교육·직업·환 경·인종·낙인 같은 사회적 요인이 훨씬 더 큰 영향을 미친다는 것이 다. 그는 또한 다섯 가지의 목표를 밝혔다. "1. 헬스케어, 건강, 웰빙에 연 관된 전문가 교육에 있어 예술과 인문학의 영향을 받은 새로운 조합 창 조, 2. 비공식적, 혹은 급여를 받지 않는 보호자와 스스로 돌봄을 하는 사

---

2   Crawford, P., "Introduction: Global health humanities and the rise of creative public health", *The Routledge Companion to Health Humanities*, Abingdon, Oxon: Routledge, 2020, pp.2-3.

3   Crawford, P. et al., "Health Humanities: The Future of Medical Humanities?", *Mental Health Review*, 2010.

4   Crawford, P. et al., *Health Humanities,* London: Palgrave Macmillan, 2015, p.1.

람들에게 예술과 인문학이 건강과 웰빙에 관여할 때 생기는 장점 홍보, 3. 국적과 관계없이 건강과 사회적 웰빙에 도움이 되도록 예술과 인문학이 치유에 응용되는 것을 가치 있게 여기고 보존, 4. 치유 간섭(therapeutic interventions)을 가능하면 일반화, 5. 헬스케어 환경을 향상하기 위해 전문가나, 비공식 보호자, 환자가 사용할 수 있는 예술 인문학적 자원을 늘리는 것"이 그것이다.[5] 이에 따르면, 건강인문학은 더 포괄적이고, 응용 가능한 학문으로 정의된다. 의료 교육에서 인문학적 탐구가 의사만이 아니라 다양한 보건 전문 직종으로 확장되면서, 의료인문학은 더 이상 적절한 이름이 아니게 되었다. 이 초기 단계 이후 건강인문학 연구 기관은 영국, 유럽, 미국, 캐나다, 호주, 아프리카, 인도, 중국, 일본 등지에서 설립되었다. 이 같은 발전은 학부 및 대학원 프로그램의 급격한 성장을 이끌었다. 미국 내에만 57개의 학부 건강인문학 프로그램이 개설되었고, 캐나다에서는 2014년 토론토대학교 스카버러 캠퍼스에서 최초의 학부 건강인문학 교육과정이 개설되었으며, 2018년에는 캐나다 건강인문학 협회가 출범했다.[6] 영국에서는 노팅엄대학교가 선도적으로 건강인문학을 연구했다. 최근 유니버시티 칼리지 런던과 에든버러대학교에도 건강인문학 석사과정이 개설되었다.

건강인문학 분야의 공고화는 연구비 지원 증가와 주요 기관들의 후원 덕분이기도 하다. "미국에서는 OppNet과 국립보건원(NIH)이 이 분야를

---

5   Ibid., p.2.
6   Charise, A., "Site, Sector, Scope: Mapping the Epistemological Landscape of Health Humanities", *Journal of Medical Humanities* 38, 2017, p.432.

지원하였고, 영국에서는 UK Research and Innovation과 그 산하 연구위원회들, 주요 자선단체, 영국도서관, 과학박물관, 왕립공중보건학회 등 여러 기관이 관심을 기울였다. 영국에서는 건강인문학 연구가 정부 보고서에 언급되었으며, 2020년에는 AHRC와 웰컴트러스트의 지원으로 의료인문학과 건강인문학을 위한 새로운 국가상(National Awards)이 제정되었다. 이 상은 2018년에 운영된 건강인문학 메달을 대체한 것이다(AHRC/UKRI, 2020)."[7] 건강인문학은 꾸준히 성장하고 있다.

2) 건강인문학 내의 건강 개념 확장

건강인문학에서 특히 중요해진 이론적 틀은 교차성(intersectionality)이다. 원래 법학자 킴벌리 크렌쇼(Kimberlé Crenshaw)가 제시한 개념으로, 인종·계급·젠더 등이 겹쳐지며 만들어 내는 차별 구조를 분석한다.[8] 이는 의학적 범주가 환자의 실제 경험을 반영하지 못한다는 문제의식을 드러낸다. 예를 들어 '남성 건강'이라는 말로 서양 남성과 동양 남성, 혹은 도시의 장애 남성과 농촌의 장애 남성이 경험하는 건강의 차이를 드러내기는 어렵다. 점차 연구 영역들이 확장하면서 교차하는 지점에 대한 고민이 필요하게 된 것이다. 두 가지 이상의 요인이 교차되어 문제가 생긴다고 보면 현대 사회에서 문제라고 인식되던 것이 문제가 되지 않기도 한다. 장

---

7   Crawford, op. cit., 2020, p.2.
8   Crenshaw, K., "Mapping the Margins: Intersectionality, Identity Politics, and Violence against Women of Color", *Stanford Law Review* 43, 2001, pp.1241-1299.

애의 경우, 한 사람의 개인적 조건이 사회의 획일적인 조건 때문에 불편을 겪는다. 의학은 장애를 비정상으로 생각하여 해결해야 할 문제로 보지만, 이를 개인의 조건으로 생각하고 사회를 유연하게 확장하면 장애를 가진 사람은 더 이상 불편을 겪지 않아도 된다. 의료인이 장애인을 "무엇을 앓고 있다(suffering from)."고 말하는 것은 실제 경험을 왜곡하는 것일 수 있다. 오히려 많은 장애인은 고통 자체보다 사회적 낙인과 배제에서 더 큰 고통을 느끼기 때문이다.[9] 이는 비단 의료인만 깨달아야 하는 것은 아니다. 사회 전체가 이해를 달리할 때 질병, 혹은 장애는 문제가 되지 않을 수 있다. 건강인문학은 질병을 개인의 결함으로 보지 않고 사회적 맥락 속에서 이해하도록 돕는다.

또한, 기술의 지속적 발전에 있어 인문학적 상상력이 필요하다. 새로운 기술은 그동안 신화나 기적, 혹은 마술로만 생각했던 인간의 상상력을 현실로 만들어 준다. 새로운 기술을 위한 상상력이 예술, 혹은 인문학으로부터 와야 하며, 새로운 기술 때문에 발생할 문제들을 미리 상상력을 발휘해 예견해 보아야 한다. 기술의 발전은 인간의 삶을 긍정적으로 변화시키지만, 인간이 적응할 수 있는 속도 이상으로 빠르게 발전하거나 인간을 소외하는 방식으로 발전한다면 문제가 될 가능성이 있다. 따라서 기술과 함께하는 인문학적 상상력 역시 건강인문학의 과제이다.

건강인문학의 의의는 크게 네 가지로 요약할 수 있다. 첫째, 의학 중심에서 건강 중심으로의 전환이다. 건강은 단순히 병이 없는 상태가 아니

---

9   Couser, G. T., "What disability studies has to offer medical education", *Journal of Medical Humanities* 32, 2011, p.28.

라, 다양한 사회적 · 문화적 요인 속에서 경험되는 삶의 질이다. 둘째, 포괄성과 다학제성이다. 의사뿐 아니라 간호사, 약사, 치료사, 환자와 가족, 나아가 예술가와 학자 모두가 건강 담론의 주체가 된다. 셋째, 비판적 성찰이다. 권력 · 젠더 · 인종 · 장애 같은 사회 구조가 건강을 어떻게 규정하는지를 드러내고, 이를 문제 삼는다. 넷째, 새로운 상상력이다. 예술과 문화적 서사, 환자의 목소리를 통해 건강과 질병을 다른 눈으로 보게 하고, 궁극적으로 의료의 인간화를 가능하게 한다. 의학은 수많은 생명을 구했지만, 동시에 인간을 규율하는 장치가 되었다. 미셸 푸코는 근대 병원이 개인을 감시하고, 정상과 비정상을 구분하며, 인간을 '순치'하는 제도로 작동했다고 분석했다. 병원은 단순한 치유의 공간이 아니라, 권력과 지식이 교차하는 장소였다. 현대 의학 역시 환자를 고유한 인격체가 아닌 데이터와 수치로 환원하는 경향을 보인다. 따라서 건강을 논의할 때 단순히 병원과 의사의 역할만 강조하는 것은 불충분하다. 가족과 공동체, 사회 전체가 함께 돌봄을 책임져야 한다.

무엇보다 건강 개념이 바뀌어야 한다. 건강은 병이 전혀 없는 상태가 아니라, WHO가 말했듯이 신체적 · 정신적 · 사회적 안녕의 상태이다. 더 나아가 건강은 질병과 함께 살아가는 능력이다. 생애 주기별로 제안해 본다면, 유년기에는 발달과 호기심을 즐기는 것이 건강이고, 청년기에는 활력과 모험을 누리는 것이 건강이며, 중년기에는 균형과 절제를 지키는 것이 건강이다. 노년기에는 쇠퇴를 받아들이면서도 존엄을 유지하는 것이 건강이고, 임종기에는 의미 있는 죽음을 맞이하는 것이 건강일 것이다. 이러한 생각에 사회적 합의가 이루어진다면, 의학은 인간을 고치는 기술이 아니라 인간과 함께 살아가는 동반자가 될 것이다. AI 시대의 의학은 인간을 능가하는 존재를 설계할 능력을 갖추게 될 것이다. 그러나 중요한 것은 기술의 속도가 아니라, 우리가 어떤 인간을 만들고 어떤 사회를 원하는가이다. 건강은 단순히 개인의 몸 상태가 아니라, 사회적·문화적·윤리적 가치의 결정체이다. 따라서 건강인문학은 단순한 교양이 아니라, 인류가 스스로를 이해하고 미래를 상상하기 위한 필수적 학문이다. 질병을 정복하는 의학의 힘은 부정할 수 없지만, 그 힘이 어떤 인간을 형성하고 어떤 사회를 만들지는 인문학적 상상력과 사회적 토론이 결정한다. 결국 건강인문학은 인류의 자기 성찰이자 공존의 미래를 열어 가는 열쇠이다.

3. 고대 그리스의 건강 개념

현대의 건강인문학은 건강이 지닌 복잡한 함의를 폭넓게 고민하기 위해 그 영역을 확장해 왔다. 그러나 건강인문학은 단순히 21세기만의 산물은 아니다. 건강의 개념에 대해 고대 그리스와 로마에서도 고민했으며, 우리는 당시의 고민을 통해 현재의 문제를 해결하는 데 필요한 아이디어를 얻을 수 있다. 먼저, 아리스토텔레스는 『니코마코스 윤리학』에서 다음과 같이 건강에 대해 논했다:

첫째로 생각할 것은, 체력이나 건강 같은 경우에 보는 바와 같이, 이러한 것들은 부족이나 과도로 말미암아 파괴되는 본성을 지니고 있다는 것이다(여기서 체력이니 건강이니 하는 것을 끌어대는 이유는 아리송한 것을 분명히 파악하는 데는 뚜렷한 증거가 있어야만 하기 때문이다). 운동의 부족이나 지나친 운동은 다 같이 체력을 떨어뜨린다. 마찬가지로 어떤 양 이상이나 이하의 음식물 역시 건강을 해친다. 한편, 적당한 양은 건강을 만들어 내고 증진시키며 보존한다. 절제와 용기와 이 밖의 다른 덕의 경우도 마찬가지이다.[10]

히포크라테스 또한 『섭생』에서 이와 유사한 건강의 개념을 이야기했다. 히포크라테스에게 있어 "인간의 몸은 불과 물, 건조와 습기, 차가움과 뜨거움 같은 원초적 요소들의 균형에 의해 건강을 유지하며, 이 균형이 깨지면 병이 생긴다. 섭생의 조정은 이 균형을 회복하는 방법으로서, 음식·운동·수면·목욕에 이르기까지 포괄적으로 다루어진다."[11] 플라톤 역시 『티마이오스』에서 "모든 질병은 서로 어울려야 할 것들이 어긋나거나, 결합해야 할 것들이 분리될 때 생긴다"고 말했다.[12] 고대 그리스의 건강은 균형과 조화였다. 과잉이나 결핍은 보완되어야 했다. 특히 절제와 용기 등의 덕이 건강과 마찬가지로 균형과 조화를 이루어야 한다는 생각은 주목할 만하다. 고대 그리스에서 건강은 유지하려고 노력해야만 하는 것이었다. 균형과 조화를 유지하기 위해 주의를 기울여야 했으며, 동양의 수양과 같이 배우고 실천해야 하는 것이었다.

히포크라테스는 『의사』에서 건강한 인간으로서의 의사를 제시했다. 병을 고치는 사람은 그 자신이 건강해야 환자를 설득할 수 있으며, 병을 고

<hr>

10 아리스토텔레스, 『니코마코스 윤리학』, 2.2.
11 이상덕, 「히포크라테스의-『섭생에 관하여』의 완결성 고찰」, 『역사학연구』 98, 2025, 384쪽.
12 플라톤, 『티마이오스』, 86e-87b.

칠 명분을 가질 수 있다. 『의사』가 가장 먼저 강조하는 것은 의사의 신체적 조건이다. 의사는 너무 말라서 병약해 보이거나, 반대로 비만하여 둔해 보이지 않아야 한다. 건강하고 균형 잡힌 체격은 환자에게 곧 신뢰의 상징이 된다. 얼굴빛은 청결하고 맑아야 하며, 목소리 또한 맑고 차분해야 한다. 의사의 몸은 단순히 개인의 외모가 아니라, 환자에게 건강의 모범이자 치료 능력의 표지로 작용한다.[13] 이러한 생각은 오늘날 건강인문학의 논의와도 연결된다. 환자는 전문 지식을 직접 검증할 수 없기에, 의사의 외모·태도·말투와 같은 상징적 요소를 통해 신뢰 여부를 판단한다. 현대 연구 역시 "환자가 의사의 언어적, 비언어적 태도를 근거로 신뢰를 형성한다"는 점을 반복적으로 확인해 왔다.[14] 결국 의사의 신체와 태도는 단순한 외적 장식이 아니라, 의료 행위의 본질적 일부, 즉 건강 그 자체라고 할 수 있다.

『의사』는 또한 의복과 신발, 손과 손톱, 나아가 냄새 관리까지 세세히 지시한다. 옷은 지나치게 화려하거나 초라하지 않게, 절제된 품위를 갖춰야 한다. 손은 의사의 주요 도구이므로 항상 깨끗해야 하고, 손톱은 짧아야 한다. 몸에서 불쾌한 냄새가 나서는 안 되며, 반대로 향수 냄새가 지나쳐도 안 된다. 적절한 청결과 신선함이야말로 의사의 도덕성과 전문성을 드러낸다. 진료 공간 또한 중요한 역할을 한다. 공간은 잘 환기되고 청결해야 하며, 장식은 과하지 않고 질서와 정돈이 있어야 한다. 기구는 항상

---

13   히포크라테스, 『의사』, 1.
14   D. Roter and J. A. Hall ed., *Doctors Talking with Patients/patients Talking with Doctors: Improving Communication in Medical Visits*, Connecticut: Praegers Publishers, 2nd ed., 2006, pp.90-94.

정리되어 있어야 하고, 침상은 환자가 눕고 일어나기에 편리한 높이로 유지되어야 한다. 이러한 세세한 배려는 단순한 위생 차원을 넘어, 환자에게 편안함과 존엄을 보장하는 장치이다. 히포크라테스는 의사의 목소리와 말이 환자에게 미치는 영향도 주목했다. 의사의 목소리는 지나치게 무겁거나 가볍지 않고, 균형과 절제를 유지해야 한다. 말은 분명하고 간결해야 하며, 환자의 상황에 맞추어야 한다. 이는 단순히 환자를 안심시키는 차원을 넘어, 언어 자체가 치유 과정의 일부가 됨을 시사한다. 그리고 이는 건강한 태도와 직결된다. 고대 그리스 사회에서 건강은 단순히 어떻게 보이느냐의 문제가 아니라, 보이는 것 너머에 드러나는 인격과 덕을 포함하는 것이다.

히포크라테스의 『의사』는 짧지만, 의학이 단순한 기술적 행위가 아니라 사회적·인간적 행위임을 명확히 보여준다. 의사의 몸과 태도, 공간과 언어는 치료의 부차적 요소가 아니라, 치료 그 자체의 일부였다. 그리고 의사의 몸가짐과 주변 정리는 건강함의 표본이었다. 이러한 사유는 오늘날 건강인문학이 강조하는 핵심과 본질적으로 통한다. 따라서 건강인문학은 고대의 전통과 단절된 것이 아니라, 그 위에 세워진 현대적 확장이라 할 수 있다.

4. 고대 로마의 *salus populi*

"Salus populi suprema lex esto.", 곧 "민중의 안녕이 최고의 법이다."라

는 키케로의 선언은 로마 정치사상과 윤리의 정수를 드러내는 말이다.[15] 로마에서 salus는 단순히 질병이 없는 상태를 넘어, 공동체 전체의 안전과 번영, 사회적 질서를 함께 의미했다. 개인의 건강은 공동체의 건강과 분리될 수 없었고, 따라서 의학과 정치, 윤리와 법은 긴밀히 얽혀 있었다. 오늘날 의료가 점차 초개인화되고 기술 네트워크가 인간을 둘러싸는 상황에서 이 오래된 개념은 다시금 중요한 성찰의 단초를 제공한다. 건강인문학이 개인의 질병 서사와 더불어 사회적·문화적 차원을 강조한다는 점에서, salus populi는 공동체적 차원에서 건강의 의미를 미리 제시한 고전적 전통으로 읽을 수 있다. 키케로는 『법률론』에서 "최고의 법은 민중의 안녕이다."라고 말했을 뿐 아니라, 『국가론』에서는 공동체의 목적을 '공동의 유익(utilitatis communione sociatus)'이라고 규정하며, 국가의 존립은 무엇보다도 공동체의 salus를 보장하는 데 있다고 강조했다.[16] 여기서 드러나는 salus는 단지 개인의 신체적 건강을 넘어서는, 정치적 안전과 사회적 조화, 공공선까지 포함하는 다층적 개념이다. 키케로의 이러한 사상은 현대 의료와 건강인문학에 깊은 함의를 던진다. 오늘날 의료는 종종 개인의 치료와 기술적 효율성에 집중하는 경향이 있지만, 전염병의 확산, 기후 위기와 같은 환경 재난, 인공지능 의료 기술의 불평등한 접근성은 여전히 공동체적 건강의 관점에서 접근해야만 풀 수 있는 문제들이다. 키케로의 salus populi는 의료가 사회적 정의와 공동체적 책임과 긴밀히 연결되어야 한다는 오래된 요청을 오늘날 우리에게 다시 상기시킨다.

---

15   키케로, 『법률론』, 3.8.
16   키케로, 『국가론』, 1.39.

스토아 철학자 세네카 역시 salus 개념을 정치적 맥락에서 윤리적 차원으로 확장시켰다. 그는 국가 공동체의 건강이 시민 개개인의 도덕적 성찰과 삶의 방식에 달려 있다고 했다. 또한 『행복론』에서는 진정한 행복과 건강은 재물이나 권력에서 비롯되지 않고, 자연에 따른 삶과 내적 평정에 있다고 보았다.[17] 이때 salus는 단순한 신체적·정치적 안전을 넘어, 몸과 마음, 그리고 사회적 관계의 조화를 포괄하는 개념으로 이해된다. 세네카의 통찰은 오늘날에도 여전히 유효하다. 인공지능이 질병을 예측하고 치료를 자동화할 수 있는 시대라 할지라도, 환자의 삶의 질과 삶의 의미는 오직 도덕적·문화적 맥락 속에서만 온전히 이해될 수 있다. 기술적 효율성이나 데이터 기반의 정밀함만으로는 환자의 고통을 치유할 수 없으며, 환자가 속한 공동체의 윤리적 관계망 속에서 돌봄이 이루어질 때 비로소 salus가 완성된다.

이러한 맥락에서 salus populi는 건강인문학이 지향하는 가치와도 긴밀히 맞닿아 있다. 그것은 무엇보다도 공동체적 차원에서의 건강을 강조한다. 개인의 질병 치료는 중요하지만, 사회 전체의 돌봄과 의료 접근성, 보건 정책, 취약계층의 권리를 함께 고려하지 않는다면 의료는 불완전할 수밖에 없다. 또한 세네카가 말했듯이 공동체의 건강은 윤리적 삶과도 직결된다. 의료인은 단순히 기술적 전문가가 아니라 윤리적 행위자이며, 환자와 사회는 의료의 맥락을 도덕적으로 구성하는 주체이다. 나아가 로마에서 salus는 신격화되어 종교적 숭배의 대상이 되기도 했는데, 이는 건강이 언제나 문화적 의미망 속에서 이해되었음을 보여준다. 현대 건강인문학

---

17 세네카, 『행복론』, 15.

역시 의료를 문화적 해석의 산물로 이해한다는 점에서 이 고대적 맥락과 이어진다.

AI와 포스트휴먼 시대의 의료는 새로운 도전에 직면한다. 진단 알고리즘과 예측 모델은 치료를 개인화하고 효율화하지만, 동시에 데이터 편향과 접근의 불평등 문제를 야기할 수 있다. 이때 근본적인 질문은 '이 기술이 salus populi를 증진하는가?'라는 것이다. 팬데믹 상황에서 접촉 추적·백신 배분·의료 자원의 할당 등은 모두 공동체적 건강을 고려한 결정이었으며, 만약 AI가 그러한 결정에 기여한다면 그것은 로마의 salus populi 전통을 현대적으로 계승하는 것이 된다. 그러나 기술이 특정 집단만의 이익을 강화하거나 사회적 격차를 심화한다면, 그것은 '민중의 안녕이 최고의 법'이라는 원리를 위반하는 결과를 낳는다.

따라서 포스트휴먼 시대 의료인의 역할은 단순한 기술 사용자에 머물 수 없다. 의료인은 공동체 전체의 옹호자로서 AI 의료 시스템이 공정하게 작동하도록 감시해야 하며, 소외된 집단의 목소리를 대변해야 한다. 또한 알고리즘이 제시하는 결과를 환자의 구체적 맥락 속에서 해석하는 윤리적 해석자가 되어야 한다. 나아가 의료와 환자의 문화적 세계를 연결하는 번역자로서, 치료가 단순한 생물학적 개입이 아니라 삶을 돌보는 과정이 되도록 해야 한다. 결국 salus populi는 고대 로마에서 공동체의 근본적 가치였지만, 단순히 과거의 문구로 끝나지 않는다. 키케로와 세네카가 전해 준 이 개념은 오늘날 의료의 방향을 모색하는 데 여전히 살아 있는 원리이다. AI와 포스트휴먼 시대 의료는 기술적 효율성만으로는 정의되지 않는다. 진정한 의료는 환자 개인의 서사를 존중하고, 공동체 전체의 건강을 증진하며, 인간적 의미와 윤리를 회복하는 데 있다. 바로 여기에서 salus populi와 건강인문학이 만난다. 고대의 지혜는 현대 의료가 나아가야 할 길을 비추며, 우리에게 묻는다. 기술이 아니라, 인간과 공동체의 salus가 최고의 법이 되고 있는가?

5. 인간 행동의 이유와 건강

20세기 중반, 심리학은 인지 혁명을 맞이하며 인간 마음의 연구를 행동주의에서 벗어나 새로운 궤도에 올려놓았다. 그러나 제롬 브루너(Jerome Bruner)는 1990년 출간한 『*Acts of Meaning*』(강현석 외 역, 『인간 과학의 혁명: 마음, 문화, 그리고 교육』, 서울: 아카데미프레스, 2011)에서, 그 인지 혁명이 "중대한 무언가를 잃었다."고 비판했다.[18] 인지과학이 마음을 계산과 정보처리로만 이해하면서, 인간 삶의 중심에 있는 의미와 문화를 소홀히 했다는 것이다. 브루너는 이에 대응하여 '문화적 심리학(cultural psychology)'의 필요성을 주장한다. 인간은 문화적 존재이며, 마음은 문화적 맥락 속에서 형성되고 표현된다. 그는 또한, 인간이 세계를 이해하는 기본 방식이 '의미 부여'임을 강조한다. 의미는 단순히 주관적 느낌이 아니라, 문화적 상징체계 안에서 공유되고 학습된다. 즉, 인간은 '상징적 동물'이며, 문화는 인간 경험을 구조화하는 틀이다. 의학과 보건의 영역에서 의미는 핵심적이다. 질병의 원인과 증상, 치료 과정은 문화적 해석을 통해 구성된다. 같

18　제롬 브루너, 강현석 외 역, 『인간 과학의 혁명: 마음, 문화, 그리고 교육』,(서울: 아카데미프레스, 2011), 24-25쪽.

은 증상이라도 문화적 맥락에 따라 다르게 해석되고, 그에 따른 환자의 태도와 치료 순응도 역시 달라진다. 따라서 심리학은 개인의 내적 기제만이 아니라, 인간이 어떤 이야기와 상징을 통해 세계를 이해하는가를 탐구해야 한다. 이러한 문제의식은 오늘날 건강인문학이 강조하는 바와 깊이 연결된다. 의료 또한 단순히 생물학적 과정이 아니라, 환자와 사회가 이야기를 통해 의미를 부여하는 경험이기 때문이다. 브루너의 '문화적 심리학'은 오늘날 건강인문학이 지향하는 '문화적 의료(cultural medicine)' 혹은 '비판적 의료인문학(critical medical humanities)'의 사상적 기반을 제공한다고 할 수 있다.[19]

브루너의 『Acts of Meaning』은 1990년대 이후 인문·사회과학 전반에 큰 영향을 끼쳤다. 특히 건강인문학의 관점에서 보면, 이 책은 세 가지 중요한 함의를 준다. 첫째, 인간은 데이터를 처리하는 기계가 아니라, 의미를 부여하는 존재이다. 따라서 의료는 환자의 의미 세계를 존중해야 한다. 둘째, 인간 경험은 내러티브를 통해 조직된다. 환자의 이야기를 듣고 해석하는 것은 진단과 치료만큼 중요한 행위이다. 셋째, 마음과 건강은 문화적 맥락 속에서 형성된다. 문화적 다양성을 고려하지 않는 의료는 불완전할 수밖에 없다. 결국 브루너의 문제제기는 오늘날 건강인문학이 의학적 실천을 인간적·문화적 차원으로 확장하는 데 깊은 사상적 토대를 제공한다.

---

19 Whitehead, A., Woods, A., Atkinson, S., Macnaughton, J., and Richards, J. (ed.), *The Edinburgh Companion to the Critical Medical Humanities* (Edinburgh: Edinburgh University Press, 2016), pp.1-34.

브루너는 『*Acts of Meaning*』에서 인간 과학이 잃어버린 '의미'를 회복해야 한다고 주장했다. 이는 단지 심리학의 문제를 넘어서, 인간 과학 전반에 던지는 요청이었다. 오늘날 건강인문학은 바로 이 요청에 응답하는 하나의 장르로 자리 잡았다. 환자의 고통과 회복, 죽음과 돌봄은 단순한 생물학적 사건이 아니라 의미의 사건이다. 의료가 그 의미를 무시할 때, 인간은 상실을 경험한다. 따라서 건강인문학은 브루너가 강조한 '문화적 심리학'의 연장선상에서, 의학을 문화적·인문학적 맥락 속에서 새롭게 해석하고 실천하려 한다. 히포크라테스가 그랬듯, 그리고 브루너가 20세기에 주장했듯, 의료의 본질은 기술과 과학을 넘어, 인간이 어떻게 의미를 찾고, 서로에게 이야기를 건네며, 문화 속에서 치유를 경험하는가에 있다. 바로 여기에 건강인문학의 길이 놓여 있다.

마지막으로, 건강인문학 안에서 의료인은 어떤 자질을 갖추어야 할까? 의료인들은 먼저, 기술을 이해하고 수치와 확률을 환자의 맥락과 결합해 해석하는 능력을 필요로 한다. 또한, 환자의 이야기를 듣고, 고통을 이해하며, 인간적 연대를 실천하는 태도를 갖춰야 한다. 이때, 단순히 '불편하겠다, 고통스럽겠다' 정도의 감정이 아닌 환자의 서사를 이해할 수 있는 능력을 요한다. 셋째, 기술을 맹신하는 것이 아니라, 기술 의존의 한계와 위험을 인식하고, 인간 존엄을 지키기 위한 윤리적 판단을 수행하는 능력이 필요하다. 넷째, 문화적 감수성이 필요하다. 이는 다양한 문화적 배경 속에서 환자의 의미 세계를 배워야 가능하다. 따라서 의료인은 이러한 문화를 존중하는 태도를 갖추어야 한다. 이러한 덕목은 고대 히포크라테스 전통에서 강조된 의사의 인품과도 연결되며, 브루너가 말한 '의미 만들기'와 내러티브적 이해와도 맞닿아 있다. AI 시대에도 결국 의료인은 인간과 기계, 생물학과 문화 사이를 매개하는 존재가 된다. 건강인문학은 의료를 단순히 환자-의사 관계로 한정하지 않는다. 건강은 인간·기계·환경이 함께 얽힌 포스트휴먼적 네트워크 속에서 이루어진다. 따라서 미래 의료는 기술적 효율성뿐 아니라, 인간의 경험과 감정을 포함하는 생태적 돌봄(ecological care)을 지향해야 한다. 의료인은 이 과정에서 단순한 기술 사용자(user)가 아니라, 공존과 공생의 조율자로 기능하게 된다.

6. 결론

고대에서 현대, 그리고 미래를 향한 사유의 흐름을 따라가 보면, 의학은 언제나 단순한 치료 기술 이상의 것이었다. 히포크라테스는 의사를 단순히 병을 다루는 장인이 아니라, 환자의 몸과 영혼, 공동체적 삶을 함께 책임지는 윤리적 주체로 자리매김했다. 그의 저술에서 강조된 것은 정확한 기술만이 아니라, 절제와 품성, 환자에 대한 태도 같은 덕목이었다. 이 윤리적 토대는 건강인문학이 추구하는 '의료의 의미'와 '돌봄의 가치'를 미리 보여준다. 또한, 건강의 개념이 균형과 조화를 유지하려고 노력하는 것으로, 기술에 의존하는 것이 아니라 인간이 사회·문화 속에서 추구하는 것으로 자리 잡았다.

이후 로마의 정치철학 속에서 등장한 salus populi, 곧 '민중의 안녕'이라는 개념은 의학과 정치가 공유해야 할 궁극적 목적을 제시했다. 키케로는 '민중의 안녕이 최고의 법'이라 선언하며, 공공선 없이는 정의로운 정치도 없음을 천명했다. 세네카는 한 걸음 더 나아가 공동체의 건강을 개인의 도덕성과 연결 지었다. 이러한 사상은 건강을 사회적·정치적 차원에서 사유하게 만들었고, 오늘날의 건강인문학이 공공보건·의료 접근성·사회적 약자의 권리 같은 문제를 다룰 때 중요한 사상적 근거가 된다. 의료가 단지 개인의 질병을 치유하는 데 머물지 않고, 공동체 전체의 돌봄과 윤리적 구조를 성찰해야 한다는 요구는 고대의 salus populi가 남긴 강력한 유산이다.

근대 이후 인간 이해의 전환 속에서 브루너는 인간을 단순히 정보처리 기계로 환원하는 인지과학적 패러다임에 이의를 제기하며, 인간은 문화적 맥락 속에서 이야기를 만들고 의미를 구성하는 존재라고 주장했다. 그의 『Acts of Meaning』은 인간 정신과 행위를 해석학적, 내러티브적 차원에서 재조명했다. 이는 의료가 환자를 '병리학적 대상'으로만 보지 않고, 고통과 회복의 이야기를 살아 내는 주체로 바라보아야 한다는 건강인문학적 요청을 분명히 뒷받침한다. 브루너의 통찰은 곧 환자의 내러티브를 듣고, 그 속에서 의미를 함께 만들어 가는 것이야말로 의학의 본령임을 일깨운다.

그리고 오늘날, 우리는 AI와 포스트휴먼 시대라는 거대한 전환점 앞에 서 있다. 인공지능은 진단과 치료에서 인간을 압도하는 정밀성과 속도를 보여주며, 의료 현장의 패러다임을 바꾸고 있다. 하지만 기술의 진보만으로는 환자의 삶의 질을 담보할 수 없다. 데이터는 고통을 설명하지 못하고, 알고리즘은 환자의 두려움과 희망을 해석하지 못한다. 바로 이 지점에서 건강인문학의 역할은 더욱 분명해진다. 기술은 수단일 뿐이며, 목적은 여전히 인간의 의미 있는 삶과 공동체의 안녕이다. 의료인은 단순한 기술자가 아니라, 기계와 인간·데이터와 서사·개인과 공동체 사이를 매개하는 해석자이자 조율자, 돌봄의 동반자가 되어야 한다.

이 모든 흐름을 종합하면, '민중의 안녕이 최고의 법'이라는 고대의 선언은 오늘날에도 여전히 유효하다. 팬데믹과 같은 위기 상황에서 의료 자원의 배분, AI 의료 시스템의 공정성, 기후 위기 속 보건 정의 등은 모두 salus populi의 원리와 연결된다. 기술이 아무리 발전해도, 그것이 공동체의 건강을 증진하지 못한다면 정당성을 잃는다. 따라서 미래 의료의 과제는 기술적 혁신을 무조건 추구하는 것이 아니라, 기술을 통해 공동체의 건강과 인간적 돌봄을 어떻게 확장할 것인가에 달려 있다. 앞으로의 의료는 AI와 인간, 문화와 과학, 개인과 공동체가 서로 얽히는 복잡한 장 속에서 이루어질 것이다. 그러나 그 복잡성 속에서도 고대인들이 전하는 메시지는 변하지 않는다. 바로 개인이 꾸준히 노력해야 유지할 수 있는 것이 건강이라는 점, 그리고 '민중의 안녕, 곧 salus populi, 인간적 돌봄과 의미의 회복이야말로 의료의 최고의 법'이라는 사실이다. 건강인문학은 이 원리를 오늘의 언어로 번역해 내며, 미래 의료가 나아가야 할 방향을 제시하는 나침반이 될 것이다.

가정에서 병원으로[*]

―1970년대 전후 왕진(往診)의 변화

정세권

경희대학교 HK+통합의료인문학연구단 HK연구교수

장원모

서울특별시보라매병원 공공의학과장

*　이 글은 『가정에서 병원으로 - 1950년대 전개된 왕진(往診)의 모습과 쇠퇴」(『연세의사학』 28-2, 2025)를 발췌, 수정한 것임을 밝힌다.

1. 서론

서부극을 보면 흰 수염이 바람에 휘날리는 마음씨 좋게 생긴 노(老)개업의
가 검은 왕진 가방을 갖고 마차로 왕진을 가는 모습을 볼 수 있다. 그러나
점장이같이 비과학적인 원시 의료로부터 각종 검사와 진단 기구에 의해 정
확하게 여러 병을 밝혀내게 됨에 따라 간단히 의약품과 청진기만으로 이루
어지는 왕진은 점차 빛을 잃어 가고 있으며, 과학적으로 빠른 진단을 내리
기 위해서도 가능한 한 의사를 집으로 청해 진찰을 받기보다는 좀 불편하더
라도 개업의나 병원을 찾아야 하겠다.[1]

1973년 서울대학교병원 의사 허정은 신문 칼럼에서, 환자의 집을 방문
하여 진료하는 왕진이 일상이었던 적도 있었지만 이제는 달라져야 한다
고 주장했다. 몇십 년 전까지만 해도 일반 개업의 수입의 30~40%가 왕진
에 의한 것이었지만, 이제 왕진을 청하는 것은 "경제적으로도 현명하지 못
할 뿐만 아니라 정확한 진단을 위해서도 바람직한 태도라도 할 수 없다."

---

1   허정, 「왕진보다 병원에 가는 것이 좋다」, 《조선일보》, 1973.11.13.

는 것이었다. 왕진에 대한 이런 비판은 당시 의료 환경의 변화와 관련되는데, 아무리 고명하다 하더라도 '잠자리에서 갑자기 달려온 의사'가 '청진기나 혈압기만으로는 병을 정확하게 진단하기 어렵'기 때문이며, 이제는 병원에서 각종 검사뿐 아니라 심전도나 위액 검사도 손쉽게 할 수 있기에 더 정확하게 병을 진단하고 치료할 수 있다는 것이었다. 1970년대에 왕진은 더 이상 적절한 진료 행위가 아닌 것처럼 보였다.

왕진(往診)은 의사가 병원 밖의 환자가 있는 곳, 특히 환자의 집으로 가서 진료하는 것을 말한다. 다시 말해 위급한 상황이 발생했거나 병원을 방문하기 어려운 환자의 집을 의사가 직접 방문하여 진료하는 것이다. 최근에는 '왕진'이라는 용어보다는 '방문진료', '재택의료'와 같은 명칭이 더 많이 사용되고 있다.[2] 병원이나 의료기관이 아닌 곳에서 의사가 진료하는 것은 법률에 근거하고 있는데, 「의료법」 제33조 1항에 의하면 '의료인은 이 법에 따른 의료기관을 개설하지 아니하고는 의료업을 할 수 없으며 [중략] 그 의료기관 내에서 의료업을 해야' 하지만 예외적으로 '환자나 보호자의 요청에 따라 진료하는 경우'에는 의료기관이 아닌 곳에서 의료업을 할

---

2 대한재택의료협회 회장인 이건세는 방문진료와 재택의료를 다음과 같이 구분한 바 있다. 방문진료는 옛날 '왕진'이라고 불렸던 의료 행위에 해당하는데, 환자가 응급 질환 또는 중병으로 병의원으로 오지 못할 때 의사가 환자의 집을 방문하여 진료하는 것이다. 재택의료는 의료기관이 아닌 곳에서 지속적인 진료와 돌봄이 필요한 환자에게 의료적 도움을 주는 것이다. 이건세는 방문진료와 재택의료가 서로 포괄하지만 다른 특성도 지닌다고 언급했다. 방문진료는 의사가 환자의 '집'에 방문하여 '1회성' 진료를 하는 것인 반면, 재택의료는 의사뿐 아니라 간호사, 물리치료사, 요양보호사 등의 관련 전문가가 의료기관 바깥의 공간(환자의 집뿐 아니라 다른 곳)에서 '지속적으로' 환자를 진료하고 돌보는 행위 전체를 뜻한다. 「'재택의료, 방문진료, 원격의료, 비대면진료' 용어 이해하기①」, 《메디포뉴스》, 2023.11.27.

수 있다. 그리고 동법 제15조에는 "의료인 또는 의료기관 개설자는 진료
나 조산 요청을 받으면 정당한 사유 없이 거부하지 못한다."라고 규정되
어 있다. 이런 법규에 따르면, 환자나 보호자의 요청이 있으면 정당한 사
유가 없는 한 병원 밖이라 하더라도 진료를 할 수도 있다는 것이다.

　「의료법」 제15조처럼 진료 거부를 금지하는 것, 다시 말해 정당한 사유
가 없는 한 진료를 해야 한다고 의사의 의무를 규정하는 법제의 역사는
제법 오래되었다. 1900년 대한제국이 의사의 자격과 면허에 대해 처음 규
정한 「의사규칙(醫士規則)」이나 1913년 조선총독부가 개정, 반포한 「의사
규칙(醫師規則)」에는 진료 거부를 금지하는 내용이 포함되어 있지는 않았
다. 다만 「의사규칙(醫師規則)」은 정당한 이유 없이 처방전 교부를 거절할
수 없다는 등 의사가 지켜야 할 몇 가지 의무 사항을 제시했다.[3] 그리고 해
방 이후 의사 및 의료제도에 관한 법률이 정비되면서 1951년 「국민의료
법」 제22조로 "의료업자는 진찰 또는 치료의 요구가 있을 때에는 정당한
이유 없이 거절하지 못한다."라는 조항이 만들어졌다. 이후 1962년 전면
개정된 「의료법」 제30조는 "의료에 종사하는 의사, 치과 의료에 종사하는
치과 의사, 한방 의료에 종사하는 한의사 또는 조산업에 종사하는 조산원
은 구급 진료 또는 조산의 요구가 있을 때에는 정당한 이유 없이 이를 거
부하지 못한다."라고 규정했다.[4] 긴급한 상황을 포함하여 진찰, 치료의 요
구가 있을 때 정당한 사유가 아닌 이상 장소를 불문하고 이에 응할 의무
를 법률로 규정한 것인데, 왕진은 이런 의사의 의무를 준수하는 하나의

3　조선총독부, 「의사규칙」(1913), 제9조.
4　「국민의료법」(1951) 제22조; 「의료법」(1962), 제30조.

방법이었다.[5]

 1951년 「국민의료법」부터 현재의 「의료법」까지 의사의 의무를 규정하는 조항은 크게 변하지 않았지만, 왕진이라는 진료 방식은 완전히 변했다. 그 용어를 과거만큼 사용하지도 않거니와, 환자의 거주지나 생활공간을 방문하는 목적이나 방식이 달라진 것이다. 오늘날에는 특정 질병을 앓는 환자(심장 질환 환자·복막투석 환자·재활 환자·결핵 환자·암 환자 등)를 위한 재택의료나, '장애인 건강 주치의' 사업, 노인 의료 돌봄이나 가정용 호스피스 사업처럼, 왕진이라는 용어 대신, 더욱 구체적인 목적을 가진 방문진료를 시범적으로 진행하고 있다.[6] 게다가 지난 코로나19 대유행 동안 의료기관을 직접 방문하기 어려웠던 상황에서, 원격/비대면 진료 및 방문진료에 대한 관심도 높아졌다. 이런 모습은 과거의 진료 행위인 왕진을 대체한 것인가, 아니면 시대에 맞춰 변해 온 것인가?

 왕진의 역사를 다룬 학술적 연구는 드물다. 구한말 이후 일제강점기까지 왕진의 모습을 아주 짧게 기억하거나,[7] 과거의 모습과 비슷하게 왕진을 다니는 의사를 묘사하고 왕진 의사 본인의 경험과 소회를 담은 글이 있을 뿐이다.[8] 오늘날 방문진료니 재택의료니 하는 떠들썩함과는 어울리

---

5 1970년 실제로 왕진을 거부하여 환자가 사망한 사건에 대해, 「국민의료법」 위반으로 의사가 입건된 사례도 있었다. 「왕진 거부 입건」,《매일경제》, 1970.4.23.

6 오늘날 재택진료의 다양한 형태에 대해서는,『천 개의 얼굴, 재택의료 퇴원환자 관리부터 완화의료까지』, 2024 서울특별시보라매병원 책임의료 심포지엄(2024.10.)을 참고하라.

7 신좌섭,「왕진 가방」,『보건세계』 53-9, 2006, 13쪽.

8 한재원, 이권호,「'번동의 슈바이처'가 내주는 진짜 처방약: 왕진의사 홍종원」,『월간 샘터』 630, 2022, 42-47쪽.; 추혜인,『왕진 가방 속의 페미니즘』, 심플라이프, 2020,; 양창모,『아픔이 마중하는 세계에서』, 한겨레출판, 2021.

지 않게 왕진이라는 진료 행위에 대한 역사적 고찰은 부재하며, 나아가 왕진이 구체적으로 어떻게 이루어졌는지 살펴볼 직접적 사료도 거의 없다. 다만 의사가 아닌 의료인이 환자를 방문하여 진료하고 돌보는 사례로서 '보건진료원'이나 '가정간호사'의 역사를 다룬 연구가 일부 있을 뿐이다.[9]

이런 상황에서 본 논문은 1970년대를 전후로 의사가 환자를 찾아가는 왕진이라는 진료 방식이 의료 현장에서 사라진 과정을 추적하고자 한다. 우선 1970년대 중반까지 공공연히 이루어진 왕진이 어떤 모습이었는지 당시의 언론 보도를 중심으로 그려 볼 것이다. 그리고 '검은 왕진 가방을 들고 밤거리를 서둘러 걷는' 의사의 왕진 모습이 1960~1970년대를 지나면서 사라진 이유를 당시 병의원과 의사의 증가, 의료보험의 적용 등 격변하는 의료 환경의 맥락에서 살펴볼 것이다. 이후 1980년대에 들어서면서 전통적인 왕진은 거의 사라지는 대신, 특정한 질병에 대해 혹은 특별한 목적을 가진 새로운 왕진의 모습이 등장하는 과정을 다룰 것이다. 이런 연구는 오늘날 논의되고 있는 병원 밖 진료의 역사적 배경과 현재적 의미를 이해하는 데 기여할 것이다.

---

9 권준희, 「보건진료원에게 주어진 진료권 - 무엇이 문제인가」, 『대한간호』 20-2, 1981, 37-39쪽; 이꽃메, 「한국 보건진료원 제도의 시작」, 『한국농촌간호학회지』 4-1, 2009, 31-40쪽; 김옥, 「보건진료원 업무활동의 변화과정: 문헌사료를 중심으로」, 『한국농촌간호학회지』 8-1, 2013, 25-32쪽; 김화중, 「가정간호사업제도」, 『대한간호』 30-2, 1991, 13-22쪽; 한국당뇨협회, 「가정간호사제도 카운트다운 돌입」, 『월간 당뇨』 36, 1992, 66-71쪽; 김혜영, 「가정전문간호사의 역할 규명」, 『한국가정간호학회지』 13-1, 2006, 33-45쪽.

2. 1950년대 이후 왕진의 모습[10]

1956년 개봉한 영화 〈서울의 휴일〉(이용민 감독)에는 당대 왕진의 모습을 엿볼 수 있는 에피소드가 그려졌다. 이 영화는 한국전쟁의 폐허 속에서도 근대화의 길을 걷는 서울의 풍경과 다양한 일상을 그린 작품이다. 산과 의사인 희원은 석 달 만의 휴일을 맞이하여 남편과 나들이를 하기로 했으나, 신문기자인 남편의 특종 취재로 휴일을 망치게 된다. 그녀는 남편 없이 잠깐 외출한 뒤 돌아왔다가, 의원('뷔너스산부인과의원') 진료실을 겸한 자택 앞에서 울고 있는 소녀를 만난다. 이 소녀는 엄마가 아이를 낳으면서 다 죽게 되었는데, 도와줄 어른이나 도움을 요청할 병원이 없다고 하소연했다. 희원은 달동네에 있는 소녀의 집으로 가서 산모의 상태를 확인한다. 외귀용 청진기로 산모를 진단하고, 정체를 알 수 없는 주사를 놓아 출산을 돕는다. 마스크를 착용한 채 신생아를 씻기고, 사흘 동안 아무것도 먹지 못했다는 산모와 소녀를 위해 빵과 미역, 쌀을 사다 준다. 출산한 산모의 상태가 나빠지자, 자신의 진료실에서 수액을 가져와 산모에게 투여한다. 떨어지는 수액을 바라보며 산모를 걱정하는 희원의 표정은 숭고한 의사의 소명을 보여주는 듯하며, 이에 맞춰 웅장한 배경음악이 흐른

---

10 이번 절에서는 주로 신문 기사를 중심으로 1950년대 이후 왕진이 어떻게 진행되었는지 개괄한다. 이는 당시 왕진의 역사에 대해 정리된 연구나 자료가 거의 없다는 현실적인 한계 때문이다. 어떤 의사가 어떤 이유로 왕진을 갔는지, 당시 의료 환경에서 왕진의 비중은 어떠했는지, 왕진의 비용은 어떻게 책정되었는지 등을 세밀하게 파악할 수 있는 자료가 없다는 것이다. 추후에 정부 자료나 통계 등 추가적인 사료가 발굴되면 이 절은 더욱 두텁게 보완될 수 있을 것으로 기대한다.

다.[11] 영화이기에 과장은 있겠으나, 제법 긴 분량으로 묘사된 이 에피소드를 통해 1950년대 이후 왕진의 단면을 볼 수 있다.

왕진은 병의원을 방문하기에는 급한 진료나 치료가 필요한 경우에 진행되었다. 특히 〈서울의 휴일〉 속 에피소드처럼, 급박한 출산을 맞이하여 왕진을 요청하는 경우가 잦았다. 산파도 한 번 와 본 적 없는 강원도 정선의 산골 마을에 위급한 산모를 위해 한달음에 왕진 온 의사와 간호사가 세쌍둥이 아기의 출산을 도왔다는 기사가 대문짝만한 사진과 함께 실렸다.

> 첫아들을 친정어머니가 받아 낸 직후 산모가 거의 실신했다는 소식이 전해지자 문밖에 서성대던 동료 광부 서동국(38) 씨가 갈래(葛來)에 있는 서울의원으로 달려갔다. 서울의원에선 원장 이윤재(42) 씨가 진두지휘, 의사 임성민(38) 씨와 간호원 김연옥(20), 이길선(20), 박점득(19) 양 등 병원 직원 4명을 총동원 앰뷸런스로 탄전길을 달리기 시작했다. 그러나 시골 병원의 구급차는 2km도 못 가서 샤프트 보드 4개가 부러져 버렸다. 이 원장 일행은 왕진 가방을 든 채 눈길을 달음박질쳤다.[12]

원주에서는 출산 직후 산후조리를 제대로 하지 못한 산모가 위급한 것을 알게 된 인근 경찰서장이 의사를 왕진하게 하여 도왔다는 소식이 전해

---

11   영화는 https://www.youtube.com/watch?v=s01M3YGI8MY에서 시청할 수 있다.
12   「한숨의 「경사가족」」,《조선일보》, 1970.1.17.

졌다.[13] 무의촌과 다름없는 지역에 근무했던 의사들의 회고에 따르면, 의과대학이나 인턴 시절 잠깐 산부인과 교육을 받았던 외과나 내과 전문의가 수술용 칼과 가위·혈관 집게·링거·탈지면과 거즈 정도만 챙긴 가방을 들고 왕진을 나갔고, 때로는 자궁 수축을 위해 피토신을 주사했다.[14] 굳이 의사가 아니라 하더라도, 시골에서 임부의 급박한 출산을 돕기 위해 조산원이 자전거를 타고 왕진 가는 경우도 있었다.[15]

도시에서는 출산뿐 아니라 다른 응급 상황에도 왕진을 나가곤 했다. '열이 사십도 내외를 오르내리고 목이 타고 코피를 흘리는' 독감 환자, 갑자기 경기를 일으키고 기절한 아이, 신경쇠약과 심장병을 앓고 있는 경우나 연탄가스를 마셔 중태에 빠진 환자를 치료하기 위해 왕진을 갔다.[16] 음독자살을 시도하여 위중한 경우나 급성 맹장염에 걸린 환자도 왕진의 대상이었다.[17] 의료 시설이 충분하지 않은 상황에서 장티푸스와 같은 전염병 환자가 발생하면 이를 돌보기 위해 왕진이 필요한 경우도 있었다.[18]

이처럼 왕진은 1950년대 이후 위급한 상황이나 병의원에 쉽게 가기 어려운 환자를 돌보는 일상적인 그리고 사회문화적으로 '용인된' 의료 행위

---

13 「민중의 지팡이 산모를 구출」,《경향신문》, 1961.4.22.
14 「의창〈116〉 외과 나도헌(4) 40대 산모의 첫아들」,《조선일보》, 1979.4.15.;「의창〈217〉 내과 한봉전(2)」,《조선일보》, 1979.9.18.;「왕진 끝에 욕보여」,《경향신문》, 1968.4.6.; 「왕진 거부 입건」,《매일경제》, 1970.4.23. 영화 〈서울의 휴일〉에서 희원이 산모에서 주사한 약이 피토신일 가능성도 있다. 며칠 동안 산통을 겪던 산모가 주사를 맞고 얼마 지나지 않아 출산하는 것으로 그려졌다.
15 「찌르릉.. 「싸이클링」 조산원」,《경향신문》, 1961.12.13.
16 「횡설수설」,《동아일보》, 1961.5.1.;「휴지통」,《동아일보》, 1966.2.17.
17 「치료보다 앞서는 돈」,《동아일보》, 1955.3.13.;「수술지연시켜」,《조선일보》, 1956.8.22.
18 「삼천포에 집단 장티푸스」,《경향신문》, 1967.9.30.

였다. '용인'되었다는 것은 의료 행위로 인정받을 만한 어떤 법률과 제도가 존재했다기보다는 여러 공공 기관이 왕진과 관련하여 다양한 방식으로 협력했다는 사실에서 알 수 있다. 무엇보다 주로 야간에 왕진 가는 의사의 신변을 보호하기 위해 경찰이 동행하기도 했다. 위급한 환자가 있음에도 왕진을 꺼리거나 거부하는 경우가 종종 있었는데,[19] 이런 문제를 해결하기 위해 인근 혹은 지정된 파출소에 미리 연락하면 경찰이 의사의 왕진에 동행했다. 무의촌의 경우에는 경찰이 직접 자동차로 의사를 환자한테 데려다주기도 했다.[20] 단순한 경호뿐 아니라 야간통행 금지로 왕진을 못 가는 상황을 도와주거나, 아예 '야간왕진의원' 설치를 추진하기도 했다. 1957년 서울시의회는 서울 시내 245개 동마다 병원 하나씩을 미리 지정하여 야간 왕진을 담당하게 하고, 그 대가로 의약품을 지원하고 보조금을 지급하자는 안건을 결의했다.[21] 이처럼 치안 기관이나 시 당국에서 원활한 왕진이 이루어질 수 있도록 공공연히 협력했다는 것은, 당시에 왕진이 일상적으로 행해지던 그리고 사회문화적으로 인정받는 의료 행위 중 하나였음을 말해 준다.

그렇지만 왕진을 둘러싼 잡음이 없었던 것은 아니었는데, 1950~1960년대 신문에서 다룬 왕진 기사는 환자를 치료하고 생명을 구했다는 긍정적 내용보다는 왕진과 얽힌 각종 사건 사고에 대한 것이 더 많았다. 그중 하

---

19 실제로 왕진 요청을 한 사람을 따라 환자를 보러 가다가 돌연 강도를 당해 금품을 빼앗기거나, 환자나 가족으로부터 폭행을 당하는 경우도 있었다. 「의사소지품 강탈」, 《동아일보》, 1960.3.10.; 「누군줄 아느냐, 왕진의사 폭행」, 《경향신문》, 1968.6.18.
20 「야간왕진을 결의」, 《경향신문》, 1955.12.16.; 「의사 왕진에 경관이 동행」, 《조선일보》, 1957.11.16.; 「경찰에 알리면 당번의 왕진」, 《조선일보》, 1958.12.10.
21 「야간왕진의원 시의 설치 건의」, 《동아일보》, 1957.6.12.

나는 왕진 거부였다. 야간에 왕진 나가는 것이 귀찮아서 거절하거나 아예 병의원 문을 열어 주지 않았고, 의사나 진료를 도와줄 간호원이 없다고 거짓말을 하는 경우도 빈번했다.[22] 음독자살로 회복이 어려워 보이는 환자를 직접 의사에게 데려오라면서 왕진을 거부하기도 했다.[23]

> "급한 환자가 있어 왕진을 해 달라."고 호소하였으나 동 병원에서는 왕진을 할 수 없으니 데리고 오라고(간호부의 말) 왕진을 거부하였다는 것이다. 한편 거부당한 정 양은 각 병원을 찾아 이곳저곳 거리를 배회하던 중 마침 순찰 중이던 음행동 파출소 순경 김종문 씨를 만나 전후 사실을 호소하였다 하는데 김순경은 허겁지겁 전기 윤 씨 집으로 달려가 윤 씨를 등에 업고 경찰병원으로 데리고 가서 응급치료를 하여 겨우 생명을 구출하였다 한다. 한편 이 사실을 입수한 수사 당국에서는 주민들의 여론을 조사하고 동 병원에 대해서는 「국민의료법」 위반 혐의로 입건 취조하겠다고 한다.[24]

지나치게 비싼 왕진료를 요구하는 것도 문제로 지적되었다. 환자를 치료하거나 돌보지도 않은 채 왕진비만 요구하고,[25] 응급 분만한 산모를 도운 뒤 즉석에서 왕진비를 받지 못해 환자의 어린 가족을 인질처럼 데리고 가거나 재왕진을 거절한 사건도 있었다.[26] 왕진비에 대한 불만은 1957년

---

22 「밤 왕진 거부한 의사」,《동아일보》, 1954 12.5.; 「여적」,《경향신문》, 1955.4.20.
23 「휴지통」,《동아일보》, 1966.2.17.
24 「왕진 거부한 의사 입건시」,《조선일보》, 1959.8.20.
25 「치료보다 앞서는 돈」,《동아일보》, 1955.3.13.
26 「돈에 눈 먼 의사 - 일반의 비난 자자」,《경향신문》, 1949.4.20.

부터 세계적으로 발생하여 1961년 우리나라에서도 유행한 '아시아 독감
(Asian Influenza)'[27]에 걸린 어린아이들을 치료하기 위해 왕진 온 의사의 행
태에 대해서도 터져 나왔다.

> 이웃의 의사를 부르게 되면 '마이싱' 주사와 또 하나의 무슨 주사 등 두 대쯤
> 놓고 물약에 소화제 몇 봉지를 주고는, 왕진료까지 얼러 몇천 환 돈을 또박
> 또박 청구한다. 그 모두가 국산 약품으로 원가는 불과 삼사백 환. 만약 서너
> 번만 왕진을 청하게 되면, 지척의 거리에서도 만 환 돈은 훌쩍 넘는다. 병을
> 낫게 해 주면야 그만 돈이 아까우랴만은, 이번 독감은 꼭 '의술'의 우열로서
> 만 낫고 안 낫고의 성질의 것이 아니다.[28]

왕진을 둘러싼 또 다른 잡음은 의료사고 및 의사의 범죄행위에 관한 것
이었다. 왕진을 온 의사로부터 주사를 맞고 사망했다는 기사가 꾸준히 등
장했다. 전날 술을 마시고 몸이 불편했던 남성이나 지병을 앓고 있던 6대
독자, 만성복막염에 고생하던 환자가 왕진 온 의사로부터 강심제나 포도
당 등의 주사를 맞고 사망했다는 기사가 빈번했다.[29] 이에 항의하는 가족
을 의사와 조수가 폭행하기까지 했다.[30] 면허도 없는 부인이나 조수를 대
신 보내고 아예 면허가 없는 사람이 의사인 척 왕진을 갔다가 주사를 잘

---

27 송영조, 「1961년 서울에 유행한 Influenza의 임상역학적 및 혈청학적 고찰」, 『대한내과
    학회잡지』 5-2, 1962, 121-127쪽.
28 「횡설수설」, 《동아일보》, 1961.5.1.
29 「주사 맞다 절명」, 《경향신문》, 1957.8.21.; 「육대독자가 절명, 포도당 주사 맞고」, 《동
    아일보》, 1959.7.11.; 「주사 맞고 사망」, 《조선일보》, 1960.2.25.
30 「주사 후 오분 내 사망」, 《동아일보》, 1961.10.24.

못 놓고 응급 상황에 제대로 대처하지 못해 인명 사고가 나기도 했다.[31] 또한 왕진 도중 환자나 가족에게 성폭력을 저지른 의사도 있었다.[32] 이처럼 1950~1960년대 신문 기사에 왕진은 '왕진 거부', '과도한 왕진비', '주사 맞고 사망' 등 다소 부정적인 이미지로 그려졌다. 이는 곧 왕진이라는 진료 행위가 당시 아주 특별한 것이 아니었다고 이해될 수도 있는데, 이미 일상 깊이 녹아든 것이기에 세쌍둥이 출산을 도운 것처럼 아주 대단한 사례가 아니라면 굳이 그 가치를 강조해 말할 필요가 없었다는 것이다. 마치 오늘날 스마트폰이 삶의 일부가 되어 버려서, 스마트폰과 관련된 사건 사고를 주로 이야기할 뿐 그 가치나 효용을 말하지 않는 것과 비슷하다.

그렇지만 시간이 지나면서 특히 1970년대에 들어오면서 왕진을 둘러싼 각종 불미스러운 사건이나 사고 기사는 거의 등장하지 않았다. 오히려 이제 왕진의 의미가 퇴색되었음을 강조하는 글과 함께, 왕진이라는 진료 행위의 긍정적인 가치를 강조하려는 목소리도 나왔다. 앞선 시대와 비교하여 왕진이 더욱 새롭고 중요한 진료 행위로 발전해서가 아니라, 현실에서 보기 힘든 과거의 왕진을 추억하려는 것처럼 보였다.

그러나 환자의 생명에는 이상이 없을 것이라는 의사의 보장에 퍽 안도의 한 숨을 쉬며 되돌아서는 의사의 뒷모습을 언제까지나 지켜보고 서 있었다.

---

31 「무면허 과실치사」, 《조선일보》, 1960.6.11.; 「의사 김씨를 구속」, 《동아일보》, 1960.12. 9.; 「주사 맞고 쇼크사」, 《동아일보》, 1968.8.1.: 「주사 맞고 쇼크사, 돌팔이 의사 수배」, 《경향신문》, 1970.8.20.
32 「휴지통」, 《동아일보》, 1954.1.7.; 「난행의사를 구속」, 《동아일보》, 1964.9.4.; 「왕진 끝에 욕보여」, 《경향신문》, 1968.4.6.

병원에 돌아오는 그 친구 의사의 마음에는 빈곤에서 사는 한 인생에서 오는 어두운 면보다는 이 환자에게 베풀어 주는 이웃 사람의 따뜻한 온정이 한결 흐뭇하기만 하여 자기의 천직에 대한 보람을 다시 한 번 음미할 수 있었다.[33]

방 안에서 환성이 울려 퍼졌다. "나왔다." "살았다." "이젠 됐다." 하고 가족과 아낙네들은 저마다 한마디씩 떠들어 댔다. [중략]

나는 그제서야 기진맥진한 상태로 옆방으로 안내됐다. 온몸은 피와 땀으로 범벅이 되어 있었다. 닭이 홰를 치며 우는가 했더니 여기저기서 개 짖는 소리가 들렸다. 피로에 젖은 눈을 붙인 듯 만 듯 했을 때였다. 누군가가 문을 두드리더니 닭이며 계란이며 농주며 상다리가 부러지도록 차린 음식상이 들어오지 않는가. 밖은 이미 먼동이 트기 시작하고 있었다.

잠시 후 몇 푼 안 되는 코 묻은 돈을 움켜 쥐고 마을을 내려오는 나의 발걸음은 한없이 가벼웠다. 비록 뜬눈으로 밤을 지새우고 눈길을 헤치며 돌아와야 했어도 마음은 마치 개선장군처럼 들떠 있었다.[34]

1970년대 들어 왕진이라는 진료 행위는, 1974년 신문에 실린 구한말 당나귀를 타고 왕진을 가는 알렌 박사의 빛바랜 사진처럼,[35] 과거의 유물이 되어 버린 것일지도 몰랐다.

---

33 「왕진과 천직」,《경향신문》, 1972.3.23.
34 「의창(217) 내과 한봉전」,《조선일보》, 1979.9.18.
35 「당나귀를 타고 왕진을 가는 의료선교사 알렌 박사」,《경향신문》, 1974.8.31.

3. 1970년대 이후 왕진의 쇠퇴

1979년 말 「의료 체계의 전환기」라는 제목의 신문 기사는 1970년대 의료 환경의 굵직한 변화를 정리하고 1980년대를 전망했다. 여기에 언급된 1970년대의 큰 전환에는 '의료보험제도의 도입', '각종 전염병의 퇴조와 만성질환의 증가', '공해와 중금속 중독 만연', '이호왕 박사의 유행성출혈열 연구', '장기이식과 사지접합술의 성공', '대형 병원의 급성장' 등이 포함되었다. 그리고 왕진이 사라지기 시작한 것도 그중 하나였다.

> 1960년대와 1970년대 초반까지 성행한 **왕진 형태의 단독 시술 형태는 이미 자취를 감추었으며**, 시설과 전문 인력에 의한 조직적인 의료 형태가 1970년대에 커다란 발전을 이루었다.[36]

왕진은 응급 상황이나 다른 이유로 당장 병의원을 갈 수 없는 환자의 요청에서 시작되었다. 출산이나 음독자살 혹은 기타 급작스럽고 위급한 사고가 발생했을 때, 당장 찾아갈 수 있는 병의원이 근처에 없거나 먼 곳의 의사를 만나러 갈 교통수단이 마땅치 않은 경우, 혹은 야간이라는 특수한 시간대, 경제적인 이유로 병의원을 방문하기 어려울 때 등이 왕진을 필요로 하는 일반적인 상황이었다. 그렇다면 1970년대에 왕진이 점차 사라졌다거나 혹은 더 이상 의미 있는 의료 행위처럼 보이지 않게 된 것은, 왕진을 요청할 만한 상황이 발생했더라도 과거와 달리 병의원을 찾아갈 수 있

---

36 「의료체계의 전환기」,《경향신문》, 1979.12.25. 강조는 인용자.

는 의료 환경이 만들어지기 시작했다는 의미이기도 했다.

과거에 비해 왕진이 쇠퇴하기 시작한 것은 무엇보다 1970년대 이후 도시를 중심으로 병의원과 의사의 숫자가 급격히 증가했기 때문이었다. 해방 이후 병의원은 주로 민간을 중심으로 천천히 증가해 왔는데, 그마저도 충분하지 못해, 아픈 사람이 생기면 왕진을 요청하거나 약국을 찾아 임의로 약을 조제하곤 했다. 이런 상황은 시간이 지나도 완전히 해소되지는 않았는데, 한국보건사회연구원이 발행한 『보건사회』(1982)에 따르면, 인구 100명당 병의원을 선호하는 비중은 65.8명, 약국은 27.5명이었지만, 해당 기관을 실제로 이용하는 현황은 병의원 25.6명, 약국 64.5명이었다.[37] 1980년대 초반까지도 왕진까지 요청할 필요가 없는, 즉 위급하지 않은 환자의 경우 병의원보다는 약국을 방문하는 것이 일상적이었던 것이다.

그렇지만 위의 통계자료에서 볼 수 있는 것처럼 1980년대 초 병의원을 '선호하는 비중'이 약국의 세 배라는 것은 그만큼 이용할 수 있는 병의원의 숫자가 많아졌다는 것을 의미했다. 1950년대 이후 종합병원을 포함한 병원과 의원의 숫자는 1950년대 이후 꾸준히 증가해 왔는데, (치과나 한의원을 제외하고) 1953년 기준 종합병원 및 병원은 115개, 의원은 2,473개로 총 2,588개였지만, 1960년에는 총 4,013개(종합병원 및 병원 150개, 의원 3,863개)로 늘었다.[38] 이런 추세는 1970년대 이후에도 지속되었는데, 종합병원의 경우 1970년 12개에서 1980년 82개, 1982년 135개로 비약적으로

---

37 한국보건사회연구원, 『보건사회』, 1982, 141쪽, 박윤재, 『한국현대의료사』, 들녘, 2021, 111쪽에서 재인용.
38 보건사회부, 『보건사회백서』, 1964, 40쪽.

늘었고, 병원 역시 1970년 223개에서 1982년 275개, 의원은 1970년 5,402 개에서 1981년 6,604개로 증가했다.[39] 병의원의 증가는 인구당 병의원 기관의 비율에서도 확인되었다. 1955년 총인구 2,150만 명을 기준으로 인구 10만 명당 종합병원/병원의 수는 0.5개, 의원의 수는 11.5개였지만, 1982년에는 인구 3,932만 명 기준으로 각각 1.0개, 16.8개로 늘었다. 병의원의 증가와 함께 의사 수도 늘었는데, 한의사와 치과 의사를 제외하고 1949년 4,375명이던 의사는 1950년 4,577명, 1964년 10,017명, 1970년 14,932명으로 늘었고, 1978년 2만 명을 넘어선 뒤에 1980년에는 22,564명까지 증가했다.[40] 이제는 '검은 왕진 가방을 들고 가정을 각 가정을 방문하는 단골 의사의 왕진 시대를 뒤로하고, 전문의가 많아지고 병의원이나 의료기관이 늘어나 올바른 의사나 의료기관을 선택하는 지혜가 필요한' 시대가 되었다.[41]

1977년부터 공식적으로 실시된 의료보험은 환자가 병의원을 더 쉽게 찾아갈 수 있도록 하는 또 다른 요인이 되었다. 병의원을 찾는 경제적 부담을 완화할 수 있을 뿐 아니라, 가까운 1차 병원과 함께 3차 병원까지 접근할 수 있는 계기를 만들어 주었기 때문이다. 의료보험 실시 이전에는 사람들이 의료적 지원을 위해 찾는 곳이 주로 약국이었고 인구 1인당 연간 의사 방문 횟수는 1회 이하였지만, 의료보험이 실시되고 전국적으로 확대된 1989년 이후에는 연 6.41회로 증가했다는 기록이 이를 잘 보여주

39   김일순, 「의료전달체계와 의원」, 『대한가정의학회지』 4, 1988, 2쪽.
40   보건사회부, 『보건사회, 1981』, 1981, 89쪽.
41   「건강의학47. 환자수칙 일곱 가지」, 《동아일보》, 1981.2.14.

었다.[42] 병의원과 의사의 숫자가 많아지고, 의료보험으로 인해 의료비를 지원받음으로써 왕진보다 병의원을 찾는 것이 더 빈번해졌다는 것이다.

왕진 비용에 대한 공식적인 기록은 없지만, 병의원을 방문하는 것에 비해 확연히 저렴하지는 않았다. 「긴급통화조치법」이 시행되기 1년 전인 1961년 4월 서울시 의사회가 의료 비용 인상을 시도했다는 언론 보도가 나왔다. 이에 따르면 병원을 방문하여 진찰받는 비용은 현행 500환이며, 간단한 수술은 1,000~3,000환, 입원비는 1일 1,500환으로 책정되어 있었던 반면, 당시 왕진비는 1,000환이었다.[43] 진찰비나 수술 비용을 산정하는 방식이 복잡하기 때문에 단순하게 비교할 수는 없지만, 의사를 요청하는 왕진비가 병원을 찾는 것에 비해 훨씬 싸지는 않았을 것으로 추측된다. 이후 통화개혁(1962)이나 물가 인상을 고려해도 왕진비가 현격히 인하되지 않은 이상, 다른 의료 비용보다 더 낮지는 않았을 것으로 보인다. 예를 들어 1967년 서울시립병원 진찰비는 50원, 서울대병원 진찰비는 150원이었고,[44] 1969년에는 서울대병원 진찰비가 100원으로 인상되었다.[45] 1970년대 넘어와서 대도시의 초진료가 100원을 넘어섰고,[46] 1975년 보건사회부가 지역별로 무질서하게 받고 있는 의료수가를 재조정할 때 군청 소재지 및 읍면 지역의 의원 진찰비가 200원, 서울 지역 종합병원의 진찰비는 500원이었다.[47]

---

42 여인석 외, 『한국의학사』, 의료정책연구소, 2012, 343쪽.
43 「치료비 인상을 획책」,《경향신문》, 1961.4.24.
44 「오물수거료 등 인상」,《동아일보》, 1967.11.28.
45 「진찰비 올려」,《경향신문》, 1969.3.24.
46 「진료비 올리기로」,《조선일보》, 1971.3.24.
47 「의료수가 지역별 통일」,《조선일보》, 1975.4.26.;「의료비 등급제로 규제」,《동아일

이처럼 1960년대 말까지는 왕진비가 병의원 진찰비보다 아주 저렴한 것은 아니었으며, 이후 의료비 인상으로 진찰비가 더 비싸졌다고 해도 1977년 의료보험 실시로 인해 환자의 부담은 경감되었고 병의원을 찾는 것이 더 수월해졌다. 심지어는 의료보험 실시 이후 일부러 큰 병원에 '엄살 입원'하려는 환자들이 늘어난 세태를 개탄하기도 했다.

> 의료보험 실시 후 종합병원에는 환자가 밀려 입원을 하기 위해 기다리는 사람들이 보통 1백여 명에 이르고 있다. 특히 값이 싼 일반 병실을 구하기는 별 따기만큼이나 어려운데…. [중략]
>
> 이런 해프닝에 대해 병원 관계자들은 의료보험으로 진료를 받을 때 본인 부담률이 외래 50%이지만, 입원은 20%에 불과해 통원 치료를 하나 입원을 하나 비용에 큰 차이가 없는 것도 입원 희망자가 늘어나는 원인이 되고 있다고 지적하며…. [하략][48]

병의원과 의사의 증가 및 의료보험 실시로 인한 의료비 부담 완화와 함께, 왕진을 덜 필요하게 만든 또 다른 배경은 응급 수송 체계의 마련이었다. 앞서 보았듯이 왕진을 요청하는 경우는 출산이나 음독 등 응급 상황이 발생해도 바로 병원을 갈 수 없을 때인데, 1970년대 후반부터 환자를 병원으로 빠르게 이송할 수 있는 안정적인 체계가 마련되었던 것이다. 사실 1960년대까지는 응급 의료에 신경을 쓸 겨를이 없었다. '당번의사제도'

보》, 1975.10.29.
48 「통금해제 후 엄살 환자가 늘고 있다」,《매일경제》, 1982.1.20.

(서울)나 '숙직의사제도'(대구 등 일부 지방) 등을 실시하여 위급한 상황에 의사의 도움을 받을 수 있도록 하거나, 경찰차를 이용하여 환자 이송을 돕는 것이 고작이었다. 서울시의 경우 4개 시립병원에서 구급차를 운영했고, 민간 대형 병원과 협력하여 '응급환자 진료병원제도'를 시행하기도 했다. 응급 상황에 처한 환자를 치료하는 시도가 없었던 것은 아니지만, 의료 인력의 부족, 적절한 행정적 절차와 지원의 미비, 환자를 이송할 수 있는 안정적 체계의 부재 등으로 여전히 응급 의료는 제대로 시행되기 어려운 상황이었다.[49]

그러던 중 1979년 9월 대한의학협회(대한의사협회의 전신)의 주도로 '야간구급환자 신고센터'가 설립되었다.[50] 원래 신고센터 운영 계획은 1차 의료기관을 방문하여 처치받은 환자에게 추가적인 치료가 필요할 경우 신고센터를 통해 2차 의료기관으로 이송하거나, 처음부터 의료기관을 방문할 수 없는 환자는 파출소에 신고하여 당직 의사의 문진을 받은 뒤 적절한 의료기관으로 보내는 것이었다.

그렇지만 1차 의료기관이나 파출소를 거치지 않고, 곧장 신고센터를 통해 진료를 요청하는 환자가 많아졌고, 처음 계획과는 다른 여러 상황에 신고센터 운영이 혼란을 겪기도 했으나 곧 안정을 되찾았다. 9개월 동안 구급차가 2,000회 넘게 출동했고, 3,700여 명의 환자가 2차 의료기관으로 이송되어 치료를 받았다. 그리고 1년 6개월가량 운영된 신고센터는, 1981년 3월 서울시 소방본부로 업무를 이관했다. 민간단체인 대한의학협회가

49　권오영, 「야간구급환자 신고센터의 설립과 의의」, 『인문학연구』 53, 2022, 5-9쪽.
50　「의료체계의 전환기」, 《경향신문》, 1979.12.25.

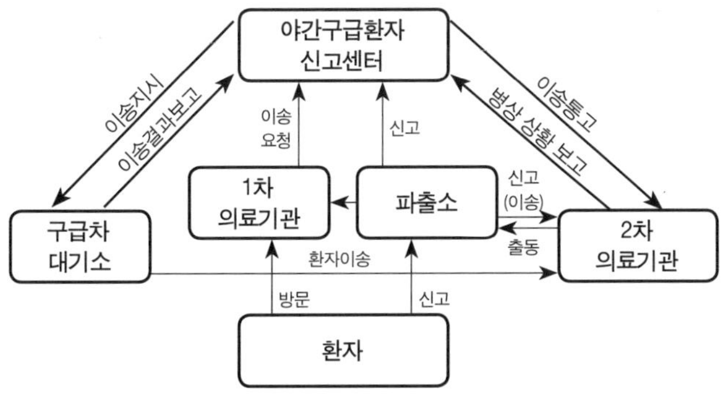

〈그림 2〉 야간구급환자 이송 체계(출처: 권오영, 2022, 24쪽)

운영하던 응급 환자 신고 및 이송 업무를 공공 기관이 이월받은 것인데, 이후 서울시뿐 아니라 전국의 213개 소방서에 신고센터가 신설되었다. 그리고 1983년 「소방법」 개정 및 119 구급대 창설을 통해 국가 응급 의료 체계가 마련되었다.[51] 이처럼 1970년대 후반부터 체계적으로 실시되기 시작한 응급 의료 체계는 의사를 집으로 부르기보다는 의료기관을 더 빠르게 찾아갈 수 있도록 돕는 것이었기에, 전통적인 방식의 왕진은 상대적으로 줄어들 수밖에 없었다.

4. 결론—사라지지는 않은 왕진?

1980년대 이후에도 왕진이라는 의료 형태가 완전히 사라지지는 않았다. 1980년대 후반쯤 되면, 의사가 왕진 가방을 들고 환자의 집을 찾는 것

---

51 권오영, 앞의 논문, 25-30쪽.

이 더 이상 30~40년 전의 '목가적 광경'도 아니고,[52] 생산성이나 효율성 측면에서 왕진이 바람직한 형태의 의료도 아니며, 이제는 "도시, 농촌 할 것 없이 이런 왕진 모습을 볼 수 없다."라는 단언도 있었던 것이 사실이다.[53] 그렇지만 1977년 의료보험 실시 당시 왕진을 특게 진찰에 포함시켜 적정한 의료보험 수가를 산정할 계획이라는 기사에 비추어 볼 때, 오히려 왕진이 공식적인 의료 체계에 포함되기 시작한 것으로 볼 수도 있다.[54] 농어촌 등 무의촌에서 자연사한 경우가 있을 때 의사가 왕진을 가서 시신을 확인하고 사망진단서를 발급했다거나, 통행금지 조치가 해제된 이후에는 심야 시간에 대수롭지 않은 증상인데도 왕진을 요청한다는 하소연도 있었다.[55] 과거처럼 진행되지는 않았지만, 왕진이 완전히 없어진 것은 아니었다.

그렇지만 병원이 아닌 환자의 가정을 찾아가 진료하는 의료 형태가 과거의 왕진과 달라진 모습을 보이기도 했다. 한편으로는 응급 환자 혹은 야간에 발생한 환자를 급하게 치료하기도 했지만, 병원을 적절하게 방문하기 어려운 환자를 일상적으로 찾아가는 모습도 있었다. 의료 환경이 열악한 지역에서 영세민을 위해 무료 혹은 저가로 진료하면서 지역 주민을 돌본다거나, 시골 벽지에서 오토바이를 타고 환자를 찾아다니는 미담이 속속 알려졌다.[56] 응급 환자에 대한 일회성 처치가 아니라, 병의원을 찾기

---

52 「건강에세이. 단골의사를 갖자」, 《매일경제》, 1989.2.16.
53 「왕진과 가정의 제도」, 《동아일보》, 1992.7.21.
54 「보사부, 새 수가체제 채택 검토」, 《매일경제》, 1977.5.2.
55 「자연사 매장-화장 때 사망진단서 폐지」, 《조선일보》, 1980.8.15.; 「통금 해제 후 엄살 환자가 늘고 있다」, 《매일경제》, 1982.1.20.
56 「김경희 씨 영세민진료헌신 '상계동 슈바이처'」, 《조선일보》, 1991.2.27.; 「오토바이 왕

어려운 사람들을 찾아가 일상적으로 돌보는 이런 진료 행위는 다분히 의료인 개인의 헌신과 희생을 전제로 한 것이었다.

다른 한편으로는 병의원이 아닌 공간에서 환자를 진료하고 돌보는 의료 행위를 제도화하는 방식이었다. 1970년대 후반부터 몇몇 의과대학에서 시도한 가정의 제도가 하나의 사례였다. 외국의 경우 1960년대 이후 의학의 지나친 전문화, 세분화가 가져온 폐해를 반성하고 병원 안팎에서 환자에 대한 포괄적, 지속적 치료를 강조하는 가정의학(Family Medicine)이 주목받기 시작했다.[57] 국내에서도 1970년대 후반부터 서울대학교와 연세대학교 의과대학을 중심으로 가정의 제도에 대해 고민되기 시작했고, 1980년 대한가정의학회가 창립되었으며, 1985년 가정의학이 전문진료과목으로 승인받았다. 과거 왕진과 동일하지는 않지만, 가정의 제도가 의료기관이 아닌 공간에서 환자의 건강을 진료한다는 측면에서는 서로 닮은 면도 있었다.[58] 환자의 집에서 환자를 돌보는 또 다른 사례로는 1991년부터 시행된 가정간호사 제도였다. 원주기독병원에서 1974년부터 자체적으로 '지역사회보건간호과'를 두고 여러 명의 간호사를 배치해 주민들에게 가정간호사업을 실시해 오고 있었다. 그리고 1980년대부터 만성질환자를 비롯하여 가정에서 오랫동안 치료를 받아야 할 환자가 늘어나면서

진 10년, 소백산 천사」,《조선일보》, 1991.7.1.

57 재컬린 더핀, 신좌섭 옮김, 『의학의 역사』 (사이언스북스, 2015), 491-508쪽.

58 1983년 연세대학교 의과대학 강의실에서 이 대학 가정의학과에 등록된 100여 명의 가족 대표들과 의료진이 가정의 제도에 대해 토론을 벌인 적이 있다. 이 자리에서는 과거와 같은 왕진을 찾아보기는 힘들지만, 의료진이 가정을 방문하는 '가정의 왕진제도'를 주요 업무로 확정하기도 했다. 「가정의 제도 자라고 있다. 연세대의대 등록 백여 가족, 의사 첫 모임」,《동아일보》, 1983.9.27.

가정간호를 요구하는 목소리가 커졌고, 1991년 법적 근거가 마련됨에 따라 1994년부터 시범적으로 시행되었다. 가정간호사 제도는 당시 병원 중심의 의료 체계에 변화를 가져올 뿐만 아니라 공공 의료의 일환으로 저소득층의 의료복지 향상에도 기여할 것으로 기대받기도 했다.[59] 이처럼 왕진이라는 과거의 명칭을 사용하지는 않지만, 제도화된 방식으로 병원 밖에서 환자를 진료하고 돌보는 의료 형태는 지속되고 있으며, 현재에도 공공의료기관과 지자체에서 다양한 시범사업을 진행하고 있다.

과거의 왕진은 당시 상황에서는 어쩔 수 없는, 그렇지만 사회적으로 용인된 의료 행위였다. 민간 의료인 개개인의 헌신에 더해 경찰서와 지자체 등 공공 기관이 협력해서 열악한 의료 환경의 공백을 메우려는 공동의 노력이자 고육지책이기도 했겠지만, 당시로서는 일상적으로 이루어지던 어쩌면 당연한 의료 행위였다. 따라서 이유 없이 왕진을 거부하거나 진료비를 과도하게 청구하는 일련의 행위는 더욱 지탄의 대상이 되었을 것이다.

오늘날 병의원을 중심으로 훨씬 나은 의료 환경이 마련된 상황에서, 병원 밖 진료는 민간 의료인과 공공 기관의 긴밀한 협력보다는, 주로 의료인 개인의 결의와 헌신 또는 공공(의료) 기관의 사업이라는 형태로 진행되고 있다.[60] 과거 민간 의료인과 공공 기관이 느슨하게나마 협력했던 왕진의 모습이, 오늘날 재택/방문/원격 진료 등 다양한 이름으로 실시되는 병

---

59 「논란많던 '가정 간호사제' 내년 초 도입 의료 체계 대변혁 예고」,《한겨레》1991.10.31.
60 2024년 10월 열린 책임의료 심포지엄에서는 서울시와 동작구의 방문/재택진료 사업, 서울대병원의 재택의료, 가정간호 사업, 경기도의료원의 재택의료 사업이 소개되었다. 그 외에는 개인의원 원장이나 협동조합 소속 의료인이 고군분투하는 사례였다. 『천 개의 얼굴, 재택의료 퇴원환자 관리부터 완화의료까지』, 2024 서울특별시보라매병원 책임의료 심포지엄(2024.10.)을 참고하라.

원 밖 진료에서는 좀처럼 보이지 않는다는 것이다. 수십 년에 걸쳐 변하고 발전해 온 의료 환경에서, 과거 왕진의 모습을 기대할 수도 없으며, 기대해서도 안 되는 것은 분명하다. 그렇다 하더라도 개인의 헌신에 기대거나 공공사업이 아닌, 민간과 공공이 함께 고민하는 '새로운 왕진'을 상상해 볼 수는 있지 않을까?

돌봄과 주체[*]

─새로운 주체성과 다른 돌봄의 가능성

조태구
경희대학교 HK+통합의료인문학연구단 HK교수

---

[*] 이 글은 조태구, 「돌봄, 주체 그리고 삶: 미셸 앙리와 돌봄에 대한 다른 접근 가능성」(『현상학과 현대철학』 102, 2024)을 수정·보완한 것임을 밝힌다.

1. 서론

하야카와 치에 감독의 2022년 작품 〈플랜 75〉는 75세 이상 노인에게 적극적으로 안락사를 권유하는 근미래 일본의 모습을 그리고 있다. 영화의 제목이기도 한 '플랜 75'는 고령화로 인한 문제가 나날이 심각해지고 있는 상황 속에서 일본 정부가 마련한 '초고령사회 특별대책'을 통칭하는 이름으로서, 영화 속 뉴스는 이 '플랜 75'를 '75세 이상 고령자의 죽음을 선택할 권리를 지원하는 제도'라고 소개한다. 실제로 75세 이상의 노인이 정부가 제공하는 이 '서비스'에 가입할 경우, 여러 혜택을 누릴 수 있다. 가입과 동시에 10만 엔(한화로 약 90만 원)의 지원금을 받을 수 있을 뿐만 아니라, 죽음을 준비할 수 있도록 주어지는 일정 기간 동안 24시간 개인 상담 서비스를 제공받을 수 있고, 사망 후 화장과 매장은 물론, 살던 집의 처분까지도 정부가 무료로 대행해 준다. 가입 절차 또한 매우 간단하다. 가입을 위한 특별한 심사 과정은 없으며, 건강진단이나 의사와 가족의 승낙도 필요 없다. 그리고 이러한 서비스의 가입 절차는 갈수록 더욱 간소화되어 '플랜 75'가 시행된 지 3년이 지난 시점, 서비스 가입은 이제 주민등록 없이도 가능해진다.

그러나 '플랜 75'를 영화 속 뉴스가 소개하는 것처럼 단순히 '고령자의 죽음을 선택할 권리를 지원하는 제도'로 이해할 수는 없다. 영화는 요양보호시설에서 노인들을 살해한 뒤 자살하는 한 청년의 다음과 같은 독백으로 시작한다.

> 넘쳐 나는 노인이 나라 재정을 압박하고 그 피해는 전부 청년이 받는다. 노인들도 더는 사회에 폐 끼치기 싫을 것이다. 옛날부터 우리 일본인은 국가를 위해 죽는 걸 긍지로 여겨 왔다. 나의 이 용기 있는 행동을 계기로 진솔하게 논의하고 이 나라의 미래가 밝아지기를 진심으로 바란다.

2016년 일본에서 실제로 발생한 '사가미하라 장애인 살인 사건'을 모티브로 한 이 장면[1]은 '플랜 75'가 지원하는 노인들의 안락사가 기존에 논의되던 안락사들과 근본적으로 다른 성격의 것임을 시사한다. 즉 '플랜 75'가 지원하는 안락사는 고통으로부터 말기 환자들을 해방시키기 위한 '의학적 모델'도 아니고, '죽을 권리'를 모든 인간의 기본 권리로서 인정하고자 하는 '인권 모델'도 아니다.[2] '노인 혐오 범죄가 전국에서 이어지는 한편, 심각해지는 고령화 문제에 대처할 방안을 요구하는 목소리가 높아'지는 상황 속에서 문제를 해결하기 위해 정부가 마련한 이 안락사 제도는, 기존의 안락사 모델들이 그 추진 동기를 환자의 고통이나 권리, 즉 안락

---

1   신정선, 「[그 영화 어때] 75세 되셨다고요, 국가가 죽여드립니다, 영화 '플랜75'」, 《조선일보》, 2024.02.02.

2   이 '의학적 모델'과 '인권 모델'의 구분은 안락사 옹호자이자 실천가인 필립 니츠케(Philip Nitschke)의 구분이다. 이 구분과 관련해서는 조태구, 「행복한 죽음을 위한 인간의 권리」, 『문학과 사회 하이픈』 129, 문학과지성사, 2020, 52-53쪽을 참조할 수 있다.

사 대상자 자신에게서 찾았던 것과는 달리, 안락사 대상자가 살아가고 있는 외적 환경에서 그 추진 동기를 찾는다. 더 이상 사회에 경제적 기여를 하지 못한 채 다만 돌봄의 대상자로 존재하는 노인들이 국가 재정에 부담이 되고, 그렇게 혐오 범죄의 표적이 된 상황이 바로 정부로 하여금 '고객님의 희망에 따라', '죽음을 선택할 권리'라는 이름으로 안락사라는 서비스를 제공하는 이유이다. 이러한 점에서, '플랜 75'의 성공에 고무된 정부가 서비스의 이용 대상 연령을 일본의 정년 나이인 65세까지 낮추려고 검토하기 시작했다는 영화 중반의 설정은 상징적이다. 안락사는 더 이상 생산 활동을 하지 못하는 자들에게, 경제적 '수명'이 다한 자들에게 주어지는(강요되는) 선택지이다.[3] 이러한 안락사는 '정치-경제 모델', 혹은 좀 더 정확하고 간단하게 '경제 모델'이라고 부르는 것이 적절할 것이다.

비록 일본의 근미래라는 가상현실을 다룬 영화이지만, 일본보다도 더 빠르게 초고령사회로 진입하고 있는 한국의 상황을 고려할 때, 〈플랜 75〉를 단순히 영화로만 소비할 수는 없다. 2020년 기준 65세 이상 노인 자살률이 OECD 평균보다 2.7배나 높은 수치로 압도적인 1위를 기록하고 있는 한국에서 노인 돌봄의 문제는 현재 한국 사회가 가장 시급하게 해결해야 할 문제이다.[4] 물론 다양한 분야에서 여러 정책적 노력이 진행되고 있

---

3   하야카와 치에 감독의 2022년 장편 〈플랜 75〉의 토대가 되는 감독의 2019년 단편 〈플랜 75〉에는 '플랜 75'의 이런 의도가 좀 더 직접적으로 제시되어 있다. 영화는 한 강연자의 입을 통해, '플랜 75'의 대상이 '저소득층 또는 몸이 불편한 분들, 즉 국가가 먹여 살리지 않으면 안 되는 분들'이며, 고위층과 중산층은 대상자가 아니라고 말한다. 고위층과 중산층은 '돈을 써 주니까 사회에 이바지하고', '앞으로도 활발하게 소비 활동을 할 계층'이기 때문이다.

4   보건복지부 · 한국생명존중희망재단, 『2022 자살예방백서』, 2022, 124쪽.

다. 그러나 급속하게 진행되는 인구 고령화로 인해 매우 가파르게 상승하고 있는 노인부양비(old-age dependency ratio)를 고려할 때,[5] 단순한 정책의 도입은 사회적 반발만을 야기할 우려가 있다. 트론토가 말한 것처럼 돌봄을 제도적으로 도입하기 위해서는 '혁명적인 변화'가 필요하고,[6] 이것이 돌봄에 대해 인문학적으로 성찰해야 하는 이유이다. 인문학적 성찰은 해당 문제에 대해 새로운 사유와 개념을 촉발하고, 이렇게 촉발된 새로운 사유와 개념을 가지고 사람들이 생각하게 만들고, 마침내 행동을 바꾸게 함으로써 세계를 변혁한다.

이러한 관점에서 최근 '돌봄 윤리'를 중심으로 활발하게 이루어지고 있는 돌봄에 관한 인문학적 연구는 주목할 만하다. 기존의 윤리 이론을 보완하거나 대체할 수 있는 새로운 윤리 이론의 하나로 제시된 '돌봄 윤리' 연구는 이제 돌봄을 중심으로 새로운 정치체제를 구축하려는 실천적 운동으로 확장되는 등, 그것이 이룬 성과가 결코 작지 않다. 그러나 이러한 돌봄에 관한 기존의 연구는 돌봄을 주는 자와 돌봄을 받는 자를 전통적인 의미의 주체와 크게 다르지 않게 파악하고 있다는 점에서 근본적인 한계가 있다. 본 글은 우선 돌봄 윤리를 중심으로 전개된 기존의 돌봄에 관한 연구의 한계를 지적하고, 이후 프랑스의 현상학자인 미셸 앙리가 제시하는 주체성에 대한 새로운 관점을 소개한 후, 이 새로운 주체성으로부터

---

5   2021년 발표된 통계청의 자료에 따르면 2020년 21.8명을 기록했던 한국의 노인부양비 (생산연령인구 100명이 부양해야 할 노인인구)는 2036년에 50명, 2070년에 100.6명에 달할 것으로 전망된다(통계청, 『장래인구추계: 2020~2070』, 2021.12.09., 17쪽).

6   Joan C. Tronto, *Caring Democracy: Markets, Equality, and Justice*, New York University Press, New York and London, 2013, p.13(조안 C. 트론토, 『돌봄민주주의』, 김희강·나상원 역, 박영사, 2024, 65쪽).

출발할 때 돌봄에 대한 기존의 접근과는 전혀 다른 방식의 접근이 가능하다는 점을 보여줄 것이다. 본 글은 돌봄에 대한 새로운 접근 가능성을 제시한다.

2. 돌봄 윤리와 인간의 의존성

돌봄 윤리 연구는 사라 러딕의 '모성적 사고[7]'를 시작으로 캐럴 길리건, 닐 나딩스 등 영미 페미니즘 이론가들을 중심으로 1980년대부터 시작된 새로운 윤리 연구 경향으로서, 1990년대에 급격한 상승세를 거쳐 현재는 현대 윤리 연구의 중요한 한 축을 담당하고 있다.[8] 이 연구에 참여한 연구자들은 그 강조점을 어디에 두는가에 따라 조금씩 차이를 보이지만, 다음과 같은 공통점을 가지고 있다. 우선 그들은 사적인 영역과 공적인 영역이라는 전통적 구분을 문제 삼고, 돌봄을 사적인 영역에 묶어 둠으로써 돌봄의 가치를 지속적으로 은폐해 온 역사적 맥락에 주목한다. 그리고 이러한 역사적 맥락 속에서 돌봄의 가치를 무시한 채, 정의 · 평등 · 권리 · 자유 등을 최우선의 가치로 내세운 기존의 윤리 이론들을 비판하고, 이러한 기존의 윤리 이론들을 대체하거나 혹은 보완할 수 있는 새로운 윤리 이론으로서 돌봄 윤리를 제시한다.

---

7   Sara Ruddick, "Maternal Thinking", *Feminist Studies,* 6-2, 1980, pp.342-367.

8   Virginia Held, *The Ethics of Care: Personal, Political, and Global*, New York: Oxford University Press, 2006, pp.26-28(Virginia Held, 『돌봄: 돌봄윤리 -개인적, 정치적, 지구적-』, 김희강 · 나상원 역, 박영사, 2021, 59-64쪽).

그런데 그들이 칸트나 롤스, 밀의 철학으로부터 도출된 기존의 윤리 이론들에서 문제 삼는 것은 무엇보다 이 이론들이 공통으로 가정하고 있는 인간상이다. 칸트의 의무론적 윤리와 밀의 공리주의는 많은 부분에서 서로 대립하지만, 두 이론 모두 "개인주의적이고 비의존적인 인간 개념을 상정한다."[9]는 공통점이 있다. 이 윤리 이론들에서 표준이 되는 인간은 타인으로부터 독립하여 자율적으로 자신의 의지와 판단에 따라 합리적인 선택을 하는 개인이며, 사회는 이러한 개인들이 평등하게 참여하여 서로 간의 합의를 통해 구성한다고 가정된다. 따라서 다른 사람에게 돌봄을 받는 의존적인 사람이나, 다른 사람을 돌봄으로써 자신 아닌 누군가에게 종속되어 있는 사람은 이 사회에서 온전한 자리를 차지할 수 없다. 그들은 공적인 영역에서 배제되고 시민의 자격을 받지 못한다.[10] 그렇게 돌봄은 사적인 영역에 남겨지고, 그 가치를 온전히 평가받지 못한다.

그러나 돌봄 윤리 연구자들에 따르면, 비의존적이고 자율적인 인간 개인은 인위적이고 추상적인 가정일 뿐이다. 분명 이러한 개인은 정치 공동체나 무엇보다 시장이 가정하는 인간상이지만, 인간 삶의 모든 영역에 적합한 인간상은 아니다.[11] 가정이나 친구들 사이에서 가장 중시되는 덕목은 정치 영역이나 시장이 최고의 윤리적 가치로 전제하는 자유나 평등이 아니라, 신뢰와 사랑이다. 그리고 무엇보다 인간은 누구나 성인으로 성장하기 전까지 누군가에게 전적으로 자신의 생존을 의존했으며, 성인이 된

9　Ibid., p.63(번역본 129쪽).
10　Joan C. Tronto, op.cit., pp.25-26(번역본 83쪽).
11　Virginia Held, op.cit., p.43(번역본 91-92쪽).

후에도 병들거나 늙었을 때 누군가의 도움이 없다면 생존을 위협받을 수밖에 없다는 사실을 기억해야 한다. 비의존적이고 자율적인 인간 개인이라는 가정은 이런 생존을 위해 필연적으로 요구되는 의존의 순간들을 의도적으로 추상한다. 그러나 정치 공동체에 참여하기 위해, 혹은 시장에서 생산과 소비 활동을 하기 위해 인간은 우선 생존해야 한다. 인간이 한 인간 개인으로서 생존해 있다는 사실은 적어도 그가 자신의 삶의 어느 순간에 자신 아닌 다른 누군가에게 전적으로 의존했다는 사실을 의미한다.

이제 이러한 의존 관계를 돌봄이라고 정의한다면, 인간에게 돌봄이란 인간의 생존을 가능하게 만드는 가장 근본적인 실천이며, 바로 그러한 점 때문에 무엇보다 우선 추구되어야 할 가치라는 점을 알 수 있다. 누구도 돌봄 없이는 생존할 수 없으며 정치 공동체에도 시장에도 참여할 수 없다. 기존의 윤리 이론들이 최우선의 가치로 내세운 정의와 평등, 권리와 자유 등이 인간이 생존하는 한에서만 의미가 있는 도덕적 가치라는 것이 사실이라면, 이제 돌봄은 이런 도덕적 가치들이 성립할 수 있도록 만드는 '가장 기본적인 도덕적 가치'[12]로 평가되어야 할 것이다.

그런데 인간은 단지 유아 시절이나 병들고 늙었을 경우와 같이 특정한 상황에서만 타인에게 의존하는 것이 아니다. 키테이는 인간에게 '의존은 예외적인 상황이 아니'[13]라고 단적으로 선언했다. 실제로 일상적인 삶 속에서 인간 개인은 누구나 자신 아닌 누군가에게 의존하지 않고는 단 한

---

12 Ibid., p.71(번역본 143쪽).

13 Eva F. Kittay, *Love's Labor: Essays on women, Equality, and Dependency*, New York and London: Routledge, 1999, p.34(Eva Feder Kittay, 『돌봄: 사랑의 노동 - 여성, 평등, 그리고 의존에 관한 에세이』, 김희강 · 나상원 역, 박영사, 2024, 82쪽).

순간도 살아갈 수 없다. 우리는 매일 누군가가 정비해 놓은 길을 걷고, 누군가가 마실 수 있게 만들어 놓은 물을 마신다. 오늘날 무인도에서 홀로 살아가는 누군가가 있다고 하더라도, 그조차 이러한 의존 상황으로부터 예외일 수 없다. 그가 칼을 사용한다면 그는 칼을 만든 누군가에게 의존하고 있는 것이며, 스스로 칼을 만든다면 칼을 만드는 방법을 고안해 낸 누군가에게 의존하고 있는 것이다. 인간은 무(無) 속에 존재하는 것이 아니라, 다양한 역사적·문화적·사회적 관계 속에 존재한다. 그리고 기존의 윤리 이론들이 자명하다는 듯이 가정하는 인간의 자율성이 형성되는 곳도 바로 이러한 의존 관계 속이다. 이는 단순히 어린아이가 부모에게 의존하는 삶을 통해 자율적인 인간으로 성장한다거나, 환자나 노약자가 타인에게 의존함으로써 자신의 고유한 자율성을 회복한다는 사실만을 의미하는 것이 아니다. 모든 인간은 끊임없이 자신이 속해 있는 역사적·문화적·사회적 관계 속에서 자신의 의지에 따라 합리적으로 판단할 수 있는 자신만의 관점을 형성해 나간다. "인간의 자율성은 성취되는 것이지 출발의 전제가 아니다."14

이렇게 인간들 사이에서 형성되는 다양한 의존 관계는 인간이 자율적인 인간으로서 생존하기 위한 필수적이고 보편적인 조건이다. 인간은 자신이 인간의 삶의 방식을 유지하는 한, 다른 누군가에 대한 의존을 피할 수 없다. 그리고 이제 인간들 사이에서 형성되는 이런 모든 의존 관계를 돌봄이라고 부를 수 있다면, 인간에게 돌봄이란 인간의 생존을 가능하게 만드는 가장 근본적인 실천일 뿐만 아니라, 인간이 맺고 있는 다양한 관

14　Joan C. Tronto, op.cit., pp.125(번역본 244쪽).

계 속에서 항상 이루어지고 있는 보편적인 실천이라고 말할 수 있다. 인간은 더 잘 살기 위해 매순간 이러한 보편적 실천이 필요하다. 따라서 돌봄은 정의나 평등, 권리와 자유 같은 다른 도덕적 가치들이 성립할 수 있도록 만드는 가장 기본적인 도덕적 가치인 동시에, 인간이 더 잘 살기 위해 일상적으로 요청하는 보편적 가치이다. 이러한 기본적인 동시에 보편적인 가치인 돌봄을 배제해 온 기존의 윤리 이론들은 모순적이거나, 적어도 불충분한 윤리 이론일 뿐이다.

3. 돌봄 윤리와 돌봄의 외재성

그런데 인간들 사이에서 형성되는 이러한 의존 관계를 모두 돌봄이라고 부르는 것은 돌봄을 지나치게 넓게 정의하는 것이 아닌가? 그러나 트론토는 인간들 간의 의존 관계를 넘어 인간과 비인간 존재자 사이에서 형성되는 관계까지 포괄해서 돌봄에 대한 더 폭넓은 정의를 제안했다.

> 가장 일반적인 수준에서, 우리는 돌봄을 우리가 그 안에서 가능한 한 잘 살 수 있도록, 우리의 '세계'를 유지하고, 지속시키고, 보수하기 위해 우리가 하는 모든 일을 포함하는 종의 활동으로 볼 것을 제안한다. 이 세계는 우리의 몸과 자아, 환경을 포함하며, 우리는 이 모든 것을 복잡한 생명-유지 망(life-sustaining web)으로 엮고자 한다.[15]

---

15 Joan C. Tronto, *Moral Boundaries: A political Argument for an Ethic of Care*, New

트론토에게 '세계'는 우리의 몸과 자아 그리고 환경이 서로 엮여 만들어 내는 복잡한 망으로서, 생명을 유지시키는 기능을 하고, 이러한 '복잡한 생명-유지 망'인 세계를 우리가 그 안에서 가능한 한 잘 살 수 있도록 유지하고 지속시키고, 보수하는 모든 인간의 활동이 바로 돌봄이다. 따라서 이러한 돌봄 정의에 따르면, 환경을 보호하려는 인간의 활동 역시 돌봄이라고 불러야 할 것이다. 분명 이러한 돌봄 정의는 다른 돌봄 이론가들이 제시하는 정의들에 비해 지나치게 넓다. 그러나 트론토는 자신의 정의에 제기된 비판에 대해, 이러한 '광의의 정의는 돌봄을 탐색하는 최선의 시작점'이며, 이미 이 정의 안에 "지나치게 광범위하다."는 비판에 대한 답이 들어 있다고 말했다.[16] 즉 비판에 대한 대답은 인용된 문장이 시작되는, '가장 일반적인 수준에서(On the most general level)'라는 표현에 있다.

사실, 트론토의 돌봄 정의는 돌봄의 가장 일반적인 의미를 제시할 뿐, 더 특수한 의미로 돌봄이 정의될 수 있는 가능성을 배척하지 않는다. 트론토가 제시한 가장 일반적인 수준의 돌봄정의에 논의의 맥락에 따라, '가정에서 이루어지는 활동'이라든지, '특정한 감정을 동반하는 활동'이라는 등의 이러저러한 특성을 덧붙임으로써 특수한 형태의 돌봄을 얼마든지 제시할 수 있다. 그리고 이때 제시되는 돌봄의 특수한 형태들은 트론토가 제시한 '가장 일반적인 수준'의 돌봄에 부분 집합으로서 포함될 것이다. 그런데 바로 이 점이 트론토의 돌봄 정의에 주목해야 하는 이유이다. 트론토의 돌봄 정의가 '가장 일반적인 수준에서' 제시되는 정의이며, 따라

York and London: Routledge, 1993, p.103.
16 Joan C. Tronto, op.cit., 2013, p.19(번역본 73쪽).

서 돌봄에 대한 다른 특수한 정의들이 이 일반적 정의에 부분집합으로 포함될 수 있는 것이라면, 트론토의 정의에서 발견되는 돌봄의 특성은 다른 모든 특수한 돌봄들 역시 공유하는 보편적 특성일 것이기 때문이다. 즉 트론토의 돌봄 정의를 통해, 돌봄 윤리 이론가들 모두가 공유하는 돌봄에 대한 암묵적 전제를 밝혀낼 수 있다.

무엇보다 트론토의 돌봄 정의에서 발견할 수 있는 암묵적 전제, 따라서 모든 돌봄 윤리 이론가들이 공유하는 보편적 전제는 돌봄 관계가 주체와 대상으로 이루어진 관계의 일종이라는 것이다. 인용한 문장에서 확인할 수 있는 바처럼, 트론토에게 돌봄은 세계를 유지하고, 지속시키고, 보수하는 종의 활동이며, 따라서 트론토의 돌봄 정의에서 돌봄의 주체는 인간으로 고정되어 있다. 그리고 세계는 이러한 활동이 적용될 대상으로서 활동의 주체인 인간 앞에 놓인다. 즉 돌봄의 주체인 인간과 돌봄의 대상인 세계는 서로 분리되어 있고, 동일한 지평 위에서 서로의 밖에 자리한 채 외적으로만 관계를 맺는다. 돌봄의 주체와 돌봄의 대상은 자신의 고유한 자리를 점유하고 있는 각각의 항이며, 돌봄 관계는 이런 항들 간에 성립하는 외적인 관계일 뿐이다. 트론토가 말하는 돌봄의 대상에 자아가 포함되어 있다고 해도 달라지는 바는 없다. 트론토가 제시하는 정의에서 자아는 돌봄의 대상으로서 필연적으로 돌봄의 주체인 자아의 밖에 놓인다. 나는 돌봄의 주체와 돌봄의 대상으로 이분되고, 돌봄의 주체인 나는 돌봄의 대상으로 표상된 또 다른 나를 돌본다.[17] 나는 나 자신과 거리를 두고, 이

17　물론 이때 진정한 나는 돌보는 나이다. 돌봄의 대상으로 표상된 나는 나라는 의미를 부여받은 이미지일 뿐이다.

거리를 매개로 외적으로 나와 관계를 맺을 뿐이다.

이제 돌봄 관계가 외적인 관계로 규정될 때 발생할 수 있는 몇 가지 문제점을 제시해 보자. 먼저 돌봄 관계가 외적인 관계로 규정될 때, 이 관계는 그것이 돌봄을 주는 자의 돌봄을 받는 자에 대한 관계이든, 돌봄을 받는 자의 돌봄을 주는 자에 대한 관계이든, 본질적으로 주체와 대상의 관계를 벗어날 수 없으며, 따라서 지배적이고 위계적인 관계가 되기 쉽다. 이는 이러한 관계 속에서 돌봄을 주는 자와 돌봄을 받는 자는 각자 자신을 자신이 구축한 세계의 중심점에 위치시키고, 서로를 대상으로서 세계의 중심인 자신에게 종속시키기 때문이다. 돌봄 윤리 연구자들은 돌봄 관계가 그 관계를 구성하는 항들 사이의 힘의 비대칭에도 불구하고 '위계적이거나 지배적이 되지 않는 관계'라고 주장하지만,[18] 이 관계가 위계적이고 지배적이 될 위험은 그들이 가정하는 주체와 대상이라는 돌봄 관계의 보편적 구조 자체에 내재해 있다.

그런데 이러한 외적인 관계로부터 발생하는 문제는 돌봄을 주는 자나 돌봄을 받는 자가 세계와 맺는 관계에서도 동일하게 발생한다. 돌봄 윤리에서, 돌봄이 이루어지는 세계는 사물들로 채워진 물리적 시공간으로서, 돌봄을 주는 자나 돌봄을 받는 자의 인식 대상이거나, 그들이 사용할 도구일 뿐이다. 인간을 제외한 세계가 돌봄의 주체가 될 수 있는 가능성은 돌봄 관계의 구조 자체로부터 근본적으로 배제되어 있으며, 트론토의 정의에서처럼 인간을 제외한 세계가 돌봄의 대상으로서 돌봄 관계에 포함될 때조차 그 돌봄이 궁극적으로 돌보고자 하는 대상은 세계 자체가 아니

---

18 김희강, 『돌봄민주국가: 돌봄민국을 향하여』, 박영사, 2022, 9쪽.

라 인간이다. 환경보호가 돌봄 행위로 규정될 수 있는 이유는 환경을 돌봄으로써 인간이 더 잘 살 수 있게 되기 때문이지 환경 자체가 좋아지기 때문이 아니다. 돌봄 윤리가 가정하는 외적인 관계로서의 돌봄 관계에서 인간이 아닌 다른 모든 것들은 인간의 좋은 삶이라는 목적에 종속된다.

그러나 이러한 문제들보다 더욱 중요한 문제는 돌봄 관계가 외적인 관계로 규정되는 한, 돌봄 관계는 그것이 아무리 중요한 것이라고 할지라도, 인간존재에 본질적이지 않은 관계로 규정될 수밖에 없다는 사실이다. 인간은 돌봄 없이 생존할 수 없으며, 따라서 돌봄은 인간 생존에 필수적이지만, 여전히 그러한 관계는 일시적일 수 있으며, 맺거나 맺지 않을 수 있다는 점에서 우연적이다. 트론토가 제시하는 가장 넓은 의미의 돌봄을 고려할 때조차, 『정글북』의 모글리처럼 모든 인간관계로부터 벗어난 채 생존하는 인간 개인을 상상할 수 없는 것은 아니다. 돌봄은 인간이 인간 문명의 삶을 유지하는 한 피할 수 없는 보편적 실천이며, 더 잘 살기 위해서는 언제나 항상 요구하게 되는 보편적 가치이지만, 인간을 인간이도록 만드는 인간의 본질은 아니다. 돌봄 관계가 주체와 대상으로 구성된 외적인 관계인 한, 돌봄 관계는 우연적일 수밖에 없다.

이제 이러한 돌봄 관계의 우연성으로부터 필연적으로 돌봄의 의무와 권리에 대한 질문이 제기된다. 돌봄을 제공해야 할 의무와 돌봄을 받을 권리는 어디에서부터 비롯되는가? 돌봄 의무의 발생보다는 그 의무의 공정한 분배에 대해 고민했던 트론토의 논의에서 돌봄 의무의 기원에 대한 직접적인 설명을 찾을 수는 없다. 그러나 논의의 맥락 속에서, 특히 그가 '돌봄의 무임승차권'이라고 부르는 것에 대한 논의 속에서 그 기원을 추론해 보는 것은 어렵지 않다. 트론토는 돌봄의 혜택을 받음에도 불구하고 정작 자신은 돌봄 활동으로부터 면제되는 상황을 '돌봄의 무임승차'라고 부르고, 가정에서 요구되는 돌봄 활동으로부터 면제되는 남성들의 '보호형 무임승차'와 '생산형 무임승차'에 대해 다음과 같이 말했다. "남성은 그들이 사회에 두 가지 방식으로 기여한다는 명분으로 돌봄 책임으로부터 '무임승차권'을 받기 때문에 돌봄을 하지 않는다."[19] 즉 남성들은 가정에서 돌봄을 받음에도 불구하고, 그들이 공적인 영역에서 사회를 보호하거나 경제의 영역에서 생산 활동을 하기 때문에 가정에서의 돌봄 활동으로부터 면제된다. 이는 돌봄의 의무가 자신이 돌봄을 받았다는 사실로부터 발생함을 의미하며, 이러한 돌봄이 일종의 주고받음의 관계에 있음을 또한 의미한다. 남성들은 가정에서 돌봄을 받으므로 돌봄의 의무가 있지만, '보호'와 '생산'이라는 다른 방식의 돌봄을 제공함으로써 그 의무로부터 벗어난다.

키테이는 돌봄 의무의 발생에 대해 좀 더 명확한 설명을 제시했다. 돌봄 의무에 대한 그녀의 주장은 "우리 모두는―평등하게―어느 엄마의 아이이다."라는 상징적 문장으로 요약된다.[20] 즉 우리 모두는 생존을 위해 누군가로부터 돌봄을 받았다는 사실, '어느 엄마의 아이'라는 이 명백한 사실로 인해 우리에게는 돌봄을 필요로 하는 사람을 돌보아야 할 의무가 생긴다. 따라서 키테이에게도 돌봄은 트론토에게서와 마찬가지로 주고받음의 관계 속에 있다. 돌봄을 받았으므로 돌봄을 주어야 한다. 그러나 이들이 말하는 호혜성이 관계자들 간의 맞교환을 의미하는 것은 아니다.

---

19 Joan C. Tronto, op.cit., 2013, p.70(155).
20 Eva F. Kittay, *op. cit.*, p. 30(번역본 75쪽).

키테이는 주체와 대상 간에 이루어지는 이러한 '쌍무적 호혜성(exchange reciprocity)'이 아닌, 확장된 의미의 호혜성인 '관계적 호혜성(reciprocity-in-connection)'을 말하고, 이 관계적 호혜성에서 돌봄을 제공한 자에게 돌봄을 돌려주는 것은 돌봄을 준 그 대상이 아니라 돌봄을 받은 자들, 즉 엄마의 아이들로 구성되어 있는 사회이다.[21] 그러나 쌍무적 호혜성이든 관계적 호혜성이든 그 본질은 변하지 않는다. "한 만큼 돌아온다."[22] 돌봄은 주고받음의 문제이다. "마치 우리가 생존과 성장을 위해 돌봄이 필요했던 것처럼, 우리는 다른 사람이—돌봄 노동을 하는 사람을 포함해서—생존과 성장에 필요한 돌봄을 받을 수 있는 조건을 제공할 필요가 있다."[23]

실제로, 누구나 자신을 '어느 엄마의 아이'로 자각하고 있는 사회에서, 즉 누구나 돌봄을 받아야만 생존이 가능하다는 자신의 취약성을 자각하고 있는 사회에서, 누군가로부터 돌봄을 받을 수 있기를 기대하는 일은 그렇지 않은 사회보다 훨씬 더 자연스러워 보인다. 그러나 이러한 사회에서도 돌봄은 여전히 우연적이며, 돌봄을 받았다는 사실이 필연적으로 돌봄을 제공해야만 한다는 의무감을 느끼도록 만들거나 돌봄을 실천하도록 이끄는 것은 아니다. 오히려 돌봄이 주고받음의 문제로 규정됨으로써, 주고받는 돌봄의 양적 균형이나 질적 균형이 문제로 제기된다. 더 많은 돌봄을 제공했다고 믿는 누군가는 자신에게 충분히 제공되지 않는 돌봄에 불만을 가질 것이며, 충분한 돌봄을 제공받지 못했다고 믿는 누군가는 좀

---

21 Ibid., pp.72-73(번역본 138-141쪽).
22 Ibid., p.72(번역본 138쪽).
23 Ibid., p.116(번역본 200쪽).

처럼 돌봄을 제공하려고 하지 않을 것이다. 글의 시작에서 언급한 것처럼, 사회 고령화로 인해 급격하게 노인부양비 부담이 늘어나고 있는 상황에서 이러한 균형의 문제는 세대 간 갈등과 같은 심각한 사회문제를 야기할 수 있으며, 사실 국민연금 개혁안을 둘러싼 갈등에서 확인할 수 있는 바처럼, 이미 야기하고 있다.

결국 돌봄 윤리는 돌봄의 필요를 지속적으로 은폐하고, 주변화 시켜 온 역사적 사실을 폭로함으로써 돌봄의 가치를 재평가하고, 그것을 윤리의 중심 문제로 위치시키는 커다란 성과를 거두었지만, 여전히 여러 이론적 한계가 있다. 앞서 밝힌 바처럼, 돌봄 윤리는 돌봄 관계를 전형적인 주체와 대상 간의 관계로 전제함으로써 모든 것을 인간 자신에게 종속시키는 인간중심주의적 관점을 고수하고 있으며, 돌봄의 의무를 돌봄을 받았다는 사실로부터 발생한다고 주장함으로써, 전혀 의도한 것은 아니겠으나, '거래의 균형'이라는 전형적인 시장의 문제를 돌봄의 영역 안으로 끌고 들어온다. 또 돌봄 윤리에 내재한 인간중심주의적 관점과 돌봄 의무 발생에 대한 인식은 서로 결합하여 최근 새롭게 제기되고 있는 돌봄의 새로운 방식, 즉 돌봄 로봇의 개발에도 일정 부분 영향을 끼치고 있는 것으로 보인다. 돌봄 윤리 이론가들이 돌봄 로봇에 대해 공통적으로 회의적인 입장을 취하고 있는 것은 우연이 아니다.[24] 이는 단순히 돌봄을 인간의 고유한 행

---

24 J.C. Tronto, *Caring Democracy: Markets, Equality, and Justice*, p.121(번역본 239쪽); V. Held, op.cit., p.36(번역본 79쪽); E.F. Kittay, op.cit., p.52(번역본 331쪽). 한국 판본에는 번역되어 있지 않지만, 키테이는 동일한 곳(Kittay 1999, 52)에서 돌봄 로봇에 대한 자신의 전향된 태도를 매우 길게 소개했다. 그녀는 과거 부벡(D. Bubeck, *Care, Gender, and Justice*, Oxford: Claredon Press, 1995)의 영향으로 돌봄 로봇에 의해 돌봄 노동이 이루어지는 사회의 '디스토피아적 성격을 전적으로 확신했으며', 여전히 '의존

위로 규정하는 돌봄 윤리의 정의와 로봇에 의해 수행되는 돌봄이라는 개념이 서로 모순된다는 점만을 말하는 것이 아니다. 돌봄이 인간이 아닌 다른 무언가로부터 제공되는 상황은 돌봄 윤리가 말하는 돌봄의 의무 자체를 소멸시켜 버린다. 돌봄 로봇은 돌봄 윤리 이론 전체의 타당성에 제기되는 심각한 위협이다.

그런데 지금까지의 논의 전개가 보여주는 바처럼, 돌봄 윤리에 내재하는 이러한 난점들은 돌봄 윤리가 돌봄 관계를 암묵적으로 주체와 대상 간의 관계로 전제한다는 사실로부터 발생한다. 그리고 돌봄 윤리가 이렇게 돌봄 관계를 주체와 대상 간의 관계로 전제하게 되는 이유는 돌봄 윤리가 돌봄을 주는 자와 돌봄을 받는 자를 모두 전통적인 의미의 주체, '탈자적 주체'로 이해하기 때문이다. 돌봄을 주는 자도, 돌봄을 받는 자도 자신의 밖으로 가시성의 지평을 펼치고 이 지평 안에서 대상을 인식하고 자신의 활동을 전개한다. 주체는 언제나 밖으로 향해져 있으며, 이러한 탈자적 주체는 사실 돌봄 윤리만이 가정하는 주체는 아니다. 돌봄 윤리의 비판 대상이 되는 칸트와 밀, 롤스와, 그들로부터 출발하여 전개된 모든 윤리 이론들도 이러한 주체를 전제한다. 즉 트론토는 돌봄의 제도적 도입을 위해서 '혁명적인 변화'가 필요하다고 말했지만, 적어도 돌봄 윤리는 기존의 이론들이 자명하다는 듯 가정하는 주체에 대한 이해를 그대로 받아들이고 그

노동이 단순히 로봇에게 위임될 수 없다고 믿고 있지만', 이제는 "의존 노동에 참여하는 로봇이 이전에는 자명해 보였던 디스토피아로 인도할 것이라고는 덜 확신한다." 그녀는 인간이 행하는 돌봄이 인간이 아닌 다른 것에 의해 완전히 대체될 수 있다고는 생각하지 않지만, 전 세계적인 고령화로 인한 돌봄 수요의 증가로 인해, "좀 더 반응성이 뛰어난 돌봄 로봇 개발을 장려해야 할 타당한 이유가 있다."고 믿고 있다.

로 인해 대상과 세계에 대한 이해도 그대로 답습하고 있다는 점에서 그다지 혁명적이지 않다. 돌봄의 제도적 도입을 위해서 '혁명적 변화'가 필요하다면, 그러한 변화는 돌봄의 대상과 돌봄이 이루어지는 세계, 그리고 무엇보다 돌봄을 주고받는 주체에 대해 기존의 이론들이 성찰 없이 전제하는 모든 가정들을 괄호에 넣고, 처음부터 다시 논의를 시작해야 한다. 이러한 괄호 치기를 철학의 영역에서는 '현상학적 환원'이라고 부른다.

4. 미셸 앙리의 새로운 주체성

프랑스의 현상학자 세바는 현상학적 환원에 대한 서로 다른 이해로부터 두 가지 서로 다른 경향의 현상학이 프랑스에서 전개되었다고 주장한다.[25] 그에 따르면 프랑스 현상학의 한편에는 1) 현상학적 환원을 '나타남 그 자체를 빼내기 위해 나타난 것의 실존에 대한 주장을 괄호 치고 중단'하는 것으로 이해하고 '세계'에 대한 탐구를 중심으로 연구를 진행하는 '메를로-퐁티 계열(famille Merleau-Pontyenne)'의 프랑스 현상학이 있고, 다른 한편에는 2) 현상학적 환원을 '본래적인 것으로 향한 되돌아감(reconduction)'으로 이해하고 '주체성'에 대한 탐구를 중심으로 연구를 진행하는 프랑스 현상학이 있다. 이 가운데 세바가 두 번째 경향으로 분류한 계열에 속하는 철학자들은 자신들이 이해하는 바대로 현상학적 환원

---

25 이에 대한 더 상세한 설명은 조태구, 「프랑스 현상학과 의학」, 『인문논총』 80-3, 서울대학교 인문학연구원, 2023, 67-96쪽을 참조할 수 있다.

을 수행함으로써 좀 더 본래적인 차원을 드러내려고 시도했고, 그 결과 후설의 초월적 주체성보다 더 본래적인 차원의 주체성을 제시했다. 특히 레비나스와 마리옹 등과 함께 이 두 번째 계열로 분류되는 앙리는 그가 자신의 현상학에 붙이는 '극단적(radical)'이라는 수사처럼 이 계열의 다른 현상학자들 가운데서도 가장 극단적인 주체성 개념을 제시했다고 평가할 수 있다.[26]

그런데 앙리가 제시하는 주체성이 단지 극단적이기만 한 것은 아니다. 앙리에 따르면, 자신이 말하는 주체성은 구체적이고 실재적이다.[27] 달리 말하면, 앙리는 자신 이전에 서양철학사에서 논의되던 주체성을, 데카르트와 멘 드 비랑과 같은 몇몇 예외를 제외한다면, 모두 추상적이고 관념적인 주체성으로 규정한다고 보았다. 그리고 그에 따르면, 이렇게 서양철학사에서 논의되던 주체성이 추상적이고 관념적이었던 이유는 플라톤으로부터 하이데거에 이르기까지 서양철학사가 오직 단 하나의 나타남의 방식만을 알고 있었고, 그렇게 단 하나의 존재함의 방식만을 인정했기 때문이다.[28] 앙리가 '존재론적 일원론' 혹은 '현상학적 일원론'이라고 부르

26　이 단락의 모든 인용은 François-David Sebbah, "une réduction excessive: où en est la phénoménologie fraçaise", in E. Escoubas, B. Waldenfels(éds), *Phénoménologie fraçaise et phénoménologie allemande*, Paris: L'Harmattan, 2000, pp.163-164.

27　앙리의 주체성과 관련해서는 조태구, 「미셸 앙리의 구체적 주체성과 몸의 현상학」, 『철학과 현상학 연구』 72, 한국현상학회, 2017, 93-123쪽을 참조할 수 있다. 아래의 논의는 이 논문의 내용 일부를 요약하여 반복하고 있다.

28　다른 현상학자들과 마찬가지로, 앙리에게도 존재한다는 것은 나타난다는 것을 의미한다. 앙리는 "나타나는 만큼, 그만큼 존재한다(autant d'apparaître autant d'être)."는 마르부르크 학파의 원칙을 현상학의 네 가지 원칙 중 하나로 제시했다(Michel Henry, "Quatre principes de la phénoménologie", *Phénoménologie de la vie*, Paris: t, I, PUF, (1991), 2003, p.77). 앙리가 말하는 현상학의 네 가지 원칙에 대해서는 이은정, 「미셸

는 이 존재론에서, 존재한다는 것은 거리 속에서 나타난다는 것, 가시성의 장 속에서 보인다는 것을 의미한다. 빛에 의해 비추어진 것, 의식에 의해 의식된 것, 그것만이 오직 나타나는 것이고 존재하는 것이며, 빛과 의식 그 자체는 이러한 것들을 나타날 수 있도록 만들기 위해 자신의 밖으로 나와 가시성의 장을 펼치는 탈자적 작용으로 이해된다. 따라서 이러한 존재론에서 나타내는 것과 그것에 의해 나타나는 것은 언제나 분리된다. 나타내는 것과 나타나는 것 사이에는 차이가 있으며, 이러한 거리가 바로 나타남의 조건이며 존재함의 조건이다. 앙리는 이러한 거리를 '현상학적 거리', 혹은 좀 더 단순하게 '세계'라고 부른다.

문제는 이러한 나타남의 도식 속에서 나타나는 것을 나타나게 만드는 탈자적 작용 자체는 결코 그 자체로 나타날 수 없다는 사실이다. 나타내는 작용은 그것이 나타나기 위해 자신을 나타나게 만들어 줄 수 있는 또 다른 나타내는 작용을 필요로 하고, 그렇게 다른 나타내는 작용에 의해 더 이상 나타내는 작용이 아니라, 이 새롭게 도입된 다른 나타내는 작용에 의해 나타나게 된 것이 된다는 조건에서만, 즉 더 이상 나타내는 작용이기를 그친다는 조건에서만 나타내는 작용은 나타날 수 있다. 이제 근대에 주체의 자리를 차지했던 의식에 대해 생각해 보자. 이러한 의식은 탈자적 작용으로서 언제나 자신의 밖으로 향해 있으며, 그것이 자신의 밖에 펼쳐 놓은 가시성의 장 안에서 자신 아닌 다른 것을 의식하고, 자신이 아닌 다른 것에 작용한다. 그러나 이러한 의식은 언제나 '무엇에 대한 의

앙리의 삶의 현상학-후설의 지향성을 넘어 비지향적 파토스로」, 『철학·사상·문화』 39, 동국대학교 동서사상연구소, 2022, 63-84쪽을 참조할 수 있다.

식'이며, 그렇게 대상에 대한 의식인 탓에 자기 자신을 파악하려고 할 때도 자기 자신을 대상으로 만들어야만 한다. 의식은 자신을 대상화시킨다는 조건에서만 자신을 의식할 수 있다. 그러나 의식 대상이 된 의식은 대상을 의식하는 의식 작용이 아니다. 의식을 대상화하고 그것을 의식하는 의식 작용은 언제나 대상이 된 의식의 밖에 이 대상이 된 의식, 더 이상 의식이 아닌 의식을 파악하기 위해 위치한다. 이렇게 의식이 시도하는 자기 파악은 필연적으로 무한 소급에 빠지게 되고, 의식은 영원히 자기 자신을 그 자체로 파악하지 못한다. 탈자적 작용으로서의 주체는 영원히 나타나지 않으며, 다만 무언가 나타난 것으로부터 추정하여 그 존재가 가정될 뿐이다. 탈자적 주체는 설명을 위해 인위적으로 가정된 관념일 뿐이며, 구체적인 무엇으로 주어지지 않는 추상일 뿐이다.

그러나 앙리가 탈자적 작용으로서의 주체가 존재한다는 사실 자체를 부정한 것은 아니다. 문제는 이 주체가 어떻게 나타나는가를 아는 것이며, 거리 속에 나타남이라는 단 하나의 나타남의 방식, 존재함의 방식만을 알고 있었던 서양철학사는 이 질문에 제대로 답을 할 수 없었을 뿐이다. 그래서 앙리는 이러한 탈자적 작용에 현상학적 환원을 적용함으로써 이러한 주체보다 더 근본적이고 본래적인 차원에서 주어지는 순수한 내적 운동으로의 주체를 드러냈다.[29] 사실 탈자적 작용으로서의 의식은 자신 아닌 다른 것을 나타내기 이전에 혹은 그러한 작용을 할 수 있기 위해

---

29 앙리에 따르면, 서양철학사에서 이러한 극단적인 환원을 통해 구체적이고 실재적인 주체를 드러낸 최초의 인물은 데카르트이다. 앙리의 데카르트 코기토에 대한 해석은 조태구, 「데카르트, 후설 그리고 앙리 - 미셸 앙리의 데카르트 코기토에 대한 해석과 질료 현상학」, 『현상학과 현대철학』 80, 한국현상학회, 2019, 1-32쪽을 참조할 수 있다.

서 우선 자기 자신으로서 나타나야 하고, 자기 자신으로서 존재해야만 한다. 탈자적 작용은 우선 자기 자신에게 자기 자신으로 촉발되어야 하고, 그렇게 자기 자신에게 자기로서 주어지는 한에서만 자신 아닌 다른 것을 대상으로 나타나게 할 수 있다. 탈자적 작용을 탈자적 작용일 수 있도록 만드는 것은 이러한 자기-촉발, 자기와 어떠한 거리도 없이 순수한 내재성에서 이루어지는 자기-줌의 운동이며, 앙리는 이러한 자기-촉발 혹은 자기-줌의 운동을 삶이라고 불렀다. 이는 단순한 사변이 아니다. 의식하기 위해서는 우선 살아 있어야 한다는 것은 자명한 사실이며, 살아 있다는 것은 무엇보다 자기로서 나타난다는 것을 의미한다. 그런데 이렇게 탈자적 주체로서의 의식을 바로 그러한 의식으로 나타날 수 있도록 만드는 본질이 자기-촉발이라는 순수한 내재성의 운동인 삶이라면, 이런 좀 더 본래적인 차원에서 주어지는 주체는 더 이상 관념적이고 추상적인 주체일 수 없다. 순수한 내재성의 운동인 삶은 자기 자신과 어떠한 거리도 없이 자기 자신을 겪고 견디면서 언제나 자기, 즉 '나'라는 구체적이고 개별적인 실재로 나타나고 모호하지만 분명한 느낌으로 주어진다. "감성(affectivité)은 삶의 본질이다."[30] 결국 진정한 주체, 모든 존재하는 것들의 '밑에 깔려 있는 것(hypokeimenon)'은 탈자적 의식이 아니라, 이러한 의식을 바로 그러한 바로서 나타나고, 존재할 수 있도록 만드는 자기-촉발, 즉 삶이며, 진정한 주체성은 대상을 나타나도록 만드는 지향성이 아니라, 이러한 지향성을 지향성으로서 나타날 수 있도록 만드는 감성이다.[31]

---

30 Michel Henry, *Paroles du Christ*, Paris: Seuil, 2002, p.19.
31 감성과 지향성의 관계에 대한 구체적인 논의는 조태구, 「감성과 지향성 - 미셸 앙리 현

그런데 앙리의 주체성에 대한 탐색은 여기서 멈추지 않는다. 앙리는 1992년 발표한 논문 「말과 종교: 신의 말」에서 처음으로 약한 의미의 자기-촉발과 강한 의미의 자기-촉발을 구분하고, 그렇게 우리의 것인 소문자 삶(vie)과 절대적 삶을 의미하는 대문자 삶(Vie)을 구분하면서 이전의 논의를 통해 주체로 제시된 삶의 나타남에 위계를 갖춘 구조를 부여했다.[32] 이제 소문자 삶은 약한 의미의 자기-촉발로 규정되어 절대적 삶인 강한 의미의 자기-촉발과 구분되고, 스스로 자기-촉발하는 것이 아니라 스스로 자기-촉발하는 절대적 삶에 의해서 자기-촉발되어지는 것으로 제시된다.[33] 이러한 삶의 자기-촉발에 대한 앙리의 기술은 삶의 자기-촉발이

상학에서 세계의 현상학적 지위」, 『철학』 151, 한국철학회, 2022a, 113-135쪽을 참조할 수 있다.

32　Michel Henry, "Parole et religion : la parole de Dieu", Phénoménologie de la vie, Paris: t, IV, PUF, (1992), 2004, pp.184-185. 이런 대문자 삶의 도입은 도미니크 자니코가 주장한 '프랑스 현상학의 신학적 전회(tournant théologique)'(Dominique Janicaud, Le tournant théologique de la phénoménologie française, Combas: L'Éclat, 1991)라는 상황에 매우 부합하는 것으로 평가할 수 있다. 그러나 그레고리 장은 앙리 현상학에 추가된 논의가 있다면, 그것은 대문자 삶인 신에 대한 논의가 아니라 오히려 우리와 같은 살아 있는 것들의 유한한 삶에 대한 논의임을 주장하며 앙리 현상학의 '인류학적 전회(tournant anthropologique)'를 말한다(G. Jean, "Présentation: de "l'expérience métaphysique d'autrui" à "l'intersubjectivité en première personne"", Revue internationale Michel Henry 2, UCL, 2011, p.69). 비록 장이 자니코의 '신학적 전회'라는 주장에 맞서 '인류학적 전회'를 말했을 때, 그가 말하고자 하는 바가 앙리 철학의 단절이나 전환이 아니라, 오히려 '연속성과 깊은 단일성'(ibid., p.64)이었다고 할지라도 앙리의 철학적 여정에 '전회'라는 표현은 적절하지 않다. 앙리의 철학적 여정에서, 그것이 신학적 영역이든 인류학적 영역이든 새로운 탐구 영역으로의 '전회'는 존재하지 않는다. 이와 관련된 논의는 추후의 연구 과제로 남겨 둔다.

33　"삶은 자기-촉발이다." 즉 삶이라는 고정된 실체가 있고, 이 실체가 자기-촉발이라는 운동을 하는 것이 아니라, 삶 그 자체가 자기-촉발 운동이다. 이 점을 혼동할 때, 앙리 현상학에 대한 수많은 오해가 발생한다. "삶은 자기-촉발이다."라는 앙리의 문장에 대한 상세한 분석은 조태구, 「삶과 자기-촉발 -미셸 앙리의 역동적 현상학」, 『현상학과 현대

삶의 나타남을 의미하고, 삶의 나타남이 곧 생명체의 태어남을 의미한다
는 점을 고려할 때, 어렵지 않게 이해할 수 있다. 사실 어떠한 살아 있는
것도 자기 자신의 의지로 태어나지 않았다. 즉 모든 살아 있는 것들은 자
기 자신에게 자기로서 촉발되고 그렇게 자기로 주어짐으로써 하나의 살
아 있는 것으로 나타나지만, 이러한 자기-촉발은 스스로의 힘에 의해 이
루어지는 것이 아니다. 개별적인 삶의 나타남, 즉 우리와 같은 살아 있는
것들의 자기-촉발을 가능하게 만드는 스스로 나타나는 삶, 절대적 삶의
자기-촉발이 있으며, 앙리는 이러한 절대적 삶의 나타남, 스스로 자기-촉
발함으로써 모든 살아 있는 것들의 자기-촉발을 가능하게 만드는 삶을 신
이라고 불렀다.

그리스도철학 3부작이라고 불리는 앙리의 후기 철학[34]에서 핵심적인
역할을 담당하는 이 자기-촉발 개념의 구분은, 여러 연구자가 밝힌 바처
럼,[35] 타자 경험의 문제를 해결하기 위한 앙리의 방안이었다. 실제로 앙리
는 1991년 타자 경험의 문제를 다룬 「파토스적 상호주관성」이라는 제목
의 글을 작성하다 포기하고, 1992년 자기-촉발 개념의 구분이 처음으로

철학』 92, 한국현상학회, 2022b, 1-28쪽을 참조할 수 있다.

34 앙리의 후기 철학을 다룬 국내 연구는 거의 찾아볼 수 없다. 다행히 최근 이은정은 용
서와 구원이라는 주제를 중심으로 앙리의 후기 철학에 대한 논의를 전개한 바 있다(이
은정, 「용서와 구원: 사람이 사람다워지는 길 - 이청준의 「벌레 이야기」와 앙리의 삶의
현상학으로부터」, 『현상학과 현대철학』 100, 한국현상학회, 2024, 73-101쪽). 이제 국
내에도 앙리에 관한 연구가 어느 정도 축적된 만큼, 앙리의 후기 철학에 대한 논의를
본격적으로 시작할 필요가 있다.

35 Olivier Ducharme, *Michel Henry et le problème de la communauté*, Paris: L'
Harmattan, 2013.; Benoît. Kanabus, "Généalogie du concept henryen d'Archi-Soi", *Les
carnets du centre de philosophie du droit* 139, 2008, pp.1-30.

등장하는 「말과 종교: 신의 말」을 발표했다. 문제를 해결하기 위한 앙리의 입장은 분명하다. 모든 살아 있는 것은 자기 자신을 자기 자신에게 촉발함으로써 자기로서 존재한다. 살아 있다는 것은 자기로서, 다름 아닌 '나'로서 존재한다는 사실을 말하고, 이러한 자기로서 나타남은 오직 삶의 나타남으로만 가능할 뿐이다. 사실 가시적인 세계 속에는 어떠한 자기도 자기 자신으로 나타날 수 없고, 따라서 어떠한 살아 있는 것도 존재할 수 없다. 그곳에는 내가 표상하는 대상들만이 나타날 수 있을 뿐이며, '나'조차도 표상된 대상으로서만 나타날 수 있을 뿐이다. 이것이 타자와의 관계를 세계 속에서 설명하려는 모든 철학적 시도들이 실패할 수밖에 없었던 이유이다. 세계 속에서 타자와의 관계를 설명하려는 모든 시도는 관계의 항을 이루는 나의 자기도, 타자의 자기도 확보하지 못한 채 실패해 버릴 수밖에 없는 헛된 시도이다. 그런데 이제 모든 개별적인 삶의 자기-촉발이 절대적 삶의 자기-촉발에 의해서 이루어지는 것이라면, 모든 살아 있는 것들은 오직 절대적 삶의 나타남으로 인해 살아 있는 것으로서, 즉 자기로서 나타날 수 있고, 따라서 그것들의 관계 역시 오직 모든 살아 있는 것들이 자기 자신으로 나타날 수 있는 바로 그곳, 이 절대적 삶에서만 성립할 수 있다. "자기와 다른 자기 사이에서 성립하는 모든 관계는 그 시작점으로 이 자기 그 자체,—나의 것이건 타자의 것이건—어떤 자아를 요구하는 것이 아니라, 이 자기들의 관계 그 자체의 가능성과 다른 것이 아닌 그것들의 공통적인 초월적 가능성, 즉 절대적 삶을 요구한다."[36]

인용한 문장에서 확인할 수 있는 것처럼, 앙리에 따르면, 자기들이 서로

---

36 Michel Henry, *Incarnation. Une philosophie de la chair*, Paris: Seuil, 2000, p.347.

간에 관계를 맺을 수 있는 가능성은 '그것들의 공통적인 초월적 가능성', 즉 이 개별적인 자기들이 자기 자신으로서 존재할 수 있는 가능성과 다른 것을 의미하지 않는다. 절대적 삶은 그 안에서 모든 살아 있는 것들이 자기 자신으로서 나타날 수 있게 되는 개별적인 자기들의 초월적 가능성이자, 그것들이 서로 관계를 맺을 수 있게 되는 공동의 장이다. 사실 살아 있는 것들의 관계가 자기들 사이의 관계인 한, 이러한 관계는 자기를 자기로서 나타나게 만드는 절대적 삶의 나타남을 필연적으로 전제하며, 그것을 매개하지 않고는 이루어질 수 없다. 그러나 절대적 삶이 자기-촉발이라는 순수한 내재성의 운동인 한, 그것을 매개로 이루어지는 살아 있는 것들 사이의 관계는 서로 분리된 항들이 공간 속에서 맺는 어떤 외적인 관계를 의미하는 것일 수 없다. 따라서 이제 살아 있는 것들의 관계가 절대적 삶의 나타남을 매개로 한다는 말의 의미를 명확히 할 필요가 있다.

먼저 절대적 삶과 살아 있는 것의 관계는 앙리가 '현상학적 상호 내재성 (relation d'intériorité phénoménologique réciproque)'의 관계라고 부르는 것으로서, 이러한 관계는 살아 있는 것이 절대적 삶 안에서 자기 자신에게 주어진다는 점에서 절대적 삶에 내재하지만, 그와 동시에 이러한 자기 주어짐의 운동을 살아 있는 것이 자신 안에 간직하고 있는 한에서만 자기 자신으로 주어질 수 있다는 점에서 절대적 삶이 살아 있는 것 안에 내재하고 있음을 의미한다.[37] 현상학적으로, 즉 나타남과 관련하여, 살아 있는

---

37 앙리가 말하는 이 "현상학적 상호 내재성의 관계"는 나타나는 한, 서로를 배제할 수 없는 두 구분되는 항의 관계, 즉 '구분되지만 분리되지는 않는 관계'를 의미한다. 앙리 현상학에서 이 현상학적 상호 내재성의 관계는 절대적 삶과 첫 번째 살아 있는 것(신과 그리스도), 첫 번째 살아 있는 것과 개별적인 살아 있는 것들(그리스도와 우리), 마지막

것과 절대적 삶은 서로에게 내재한다. 그런데 절대적 삶을 자신 안에 지니고 있는 것은 특정한 하나의 살아 있는 것만이 가지는 고유한 특성이 아니라 자기 자신으로 나타나는 모든 살아 있는 것들이 공유하는 보편적 본성이다. 마찬가지로 절대적 삶에 내재하는 것도 어떤 특정한 살아 있는 것만의 특성이 아니라, 자기 자신으로 나타나는 모든 살아 있는 것들이 공유하는 공통의 본성이다. 따라서 개별적인 하나의 살아 있는 것이 절대적 삶의 나타남으로 인해 하나의 개별적인 자기로, 즉 '나'로 나타날 때, 이 나타남 안에는 절대적 삶이 포함되어 있으며, 따라서 절대적 삶에 내재하는 모든 살아 있는 것들도 함께 포함되어 있다. 살아 있는 것은 자기 자신에게 어떠한 거리도 없이 자기로서 주어진다는 점에서 다른 어떠한 것일 수 없는 다름 아닌 '나'로서 존재하지만, 이 나의 나타남, 나의 존재함에는 가능한 모든 살아 있는 것들이 포함되어 있다. 즉 나의 존재함은 그 자체로 가능한 모든 타자들과 함께 존재함이며, 함께 나타남이다. "다름 아닌 삶 안에서 나는 타자들과 본래적으로 함께 있고, 다름 아닌 삶 안에서 타자들은 본래적으로 내 안에 있다."[38]

결국 절대적 삶을 매개로 성립하는 살아 있는 것들의 관계는 삶 안에서 타자들과 함께 존재함을 의미한다. 그것은 살아 있는 것들이 세계 속에서 맺는 어떤 외적인 관계를 의미하기는커녕, 절대적 삶의 나타남으로 인해 살아 있는 것들이 각각 고유한 자기로 나타날 때, 이 자기의 고유한 나타

으로 개별적인 살아 있는 것들과 절대적 삶(우리와 신)이라는 삼중의 관계를 통해 설명된다. 여기서는 논의를 위해 이 복잡한 관계를 극단적으로 단순화시켜 제시했다.

38 Michel Henry, "Eux en moi: une phénoménologie", *Phénoménologie de la vie*, Paris: t, I, PUF, (2001), 2003, p.207.

남에는 가능한 모든 자기들이 함께 나타나고 있으며, 그렇게 '나'라는 하나의 전체를 이루고 있음을 의미한다. 내가 나로 존재하는 한, 나는 수많은 타자들과 함께 존재하지 않을 수 없으며, 고유한 나를 이루는 것은 다름 아닌 이런 수많은 타자들이다. 거꾸로 말한다면, 수많은 타자들이 상호 침투하여 이루고 있는 하나의 전체가 바로 '나'이다.

주체성에 대한 앙리의 현상학적 성찰이 최종적으로 도달하는 곳은 이곳이다. 주체는 삶이며, 이러한 삶은 고유한 자기 자신으로서 나타나지만, 이 고유한 자기 자신을 이루는 것은 절대적 삶에 의해 고유한 자기로서 나타나는 모든 다른 타자들이다. 절대적 삶을 매개로 나는 타자들을 나 자신으로서 포함하며, 나 역시 타자들의 고유한 존재함에 포함된다. 사실, 앙리가 말하는 나타남의 이중성을 고려할 때, 외부 세계에 나와 다른 수많은 타자들이 표상될 수 있는 이유는 내가 내 안에 수많은 타자들을 바로 내 자신으로서 이미 포함하고 있기 때문이다. 가시적인 세계에 나타나는 다른 수많은 타자들의 표상들은 내 안에 수많은 타자들을 내가 바로 나 자신으로서 포함하고 있다는 사실에 대한 명백한 증거이다.[39]

5. 결론

이제 앙리가 제시하는 새로운 주체의 관점에서 돌봄의 문제를 살펴보자. 먼저 돌봄을 주는 자와 돌봄을 받는 자의 관계는 더 이상 탈자적 주체

---

39 이와 관련해서는, 조태구, 앞의 글, 2022a, 113-135쪽을 참조할 수 있다.

와 대상 간의 관계가 아니다. 돌봄 관계는 더 이상 외적인 관계가 아니라 순수한 내재성에서 성립하는 '관계 아닌 관계'이다. 물론 돌봄을 주는 자에게 돌봄을 받는 자는 여전히 나의 밖에 대상으로 표상되겠지만, 이렇게 대상으로 표상되는 것은 그가 먼저 돌봄을 주는 자의 삶 안에서 돌봄을 주는 자의 나 자신을 구성하고 있기 때문이다. 따라서 돌봄은 단순히 외적 대상을 돌보는 행위만이 아니다. 이러한 행위는 그 본질에서 삶의 나타남으로서 우선 나 자신을 돌보는 행위이다. 그럼에도 이러한 행위를 세계 속에서 실현되는 나와 대상 사이의 일로 생각하는 이유는 내가 삶에 의해 나 자신으로 주어졌다는 사실, 즉 나의 근본적인 수동성을 망각한 채 모든 것이 나 자신으로부터 비롯되었다고 믿기 때문이다. 앙리는 이러한 믿음을 '에고의 초월적 착각'이라고 부른다.[40]

그런데 돌봄 관계가 더 이상 외적인 관계가 아니라면, 이제 돌봄 관계의 외재성으로부터 귀결되는 돌봄의 우연성이 사라진다. 돌봄은 더 이상 할 수 있거나 하지 않을 수 있는 일이 아니다. 우리 모두는 우리가 존재한다는 그 사실 자체로 인해 '이미 그리고 언제나' 다른 사람들을 바로 그러한 사람으로서 존재할 수 있도록 돌보고 있다. 따라서 이러한 이해 속에서 절대적으로 돌봄만을 받는 사람은 존재하지 않는다. 침상에 누워 간신히 숨만 쉬고 있는 누군가도, 이제 갓 태어나 옹알이하는 아기도 그 존재함 자체로 인해 이미 수많은 사람들의 존재 그 자체를 돌보고 있다. 실제로 병상에 누워 있는 누군가는 그렇게 살아 있다는 사실만으로 다른 누군

---

40 Michel Henry, *C'est moi, la vérité. Pour une phénoménologie du christianisme*, Paris: Seuil, 1996, p.177.

가를 살아가게 하는 힘이 될 수도 있고, 거리에서 우연히 만난 갓난아기는 한순간이라도 누군가를 웃음 짓게 만드는 기쁨일 수 있다. 살아 있는 자들로 구성된 삶의 공동체는 모두가 모두를 돌보는 돌봄의 공동체이다.

그러나 돌봄의 우연성이 사라질 때 발생하는 무엇보다 중요한 일은 돌봄의 의무나 권리에 대한 질문이 무의미해짐으로써 돌봄과 관련된 논의의 구도 자체가 완전히 바뀌어 버린다는 점이다. 이제 돌봄과 관련해서 문제가 되는 것은 "돌봄의 의무나 권리는 어디서부터 비롯되는가?"가 아니다. 우리가 이미 우리의 존재함으로 인해 모든 존재하는 것들이 바로 그러한 바로서 존재할 수 있도록 돌보고 있는 것이라면, 이제 제기되어야 하는 질문은 "어떠한 이유로 우리는 더 이상 누군가를 돌보지 않게 되었는가?" 혹은 더 정확히 말하자면, "어떠한 이유로 우리는 누군가를 돌보지 않는다고 믿게 되었는가?"이다. 이러한 질문의 전환은 돌봄을 어떤 당위로 인식하게 만들고, 자명한 사실로 받아들이도록 만든다. 이제 사람들이 놀라야 하는 것은 누군가의 헌신적인 돌봄이 아니다. 오히려 누군가가 다른 누군가를 돌보지 않을 때, 그때 놀라야 한다. 그는 어떻게 돌보지 않을 수 있는가? 나는 왜 돌보지 않는가? 살아 있는 자로서, 절대적 삶 속에서 절대적 삶의 자기 주어짐 속에서 성스럽게 주어진 나는 어떤 이유로, 그리고 어느 순간에, 더 이상 돌보지 않게 되었는가? 나는 언제 타락했고, 또 구원받을 것인가

좋은 의료란 무엇인가?

─환자-의사 관계의 체험과 윤리: 정신의학을 중심으로

최우석

경희대학교 HK+통합의료인문학연구단 HK연구교수

1. 서론

오늘날 정신의학은 뇌과학, 유전학, 신경생물학 등 과학기술의 발전에 힘입어 정밀의학의 영역까지 확장되었다. 그러나 이러한 성과에도 불구하고 생물학주의적 접근은 인간의 고통을 신경전달물질의 이상이나 유전자 발현의 문제로 환원하여, 환자가 실제로 겪는 주관적 고통과 그 실존적 의미를 간과하는 한계가 있다. 진단과 처방의 표준화는 임상 효율을 높일 수 있지만, 환자의 삶의 맥락과 내면 세계를 단순히 객체화하는 위험을 내포한다. 무엇보다 치료 기법과 약물이 꾸준히 발전했음에도 정신 질환의 발병은 오히려 증가하고 있다.

이러한 현실은 근본적인 물음을 제기한다. 왜 정신 질환으로 고통받는 사람은 늘어나는가? 정신 질환은 단순한 병리적 결함으로만 설명될 수 없다. 그것은 인간의 세계-내-존재 방식, 타자와의 관계, 자기 이해의 구조 전반에 영향을 미치는 총체적 경험이다. 따라서 증상을 제거하는 것 이상의, 인간 고통과 의미 붕괴를 전인적으로 이해하려는 노력이 필요하다.

이 지점에서 주목할 수 있는 방법이 현상학적 정신의학이다. 이는 후설의 현상학에 뿌리를 두고 환자의 체험을 일인칭 시점에서 기술·해석함으로써 질병의 본질을 탐구한다. 현상학은 인간의 체험이 항상 세계를 향한다는 지향성 개념을 바탕으로, 의식과 세계 구성의 구조를 분석한다. 이러한 분석은 환자가 경험하는 고통과 왜곡된 현실 지각의 구조를 드러 내며, 기계적 진단을 넘어 환자의 내적 세계에 접근할 수 있는 철학적 토대를 마련한다. 정신 질환은 기능적 결함이 아니라 체험 구조의 파열이나 왜곡으로 이해될 수 있으며, 현상학은 이를 해석할 임상적·철학적 도구를 제공한다.

본 글은 정신 질환을 이해하고 치유하는 과정에서 현상학이 어떻게 윤리적·실존적 전환을 가능케 하는지를 탐구한다. 정신의학에서 현상학은 단순한 진단 보조 도구가 아니라, 환자의 삶을 회복시키고 인간존재에 대한 윤리적 책임을 묻는 실천철학으로 작동할 수 있다. 현상학적 정신의학이 인간 실존과 체험에 대한 총체적 이해를 지향한다는 점에서, 이는 정신의학의 인간화를 위한 핵심적 사유 기반이 된다. 좋은 의료를 실현하기 위한 실천의 방법으로 현상학적 정신의학을 참고할 수 있다.

2. 좋은 의료와 현상학

1) 체험을 탐구하는 철학: 현상학적 방법

'현상학(phenomenology)'은 20세기 초, 후설에 의해 정초된 학문 운동으로 인간의 경험과 의식이 세계를 어떻게 구성하는지를 탐구한다. 후설에 따르면, 인간은 단순히 외부 세계를 수동적으로 인식하는 존재가 아니라, 다양한 방식으로 세계와 관계를 맺으며 그 의미를 능동적으로 구성한다.

이러한 구성은 인지적·의지적·정서적 관계뿐 아니라 욕구·충동·본
능에 따라 수동적이면서도 능동적으로 발생하는데, 그 중심에는 주체의
체험이 있다.

현상학은 체험이 '지향성'을 지닌다는 점에 주목한다. 즉, 모든 체험은
어떤 대상에 대한 체험이며, 체험은 항상 무언가를 향하고 있다는 것이
다. 현상학은 지향적 체험을 하나의 '공리(axiom)'로 삼고 이로부터 의식의
세계 구성 방식을 탐색한다.[1] 이를 위해 현상학은 주체의 체험을 우선시
하며 일인칭 체험을 있는 그대로 기술하는 방법론을 추구한다.

현상학은 삼인칭의 객관적 설명이 아니라 일인칭 경험의 직접적 기술
을 통해 의미를 탐구한다. 이를 위해 체험을 당연시하던 믿음과 전제, 선
입견을 괄호 치는 판단중지(epoché)를 강조한다. 이는 과학적·생물학적
설명을 무조건 수용하는 태도에서 벗어나, 체험이 드러내는 의미를 주목
하려는 시도이다.

그렇다면 현상학이 말하는 체험이란 무엇인가? 그것은 의식 내용의 '총
체로서 체험'이다.[2] 이때 총체로서의 체험은 물리적 신체가 아니라 세계
와 관계 맺는 '살아 있는 몸(lived body)'을 통해 구성된다. 몸은 단순한 객
체가 아니라 세계와의 상호작용 속에서 의미를 구성하고 확장하는 주체
이다. 따라서 체험의 의미는 세계와 맺는 실존적 관계에서 파악되어야 한

---

1   E. Husserl, *Ideen zu einer reinen Phänomenologie und phänomenologischen
    Philosophie, Erstes Buch: Allgemeine Einführung in die reine Phänomenologie*, ed.
    Karl Schumann, Den Haag: Martinus Nijhoff, 1976, p.74.
2   E. Husserl, *Ideen zu einer reinen Phänomenologie und phänomenologischen
    Philosophie, Erstes Buch: Allgemeine Einführung in die reine Phänomenologie*, ed.
    Karl Schumann, Den Haag: Martinus Nijhoff, 1976, p.36.

다. 현상학적 탐구는 바로 '지금 여기'라는 구체적 시간과 공간 속에서 이루어지는 주체의 관계에 주목한다.

현상학은 또한 체험을 지향하는 법과 그것을 기술·해석하는 방법을 모색한다. 모든 현상을 탐구 대상으로 삼아, 체험을 기술하고 그 속에서 반복적으로 드러나는 공통 구조를 확인한다. 이를 '본질직관'이라 하며, 생생한 체험에서 일반적 본질을 포착하려는 시도이다. 이는 과학적·생물학적 범주와 선입견을 넘어 체험이 지닌 풍부한 의미를 드러내기 위함이다. 체험은 항상 특정한 세계 속에서 이루어지므로, 현상학은 체험을 가능하게 하는 조건들─'생활세계' 혹은 '선-술어적 세계'─을 탐구한다.[3] 역사·문화·언어와 같은 초월적 조건이 체험 내용에 어떻게 작용하는지를 살피며, 이를 통해 경험의 보편적 구조를 파악하고자 한다. 이러한 과정을 '초월적 환원(transcendental reduction)'이라 부른다. 현상학은 이 환원을 통해 상대주의로 흐르지 않고, 체험에 내재한 본질을 드러내려 한다.[4]

이처럼 현상학은 삶의 구체적 차원에서 체험을 분석한다. 환자의 고통과 질병에 관한 체험을 탐구하는 것은 질병과 고통을 새롭게 이해하는 계기를 제공한다. 통상적으로 질병은 부정적으로만 이해되지만, 카렐(H. Carel)은 질병이 '기존에 알던 가치를 다르게 보게 하는 것', '일상을 바꾸는 것', '철학을 가능케 하는 것'으로 작용할 수 있다고 말한다.[5] 그녀는 질병

---

3   E. Husserl, *Die Krisis der europäischen Wissenschaften und die transzendentale Phänomenologie*, ed. Walter Biemel, Den Haag: Martinus Nijhoff, p.33.

4   박지영, 「후설과 상대주의」, 『현상학과 현대철학』 99, 2023.

5   H. Carel, *Phenomenology of Illness*, Oxford University Press, 2016, p.208.

을 '삶의 의미를 다시 살피게 만드는 철학적 도구'로 규정한다.[6] 즉, 질병은 고통과 유한성, 죽음을 성찰하게 만드는 계기가 될 수 있다. 환자가 원하지 않더라도 "질병은 환자를 실존에 관심 두게 변화시킨다".[7] 이는 기존의 진단 매뉴얼이 담지 못한 통찰이다.

툼스(S. K. Toombs)는 현상학적 분석이 같은 질병에서도 개념적 정의와 실제 경험 사이의 '근본적인 차이'를 드러낸다고 했다.[8] 그녀는 의사가 환자와의 관계에서 치료를 위해 "필수적으로 환자의 생생한 체험을 공유해야 한다."고 강조했다.[9] 파나스와 사스(J. Parnas & L. A. Sass) 역시 현상학적 접근이 '임상 치료자의 이해를 확장'하고 '병인론의 다양한 가능성을 탐색'하게 한다고 보았다. 따라서 좋은 임상가는 환자의 체험을 적극적으로 수용하는 현상학적 태도를 가져야 한다.[10]

물론 비판도 존재한다. 숄(J. Sholl)은 현상학이 임상에 적용될 때 주관적 해석에 머물고, 객관적 규명을 간과하는 문제를 지적했다. 그는 현상학이 복잡한 질병 설명을 단순화하며 '허수아비 공격의 오류'를 범할 수 있다고 보았다.[11] 그러나 이러한 비판에도 불구하고, 현상학은 환자의 체험을 통

---

6   Ibid., p.214.

7   Ibid., pp.223-225.

8   S. K. Toombs, *The Meaning of Illness: A Phenomenological Account of the Different Perspectives of Physician and Patient,* Springer-Science+Business Media B.V., 1992, p.31.

9   Ibid., p.89.

10 J. Parnas and L. A. Sass, *Varieties of Phenomenology: On Description Understanding, and Explanation in Psychiatry, Philosophical Issues in Psychiatry: Explanation, Phenomenology, and Nosology.* Ed., Kenneth S. Kendler, MD, Josef Parnas, MD, DrMedSci, Johns Hopkins University Press, Baltimore, 2015, p.242.

11 J. Sholl, "Putting phenomenology in its place: some limits of a phenomenology of

해 인간존재와 세계의 관계를 새롭게 드러내며 의학적 탐구를 보완하는 역할을 한다.

스베네우스(F. Svenaeus)에 따르면 의학은 병리를 기술하는 것이 아니라, 환자의 세계 속에서 고통이 어떻게 드러나는지를 이해하는 것이다.[12] 현상학은 이를 위한 해석학적 틀을 제공하며, 현대 의학의 진단 체계를 보완한다. 따라서 현상학적 체험 연구는 환자가 자신의 질병 경험을 주체적으로 해석하도록 하는 '도구(tool-kit)'로 작동한다.[13] 환자의 고통과 의미 상실에 주목한다는 점에서, 현상학은 단순한 이론이 아니라 인간적인 탐구 방법이며, 실용적 의의를 지닌다.

2) 정신의학과 현상학: 이해의 전환

체험학으로서의 현상학은 전통적 의학 모델이 간과해 온 환자의 고통을 본래적 체험의 맥락 속에서 복원하려는 시도이며, 정신 질환의 경험 구조를 분석하는 데 중요한 통찰을 제공한다. 신경화학적 이상이나 행동의 병리로만 환자를 설명하는 접근은 환자가 실존적으로 겪는 고통과 의미를 포착하기 어렵다. 따라서 정신 질환은 진단 매뉴얼의 범주를 넘어서, 각 환자의 고유한 맥락과 그 안에서 형성된 생활세계에서 드러나는

---

medicine", *Theoretical Medicine and Bioethics*, 2015, pp.395-400.

12　F. Svenaeus, *The Hermeneutics of Medicine and the Phenomenology of Health*, Springer-Science+Business Media, B.V., 2000, pp.119-130.

13　H. Carel, "Pathology as a phenomenological tool", *Continental Philosophical Review* 54, 2021, pp.202-209.

개별적·복합적 체험으로 이해되어야 한다. 고통은 단순한 감각 현상이 아니라 세계와의 관계, 타자와의 소통, 자기 이해 전반에 영향을 미치는 다차원적 사건이다.

이 관점에서 현상학적 정신의학은 환자의 고통이 그 고유한 세계 속에서 어떻게 나타나고 구성되는지를 탐색한다. 고통은 뇌의 화학변화나 행동 이상으로 환원될 수 없는 실존적 경험이며, 진단 항목의 집합이 아니라 맥락과 의미를 함께 해명해야 할 대상이다. 현상학적 정신병리학(phenomenological psychopathology)은 후설·하이데거·사르트르·메를로-퐁티 등의 개념을 바탕으로, 주체가 체험하는 세계 속에서 정신 질환이 어떻게 구성되고 드러나는지를 분석하여 병리학의 새로운 가능성을 제시한다.

후설의 지향성은 의식을 '무엇을-향함'으로 파악함으로써, 정신 질환을 단순한 뇌 기능의 이상이 아니라 의식 작용의 변형으로 조명하게 한다. 생활세계 개념은 정신 질환을 그 세계의 붕괴나 왜곡으로 해석할 토대를 제공한다. 하이데거의 현존재 개념은 세계-내-존재인 인간이 겪는 존재론적 고립·불안·무의미의 뿌리를 탐색하게 하며, 메를로-퐁티의 신체 개념은 신체감각의 이상과 주체성 변화의 얽힘을 밝혀 준다.

현상학적 정신병리학은 단지 질병의 '원인'을 밝히려는 설명적 모형을 넘어서, '의미'를 중심으로 환자의 체험을 이해하고자 한다. 이와 같은 접근은 '정신병리학의 창시자'로 불리는 야스퍼스(K. Jaspers)의 작업에서 뚜렷하게 드러난다. 그는 『정신병리학 총론(Allgemeine Psychopathologie)』을 통해 현상학적 방법론을 비판적으로 수용하면서, 정신병리학의 철학적·방법론적 기초를 체계화했다. 야스퍼스는 정신 질환을 설명하기 위한 생물학적·자연과학적 접근을 '설명(Erklären)'의 방식으로 규정하면서, 이에 더해 환자의 내면적 체험과 실존적 맥락을 이해하는 '이해(Verstehen)'의 방식이 반드시 병행되어야 한다고 주장했다. 그는 이러한 이해의 방식이 '실존적 해명(Existenzerhellung)'이라는 철학적 작업으로 구체화되어야 한다고 강조했다.[14]

따라서 임상가는 환자의 주관적 체험을 깊이 이해하면서 생물의학적 설명과 통합해야 한다. 증상 목록에만 의존하지 말고, 환자의 삶의 맥락과 세계와의 관계, 상호작용을 총체적으로 파악해야 한다. 환자는 외부에서 관찰되는 객체가 아니라, 자신만의 세계를 해석하고 의미를 구성하는 실존적 주체이기 때문이다.

현상학적 체험 연구와 정신의학의 접속을 보여주는 대표적 사례가 '졸리콘 세미나(Zollikon Seminar)'이다.[15] 1959~1969년 스위스 졸리콘에서 하이데거와 다수의 정신과 의사들이 논의한 이 세미나는 현상학이 임상 실천에 갖는 함의를 집중적으로 탐색했다. 핵심은 정신 질환을 뇌 병리나 신체 결함으로 환원하지 않고, 세계-내-존재의 의미 맥락 속에서 이해해야 한다는 점이었다. 환자의 '몸'은 단순한 도구처럼 그저 '존재하는 것(vorhanden)'이 아니라 세계를 의미 있게 구성하는 살아 있는 '몸(Leib)'이며, 정신 질환 역시 즉자물(即自物)로 다룰 수 없고 세계 속에서 살아가는 존재 방식의 붕괴로 이해되어야 한다.

---

14 이진오, 「야스퍼스에 있어서 실존 철학과 정신 병리학」, 『현상학과 현대철학』 26, 2000.

15 M. Heidegger, *Zollikon Seminars: Protocols-Conversations-Letters*, M. Boss ed., Illinois: Northwestern University Press Evanston, 2001, pp.10-16.

하이데거에 따르면 인간존재는 유한성과 죽음을 향한 가능성 안에서 자신을 해석하는 현존재이다. 불안은 일상적 감정이 아니라 세계와 자기 이해를 흔드는 초월론적 기분으로, 정신 질환을 이해할 때 이 근본 기분을 함께 살펴야 한다. 더 나아가 하이데거는 정신 질환을 세계에 대한 개방성과 자기 가능성의 닫힘으로 파악했다. 하이데거에 따르면, 정신 질환은 이러한 '할 수 있음'과 '열려 있음'의 구조가 폐쇄되고 차단되는 체험으로 나타난다. 그는 이를 '섬뜩함(Unheimlichkeit)'이라 불렀다.[16]

이 유산은 빈스방거와 민코프스키로 이어졌다. 두 사람은 정신 질환을 세계-내-존재의 붕괴와 시간성의 병리로 분석하며, 생활세계의 총체적 이해를 치료의 출발점으로 주장했다. 빈스방거는 치료자를 '한 실존으로서 다른 실존과 마주하는 자'로 보며, 환자가 다시 삶을 열어 갈 가능성과 개방성을 회복하도록 동행해야 한다고 했다. 민코프스키는 실존적 시간 구조를 전면에 두고, 베르그송의 개념을 수용해 '엘랑 비탈(élan vital)'을 강조했다.[17] 엘랑 비탈의 흐름이 붕괴되거나 왜곡될 때 삶의 방향성과 에너지가 상실되고 세계는 낯설고 무의미한 공간으로 전락한다. 이는 단순한 정서 변화나 인지 손상으로 설명할 수 없는 깊은 실존적 위기이다.

결국 두 학자는 세계-내-존재와 시간의 흐름이라는 실존 구조를 통해 정신 질환의 본질을 규명하고, 환자의 체험 구조를 해석적으로 이해하는 방법론을 제시했다. 현상학은 병리학의 보완물이 아니라 정신의학 전반

---

16 F. Svenaeus, *The body uncanny-Further steps towards a phenomenology of illness*, *Medicine, Health Care and Philosophy* 3, 2000, pp.125-137.

17 E. Minkowski, *Lived Time: Phenomenological and Psychopathological Studies*, Nancy Metzel ed., Northwestern University Press Evanston, 1970, p.38.

을 비판적으로 성찰하는 철학으로도 기능한다. 특히 생물학주의와 매뉴얼 중심주의에 과도하게 의존하는 현실을 비판하며, 환자의 체험과 실존을 중심으로 진단과 치료를 재구성할 틀을 제안한다.

현상학의 비판은 두 축으로 전개된다. 첫째, 생물학적 환원주의에 대한 경계, 둘째, 진단 매뉴얼 의존이 체험을 표준화·단순화한다는 문제이다. 예컨대 NIMH(National Institute of Mental Health, 미국 국립정신건강연구소)의 RDoC(Research Domain Criteria)는 과학적 객관성을 강화했지만, 환자의 주관적 체험과 실존적 맥락이 경시되는 결과를 낳았다.[18] 이 점에서 랭은 정신 질환 이해가 환자의 '실존적 체험'에서 출발해야 한다고 강조했다. 그는 "뇌세포를 현미경으로 아무리 들여다보아도, 그 안에서 인간의 의식과 감정은 절대로 발견되지 않는다."고 비판하며, 고통이 사회적 상호작용과 존재의 위기 속에서 구성된다는 점을 환기했다.[19] 크레펠린 또한 신체 요인뿐 아니라 내면적 삶의 역사 전체를 조망해야 한다고 보았다.[20] 우울증역시 특정 신경전달물질이나 유전자만으로가 아니라 심리·사회·생애사적 맥락을 함께 고려해야 한다.[21]

이 비판은 제도·사회 구조 차원으로 확장된다. 고프만과 바사글리아는 수용 시설의 비인간적 환경이 병리화를 심화한다고 지적하며, 인격성

---

18 D. Zahavi and S. Loidolt, "Critical phenomenology and psychiatry", *Continental Philosophy Review* 60.

19 R.D. 랭, 『분열된 자기: 온전한 정신과 광기에 대한 연구』, 신창근 옮김, 문예출판사, 2016, 34-44쪽.

20 E. 크레펠린, 『정신의학: 의대생과 의사를 위한 교과서』, 홍성광 외 옮김, 아카넷, 2021, 234-244쪽.

21 박원명 외, 『우울증』, 대한우울·조울병학회, 시그마프레스, 2018, 78쪽.

과 주체성의 회복을 강조했다. 파농은 이를 식민주의·인종주의·문화 담론으로까지 확장하여 "정신적인 것은 곧 정치적인 것이다."라고 천명했다.[22]

매뉴얼 중심주의도 근본적 한계를 지닌다. 논리실증주의·행동주의 인식론에 기대어 "의식은 신경생물학적으로 환원할 수 있다."는 가정 아래 표준화된 진단 체계를 구축했지만,[23] 그 과정에서 체험의 다양성과 풍부함이 제거되고 역사적·형이상학적 의미를 관찰할 기회가 사라진다. 더구나 기준의 편향은 특정 집단의 증상을 간과하거나 오진하게 만들 수 있다.[24]

요컨대 현상학적 정신의학은 병명 중심의 축약을 넘어 환자의 개별성과 체험의 고유성을 복원한다. 진단 그 자체보다 환자의 살아 있는 삶과 세계에 주목하도록 임상을 전환하며, 의미의 파열과 관계의 상실을 다시 잇는 해석적·실존적 돌봄의 길을 연다.

22　D. Zahavi and S. Loidolt, "Critical phenomenology and psychiatry", *Continental Philosophy Review* 55, p.68.

23　J. Parnas and L. A. Sass, *Varieties of Phenomenology: On Description, Understanding, and Explanation in Psychiatry. Philosophical Issues in Psychiatry: Explanation, Phenomenology, and Nosology.*, Kenneth S. Kendler ed., MD, Josef Parnas, MD, DrMedSci, Baltimore: Johns Hopkins University Press, 2015, p.246

24　C. M. Hartung, and E. K. Lefler, "Sex and Gender in Psychopathology: DSM-5 and Beyond", *Psychological Bulletin*, 2019.

3) 임상에서의 현상학적 적용

현상학적 이해가 임상에 적용될 때, 이는 이론 수용을 넘어 진료 전반의 태도와 절차를 바꾼다. 핵심은 환자의 말을 단순 정보로 다루지 않고, 그 체험이 형성된 삶의 맥락과 존재론적 의미를 함께 탐색하는 전환이다. 이 전환은 관계 형성, 진단, 치료 목표 설정 방식에까지 영향을 미친다.

예컨대 현상학적 태도를 지닌 정신과 의사는 서둘러 진단명을 붙이거나 체크리스트에만 의존하지 않는다. 그 대신 환자가 체험하는 총체적 세계를 '열린 질문'을 통해 탐구하려 한다.[25] 가령 "무엇이 당신을 그렇게 느끼게 하나요?", "그 경험은 당신에게 어떤 의미인가요?" 같은 질문은 환자가 자신의 언어로 삶을 서술하도록 돕는다. 치료자는 환자의 생활세계에 공감적으로 진입해, 체험의 실존적 쟁점과 세계와의 관계, 잠재적 의미와 가능성을 함께 살핀다.

핀레이(Linda Finlay)는 이러한 접근을 '치료 속에서 현상학을 실천하기(practicing phenomenology in therapy)'라고 부르며, 치료자는 분석적 판단만 내리는 전문가가 아니라 체화된 공감과 반성적 자기 점검을 수행하며 상호적으로 관계 맺는 자라고 본다. 치료자는 환자의 몸짓·말투·감정의 흐름에 온전히 동참함으로써, 의미를 함께 만들어 가는 '신뢰를 주는 자'가 되어야 한다.[26]

---

25 L. Finlay, *Phenomenology for Therapists: Researching the Lived World*, Willey-Blackwell, 2011, pp.15-16.

26 L. Finlay, *Phenomenology for Therapists: Researching the Lived World*, Willey-Blackwell, 2011, pp.16-32.

이 신뢰는 환자가 내면 경험을 안전하게 탐색할 수 있는 공간을 만든다. 전통적 모델이 증상을 객관적 사실로 다루고 표준 치료 절차에 치중한다면, 현상학적 접근은 증상이 환자의 삶에서 어떤 실존적 의미가 있는지, 열린 관계 속에서 해명한다. 같은 불안이라도 누군가에겐 트라우마의 재현이고, 다른 누군가에겐 삶의 방향 상실을 알리는 내적 경고일 수 있다. 그러므로 치료의 과제는 환자의 고통을 서사로 정리하게 돕고, 그 과정에서 새로운 자기 이해를 형성하도록 지원하는 일이다. 환자는 진단을 수동적으로 받는 객체가 아니라, 의미를 능동적으로 해석·서술하는 주체로 전환된다.

철학자이자 임상가인 아호(Kevin Aho)는 모든 정신적 고통을 치료 가능한 질병으로 간주하는 과도한 '의료화(medicalization)'를 경계한다.[27] 그는 대안으로 '해석학적 현상학(hermeneutic phenomenology)'을 제시하며, 고통을 제거해야 할 병리로만 보지 말고 그 사람의 삶과 세계 이해 속에서 의미 있게 해석해야 한다고 말했다.[28] 자아를 사회적·역사적 맥락에 얽힌 실존적 존재로 파악하면, 고통은 진단 이전의 생생한 체험 맥락에서 이해되어야 한다.

현상학적 진단·치료의 기본 절차는 판단중지이다. 의사는 진단적 편견을 보류하고 환자의 발화를 있는 그대로 경청해야 한다. 예컨대 환자를 '고장 난 뇌'로 보지 말고, 복잡한 세계 속에서 고통을 해석하는 환자가 '선

---

27 K. Aho, *Contexts of Suffering: A Heideggerian Approach to Psychopathology*, Rowman & Littlefield, 2019, pp.3-11.

28 Ibid., pp.65-66.

보이는 역사적 망(unfolding historical webs)'에 주목해야 한다.[29]

이 과정의 토대는 신뢰이다. 치료 동맹이 견고할수록 전인적 치료가 가능해진다. 환자는 주관적 체험의 의미를 개방적으로 말하고, 의료인은 진심으로 이해하려는 태도를 보여야 한다. 현상학적 훈련을 받은 치료자는 환자의 세계에 머물며, 그 세계 속에서 본질적 의미를 함께 찾아간다. 공감적 소통은 협력적 참여를 이끌고, 반복 좌절, 대인관계 맥락, 신념 체계 같은 단서를 통해 개별화된 치료 계획과 가족·사회 자원을 아우르는 치유 전략을 세울 수 있게 한다.

핀레이는 치료자가 해석적 민감성과 반성적 자세를 갖추어야 함을 거듭 강조했다. 그녀에 따르면 의사는 근거중심의학의 형식에만 익숙해지기보다, 체험의 의미를 해석하는 일에 익숙해져야 한다. 실제로 환자의 이야기 속 맥락에 진입해 해석을 시도하면, 치료는 더 풍부해지고 환자의 참여도 또한 높아진다.[30]

수자(Daniel Sousa)는 현상학적 진단과 치료의 필수 특징으로 세 가지를 든다. 첫째, '지향성 장애(Disturbances in Intentionality)'이다. 둘째, '시간성의 붕괴(Breakdown in Temporal Experience)'이다. 후설의 시간 의식 이론에 따르면 의식은 '근원 인상-파지-예지'라는 삼중 구조를 통해 시간의 흐름을 구성한다.[31] 이러한 통합이 깨지면, 우울증에서는 미래의 예지가 사

---

29 Ibid., p.86.

30 L. Finlay, *Phenomenology for Therapists: Researching the Lived World*, Willey-Blackwell, 2011, pp.5-13.

31 D. Sousa, "Phenomenological Psychology: Husserl's Static and Genetic Methods", *Journal of Phenomenological Psychology* 45, 2014, pp.34-50.

라져 현재에 고립되고, PTSD에서는 고통스러운 과거가 현재에 침투하며, 조현병에서는 과거-현재-미래의 일관성이 분절된다. 수자에게 시간은 물리적 계측이 아니라 살아 있는 흐름, 즉 '생생한 체험'이며[32], 정서 · 관계 · 자기감에 따라 다양한 속도로 경험된다. 셋째, '세계-내-존재의 상실(Loss of Being-in-the-World)'로, 세계와의 감각적 · 정서적 연결이 끊기며 자기 통합감이 파편화되는 상태를 뜻한다.

그는 또 임상 사례로 '루이제(Luise) 사례'를 제시했다.[33] 오랜 정서적 단절을 인식하면서도 결단을 미루는 루이제는, 지향성이 외부 기대에 묶여 자기 주체성에서 이탈하고, 과거의 종결성 · 현재의 미결성 · 미래의 무력감이 통합되지 못해 시간성이 붕괴한다. 동시에 세계와의 상호작용이 끊겨 고립감이 심화된다. 치료자는 판단중지와 신뢰를 바탕으로 그녀의 체험을 있는 그대로 탐색하게 하고, 지향성 회복 · 시간성 통합 · 세계와의 재연결을 돕는다.

결국, 현상학적 정신 치료는 환자를 병리의 대상이 아닌 의미를 구성하는 실존적 주체로 대하며, 기술보다 태도, 판단보다 경청, 통제보다 신뢰를 중시한다. 목표는 증상 억제를 넘어 실존 구조의 회복이다. 이는 현상학이 임상에서 작동하는 해석적 감수성과 관계적 윤리를 통해, 치료를 가능하게 하는 존재론적 조건을 실천적으로 마련한다는 뜻이다.

---

32   Ibid., p.33.

33   D.Sousa, *Existential Psychotherapy: A Genetic-Phenomenological Approach*, Palgrave Macmillan, 2017, pp.193-197.

4) 의료윤리와 체험의 존중

의학은 본질적으로 윤리적이다. 펠레그리노(E. Pellegrino)에 따르면 의학은 인간의 건강과 치유라는 실천적 목적을 지향하는 '진리 탐구 그 이상'이며[34], 이는 개인을 넘어 사회 전체의 좋음을 증대하려는 목적성을 내포한다. 치유가 곧 좋음을 실현하는 행위라면, 의학은 환자에게 도움을 제공함으로써 그 가치를 수행한다. 따라서 의료윤리의 핵심은 총체적인 '환자의 좋음(the good of the patient)'에 복무하는 것이다.[35]

이 관점에서 현상학적 정신의학은 뚜렷한 윤리적 함의를 갖는다. 환자의 생활세계와 살아 있는 몸을 진지하게 고려하는 일은 환자를 도덕적 주체로 존중하고 그의 존재적 요구에 응답하는 일이다. 현상학은 자율성·선행·악행 금지·정의라는 4대 원칙을 넘어, 그 이면에서 작동하는 환자의 주관적 경험 세계를 비추어 좀 더 심층적인 '좋음'을 모색한다. 예컨대 자율성 존중을 피상적으로 이해하면 동의서와 선택지 설명에 머무르지만, 현상학은 자율성이 실제로 어떻게 손상·회복되는지 그 경험 구조를 이해할 것을 요청한다. 곧 의료적 의사결정에서 환자의 내적 목소리가 살아 있도록 맥락과 정체성을 반영해야 한다. 환자가 스스로의 존재를 말하고, 의료인이 이를 경청·반영할 때 비로소 환자는 결정의 주체가 된다.

34　E. Pellegrino, Chapter 1: "What the Philosophy of Medicine is", *The Philosophy of Medicine Reborn*, H. T. Jr. Engelhardt, and F. Jotterland ed., University of Notre Dame Press, 2008, pp.37-38.

35　E. Pellegrino, Chapter 8: "Moral Choice, the Good of the Patient, and the Patient's Good", *The Philosophy of Medicine Reborn,* H. T. Jr. Engelhardt, and F. Jotterland ed., University of Notre Dame Press, 2008, p.163.

이는 치료 방침을 환자와 공동 구성하는 치유적 동맹의 윤리이다.

이러한 이유로 현상학적 정신의학은 환자의 체험에 집중한다. 환자의 삶의 세계에 대한 감수성, 주체성 존중, 공감과 서사적 참여가 강조된다. 기술적 효율과 표준 지침에 치우치기 쉬운 현대 의료에서, 환자의 살아 있는 목소리를 듣고 몸과 마음의 고유한 이야기를 이해하려는 노력은 의료 행위를 인간 대 인간의 만남으로 끌어올리는 윤리적 실천이다. 페라렐로(S. Ferrarello)는 현상학적 정신의학은 그 자체로 윤리적일 수밖에 없다고 말했다.[36] 환자를 객체화하지 않고 고통받는 주체로 이해·대응하는 실천이 치료 과정 내내 필수적이라는 뜻이다. 나아가 현상학은 도덕 명령이나 외재 규범보다 주체의 내면적 성찰과 자유를 기반으로 한 '주체의 윤리'를 내세우며, 병리 제거 중심의 처치가 아닌 고통의 실존적 맥락과 의미를 이해하는 방향을 요구한다. 이는 판단중지에 기초한다.

정신의학에서 판단중지는 선입견과 자동적 진단 반응을 보류하고, 환자의 고통을 열린 자세로 경청하려는 '윤리적 실천'이다. 상호 주관적 관계를 중시하는 현상학은 인문주의적 의료를 촉진한다. 환자의 말·몸짓·정서는 단순 지표가 아니라 삶의 총체적 의미 맥락에서 이해되어야 하는 것이다. 페라렐로가 보기에 현상학의 가장 큰 통찰은 타인의 체험을 있는 그대로 이해하려는 '공감의 윤리'이며, 이는 의사가 환자의 고통을 외적 문제로만 보지 않고 그 삶의 이야기 속 자리를 찾게 돕는 것이다. 그

---

36 S. Ferrarello, "Husserl's Ethics and Psychiatry", *Phenomenology and the Social Contexts of Psychiatry: Social Relations, Psychopathology, and Husserl's Philosophy*, Magnus Englander ed., 2020, pp.161-178.

러므로 정신과 의사는 근본적으로 '도덕적'인 행동을 해야 한다.[37]

도덕적 행동을 위해 현상학이 제시하는 실천은 세 가지이다.[38] 첫째, 인격적 관계의 유지이다. 이는 임상 만남에서의 존재론적 개방성을 뜻한다. 환자를 미리 정해진 범주에 끼워 맞추지 않고, 새로운 이야기로 들을 준비를 갖춘다. 둘째, 치료자의 자발적·적극적 관심이다. 환자와의 관계 속에서 상호 책임을 지니고, 환자의 체험을 공동으로 해석하는 과정에 윤리적으로 참여한다. 셋째, 이론 중심이 아니라 실천적 공감을 추구하는 것이다. 치료자는 자신의 실천이 낳는 효과를 성찰하며, 그 속에서 윤리적 의미를 지속적으로 재검토한다.

이 세 가지는 정신과 의사가 단순한 전문가가 아니라 존재론적 돌봄의 주체임을 함의한다. 의사는 환자와의 관계 속에서 스스로를 성찰하고, 환자의 체험을 끊임없이 질문·해석하는 태도를 견지해야 한다. 윤리적 실천은 정서적 민감성, 공감적 수용, 타인의 고통에 대한 응답 책임으로 구체화된다. 결국 정신의학적 실천은 기술적 개입이 아니라 관계적·의미적 맥락에 참여하는 윤리적 실천으로 전환되어야 한다.

윤리적 실천이 필요한 이유는 환자의 고통이 단지 '정신병리'가 아니라 '구조되길 바라는 호소'이기 때문이다. 치료가 반드시 윤리적 실천일 필요는 없지만, 그것을 지향하는 편이 더 낫다. 그러려면 환자의 체험 복합성과 사회적·정서적 맥락을 이해해야 하며, 치유는 존재론적 관계의 회복과 실존적 돌봄을 포함해야 한다. 정신의학에서 윤리란 환자의 실존적 요

---

37 Ibid., pp.162-163.
38 Ibid., p.163.

청에 응답하는 실천이며, 이는 진정한 '정신과적 돌봄'과 환자·치료자 모두의 인간성 회복으로 이어진다. 물론 현실적 제약은 크다. 따라서 실행을 위한 제도적 뒷받침이 필요하다. 그것은 내러티브 기반 임상 교육, 현상학적 심층 면담의 이론·실습 체계화, 진료 시간과 평가 체계의 재설계, 다학제 팀 협력을 통한 심리적·사회적 맥락 공유 등이다. 이러한 기반 위에서 현상학적 윤리는 일회성 선언이 아니라, 일상 진료의 구조에 스며드는 실천으로 자리 잡을 수 있다.

3. 결론

좋은 의료는 단지 병명을 정확히 붙이고 약을 적절히 처방하는 능률적 체계가 아니다. 정신의학이 보여주듯, 인간의 고통은 신경화학이나 유전 표지로만 환원되지 않으며, 환자가 살아가는 세계, 타자와의 관계, 자기 이해의 균열 속에서 총체적으로 경험된다. 그러므로 좋은 의료는 환자의 일인칭 체험을 임상 판단의 핵심 자료로 삼고, 그 체험이 형성되는 생활세계와 살아 있는 몸의 맥락을 함께 해석하여, 객관적 근거와 주관적 의미를 통합하는 실천이다. 이때 현상학은 방법이자 윤리이다. 판단중지로 선입견을 잠시 보류하고, 지향성·시간성·세계-내-존재의 구조를 비추어 고통의 형식을 묻는 태도는, 곧 환자를 도덕적 주체로 대우하고 그의 내적 목소리가 치료 과정에 실질적으로 반영되도록 하는 윤리적 실천으로 이어진다.

좋은 의료의 첫 번째 기준은 관계이다. 진단과 처방은 환자와 의사 사이의 신뢰에 뿌리내릴 때 비로소 치유의 의미를 지닌다. 신뢰는 열린 질문과 경청에서 시작한다. "무엇이 그렇게 느끼게 하는가?", "그 경험은 어떤 의미였는가?"라는 물음은 증상 목록을 넘어, 환자가 자신의 언어로 고통을 서사화하고, 의사는 그 서사의 구조—파열된 지향, 응고된 시간, 낯설어진 세계—를 함께 더듬어 가는 통로가 된다. 이 과정에서 동의는 서류가 아니라 관계의 사건이며, 의사결정은 정보 제공이 아니라 공동 구성이다. 즉, 자율성은 선택지 제시로 완결되는 권리가 아니라, 환자가 자신의 삶을 다시 말하고 책임질 수 있도록 지식적 · 정서적 · 사회적 조건을 마련해 주는 역량으로 이해되어야 한다.

둘째, 좋은 의료는 이중 충실성—근거와 의미—을 균형 있게 합한다. 근거중심의학은 통계적 평균에서 안전과 일관성을 확보해 주지만, 환자는 언제나 평균의 바깥에서 산다. 반대로 의미 중심 접근이 객관적 검증을 외면하면 임상은 자의화된다. 임상 현장에서 이 균형은 다음과 같이 구체화될 수 있다. 표준화된 평가와 가설을 세우되, 초기 면담에서 충분한 내러티브 시간을 확보한다. 약물 · 심리치료 · 사회적 개입의 선택지는 효과 · 부작용 · 가치의 충돌을 함께 따져 공동 결정한다. 경과 평가는 수치(점수, 생체지표)와 함께 환자의 시간감 · 관계감 · 자기감의 변화를 묻는 정성적 지표로 보완한다. 이렇게 할 때, 치료 목표는 증상 억제에서 실존적 회복—다시 할 수 있음, 다시 열려 있음—으로 확장된다.

셋째, 좋은 의료는 전문가 개인의 태도만으로 성립하지 않는다. 제도역시 관계와 의미를 가능케 해야 한다. 내러티브와 현상학적 면담을 위한 최소한의 진료 시간, 다학제 팀과의 정례적 사례 회의, 환자 · 가족과 공유하는 치료 요약과 목표, 임상의의 성찰(reflection)을 평가하는 교육 · 감독 체계가 필요하다. 보상 · 성과 지표 또한 단기 처방량이나 회전율보다,

치료 지속성, 치료 동맹의 안정성, 삶의 기능 회복 같은 지표를 포함해야 한다. 이렇게 구조가 바뀌어야 현장에서의 공감과 경청이 '좋은 사람 됨'이 아니라 '좋은 진료'의 표준이 된다.

넷째, 좋은 의료는 취약성과 다양성에 민감하다. 진단 매뉴얼의 편향과 제도적 환경이 특정 집단을 체계적으로 소외시킬 수 있음을 전제하고, 언어·젠더·문화·계급적 차이를 고려한 접근을 설계해야 한다. 환자의 세계를 표준 범주에 끼워 맞추는 대신, 범주를 환자의 세계에 맞춰 유연하게 해석하는 능력이 요구된다. 이는 곧 해석의 겸손함—모든 진단은 잠정적이며, 모든 치료는 재해석 가능하다는 인식—으로 이어진다.

마지막으로, 좋은 의료의 성과는 '재발률'이나 '퇴원율'만으로 환원되지 않는다. 환자가 자신의 시간을 다시 흐르게 하고(예지의 회복), 세계와 다시 연결되며(관계의 회복), 자신을 다시 서술할 힘을 얻는가(주체성의 회복)가 중핵적 지표가 된다. 정신의학에서 시작된 이 관점은 전 과에 걸쳐 유효하다. 암 치료의 완화의료, 만성질환의 자기 관리, 소아청소년의 발달 지원, 노인의 돌봄까지 어디서든 '증상-지표-매뉴얼'의 축만으로는 충분하지 않다. 좋은 의료는 환자의 고통을 숫자와 이름으로만 다루지 않고, 그 고통이 벌어지는 삶의 장에 동행하여 의미를 다시 엮는 것이다.

요컨대 좋은 의료란, 과학적 근거 위에 서되 환자의 체험을 중심으로 의사-환자 관계를 재구성하고, 해석과 윤리를 결합해 치유의 조건을 마련하는 실천이다. 그 핵심 문장은 간명하다. 우리는 병을 치료하지만, 무엇보다 사람을 돌본다. 그리고 그 돌봄은 사실 추상적 미덕이 아니라, 시간을 배치하고 질문을 바꾸고 제도를 설계하는 구체적 기술이다. 이런 변환이야말로 오늘의 의료가 다시 '좋음'을 말할 수 있게 하는 길이다.

동아시아 의사-환자 관계의 역사와 주체성의 회복*

최지희

한경국립대학교 브라이트칼리지 조교수

* 이 글은 최지희, 「청대 사회의 용의(庸醫) 문제 인식과 청말의 변화」(『의사학』 28-1, 2019)의 일부를 포함하여 수정, 보완한 것임을 밝힌다.

1. 서론

동아시아의 의료 전통에는 오랫동안 "의는 인술(仁術)이다."라는 믿음
이 존재했다. 병든 이를 불쌍히 여기고, 신분과 재산의 차이를 넘어 사람
의 생명을 귀하게 여기는 마음이 이상적인 의사의 조건으로 제시되었다.
한국에서 이러한 이상적인 의사상으로 꼽히는 인물은 아마도 '허준'일 것
이다. 대중매체의 영향으로 우리는 훌륭한 의사란 환자를 불쌍히 여기고
환자를 위해서는 개인적인 욕망을 자제하는 허준과 같은 의사를 상상한
다. 허준 앞의 환자들도 이러한 도덕적인 의사에 감화되어 의사의 말에
순종하며 따른다.

그러나 현실은 이상과 달랐다. 근대 이전 중국과 한국의 의서와 역사
자료를 살펴보면 환자는 의사를 믿지 못하여 의사의 능력과 도덕성을 시
험했고 좋은 의사를 선택하기 위해 고심했다. 반면 의사는 환자가 의사를
믿지 못하고 참을성이 없기 때문에 뛰어난 명의가 오더라도 치료에 실패
한다고 비난하기도 했다. 또는 낫기 힘든 병에 걸린 환자가 있으면 의사
는 비난받을 것을 두려워하여 환자의 치료를 거부하거나 적극적으로 치
료하지 않기도 했다. 이렇듯 우리가 막연하게 상상했던 '인술(仁術)'은 현
실에서는 의사와 환자의 불신과 긴장을 동반했다. 우리가 이상적으로 생

각했던 전통 시대의 의사와 환자의 관계도 현재 우리 사회의 의사-환자의 갈등과 비슷한 것처럼 보이기도 한다. 의서에서 강조한 '인술'의 이상은 왜 현실에서 실현되지 못했을까? 왜 과거에도 의사와 환자는 갈등 관계에 놓였을까? 의사와 환자의 관계를 이해하기 위해서는 당시 사회가 추구한 의료윤리가 무엇인지를 살펴볼 필요가 있다. 의료윤리에는 의사의 도덕 관념이나 직업적 소명 의식뿐 아니라, 환자와 갈등을 빚게 된 의사의 입장, 모순 등이 담겨 있기 때문이다.

이 글에서는 동아시아 의사-환자 관계의 역사를 돌아보고, 환자의 주체성을 회복하고 의사-환자의 신뢰를 회복하기 위해서 어떤 교훈을 찾아야 하는지를 생각해 보려고 한다. 고대 중국과 한국 사회가 공유한 의덕(醫德), 인술(仁術)의 의료윤리, 명청 시기의 '양의(良醫)', '용의(庸醫)' 담론과 의사-환자 관계에 존재한 팽팽한 갈등, 그리고 의관 이수기의 의안에 기록된 생생한 진료 장면을 통해 의사-환자 관계가 어떻게 윤리와 제도, 감정의 층위를 넘나들며 형성되어 왔는가를 살펴보고자 한다.

특히 전통 시대의 인술(仁術) 윤리가 근대 서구 의학의 유입과 함께 어떻게 재편되었는지, 그리고 20세기 후반 이후 의사윤리 강령의 변화를 통해 환자와 의사의 위치가 어떻게 달라졌는지를 살펴본다. 의사의 가부장적·시혜적 위치를 강조하던 시대에서, 환자의 권리와 자기결정권을 중시하기에 이르는 과정은 동아시아 의료윤리와 의사-환자 관계의 전환을 보여준다. 이를 통해 의사는 무엇을 책임지고, 환자는 어디까지 선택할 수 있는가, 의학 기술의 발전이 환자의 의사에 대한 신뢰를 회복시키는 데 기여할 수 있는가, 의학의 인간적인 면모를 회복하고 질병 중심 의학에서 다시 인간 중심 의학으로 돌아가기 위해서는 어떻게 해야 하는가를 생각해 보겠다.

2. 중국의 의료윤리 전통과 의사-환자의 긴장 관계

중국은 고대 의학 경전인 『황제내경』에서부터 올바른 의사의 자세와 환자를 대하는 태도에 대해 이야기했다. 의사의 의료윤리를 흔히 의덕(醫德)이라고 했는데, 당시 의사들의 '의덕'을 기술한 의서에서는 "의(醫)는 인술이다.", "의는 사람의 생명을 다루는 일이니 이익을 탐하지 않아야 한다.", "부자와 빈자를 차별 없이 대하라.", "빈자를 구휼하라."라는 조언을 했다. 이는 훌륭하고 존경받는 의사인 양의(良醫)가 되기 위해 지켜야 하는 도덕적인 원칙이었다. 이러한 의덕은 의사의 정체성 확립에 중요한 조건으로 작용하며 의학 이론 지식이나 의술 못지않게 양의라는 신분을 유지하고 그렇지 않은 엉터리 의사와 자신을 구분하는 데 사용되었다.

명청대에는 의업에 종사하는 의사의 수가 증가했으나 그 수준은 천차만별이었다. 당시에는 중앙의 의관(醫官)을 선발하는 시험은 있었으나 그 외의 의사를 전체적으로 검증하는 제도는 없었다. 그렇기 때문에 사람들은 믿을 만한 의사를 선택하기 위한 방법에 관심을 가질 수밖에 없었다. 믿을 만한 의사가 양의(良醫)라면 실력을 믿을 수 없고 피해야 할 엉터리 의사들은 용의(庸醫)라고 불렀다. 당시 의사들이나 사인(士人)들이 남긴 글 속에는 어떤 의사가 믿을 만한 양의이고 어떤 의사가 반드시 피해야 할 용의인지에 대해 다양한 의견이 남아 있다. 가장 기본적으로 용의는 의학의 기본 지식을 갖추지 못한 자들로 규정되었다. 심지어 글도 모르면서 의서에 나온 한두 마디 구절을 외워 반복하면서 의사 노릇을 하는 자들도 있었다. 용의는 어떤 부류인지에 대해 다양한 정의가 있었지만 대개 의학 이론의 이해와 임상 경험이 부족하고 단편적인 의학 지식을 가지고 함부로 환자를 치료하는 이들이었다. 이들은 오진을 일삼고 환자의 병을 낫게 하기는커녕 환자를 위험에 빠뜨리는 존재들이었다.

의사의 의술 못지않게 중요한 것은 도덕적인 기준 여부였다. 중국의 명청대 사람들은 뛰어난 의학 지식와 도덕을 갖춘 유의(儒醫)를 바람직한 의사의 형상으로 삼았고, 의덕을 갖추지 못한 의사에 대해서는 사회의 비판이 만연했다. 예를 들어 명 말의 문인 손승은(孫承恩)은 양의의 조건으로 지혜[智], 예(禮), 청렴[廉], 신중[愼], 인(仁)의 덕목을 강조하며 이러한 의덕이 부족한 의사들이 사람에게 해를 미친다고 평했다.[1]

추적광(鄒迪光)은 기본적인 의학 지식도 갖추지 못한 의사들과 더불어 의학 지식은 갖추었으나 환자를 속여 재물을 취하고, 환자에게 과한 비용을 떠넘기고, 빈부귀천에 따라 환자를 대하는 태도를 달리하고, 환자의 목숨을 소홀히 여기는 의사들 역시 용의로 생각했다.

당시 의사들은 스스로 도덕적 소양과 태도를 갖추어 이상적인 의사상에 부합하기 위해 노력했다. 명 말의 의사 서춘보(徐春甫)가 조직한 의학 학회인 일체당택인의회(一體堂宅仁醫會)의 22개 강령에서는 이들이 추구한 이상적인 의사의 모습을 볼 수 있다.[2]

---

1   孫承恩,「良醫說」,『文簡集』卷36,『景印文淵閣四庫全書』集部1271.

2   徐春甫,「一體堂宅仁醫會錄」,『古今醫統大全』下, 合肥: 安徽科學技術出版社, 1995, 1180-1194쪽.

첫째, 의학에 대해 진지한 탐구의 태도를 갖출 것을 강조했다. 둘째, 의료와 관련된 내용으로, 맥을 정확히 파악하고[辨脈], 환자의 상태를 주도면밀하게 살펴 정확한 판단을 내려야 하고[審證], 약의 처방에는 기본 원칙을 지켜야 하며[處方], 선대의 처방을 본보기로 삼고[規鑒], 의료 현장에서 잊지 않아야 할 기본 사항[醫箴]을 상기하게 했다. 또한 의사가 반드시 피해야 할 환자와 상황을 일깨우고 있다[避晦疾]. 셋째, 의사의 도덕 품행과 관련된 조항[존심(存心), 항덕(恒德), 체인(體仁), 망리(忘利), 휼빈(恤貧), 자중(自重), 자득(自得), 계탐비(戒貪鄙)]으로 전체 조항의 상당 부분을 차지한다.

이러한 이상적인 의사의 상(像)과 상반되는 것은 바로 의사가 멀리하고 환자가 신뢰해서는 안 되는 용의에 해당될 것이다. 당시 의사들은 의서를 통해 훌륭한 의사가 갖추어야 하는 소양을 서술하고 의사들이 지키도록 당부하는 한편, 환자들도 좋은 의사를 선택하고 용의(庸醫)를 피할 수 있는 안목을 길러야 한다고 주장했다. 이러한 용의에 대한 정의와 비판은 당시 의사들의 치료 기록인 의안(醫案)이나 수필인 의화(醫話)에도 자주 등장했는데 이로 보아 당시 의사들 역시 용의의 문제에 많은 관심을 가지고 있었음을 알 수 있다. 의사들은 용의의 폐해를 비판하며 좋은 의사를 선택하는 방법에 대해 환자에게 조언하는 글을 다수 남겼다. 명대 의사 공정현(龔廷賢)은 환자가 지켜야 할 열 가지 사항을 이야기하며 의사를 신중하게 선택할 것을 첫 번째로 꼽았다.[3]

명대의 의사 장경악(張景岳)은 "의사의 열에 아홉은 용의이며 이들은 한

---

3   龔廷賢, 「雲林暇筆」, 『萬病回春』, 北京:人民衛生出版社, 489-493쪽.

(寒)과 열(熱)의 증상을 혼동하여 처방하고 약에 대해서도 이해하지 못한다. 좋은 의사는 진중·총명·과감·박식함을 갖추어야 하지만, 가장 중요한 것은 환자가 평소에 좋은 의사를 보는 안목을 갖추는 것이고, 의사를 신뢰하고 치료에 방해가 되는 갖가지 거짓 정보에 미혹되지 않아야 한다."고 강조했다.[4]

청대의 의사 서대춘(徐大椿)은 「병가론(病家論)」에서 환자가 의사를 신중하게 고려하지 않아 치료를 그르치는 경우들을 지적했다. 환자가 주관이 없이 의사의 명성, 입소문, 주변 사람의 소개 등에만 의지하여 의사를 선택하는 경우 자칫 용의를 선택하게 된다. 또는 의사를 신뢰하지 않고 함부로 처방전을 바꾸거나, 섣불리 의사를 교체하는 경우 치료를 그르치게 되고, 혹은 돈이 아까워 진료비가 싼 의사를 부르는 경우 용의를 부르는 잘못을 저지르게 된다고 보았다.[5]

의사들에게 '용의'란 자신을 수준 낮은 의사들과 분리하는 일종의 배제와 구분의 표현이었다. 이들은 용의를 비난하면서 실제 의료 현장에서의 문제점을 꼬집고 유교적 지식과 의술, 도덕적 소양을 갖춘 자신들을 무지하고, 탐욕스럽고 책임감이 없는 의사들과 차별화했다. 즉 환자들이 의사와 용의의 종류를 구분하는 등 관심을 보였던 것은 좋은 의사의 선택이 어려웠던 혼란스러운 의료 상황을 의미하지만, 의사들이 용의를 언급하고 자신과 비교했던 것은 양의나 유의로서의 정체성을 확보하기 위한 수

---

4   張景岳, 「時醫論」, 「病家兩要說」, 『傳忠錄』. 『景嶽全書』 卷2, 北京: 中國中醫藥出版社, 1996, 39-40쪽.

5   徐大椿, 「涉獵醫書誤人論」, 「病家論」, 『醫學源流論』, 劉洋校注, 北京: 中國中醫藥出版社, 2008, 97-99쪽.

단이기도 했다.

그렇다면 실제 의료 현장에서 의사들의 의료윤리는 어떻게 적용되었으며 실제 의사-환자의 관계는 어떠했을까? 명청대의 의사들이 이야기하는 것처럼 환자들은 의사들이 제안하는 좋은 의사의 조건을 기준 삼아 '양의'를 선택하고 의사를 신뢰하는 원만한 관계를 형성했을까? 사실 '양의'와 '용의'는 상당히 주관적인 표현이었다. 의사의 입장에서는 훌륭하고 좋은 의사이지만 환자의 입장에서는 꼭 그렇지 않은 경우도 있었다.

흔히 환자가 의사를 선택하는 데 가장 많은 영향을 미친 것은 의사의 명성이었다. "삼대(三代)가 지나지 않은 의사의 약은 먹지 않는다[醫不三世, 不服其藥]." 라는 표현에서 반영하듯 사람들은 의사 집안 출신의 의사 혹은 경험이 많고 학식이 높은 의사, 황실에서 황제를 모셨던 태의(太醫) 출신 등 명망 있는 의사를 선호하는 편이었다. 그러나 명성이 높은 의사라도 치료에 실패할 수 있었고 언제든지 용의라는 비난을 받을 여지가 있었다. 환자는 의사를 쉽게 신뢰하지 못했고 의사도 환자가 의사를 불신하는 태도를 비판했다.

의사와 환자의 입장 차이도 갈등을 낳았다. 예를 들어 이미 가망이 없는 환자의 치료를 의사가 거부하는 경우가 있었는데, 환자는 이러한 의사들이 의덕(醫德)을 실천하지 않고 환자를 죽게 내버려 두는 자라고 비난했지만, 의사의 입장에서는 자신의 명성을 지키기 위한 선택이었다. 고염무(顧炎武)는 의사가 환자의 치료를 기피하는 현상을 지적했다. "옛날의 용의는 사람을 죽였으나 오늘날의 용의는 사람을 죽이지도 않지만 그렇다고 살리지도 않는다. (그들은) 환자를 죽지도 살지도 않은 상태에서 병이

날로 심해져 죽게 만든다."[6]

그런데 의사의 입장에서 '치료의 기피'는 자신의 명예를 지키고 환자의 책망을 피하기 위한 방법 중 하나였다. 특히 자신의 처방으로 인해 환자가 죽는 상황을 피하는 것은 매우 중요했다. 당시 의사들은 같은 의사들에게 의료 상황 속에서 마주칠 수 있는 갖가지 위험에 대해 경계하고 보신(保身)의 방법을 찾을 것을 조언했다. 예를 들어 서대춘(徐大椿)은 의사가 처할 수 있는 난처한 상황을 설명했다. 첫째, 환자가 병세가 가벼울 때는 의사를 찾지 않다가 병세가 위독해야 의사를 찾기 때문에 대개 치료하기 힘든 상황이 된다. 둘째, 병이 오래되면 의사를 자주 교체하는데 환자의 병세를 더 악화시킨다. 만약 치료에 실패하면 곧 이전 의사의 잘못까지 뒤집어쓰게 된다. 서대춘은 이 상황을 모면하기 위해서는 "환자가 죽을 것 같으면 그 이유와 죽을 날을 예견하고 홀연히 떠난다면 책임을 피할 수 있을 것이다."라고 조언했다.[7]

즉, 서대춘은 의사가 신중하게 처신하여 환자가 사망하는 경우 떠안게 되는 비난과 책임을 피할 것을 당부했다. 이때 의사가 치료를 피하는 행위는 환자에 대한 무책임이 아니라 현명한 의사의 선견지명을 의미했다. 의사들의 입장에서는 신중한 처신과 보신에 해당되는 행위이지만 고염무의 비난처럼 환자의 입장에서는 책임을 회피하는 부도덕한 의사였던 것이다. 즉, 의사의 책임을 요구하는 환자와 자기 보호를 실천해야 하는 의사 사이에서 갈등은 피할 수 없었다.

---

6   顧炎武,「醫師」,『日知錄』卷5, 合肥: 安徽大學出版社, 2007, 258-259쪽.
7   徐大椿,「名醫不可爲論」, 앞의 책, 95-96쪽.

물론 서대춘의 태도는 현대적인 기준에서 생각하면 환자를 골라서 받고 치료를 거부하는 등 의료윤리에 위배되는 행위이다. 그런데 현대의 의료윤리는 치료의 전권이 의사에게 있다는 기본 원칙에서 시작된다. 반면 근대 이전 의료 현장에서 치료의 선택권은 환자에게 있었고 의사의 권한은 제한적이었다. 지금의 의료 권력이 의사에게 있는 것과는 전혀 다른 모습이다. 의사 서대춘은 환자가 의사 선택을 잘못하거나 환자의 주변인이 얕은 의학 지식으로 의사를 경시하여 치료를 그르치는 경우가 많다고 지적했다.[8]

당시 의사보다 환자나 환자 가족의 의견이 더 중요했고 의사의 권한은 제한적이었다. 만약 의사의 처방이 효과가 없다고 판단되면 환자의 가족은 의사를 교체하거나 여러 의사를 불러 토론하여 가장 좋은 처방을 찾았다. 처방을 논의하는 과정에서도 환자 측은 끊임없이 개입할 수 있었는데, 의학에 소양이 있는 문인 계층의 집일수록 이런 경향이 두드러져 환자의 가족이 의사의 의견과 다르다면 의사의 말은 절충적으로 받아들여지거나 묵살당했다. 의료 현장에서 결정권은 환자에게 있고 의사는 단지 중간에 개입하는 자이자 의견 제공자인 경우가 많았다. 즉 의사들은 의료의 현장에서 전권이 없었기 때문에 치료가 실패하거나 환자가 사망했을 때 그 책임에서 회피할 수 있는 여지가 있었다.

예를 들어서 의사가 환자를 치료하는 중에 환자가 사망하는 '의료사고'가 발생하는 경우가 그러했다. 사람들은 "한 제(劑)의 약으로 사람을 죽이는 것이 손바닥 뒤집듯 쉽지만 이에 대한 소송이 없고 관(官)은 처벌이 없

---

8   徐大椿, 「涉獵醫書誤人論」, 앞의 책, 97-98쪽.

다."는 말로 '용의(庸醫)'를 법적으로 처벌하는 일이 어렵다는 것을 비판했다.[9] 물론 환자가 오랫동안 병을 앓았거나 매우 위중한 병을 앓아 가망이 없던 경우에는 환자의 가족이나 의사 모두 '수명이 다했다'는 것으로 받아들이는 경우가 대부분이었다. 그러나 치료의 과정이 석연치 않거나 의사의 치료가 마음에 들지 않았던 경우, 또는 사망한 환자의 장례비를 마련하기 위해 의사를 관청에 고발하는 경우도 종종 발생했다. 전통 시대에는 '의료'를 다룬 전문적인 법 조항이 없었고, 그 대신 형법 중 '고의적인 살인', '고의는 아니지만 실수로 인한 과실살인'의 항목의 한 사례로 '의료사고'를 다루었다. 고의가 아닌 실수나 착오에 의해 의료사고가 일어난다면 관청에서는 대개 의사가 환자 가족에게 금전적인 배상을 하게 하는 데 그쳤다. 심지어 의사의 잘못이 인정되지 않는 경우도 있었다. 의사가 처벌받지 않은 이유는 치료 과정에서 의사의 잘못을 찾아내 증거로 삼는 일이 쉽지 않았기 때문이다. 관청에 의사를 고발했더라도 대개 안건은 사소한 일로 처리되었고 충분한 증거가 없는 상황에서는 "환자는 병으로 죽은 것이지 다른 이유는 없다[因病身死, 並沒別故]."라는 대답을 듣는 경우가 대부분이었다.[10]

법에 의해 용의를 처벌하는 일이 쉽지 않았던 환자의 가족은 의사에게 물리적 폭력을 행사하며 환자 사망의 책임을 묻고 돈을 요구했다. 관에 가서 알리는 경우도 있었지만 많은 경우 분노한 환자의 가족들이 직접 의사를 찾아 책임을 물었다. 또는 환자의 사망을 빌미로 의사를 협박하여 재물

9　呂坤,「醫館劉誠庵手卷序」,『呂新吾先生去僞齋文集』,『四庫全書存目叢書』, 集部161.
10　龍偉,「淸代醫療糾紛的調解,審理及特征」,『西華師範大學學報』 6, 2016.

을 강탈할 기회를 노리거나 구타하여 사망하게 하는 일도 있었다.[11] 환자의 가족이 시신을 들고 의사의 집을 찾아가 소란을 피우는 것[扛屍上門]도 의료 분쟁에서 보이는 환자의 흔한 사적 복수의 모습이었다. 이는 관에서 주목할 정도로 사회문제가 되었던 것으로 보인다. 명청대 관리들의 지침서인 관잠서(官箴書)와 같은 글에서는 이러한 사적인 복수와 폭력에 대한 우려를 볼 수 있다. "만약 인명 사고를 관에 고하지 않고 군중이 시신을 들고 찾아가 재물을 강탈하고 사람을 다치게 하면, 배상을 하는 것 외에도 반드시 추궁하여 처벌한다."[12] 만약 이러한 환자 측의 모욕과 비방에 의사가 자신의 처방이 합당하다고 여기고 참지 않는다면 의사와 환자 쌍방이 고소하는 일이 발생하기도 했다.

3. 조선시대의 의료윤리와 의안(醫案) 속 의사-환자의 관계

한국에서는 오랫동안 의료윤리를 인술(仁術)로 이야기했다. 인술은 반드시 의술에 한정되지는 않으나 의사가 환자의 치료를 우선하는 도덕적인 책임을 이야기할 때 흔히 '인술'로 묘사해 왔다. 근대 이전의 동아시아의 의료윤리는 중국 후한 말기의 『상한론(傷寒論)』, 수-당대의 『천금방』 등 고대 의서에 포함된 의사의 도덕과 윤리의 영향을 받았고 한국도 예외는 아니었다.

---

11 龍偉, 같은 논문, 2016, 20쪽.
12 陳夢雷, 「聽斷部 雜錄」, 『祥刑典』 卷43.

조선시대의 의료윤리는 세종대에 편찬된 관찬 의서 『의방유취(醫方類聚)』(1445)를 참고할 수 있다. 『의방유취』의 총론에는 '훌륭한 의사의 정성을 논함'을 실었고 이는 중국 의서 『천금방(千金方)』을 인용한 것으로 당시 의사에게 요구한 도덕과 윤리를 이야기했다. 총 6개 항목으로 이루어졌고 의사가 의학을 공부하는 근면 성실한 태도, 환자를 대하는 자세, 생명을 귀하게 여기는 마음, 인술(仁術)에 바탕을 둔 헌신적인 치료, 금전에 구애받지 않고 예의범절을 지키는 품위 있는 태도 등을 이야기했다.[13]

16세기 이후에는 성리학적 가치가 우선시되면서 의학에도 유교적인 의료윤리가 강하게 투영되기 시작했다. 대표적으로 조선 선조 때 의관 양예수가 편찬한 『의림촬요(醫林撮要)』(17세기 후반-18세기 보완)를 들 수 있다. 이 책은 역대 의학자들의 행적을 모아 엮은 전기 형식의 의서인데 '뛰어난 의사의 구분'에서 중국과 조선의 의가(醫家) 중 본받을 만한 의사들의 사례를 서술했다. 『의림촬요』에서는 '유학'에 최고의 가치를 부여하며 훌륭한 의사는 마땅히 유학의 도를 깨달아 의학에서 체현해야 한다고 했다. 단순히 기술로서의 의학을 실천하는 의사는 평범한 의사이지만, 유학을 공부하여 도덕을 수양하고 의학을 깊이 있게 탐구한 의사는 뛰어난 명의(名醫)에 속한다고 한 것이다.

이러한 성리학적 가치를 우선시한 의료윤리는 당시 중국 의서의 영향을 받은 것으로 보인다. 당시 이천(李梴)의 『의학입문(醫學入門)』(1580), 공정현(龔廷賢)의 『만병회춘(萬病回春)』(1587), 장경악(張景岳)의 『경악전서(景

---

13 신동원, 「한국 의료윤리의 역사적 고찰-의사윤리강령(1955-1997)의 분석을 중심으로」, 『의사학』 9-2, 2000, 168-170쪽.

岳全書)』(1624) 등의 의서들이 조선 사회에 소개되었는데 모두 유학을 이해하고 유학의 도덕 가치를 체현하는 의사를 훌륭한 의사로 손꼽았다. 또한 의사는 의술의 목적을 '부와 명예'에 두지 않아야 했다. "의사는 환자를 어떻게 대해야 하는가?"라는 질문에 대해서는 '환자를 측은하게 여기고 자비를 베푸는 마음'을 발휘하여 환자의 신분, 빈부에 따라 차별하지 않아야 한다고 강조했다.

물론 의서에서 강조하는 '인술'은 현실에 그대로 적용되지 않는 경우가 많았다. 조선시대의 유학자들에게 의학은 효를 실천할 수 있는 중요한 교양이었고 자연히 의학윤리에도 관심이 많았다. 그들은 많은 의사들이 도덕적으로 타락했고 사람을 구하는 것보다 재물을 따진다고 비판했다. 예를 들어 성호 이익은 '의원들이 약방문을 마구 바꾸는 행태'를 비난했고, 정약용은 '이론을 따지지 않고 경솔하게 약을 쓰는 것'을 비판했다. 조선시대의 의료윤리는 인술(仁術)과 의도(醫道)를 중심으로 이야기되는데 그 바탕에는 강한 가부장적 온정주의가 깔려 있다. 환자에게 가져야 하는 측은지심이나 자비심은 의료윤리의 기본이었는데, 이는 의사나 군주가 백성을 위해 의술을 베푼다는 시혜적인 태도였다. 또한 이러한 의료윤리는 개별 의사들에게 당부하는 가르침에 머물렀고 의사 집단의 강령이나 규율로 강제된 것은 아니었다.[14] 이는 근대 이전 전통 시대 동아시아 의학윤리의 특징이었으며 의사와 환자의 관계에도 영향을 미쳤다.

조선시대 임상의학에서 의사와 환자의 관계는 '의안(醫案)'을 통해 추측해 볼 수 있다. '의안'은 의사가 기록하는 진료기록부에 해당하며 환자의

---

14 같은 논문, 173-174쪽.

인적 사항, 환자의 상태, 질병의 정황, 진단의 과정, 병기(病機)의 분석, 그에 따른 치료 방법과 예후(豫後), 치료의 경과 및 평가 등이 종합적으로 기술된다. 의안은 고대 중국의 의서에서 뿌리를 찾을 수 있는데 16세기부터 본격적으로 저술되었고 18~19세기에 활발히 출판되었다. 이에 비해 한국의 의안 자료의 양은 적은 편이고 주로 조선시대 후기에 출판된 의안이 남아 있다.[15]

그중 『역시만필(歷試漫筆)』은 1734년에 편찬된 것으로 의관(醫官) 이수기(李壽祺)가 남긴 환자들의 치료 기록이다. 『역시만필』은 현전하는 조선 의서 중 가장 많은 151개 의안이 수록되어 있어 17~18세기 조선에서 이루어진 임상 의료의 생생한 모습을 관찰할 수 있는 중요한 자료로 여겨진다. 우리는 의안에서 환자를 진단하고 치료한 구체적인 정황 등 의사의 치료 과정 전반뿐만 아니라 의사-환자 관계의 일면을 볼 수 있다.

전통 의학에서 환자를 진찰하는 기본적인 방법은 문진(問診), 맥진(脈診), 설진(舌診), 망진(望診)이 있고, 그 외에도 청진(聽診), 타진(打診) 등의 방법이 동원된다. 그중 환자와 대화를 통해 증상, 병력, 생활습관, 몸의 상태를 듣고 파악하는 문진(問診)과 손목의 맥을 짚어 오장육부 상태와 기혈의 순환을 파악하는 맥진(脈診)은 환자를 파악하기 위한 가장 중요한 방법이었다. 의사는 환자와 신체적인 접촉 및 대화를 통해서 상태를 확인하고

15　조선 사회의 의안(醫案)의 정의와 설명에 대해서는 다음의 논문을 참고함. 이기복, 「의안(醫案)으로 살펴보는 조선 후기의 의학-실행 과정에서 보이는 의학 지식에 대한 태도와 행위를 중심으로」, 『한국과학사학회지』 34-3, 2012, 429-431쪽; 김성수, 「누가 내 몸을 치료할 것인가? 전통 의학의 경험과 지식의 경계: 경험에 대한 의사와 환자의 시선」, 『인문학논총』 79-4, 2022, 227-228쪽.

진단할 수 있었다.

『역시만필』의 '화병' 부분에서는 의사가 환자와 충분한 대화를 통해 병의 원인이 희로애락의 감정에서 비롯된 점을 파악하고 치료한 사례를 확인할 수 있다.

> 가슴이 답답하고 열이 나서 잠을 못 자는 고동지의 병
>
> 친구의 배신으로 관가에 빚을 지고 악독한 관리에게 겁박받다.: 고동지(高同知, 종2품)는 가슴이 답답하고 열이 나는 증을 얻었고 때때로 기운이 위로 치받았다. 열을 식히고 가래를 삭이는 약제와 위장을 풀어 주고 답답증을 풀어 주는 약방을 썼으나 낫지 않았다. … 내가 진찰하고는 말했다. "앞뒤로 복용할 만한 약은 써 보지 않은 것이 없었지만 조금도 효과를 보지 못했으니, 필시 병에 다른 빌미가 있기에 모두 치료가 되지 않은 것입니다. … 원컨대 평소 지내 온 일들을 듣고자 합니다." 고동지가 말했다. "내가 몇 해 전에 어떤 사람과 일을 같이했소이다. 그 사람이 관아에 채무가 있었는데 혹독한 관리를 만나 견디기 힘들어서 나를 무고(誣告)하고는 같이 빌린 것이라 하고 나에게 화(禍)를 옮기더이다. 그 관리는 기뻐하며 그 말을 듣고는 … 나를 가둔다고 겁박하며 천여 냥을 대신 납부하라 재촉하더군요. 기한을 수일 내로 정해 겁박하며 재촉하는 까닭에 분을 이기지 못하고 걱정과 두려움에 마음을 졸였지요. … 기력이 점점 쇠약해지더니 병이 이런 지경에 이른 것이외다." … 내가 깨달아 말했다. "이것이 바로 병의 빌미이니, 칠정(七情) 손상으로 병이 된 것입니다."[16]

---

16 신동원·오재근·이기복·전종욱, 『역시만필: 조선 어의 이수귀의 동의보감 실전기』,

이 사례의 환자 고동지는 겉으로 드러나는 증상에 따라 약을 처방받았으나 낫지 않았다. 이수기가 환자와 자세한 대화를 통해 병에 걸린 원인이 분노와 좌절, 두려움 등의 감정에서 비롯된 것임을 파악하고 나서야 치료할 수 있었다. 현대의 '질병 중심 의학'에서는 진단 기기에 정확한 병명으로 나타나지 않은 증상은 유의미한 병증으로 취급되지 않고, 실체적으로 병의 원인이 드러나지 않는 질환에 대해서는 치료 방법이 거의 없다고 판정된다.[17]

그러나 환자의 입장에서는 객관적인 수치로 파악되지 않는 증상이라도 고통을 동반한 엄연한 '병'이다. 이수기와 같은 전통 시대 동아시아의 의사들은 환자의 맥을 짚고 얼굴과 신체 부위를 관찰하고, 환자가 병을 얻게 된 내력과 생활 습관을 자세히 듣고, 수년 동안의 임상 경험에서 쌓은 훈련을 근거로 환자와 그 병을 이해하려고 했다.

그런데 『역시만필』에 등장하는 환자들은 의사 이수기에게 협조적이지 않거나 심지어 그를 시험하는 경우도 있었다. 이 시대에는 의사의 자격을 판단하는 면허 시험과 자격증 제도가 없었기 때문에 환자들 혹은 환자의 가족들은 의사가 신뢰할 만한 의사인지 확인이 필요했던 것이다. 시험하는 방법은 다양했다. 첫 번째, 환자가 자신이 어떤 병을 앓고 있는지 의사에게 말하지 않고 의사가 병을 맞춰야 하는 상황에 놓이는 경우가 있었다. 『역시만필』의 저자 이수기도 환자가 아무 말 없이 내놓은 손목을 잡

들녘, 2015, 51-52쪽.
17　같은 책, 53쪽.

고 맥을 짚어 병을 추정하는 불문진단(不問診斷)을 마주해야 했다.[18]

혹은 다음처럼 이미 다른 의사의 처방전을 얻은 뒤에 이수기가 같은 대답을 하는지 시험하는 경우도 있었다.

> 정언공은 평소에 나의 의술에 감복했기에 병증에 대한 의론(議論)이 어떠한지 시험 삼아 물어보고자 나를 초치했다. … 중국 연경(베이징)의 의원과 논의한 사정을 얘기하지 않고 단지 다른 병환 사례라며 물어 왔다. 내가 말하길, "비록 몸소 진찰해 보지 않았으나, 이 병은 필시 비장과 신장이 허하여 내려앉고 풍, 담이 상부에서 몽쳐 울체되었기에 간질이 된 것입니다. 마땅히 탕제로써 신장과 비장을 보호해야 하고 … 추풍거담환(追風祛痰丸)을 사용하면 완전히 나을 수 있습니다."라고 했다. … 약방을 적어 첨지공에게 올리니 … 기뻐한 까닭은 병증을 논하고 약을 쓰는 큰 줄기가 나의 소견과 대략 같았기 때문이다. … 마침내 내 약방을 쓰기로 결정하고 탕제와 환약을 복용했다.[19]

이 사례는 난치병의 하나인 간질병을 치료한 기록이다. 환자의 가족은 환자의 병을 중국의 의원과 논의한 사실을 말하지 않고 이수기가 같은 대답을 하는지 시험했다. 이수기는 중국의 의원이 처방한 약방과 비슷한 처방을 했을 뿐만 아니라, 먼저의 의원이 놓친 부분을 보완하여 풍과 담을

---

18 오재근, 「17-18세기 조선의 임상의학은 어떻게 이루어졌을까?-『역시만필』을 통해 살펴본 의관 이수기의 임상의학」, 『의사학』 31-1, 2022, 6쪽.
19 신동원 · 오재근 · 이기복 · 전종욱, 앞의 책, 231-232쪽.

제거할 수 있는 약을 처방하여 환자를 치료했다. 이수기의 처방이 효험이 있었고 환자는 곧 회복하여 건강을 되찾았다. 환자의 집안은 평소 이수기의 명성을 잘 알고 그의 의술을 인정하고 있었음에도 불구하고 그가 내리는 진단과 처방이 옳은 것인지 의심하고 확인하려고 한 것이다. 이수기와 같이 비교적 이름을 알린 의사라도 해도 환자 가족과 보이지 않는 긴장 관계에 놓였다는 점을 볼 수 있다.

두 번째, 환자 본인, 환자의 가족들은 의사들의 진단 혹은 치료 방법에 개입하거나 상의하기도 했다. 이 경우는 환자가 문자 지식뿐만 아니라 어느 정도의 의학적 지식을 갖추고 있었던 경우에 한정되지만, 의사를 선택할 정도의 위치에 있던 환자들은 적극적으로 치료의 과정에 개입했다. 자신이 알고 있는 의학 지식과 판단을 의사에게 주장하며 논쟁하기도 했고, 의사의 진단과 치료 방법이 마음에 들지 않으면 다른 의사를 부르기도 했다. 『역시만필』에서도 이러한 사례를 찾아볼 수 있다. 『역시만필』의 의안 151개 중 30여 곳에서 환자의 치료를 두고 다른 의사 또는 환자 보호자와 논쟁을 벌인 사례를 볼 수 있다.[20] 그중 두 사례를 통해 의사가 임상 현장에서 환자의 개입과 참견을 마주해야 했던 상황을 엿볼 수 있다.

드러난 증상이 열증 같아서 가족들이 믿지 않다가 회충을 토하는 것을 보고야 믿고 따르다: 한 계집종이 초겨울에 상한증(傷寒證)을 얻었다. 땀을 내어 발표(發表)시키는 처방을 써 보았지만 풀리지 않았다. … 맥을 진찰해 보니 매우 미약했다. 내가 말했다. "이 병증은 비록 열은 있지만 속이 찬 음증(陰

---

20 같은 책, 6쪽.

證) 상한(傷寒)이어서 서늘한 성질의 처방을 쓰는 것은 불가하오." 속을 따뜻하게 하는 이중탕(理中湯)을 복용하라고 했지만, 환자 집에서 열병인 것을 의심하여 감히 쓰려 하지 않았다.[21]

이생 아들이 18세에 처음 아내를 맞은 뒤 수십 일이 지난 10월 즈음에 상한증을 얻었다. 머리가 아프고 살갗에 열이 났으며 사흘이 지나자 코피가 났다. … 그사이에 열을 물리치는 약을 복용했으나 열증은 더욱 심해졌다. … 나는 진찰을 마치고 놀라서 말했다. "이것은 진짜 열증이 아닙니다. 차가운 약을 과용하면 반드시 위험해집니다. 심한 허로증을 회생시키는『동의보감』「한문(寒門)」의 맥문동탕(麥門冬湯)에 인삼 두 돈을 더해 연달아 몇 첩 복용시켜야 구해 낼 수 있을 것입니다." … 좌중에 평소 의서를 잘 보던 대갓집 아들이 말했다. "내 소견으로 볼 적에 이 젊은이는 장가들고 얼마 안 되어 상한증을 얻었습니다. 분명 방로(房勞)에서 생긴 열증상한병일 것입니다." … 병자의 가족이 맥문동에 인삼을 더한 약 한 첩을 달여 먹인 뒤에야 병자가 편안히 잠에 들 수 있었고 병이 절반은 줄었다. 다음 날 당초 이 환자의 병을 보던 의사가 와서 진찰하더니 이렇게 말했다. "이런 따뜻한 성질의 온보약을 쓰고서도 해가 없던 것은 요행일 뿐입니다." 그러면서 열을 내리는 화해산(和解散)을 쓰기를 권했다. … 오륙일 후 앞의 증상이 재발하여 다시 나를 불러 치료하게 하니 … 효험을 보았다. 상한병은 다른 병과 달라서 오로지 맥으로만 진단함이 옳다.[22]

---

21 같은 책, 311-312쪽.
22 같은 책, 322-323쪽.

이상의 사례는 이수기가 정확하고 뛰어난 '맥진'을 근거로 '전문가적인 독자성'을 유지하면서 자신의 치료 과정에 의심을 품은 환자를 설득시키며 자신과 다른 주장을 펼치는 다른 의사들을 제압한 사실을 부각한다. 실제 그의 맥진 실력은 영조의 진찰을 위해 불려 갔을 정도로 훌륭했다고 한다.[23]

또한 이러한 사례에서 드러나는 것은, 이수기가 비록 전문가로서 더 정확한 진단을 했더라도 비전문가인 환자 가족이나 주변 인물이 개입하고 참견하며 의학적인 논쟁을 하는 것이 가능했다는 점이다. 이수기와 같은 의사들이 비록 의학적 지식이 풍부하고 오랜 경험을 가지고 있더라도 비전문가가 '범접하기 힘든' 전문가의 '의학적 권위'를 가지고 있지 않았으며, 임상 현장에서는 다른 의사들과 경쟁하고, 환자를 설득하는 노력이 필요했던 것을 알 수 있다. 이러한 사례에서는 근대 서양 의학이 들어오기 이전의 사회에서 '의사의 전문가적 권위에 복종하는 환자'와의 관계가 아니었다는 점을 알 수 있다. 환자 혹은 환자의 가족은 자신이 파악한 질병의 원인과 치료 방법을 의사에게 주장할 수 있었고, 의사는 그러한 의견에 영향을 받기도 하고 때로는 노련하게 대응하는 '임기응변'의 능력이 필요하기도 했다.

중국과 한국은 전통적인 의료윤리와 이상적인 의사-환자의 관계상을 공유했다. 훌륭한 의사상은 의학을 탐구하는 일에 게을리하지 않고, 환자의 고통에 공감하는 인의(仁義)의 마음을 가진 자였다. 양국의 역사에서 성리학의 사회적 지위가 굳건해지고 의학에도 '유학'의 가치가 중요한 자

23　오재근, 앞의 논문, 7쪽.

리를 차지하면서 유학적 소양을 갖춘 유의(儒醫)를 이상적인 의사로 꼽기도 했다. 이 시대의 사람들은 뛰어난 능력을 지닌 동시에 민중을 돌보는 의사를 이상적으로 여겼고 '책임감 있는 의사'와 '의사를 신뢰하는 환자'라는 이상을 희망하기도 했다.[24]

그러나 현실의 의사-환자 관계에는 갈등이 도사리고 있었고, 임상 현장에서 선택권은 의사가 아닌 환자에게 있었다. 환자들은 실력 있고 믿을 만한 의사를 찾기 위해 의사 가문의 의사를 선택하기도 했고, 집안에서 오랫동안 교류해 온 의사를 신뢰하기도 했으며, 나이가 지긋하여 환자를 치료한 경험이 많은 의사를 찾기도 했다. 의사의 실력을 평가하기 위해 시험 삼아 의사를 부르기도 하고, 의사의 진단과 처방이 믿음직스럽지 못하면 바로 다른 의사를 찾기도 했다. 의사들은 환자와의 관계에서 신뢰를 얻고 혹시 있을 책임 추궁을 피하기 위해 환자의 요구에 최대한 부응하려고 노력했다. 일부 의사들은 책임을 회피하기 위해 환자를 가려서 받고, 다른 의사에 동조하거나 침묵했다. 의사와 환자의 이상적인 신뢰 관계는 현실에서는 이루기 힘든 것이었다.

---

24 레이샹린은 중국의 전통적인 의사-환자 관계가 이상과 현실에 큰 차이가 있었고, 근대 서양 의학이 중국 사회에 들어온 뒤에 의사-환자 관계에 새로운 긴장과 갈등이 발생했음을 밝혔다. 雷祥麟, 「負責人的醫生與有信仰的病人—中西醫論爭與醫病關系在民國時期的轉變」, 李建民主編 『生命與醫療』, 中國大百科全書出版社, 2005.

4. 근대 이후 의학의 발전과 의사-환자 관계의 변화

서양 의학은 15세기 이후 르네상스 인본주의 발전의 영향을 받으며 성장했다. 특히 17~18세기에 병리해부학이 발전하고 19세기에 생체의학(biomedicine)이 발전하면서 서구 의학은 새로운 단계에 접어들었다. 프란시스 베이컨이 과학이 인류의 진보에 이바지한 가장 큰 공헌은 의학적 발전이라고 생각한다고 밝히기도 했던 것처럼 이 시기 의학의 발전은 과학을 빼놓고 설명할 수 없을 것이다.[25]

19세기 말, 질병의 원인이 세균이나 바이러스와 같은 병원체에 있다는 것이 과학적으로 증명되면서 인류가 질병을 극복할 수 있는 새로운 기회를 열게 되었다. 이러한 '실험의학'은 의사의 진단 방식과 임상 행위에 영향을 미치게 되었다. 환자의 타액, 조직, 혈액을 채취하여 병리학적으로 분석했고, 병의 원인을 밝히는 것을 중시했다. 해부학자와 생리학자는 인간의 몸을 분석하고 환자의 전체적인 몸이 아닌 질병 자체, 즉 병변 기관과 병인을 연구하기 시작한 것이다. 점차 의사들의 관심 대상은 환자 자체에서 '질병'으로 전환되었다. 이러한 변화는 의사가 환자 지향적(patient-oriented)이 아니라 질병 지향적(disease-oriented)이 되게 만들었다.[26]

병원 기반의 임상의학이 등장하면서 가정이 아닌 병원이 주요 치료 공간이 된 것도 중요한 계기가 되었다. 19세기 말 서구 사회에는 병원에 의

---

25 에릭 J. 카셀, 『고통받는 환자와 인간에게서 멀어진 의사를 위하여』, 강신익 옮김, 들녘, 2002, 37쪽.

26 Edward Shorter, *Bedside Manners-The Troubled History of Doctors and Patients*, New York: Simon & Schuster, 1985, p.23.

학교가 병설되면서 병원은 단순한 치료 기관을 넘어 의학 실험과 교육, 연구의 다기능 공간이 되었고 그 속에서 의사는 절대적인 권위를 행사하게 되었다. 환자와 가족은 점차 의사와 병원의 권위에 도전할 수 있는 힘을 상실하게 된 것이다. 의학 기술의 진보도 환자의 힘을 위축시키고 의사의 권위를 높이는 수단이 되었다. 청진법, X선 촬영, 마취법의 개발과 도입은 환자가 의사의 임상 현장에 개입하는 것을 불가능하게 만들었다. 의료 기술이 발전할수록 의사와 환자의 상호작용은 환자의 통제를 벗어나게 되었다.[27]

의사들의 권위와 사회적 지위에 영향을 미친 또 다른 요인은 의사들이 과학적 권위를 바탕으로 협회를 구성하고 전문 학술지를 설립한 것이다. 이러한 단체와 학술지는 의사들의 사회적 경제적 지위 향상에 큰 영향을 미쳤다. 의사 단체는 정부와 협력하여 의료 행위를 독점하고 의학에서 주도권을 장악했다. 근대 이후의 환자는 의사 한 사람이 아니라 의학 체계 전체를 상대하게 되었다. 의사의 주도권은 더욱 강화되었고 환자는 수동적으로 전락하게 되었다.

동아시아에도 비슷한 변화가 나타났다. 근대 서양 의학은 도시를 중심으로 입지를 굳히면서 전통 의학과 치열하게 경쟁했고, 근대국가의 보건 정책을 장악하면서 정치적 주도권을 잡기 위해 노력했다. 그렇다면 동아시아의 환자들은 새로운 의료 권력을 어떻게 받아들였을까? 의사와 환자 관계에는 어떤 변화가 나타났을까? 서양 의학은 처음부터 손쉽게 중국의 환자들의 신뢰와 믿음을 얻지 못했다. 대도시에는 서양 의학을 신봉하고

27　John Burnham, *What is Medical History?*, Blackwell, 2005, p.51.

따르는 사람들이 늘어나고 있었으나 중국 대부분의 지역은 여전히 전통 중의학의 영향력 아래에 있었다. 근대의 환자들은 중의(中醫: 전통 의학을 공부한 의사)를 찾다가 양의(洋醫: 근대 서양 의학을 공부한 의사)를 찾기도 하고 때로는 중의와 양의를 번갈아 이용하기도 했다. 의사를 대하는 태도도 순종적이지 않았다. 많은 중국인들은 병원에 입원하는 것을 꺼렸고, 의사가 환자의 선택권을 빼앗는 것에 저항했으며 서양 의사의 진료를 포기하고 더 저렴하고 '친절한' 중의사를 찾기도 했다. 서양 의사의 관점에서 중국의 환자들은 근대 환자의 자격이 없었다. 근대 서양 의학의 세례를 받은 지식인들은 중국인들이 참을성 있고, 복종하는 현대 환자가 되는 법을 배워야 한다고 주장하기도 했다. 서양 의사는 병원에 입원하는 습관을 정착시켜 환자가 중의를 선택하는 것을 막고 환자를 통제하는 수단으로 삼기도 했다.[28]

환자들은 자신들의 의지와 선택권을 통제하는 근대 서구 의료 시스템에 저항했고, 민국 시대에 국가의 사법제도에 「형사소송법」이 제정된 이후에는 의사들을 대상으로 의료 소송을 제기하기도 했다. 특히 민국 시대 중국에서는 1930~1940년대에 대량의 의료 소송 사건이 발행하며 의료 분쟁이 사회적 이슈가 되기도 했다. 이 시기 중국의 신문과 잡지에는 의료 분쟁과 법정 공방의 사례가 자주 등장했는데 근대 동아시아 사회의 의사-환자 관계의 긴장을 보여주는 사례라고 할 수 있다.[29] 근대국가의 의료 체

---

28 雷祥麟, 앞의 논문, 490-492쪽.
29 龍偉, 『民國醫事糾紛研究(1927-1949)』, 人民出版社, 2011.; 馬金生, 『發現醫病糾紛:民國醫訟凸顯的社會文化史研究』, 社會科學文獻出版社, 2016.

계가 확립되면서 동아시아 사회에서도 권위주의적 의학과 의사 집단이 등장하게 되었고, 환자들의 주장도 목소리도 묻히게 되었다.

1970년대 이후에는 새로운 의학 모델이 등장하며 기존의 권위주의적 의학 권력을 벗어나 인간 혹은 환자를 중심에 두는 의학을 강조하게 되었다. 과학 위주의 의학 기술이 아무리 발달해도 환자를 치료하고 회복시킨다는 의학 본연의 목표에 도달할 수 없고, 의사와 환자의 소통과 조화를 막는다는 새로운 시각이 등장했다. 이러한 성찰이 등장하게 된 것은 의학 기술 발전의 한계에 기인하기도 하지만, 1960~1970년대에 서구가 소비사회에 진입하면서 의사와 환자의 관계도 '서비스 제공자'와 '서비스 소비자'로 전환된 것에 영향을 받았다. 서구 복지국가의 의료보장제도의 확립도 영향을 미쳤다. 복지제도는 국민의 의료비 부담을 줄여 의사와 환자가 비용 문제로 갈등하지 않고 조화로운 관계를 형성하게 도왔다. 전 세계에 공중보건이 확립되면서 치명적인 전염병의 위협이 줄어든 것도 영향을 미쳤다. 전염병이 창궐하고 근대국가의 존립을 위협하는 상황에서는 의사가 더 많은 결정권과 주도권을 가지게 된다. 그러나 1960년대 이후 치명적인 전염병의 위협에서 벗어나면서 사람들의 건강을 위협하는 것은 비만이나 고령화와 관련된 만성질환으로 변화했다. 환자들은 더 이상 의사에게 모든 결정권을 일임하지 않아도 되었고 여러 가지 치료 방식을 비교하면서 능동적으로 의사를 선택할 수 있게 되었다. 다시 의료 관계에서 환자에게 주도권이 넘어간 것이다.

각종 정보를 손쉽게 얻을 수 있는 정보화 시대에는 환자의 주도권이 더욱 높아졌다. 컴퓨터와 인터넷 네트워크의 발달은 전문적인 의학 지식을 대중에게 보편적으로 제공했고, 의사의 역할은 환자가 필요한 의료 서비스를 제공하는 것으로 전락하게 되었다. 최근의 인공지능 기술의 발달도 의학에 영향을 미칠 뿐만 아니라 의사에 대한 환자의 의존도를 낮추는 요인으로 꼽힌다. 다만, 환자의 주도권을 높이는 데 기여한 기술의 발달이 의사와 환자의 거리를 좁히고 양자의 관계를 조화롭게 하는 데 기여할 수 있는지는 재고가 필요하다. 환자가 의사를 통하지 않고 얻을 수 있는 무궁무진한 정보의 홍수가 과연 환자의 건강을 지키는 데 도움을 줄 수 있는지, 원격의료와 인공지능의 발달이 초래하는 의사와 환자의 인간적 교류 축소가 의사-환자 관계에 좋은 영향을 줄 수 있을지는 여전히 논쟁거리로 남아 있다.

5. 의료윤리강령의 변화와 새로운 의사-환자 관계의 모색

앞서 소개한 의학의 발전 과정과 의사-환자의 관계는 해방 후 한국의 의사 집단이 규정한 '의사윤리'에도 많은 영향을 미쳤다. 한국의 개화기와 일제강점기에는 선교 의료와 일본의 식민지 의료 정책을 통해 서구 의학와 의료윤리가 들어오게 되었다. 선교 의료는 '인술'과 비슷한 기독교의 박애, 자선의 의료윤리를 내세우며 발달된 문명의 혜택을 제공했지만 그 근저에는 서구의 우월성이 깔려 있었다. 일제강점기에는 국가 주도의 의료기관이 설치되었고 감염병 예방과 관리를 강화하는 근대적 보건위생 정책이 시행되었다. 이 시기에 한반도에 소개된 근대 의학은 중국에서와 마찬가지로 의사 권력과 국가권력에 순종적인 환자와 국민을 요구했다. 의사 시험과 자격증 제도를 통해 양성된 양의사들은 엘리트층에 속했고 비교적 풍족한 생활을 누릴 수 있었다. 그러나 비민주적이고 군국주의 사상이 지배하던 시기였기 때문에 의사들은 대중과 사회의 이익을 도모해야 한다는 의식을 갖추지 못했고, 한국인 의사로 구성된 조직이 형성되기도 힘들었다. 그 때문에 의사 전체의 자체적인 윤리강령이 등장하지는 않았다.[30]

의사들의 자체적인 의사윤리강령이 등장한 것은 1955년도이다. 「히포크라테스 선서」가 일제강점기에 한반도에 소개되었다가 1948년 「제네바 선언」이 다시 「히포크라테스 선서」라는 이름으로 번역되어 한국에 재등장하게 된 것이다. 「제네바 선언」은 1948년 세계의사협회의 총회에서 제2차 세계대전 중 벌어진 끔찍한 전쟁범죄를 반성하기 위해 의사의 윤리가 필요하다는 인식에서 채택되었다. 이를 한국에서는 「히포크라테스 선서」로 고쳐 소개한 것이다. 이후 1961년에는 대한의학협회의 이름으로 「국제의사윤리강령」을 채택하여 비로소 모든 의사를 대상으로 하는 '의료윤리'가 등장했다. 1961년의 「윤리강령」은 당시 5 · 16 군사 쿠데타의 영향으로 의학계에도 '혁명'과 사회 정화가 필요하다는 논리에 의해 마련되었다. 군사정권이라는 외부의 압력에 의해 의료윤리강령이 만들어졌지만, 이를 계기로 의사 집단은 전문직으로서 자신들의 사회적 위치를 점차 깨닫게 되었다.[31]

이후 1965년에는 한국의 실정에 맞게 수정한 「의사의 윤리」가 선언되었다. 1979년에 개정된 「의사의 윤리」는 한국 사회가 요구하는 의료의 공

---

30 신동원, 앞의 논문, 174-178쪽.
31 같은 논문, 181-186쪽.

공성을 반영하고 미국의사협회(AMA)가 만든 의사윤리강령을 참고해서 만들어졌다. 기존의 의사강령에는 가부장적이고 의사의 시혜적이고 권위적 태도가 남아 있었으나, 1979년 「의사의 윤리」는 탈권위적인 어조를 사용하고 환자를 약자가 아닌 의사와 대등한 인격체로 대우하려는 모습을 보였다. 또한 의사를 단순히 개인적으로 의술을 행하는 엘리트로 묘사하지 않았고, 지역사회의 일원으로 사회 발전에 참여해야 한다는 의무를 명시했다.[32]

1997년에는 과학기술의 발달로 인한 생태계의 파괴, 생명과학과 첨단 의학 기술 발달로 인한 장기이식, 뇌사 판정, 안락사, 태아 감별, 생명복제 등 과학·의학·사회규범의 급속한 변화를 반영하기 위한 새로운 의료윤리와 의사윤리강령이 등장했다. 이 시기에는 각종 의료보장 형태의 발달과 함께 의료 자원의 균등한 배분이 요구되었고, 건강권 등 인간 권리의 신장을 요구하는 사회 분위기로 인해 의술의 대상이었던 환자가 의사와 대등한 권리를 주장하게 되었다. 한편으로는 의사 역시 자주성과 자율성을 요구하게 되었다. 당시 세계적인 추세도 궤를 같이했다. 사람을 대상으로 하는 생체의학 연구에 대한 헬싱키 선언(1964), 환자의 권리를 천명한 환자권리장전(1973)과 리스본 선언(1981), 의사의 직업적 자주성과 자율 규정을 포괄한 마드리드 선언(1987), 인간 게놈과 인권에 관한 세계선언(1997) 등 당시 세계는 과학·의학 기술의 발전이 인간 존엄과 인권에 미치는 영향에 대해 고민하고 환자의 권리를 찾기 위해 움직이고 있었다. 이에 한국도 새로운 의료 환경의 변화를 반영하기 위한 의사윤리강령을

---

32 같은 논문, 186-191쪽.

모색하게 된 것이다.

먼저 1997년 2월, 대한의학협회의 이름으로 「의사윤리선언」이 발표되었고, 뒤이어 1997년 4월에는 더욱 구체적이고 실천적인 「의사윤리강령」이 규정되었다. 1997년의 「의사윤리선언」과 「의사윤리강령」은 환자의 권리와 의사-환자의 관계에 대해 이전보다 획기적인 발전을 보여주었다. 환자는 국민의 일원으로 치료받을 수 있는 권리가 있으며, 건강할 권리를 지닌 주체로서 의사를 선택하고 담당 의사의 진료 방법을 알 권리를 가진 존재라는 점이 새롭게 정의된 것이다. 기존의 의사윤리와 강령이 가부장적인 온정주의적 측면에서 환자를 정의했다면, 1997년의 「의사윤리선언」과 「의사윤리강령」은 환자가 의사와 대등한 존재라는 인식을 바탕에 두고 환자를 의사와 협력해야 하는 동반자이고 의료의 주체자라고 재정의하는 성과를 거두었다고 할 수 있다.[33]

그런데 2006년에 이루어진 개정에는 의사 집단의 요구 사항이 강하게 반영되며 기존의 「의사윤리선언」이 폐지되고 「의사윤리강령」과 「의사윤리지침」이 등장했다. 이 개정으로 의사들이 준수해야 하는 윤리지침의 비중이나 의사에게 불리한 내용은 축소되었고 윤리위원회와 관련된 조항이 삭제되면서 의사들의 전문가적 행위규범과 사회적 책무와 윤리를 규정하는 기준에서 크게 벗어났다는 비판을 받았다. 특히 윤리위원회와 관련된 조항을 삭제하면서 대한의사협회가 윤리규약을 준수하고 자정 능력을 갖추겠다는 의지를 보이지 않는 것으로 해석되기도 했다. 의사들이 의료 현장에서 윤리적인 딜레마에 처했을 때 나침반 역할을 해야 할 '의사윤

---

33 같은 논문, 191-200쪽.

리' 본연의 의미를 크게 훼손한 것이다.[34]

2017년에는 2006년의 개정에서 축소된 의료윤리와 정의를 다시 세우고 의료 전문성을 확보하기 위한 개정이 이루어졌다. 개정이 이루어지기까지 의료계 내부에서는 2006년 개정의 한계에 대해 비판이 제기되었고, 시대적 요구에 부응하는 의사들의 전문 직업성은 무엇이고 그 역할과 책임은 무엇인가에 대해 진지한 모색과 합의를 도출하기 위한 노력이 이루어졌다. 또한 의사 집단이 스스로의 윤리 의식을 지키지 못한다면 사회의 신뢰와 지지를 얻을 수 없다는 위기의식도 있었다. 만약 의사들 스스로 전문가 집단의 윤리를 만들고 자율적으로 지켜 나가지 않는다면 국가가 나서서 의사들의 행위규범을 통제하는 상황을 우려한 것이다.[35]

개정된 「의사윤리강령」 「의사윤리지침」에서는 환자와 의사의 관계에도 진전을 보였다. 「의사윤리강령」의 4, 5항에서는 환자와 의사의 관계가 '서로 신뢰하고 존중하는 관계를 유지하며 … 환자의 인격과 자기결정권을 존중한다'는 내용과 '의사는 환자의 알 권리를 존중하며 환자의 비밀과 개인정보를 보호한다'는 내용이 포함되었다. 「의사윤리지침」의 2장 환자에 대한 윤리에는 환자에 대한 태도가 구체적으로 서술되었다. 중요한 것은 의사의 권위주의적 자세를 수정하고 환자의 권리를 신장시켰으며, 환자-의사의 관계가 상호 신뢰와 존중에 기반해야 한다는 것을 명시한 것이다. 진료나 수술 중 의사와 의료진의 일탈로 인해 발생한 사고를 예방

---

34 김옥주, 「대한의사협회 의사윤리지침의 현황과 개선방향」, 『대한의학회 e-letter』 55, 2014.; 김옥주 · 박윤형 · 현병기, 「한국 의사윤리지침 및 강령의 연혁과 개정내용」, 『대한의사협회지』 60-1, 2017, 8-17쪽.
35 김옥주 · 박윤형 · 현병기, 같은 논문, 2017, 8-17쪽.

하기 위한 구체적인 조항이 「의사윤리지침」에 추가되었고, 최근 자주 문제가 된 대리 진료에 대한 조항도 추가되며 의사의 도덕적 책임과 환자의 권리 보호를 강화한 모습을 볼 수 있다.

1955년 「히포크라테스 선서」부터 최근 2017년 개정안까지 의료인의 '의료윤리'는 의사의 의무를 강조하는 가부장적인 권위주의, 환자를 약자로 규정하고 시혜적인 온정을 베푸는 태도에서 시작하여 점차 환자의 권리에 입각한 민주주의적 의사윤리로 변화해 갔다. 국민, 환자, 의사, 동료 의료인과의 관계도 수직적인 관계에서 점차 민주적인 수평적 관계를 지향하는 것을 보여준다.

6. 결론

이 글은 동아시아 전통 의학의 의료윤리로 대표되는 '인술(仁術)', '의덕(醫德)'에서 출발하여 중국의 명청 시대와 조선시대의 의료 실천, 근대 서구 의학과 병원 체제의 부상, 그리고 한국 의사윤리강령의 변화를 따라가며 의사-환자 관계가 어떻게 사회변동 속에서 끊임없이 재구성되어 왔는지를 살폈다. 전근대의 이상은 분명했다. 부귀와 신분을 넘어 생명을 귀하게 여기고, 학문과 덕을 갖춘 유의(儒醫)를 본보기로 삼는 것이었다. 그러나 실제 임상에서는 환자가 의사를 시험하고, 환자의 가족이 처방에 개입하며, 의사는 '용의'라는 비난을 피하려고 환자의 치료를 포기했다. 환자가 더 많은 주도권과 선택권을 가지고 있었지만 신뢰할 수 있는 '책임 있는 의사'는 찾기 힘들었고, 의사와 환자는 팽팽한 긴장 관계 속에서 의료 분쟁을 일으키기도 했다.

근대 이후의 의학은 과학의 도움을 받으며 급속도로 발전했다. 병리해부학과 실험의학의 등장, 병원—의학교의 결합, 의사 전문직 단체의 형성을 경험하며 의사의 권위는 제도화되고 환자의 주체성은 축소되었다. 청진기, X선, 마취 같은 기술은 치료의 장을 가족의 안방에서 전문 병원으로 옮겨 놓았고, 환자는 개인 의사가 아니라 의료 체계 전체를 상대하게 되었다. 특히 의학 지식이 세분화되고 전문화되면서 전문적인 수련의 과정을 거치고 과학의 언어를 배운 의사들은 의학 지식과 의학 권력을 독점하게 되었다. 근대 이전 사회에서 의사와 의학 지식을 공유하면서 논쟁이 가능했던 의사-환자의 관계는 사라지게 되었다. 이 시기의 의사도 「제네바 선언」 등 의사가 지켜야 할 도덕과 '의료윤리', 환자에 대한 헌신을 이야기했으나, '숭고한' 의학을 독점한 의사의 가부장적 온정주의에 가까웠다.[36]

이후 민주적 사회관계가 형성되고 환자 권리 담론이 부상하면서 의사와 환자의 불평등하고 수직적인 관계에 대한 반성이 나타났다. 이전의 권위적이고 가부장적인 의사상에 반발하여 의학은 숭고하지 않으며, 의술은 의사의 일방적인 시혜로 행하는 것이 아니라 인간의 당연한 권리로 요구할 수 있다는 주장이 나타났다. 이러한 사회적 변화에 따라 한국에서는 1955년의 선서 도입과 1961 · 1979년 강령을 거쳐 1997년 환자의 권리와 자기결정권을 분명히 한 전환이 이루어졌고, 2017년의 개정에서는 신뢰 · 존중 · 설명 의무 · 개인정보 보호를 윤리의 중심으로 재배치했다. 요

36　신동원, 『호열자, 조선을 습격하다』, 역사비평사, 2007, 259쪽.

컨대 의사-환자 관계와 의료윤리는 고정된 도덕이 아니라, 과학·제도·문화가 맞물리며 계속 새로 쓰이는 실천의 형식이라고 할 수 있다. 앞으로도 새로운 사회 변화, 과학기술의 발전에 따라 의사와 환자의 관계는 새로운 국면을 맞이하며 변화할 수 있다.

그러나 여전히 의사에게 인자하고 헌신적인 '숭고한 의사상'을 원하는 사람들과 의학 권력을 독점하고 환자와의 민주적인 관계를 꺼리는 의사들이 있다. 여전히 의사들에게 「히포크라테스 선서」의 정신을 요구하는 목소리는 끊이지 않고, 환자들의 알 권리를 무시하고 환자를 독립적이고 대등한 존재로 보지 않는 의사들도 존재한다.

우리가 의사-환자 관계의 역사를 통해서도 확인했듯이, 의사와 환자 사이의 신뢰는 '선한 의도'로만 만들어질 수 없다. 신뢰는 서로 공유할 수 있는 언어와 절차, 동등한 책임 위에서 만들어진다. 인공지능과 원격의료와 같은 기술은 의사를 온전히 대체할 수 없으며 의사와 환자 사이의 거리를 줄이는 도구로 사용될 때 신뢰를 더하고 가치가 있을 것이다. 앞으로도 의사와 환자의 관계는 변할 것이다. 그러나 우리가 지켜야 할 기준은 변하지 않는다. 환자는 자신의 몸에서 일어나는 일을 알고 선택할 권리를 가진 주체로, 의사는 그 선택을 이끌어 주고 설명하고 책임지는 전문가라는 것이다.

참고문헌
찾아보기

참고문헌

통합의료인문학의 정립을 위하여 / 박윤재

1. 기초자료

앨런 블리클리. 『의료인문학과 의학 교육-의료인문학이 더 나은 의사를 만드는 방법』. 학이시습. 2018.
황임경. 『의료인문학이란 무엇인가?』. 동아시아. 2021.
Evans, Martyn et al.. Medical Humanities Companion. Oxford: Radcliffe Pub.. 2008.

2. 논문 및 저서

2-1. 외부 논저

강신익. 「의학의 세 차원-자연의학, 사회의학, 그리고 인문의학」. 『의철학연구』 6. 2008.
공혜정. 「의료인문학의 지평 확대-인문학을 기반한 의료인문학 융·복합 교육 프로그램 개발 사례」. 『인문학연구』 38. 경희대학교 인문학연구원. 2018.
권복규. 「의학교육에서 의료인문학의 가치」. 『의사학』 31-3. 2022.
권상옥. 「의료 인문학의 개념과 의학교육에서의 역할」. 『한국의학교육』 17-3. 2005.
______. 「의료 인문학의 성격과 전망」. 『의철학연구』 5. 2008.
김택중. 「미국 의료시스템과학 교육의 한국 도입과 그 비판」. 『의사학』 31-3. 2022.
맹광호. 「우리나라 의과대학에서의 인문사회의학교육-과제와 전망」. 『한국의학교육』 19-1. 2007.
최은경. 「새로운 의료인문학(들)과 한국 의료인문학의 자리」. 『의철학연구』 36. 2023.

2-2. HK+통합의료인문학연구단 저서

경희대학교 인문학연구원 HK+통합의료인문학연구단. 『코로나19 데카메론-코로나19가 묻고, 의료인문학이 답하다』. 모시는 사람들. 2020.
______. 『코로나19 데카메론 2-코로나 시대 사소하고 깊은 이야기』. 모시는 사람들. 2021.
______. 『통합의료인문학 강의-인간과 질병』. 모시는사람들. 2022.
______. 『통합의료인문학 강의-의료와 사회』. 모시는사람들. 2024.
______. 『호모 팬데미쿠스, 코로나19 데카메론 3-팬데믹 3년의 목소리』. 모시는사람들. 2023.
김대기 외. 『의료사 연구의 현황과 과제』. 모시는사람들. 2021.

김양진 외. 『의료문학의 현황과 과제』. 모시는사람들. 2020.

김양진. 『한국어 질병 표현 어휘 사전-주요 사망원인 질병 표현을 중심으로』. 모시는사람들. 2023.

김양진 외. 『한국어 질병 표현 어휘 사전 2-한국인이 자주 걸리는 질병 관련 표현을 중심으로』. 모시는사람들. 2024.

______. 『한국어 질병 표현 어휘 사전 3-한국인의 전염병』. 모시는사람들. 2025.

______. 『한국어 질병 표현 어휘 사전 4-사용역에 따른 한국인의 질병』. 모시는사람들. 2025.

김세희 외. 『의철학과 의료윤리 연구의 현황과 과제』. 모시는사람들. 2022.

김승래 외. 『어떤 죽음』 4. 모시는사람들. 2025.

김영욱 외. 『어떤 죽음』 3. 모시는사람들. 2024.

김준혁 외. 『의철학 연구: 동서양의 질병관과 그 경계』. 모시는사람들. 2022.

박승준 외. 『영화로 만나는 의료인문학』 1. 모시는사람들. 2025.

이상덕 외. 『어떤 죽음』. 모시는사람들. 2022.

최성민 외. 『어떤 죽음』 2. 모시는사람들. 2023.

프랭크 하위스만 외 편저. 『의학사의 새 물결』. 모시는사람들. 2022.

2-3. HK+통합의료인문학연구단 논문 (한국어)

권오영. 「야간구급환자 신고센터의 설립과 의의」. 『인문학연구』 53. 경희대 인문학연구원. 2022.

김근애 외. 「한국어 통증 표현 어휘의 낱말밭 연구」. 『한국사전학』 41. 2022.

김양진. 「(해례본)『훈민정음』의 오행(五行)과 오방(五方), 오음1(五音), 오음2(五音), 오상(五常), 오장(五臟) 등의 상관성 연구」. 『국어국문학』 194. 2021.

______. 「〈조선왕조실록〉 속 의료 관련 어휘군 연구」. 『우리말연구』 66. 2021.

김재형. 「의료사회학의 연구동향과 전망-개념의 전개와 의료사와의 접점을 중심으로」. 『의사학』 29-3. 2020.

김종철 외. 「나주(羅州)의 버려진 땅, 낙인과 차별의 공간-호혜원(互惠園) 한센인의 삶과 인권」. 『연세의사학』 26-2. 2023.

김태우. 「성정론(性情論)과 부양론(扶陽論)의 의료인문학」. 『인문학연구』 42. 경희대학교 인문학연구원. 2020.

김현구. 「포스트휴먼의 조건과 한의학의 가능성」. 『Oughtopia (오토피아)』 38-1. 2023.

______. 「都鎭羽의 〈東西醫學要義〉에 대한 연구」. 『한국의사학회지』 36-1. 2023.

김현구 외. 「『東西醫學要義』 간행으로 본 1920년대 한의학 정체성 변화에 관한 고찰」. 『한국의사학회지』 36-2. 2023.

김현수. 「펠레그리노를 통해 본 의료인문학」. 『인문학연구』 42. 경희대학교 인문학연구원. 2020

______. 「고통받는 환자의 온전성 위협과 연민의 덕」. 『의철학연구』 30. 2020.

______. 「상업적 대리출산의 상품화 문제에 대한 철학적 고찰」. 『문화와 융합』 43-2. 2021.

______. 「한국 의철학의 건강 개념 연구 동향」. 『의철학연구』 31. 2021.

______. 「의철학적 관점에서 본 장자 중 중국고대의학사상의 면모-질병과 질환을 중심으로」. 『문화와융합』 44-4. 2022.

______. 「코로나19 백신 접종 이상반응의 이해를 둘러싼 과학적 의학과 일반 대중 사이의 간극」. 『문화와융합』 44-5. 2022.

______. 「신약 승인에 나타난 이익과 위험-헴제닉스와 레켐비의 사례를 중심으로」. 『인문학연구』 61. 경희대학교 인문학연구원. 2024.

민유기. 「베이비붐 시기 프랑스의 라마즈 분만법 확산과 쇠퇴-의료인문학의 시각-」. 『서양사론』 145. 2020.

______. 「파리의 공중보건 활동과 결핵 퇴치 운동(1889-1919)」. 『도시연구-역사 · 사회 · 문화』 28. 2021.

박성호. 「근대 초기 소설에 나타난 기독교와 치유의 문제-「몽조」와 「인생의 한」을 중심으로」. 『우리어문연구』 66. 2020.

______. 「신소설 속 여성인물의 정신질환 연구-화병(火病)을 중심으로」. 『Journal of Korean Culture』 49. 2020.

______. 「『매일신보』 소재 번안소설 속 여성인물의 신경쇠약과 화병의 재배치」. 『어문논집』 89. 2020.

______. 「번안소설 속 정신질환 양상의 변화와 그 의미-조중환의 「비봉담」과 신경열병을 중심으로」. 『비교문화연구』 60. 2020.

______. 「1900~1910년대 지식계층의 신경쇠약 개념에 대한 수용과 전유」. 『Journal of Korean Culture』 53. 2021.

______. 「좀비 서사의 변주와 감염병의 상상력-신종감염병에 대한 공포와 혐오의 형상화를 중심으로」. 『현대소설연구』 83. 2021.

______. 「축견단속규칙(1909)의 시행과 정치 담론으로의 전유 양상」,. 『도시연구-역사 · 사회 · 문화』 28. 2021.

______. 「1900-1910년대 신문연재소설에 나타난 병원의 역할과 의미」. 『Journal of Korean Culture』 63. 2023.

______. 「조중환의 번안소설과 열병의 상상력-장티푸스의 변주와 형상화를 중심으로」. 『현대소설연구』 93. 2024.

______. 「영화 〈프로메테우스〉의 창조자-피조물 관계와 인간강화의 역설」. 『대중서사연구』 30-3. 2024.

______. 「감사장을 중심으로 한 1910년대 매약 광고와 의료의 이중성《매일신보》 소재 화류병 매약 광고를 중심으로」. 『인문학연구』 61. 경희대학교 인문학연구원. 2024.

박윤재. 「한국 근현대의료사 연구동향과 전망(2010-2019)-사회사적 관점의 부상과 민족주의적 이분법의 약화」. 『의사학』 29-2. 2020.

______. 「식민지시기 산파제도의 형성과 전개」. 『역사학보』 257. 2023.

박지영. 「민족의 생명력-미즈시마 하루오의 인구통계학 연구와 우생학」. 『한국과학사학회지』 42-1. 2020.

방관욱 외. 「연명의료결정제도 정착을 위한 의료기관윤리 위원회 핵심 성과 지표 개발-델파이 조사 방법 활용」. 『인문학연구』 50. 경희대학교 인문학연구원. 2022.

송유레. 「갈레노스의 인간애 관념과 의술의 목적」. 『인간·환경·미래』 29. 2022.

______. 「갈레노스의 영혼삼분설과 '의학적 플라톤주의'」. 『의철학연구』 34. 2022.

신지혜. 「19세기 미국의 나병과 이민자」. 『호모미그란스』 23. 2020.

______. 「모빌리티와 정신질환-20세기 초 사우스다코타주의 캔튼 인디언 정신병원과 '정신이상' 인디언」. 『사림』 75. 2021.

______. 「몽고증과 미국 사회의 '오리엔트적 상상'」. 『미국학』 44-1. 2021.

______. 「매듭 풀기-광기, 결혼, 그리고 트렌턴 뉴저지 주립 정신병원의 여성환자」. 『도시연구-역사·사회·문화』 26. 2021.

염원희. 「질병과 신화 질병문학으로서의 손님굿무가」. 『우리문학연구』 65. 2020.

______. 「의학계열 글쓰기의 지향점과 구성방안-환자-의사간 소통의 중요성을 중심으로」. 『리터러시연구』 11-1. 2020.

______. 「동아시아 해양신앙의 여신과 제의의 치유적 성격-제주도 영등굿과 대만 마조축제를 중심으로」. 『동아시아고대학』 57. 2020.

______. 「국문장편소설 인물들의 갈등과 화병(火病), 치유의 문제」. 『한국민족문화』 76. 2020.

______. 「출산 관련 설화의 양상과 의미」. 『돈암어문학』 38. 2020.

______. 「보편적 출산문화 정립을 위한 전통 출산의례 이해와 현대적 변용 고찰」. 『국제어문』 88. 2021.

______. 「텔레비전 드라마에 형상화된 출산의 의료와 문화」. 『문화와 융합』 43-4. 2021.

염원희 외. 「유산 방지와 낙태를 위한 속신의 전승과 한의학적 의미」. 『문학치료연구』 60. 2021.

유연실. 「중국 근현대 의료사 연구의 새로운 흐름과 동향」. 『역사학연구』 77. 2020.

______. 「1950년대 중국의 파블로프 학설 수용과 의료 체계의 변화」. 『의사학』 29-2. 2020.

______. 「현대 중국의 의료 제도 엿보기-영화 「나는 약신이 아니다」를 중심으로」. 『의료사회사연구』 8. 2021.

______. 「1946년 상하이시 방역위원회의 콜레라 방역 활동-백신 접종과 시민들의 반응을 중심으로」. 『의료사회사연구』 14. 2024.

윤은경. 「한국 한의학의 치유개념에 관한 고찰-『東醫寶鑑』과 『東醫壽世保元』을 중심으로」. 『인문학연구』 42. 경희대학교 인문학연구원. 2020.

______.「임산징후에 대한 한의학적 고찰」.『대한한의학원전학회지』33-4. 2020.

이동규.「20세기 인구학에 비친 아시아-태평양에서의 냉전과 생명 정치」.『세계 역사와 문화 연구』66. 2023.

______.「식품과 건강-20세기 미국에서의 영양학과 식이 지침을 중심으로」.『세계 역사와 문화 연구』71. 2024.

이동헌 외.「전염병 위기 관리하기-2020년 한국의 코로나19 전염병 위기와 국가-사회관계」.『경제와사회』129. 2021.

이상덕.「영미 의료사의 연구동향-1990-2019」.『역사학연구』77. 2020.

______.「펠로폰네소스 전쟁기 아테네 변경에 도입된 두 치유의 신」.『서양고대사연구』59. 2020.

______.「Asklepios as the God of Reconciliation between Athens and Epidauros?」.『서양고대사연구』62. 2021.

______.「고대 그리스 비극에 나타난 미아스마($\mu\iota\alpha\sigma\mu\alpha$) 개념과 히포크라테스」.『史叢』106. 2022.

______.「히포크라테스의 유행병」.『서양사론』156. 2023.

______.「히포크라테스의 〈머리 부상에 대하여〉에 보이는 두개골 천공술과 그리스 조각 기술 비교」.『서양고대사연구』66. 2023.

______.「코스의 아스클레피오스 숭배 도입의 정치적 배경」.『서양고전학연구』63-2. 2024.

이은영.「의료기술을 통한 도덕적 향상은 가능한가-불교윤리학의 관점에서」,『인문학연구』42. 경희대학교 인문학연구원. 2020.

______.「원헬스에 대한 불교적 고찰」.『인문사회21』11-4. 2020.

______.「국내 불교와 의학 관련 연구의 성과와 전망-불교의료인문학의 정립을 제안하며」.『동아시아불교문화』44. 2020.

이은영 외.「일본 의철학·의료윤리 연구의 현황과 과제」.『의철학연구』31. 2021.

이은영.「불교의학의 질병관」.『선학』59. 2021.

______.「불교 의료윤리-의사, 간병인, 환자 윤리를 중심으로」.『동아시아불교문화』49. 2022.

이은영 외.「인도 불교 승원의 질병과 치료-『마하박가』(Mahāvagga)를 중심으로」.『인도철학』65. 2022.

이은영.「자리이타의 호혜적 의료인-환자 관계」.『동아시아불교문화』55. 2023.

______.「약사불의 치유-치유자의 능력과 피치유자의 노력의 만남」.『선문화연구』35. 2023.

이향아.「만세전-1919년 '만세'운동 이전 '묘지규칙'의 제도화 과정」.『사회와 역사』125. 2020.

이향아 외.「의료사회학 연구의 흐름과 전망-2002-2020년 국내 학술지 연구논문의 동향 분석을 중심으로」.『보건과 사회과학』55. 2020.

장하원.「자폐증 진단의 동역학-'사회성'에 반응하는 몸들의 출현」.『과학기술학연구』21-

2. 2021.

______. 「지적, 정서적 실천으로서의 어머니 노릇-자폐증을 지닌 아동을 돌보는 어머니의 경험을 중심으로」.『아시아여성연구』 60-1. 2021.

장하원 외. 「코로나19 시대의 마스크들」.『비교한국학』 30-1. 2022.

정세권. 「콘택트렌즈에서 '드림렌즈'까지-시력교정기술의 문화사」.『의사학』 32-1. 2023.

______. 「산업기술에서 일상기술, 그리고 방역을 돕는 기술로-한국의 QR 도입과 확산」.『인문학연구』 57. 경희대학교 인문학연구원. 2023

______. 「'실내로 들어온 공해를 막아라'-1970년대 실내공해 담론과 위생 가전 광고」.『인문학연구』 61. 경희대학교 인문학연구원. 2024.

조민하. 「환자중심형 의료커뮤니케이션을 위한 방안(1)-의사의 친절함을 중심으로」.『우리말글』 96. 2023.

______. 「인공지능을 활용한 의료상담의 인식과 과제-20대 대학생 대상 설문조사를 통하여」.『인문학연구』 57. 경희대학교 인문학연구원. 2023.

______. 「환자중심형 의료커뮤니케이션을 위한 방안(2)-의사의 존중 표현을 중심으로」.『의료커뮤니케이션』 18-2. 2023.

______. 「노인의 디지털 헬스 리터러시 증진 방안 연구」.『인문학연구』 61. 경희대학교 인문학연구원. 2024.

______. 「환자중심형 의료커뮤니케이션을 위한 방안(3)-의사의 공감적 의사소통을 중심으로」.『한국어학』 106. 2025.

조정은. 「근대 상하이 공공조계 우두 접종과 거주민의 반응-지역적·문화적 비교를 중심으로」.『의사학』 29-1. 2020.

______. 「청말 의료선교사가 본 두창 유행과 종두법」.『명청사연구』 56. 2021.

______. 「근대 중국 우두(牛痘)의 역사-백신 기술과 도구 그리고 현지화」.『의사학』 32-1. 2023.

______. 「우두 접종의 보편화 과정과 그 영향-1938-1939년 상하이 두창 대유행을 중심으로」.『의료사회사연구』 11. 2023.

조태구. 「반이데올로기적 이데올로기-의철학 가능성 논쟁」.『철학』 142. 2020.

______. 「코로나19와 혐오의 시대 -'올드 노멀(old normal)'을 꿈꾸며」.『인문학연구』 60. 조선대학교 인문학연구원. 2020.

조태구 외. 「프랑스 의료생명윤리 논의의 사회적 확산-코로나 19 전후 보건생명과학윤리 국가자문위원회(CCNE) 활동을 중심으로」.『생명, 윤리와 정책』 4-2. 2020.

조태구. 「질병과 건강-자연주의와 규범주의-부어스와 엥겔하르트를 중심으로」.『인문학연구』 46. 경희대학교 인문학연구원. 2021.

______. 「코로나19, 프랑스 백신 접종 계획의 혼란과 윤리적 문제」.『한국의료윤리학회지』 24-2. 2021.

______. 「프랑스 의철학 연구의 두 측면」.『의철학연구』 31. 2021.

______. 「죽음과 시간-장켈레비치, 베르크손과 앙리」. 『가톨릭철학』 37. 2021.

______. 「코로나19와 프랑스 철학-낭시와 바디우 그리고 한국」. 『비교한국학』 29-3. 2021.

______. 「코로나19와 가정폭력-사랑을 위한 적절한 거리」. 『인문학연구』 63. 조선대학교 인문학연구원. 2022.

______. 「미끄러운 비탈길 위에서 미끄러지지 않기-안락사와 존엄사 그리고 조력존엄사」. 『인문학연구』 53. 경희대학교 인문학연구원. 2022.

______. 「고통 없이 죽을 권리를 위하여-프랑스의 안락사 논의」. 『한국의료윤리학회지』 26-2. 2023.

______. 「프랑스 현상학과 의학」. 『인문논총』 80-3. 서울대학교 인문학연구원. 2023.

______. 「철학과 의철학 교육」. 『의철학연구』 37. 2024.

______. 「돌봄, 주체 그리고 삶-미셸 앙리와 돌봄에 대한 다른 접근 가능성」. 『현상학과 현대철학』 102. 2024.

최성민. 「질병의 낭만과 공포-은유로서의 질병」. 『문학치료연구』 54. 2020.

______. 「한국 의학 드라마 연구 현황과 전망-대중문화를 통한 의료문학의 가능성」. 『인문학연구』 42. 경희대학교 인문학연구원. 2020.

______. 「질병 체험 서사와 독자의 역할(1)-질병 서사 웹툰과 독자 반응을 중심으로」. 『건지인문학』 27. 2020.

______. 「의료 서사와 의료 윤리」. 『대중서사연구』 26-3. 2020.

______. 「영화를 통한 치유의 효과」. 『문학치료연구』 58. 2021.

______. 「팬데믹의 현재와 백신의 미래」. 『Oughtopia(오토피아)』 36. 2021.

______. 「SF와 좀비 서사의 감염 상상력」. 『대중서사연구』 27-2. 2021.

______. 「노인 간병과 서사적 상상력-한국과 일본의 간병 소설을 통하여」. 『비교한국학』 29-2. 2021.

______. 「노인 돌봄과 간호 문제의 역사와 전망」. 『Oughtopia(오토피아)』 36-3. 2022.

______. 「팬데믹 시대의 생명과 데이터 리터러시」. 『리터러시연구』 14-1. 2023.

______. 「챗GPT의 활용과 전망-의료와 돌봄 활용의 가능성」. 『시민인문학』 45. 경기대학교 인문학연구소. 2023.

______. 「존엄한 죽음과 존엄한 삶의 조건들-영화와 현실 사이의 생명 윤리」. 『대중서사연구』 30-1. 2024.

______. 「의대 증원 문제와 좋은 의료 만들기」. 『사이間SAI』 37. 2024.

______. 「독일 이주 노동 서사의 현재적 의미」. 『비평문학』 95. 2025.

______. 「질병 서사 웹툰의 소통 양상 연구」. 『기호학연구』 79. 2025.

최성운. 「약물 처방 하나로 질병 치료부터 회춘과 장수까지-16세기 중후반 조선의 도교양생법 복식(服食)에 대한 미시사적 연구」. 『대한한의학원전학회지』 37-3. 2024.

______. 「차력, 강신(降神)과 약물을 통한 인간 몸의 변환과 신적 세계의 구현-19세기 중반 조선의 차력의 초기양상과 계보에 대한 연구」. 『인문학연구』 61. 경희대학교

인문학연구원. 2024.

최우석. 「'의료인'의 의무윤리와 덕윤리의 상보적 이해-펠레그리노(E. Pellegrino)의 논의를 중심으로」. 『한국의료윤리학회지』 23-1. 2020.

______. 「'의료인'의 태도와 현상학-후설의 '현상학적 윤리'를 중심으로」. 『현상학과 현대철학』 85. 2020.

______. 「후설의 현상학, 현상학적 윤리, 그리고 현상학적 의료윤리」. 『의철학연구』 30. 2020.

______. 「후설의 순수윤리학 이해」. 『윤리연구』 131. 2020.

______. 「의철학의 현상학적 연구 동향에 관하여」. 『의철학연구』 31. 2021.

______. 「후설과 쇄신의 윤리-『카이조』의 세 편의 논문을 중심으로」. 『현상학과 현대철학』 91. 2021.

______. 「현상학과 우울증-현상학적 정신의학 연구를 위한 서론적 이해」. 『현상학과 현대철학』 98. 2023.

______. 「현상학과 질병-현상학적 질병 이해의 필요성에 관한 서론적 논의」. 『대동철학』 104. 2023.

최지희 외. 「중국 명청-민국시대 산파의 이미지 형성과 변화」. 『인문학연구』 53. 경희대학교 인문학연구원. 2022.

최지희. 「청말 민국 초 전염병과 의약시장-콜레라 치료제의 생산과 광고를 중심으로」. 『역사와 경계』 124. 2022.

______. 「근대 중국인의 신체 단련과 국수체조의 형성 - 팔단금을 중심으로」. 『인문학연구』 57. 경희대학교 인문학연구원. 2023.

______. 「청 말 중국 사회의 양약(洋藥) 소개와 광고-상하이 지역의 약국과 약목(藥目)을 중심으로」. 『역사학연구』 93. 2024.

2-4. HK+통합의료인문학연구단 논문 (외국어)

Choi, Woosok. "Is it useful to understand disease through Husserl's transcendental phenomenology?." *Humanities & Social Sciences communications* 11-1. 2024.

Hong, Yong-Jin et al.. "Expanded Orientation of Urban Public Health Policy in the Climate Change Era-Response to and Prevention of Heat Wave in Paris and Seoul." *Iranian Journal of Public Health* 51-7. 2022.

Jeong, Sekwon et al.. 「Medical Support Provided by the UN's Scandinavian Allies during the Korean War」. 『의사학』 32-3. 2023.

Kang, Jaegoo et al.. 「Unstable Expansion: The Development of the Military Medical Evacuation Chain in Korea, 1948-1953」. 『의사학』 32-2. 2023.

Kim, Taewoo. "Experiences, Expressions, and Boundary-Crossings-East Asian Tactile Diagnostics in South Korea." *Medical Anthropology* 42-1. 2023.

______. "Ontology and Acupuncture-East Asian Analogism and an Emerging Acupuncture Method in South Korea." *East Asian Science, Technology and Society-An International Journal*. 2025.

Lee, Dongkue. 「Behind the Protein Battle Lines-Nutritional Turmoil in the Postwar World」. 『의사학』 33-2. 2024.

Lee, Myoung Ho et al.. "Assessing the Efficacy of Medical and Cultural Support for Immigrant Adaptation and Social Integration." *Iranian Journal of Public Health* 53-6. 2024.

Lee, Sangduk. 「Amphiaraos, the Healer and Protector of Attika」. 『의사학』 29-1. 2020.

Shin, Ji-hye. 「Immigrant Children and Mental Disability in America, 1907-1927」. 『미국사연구』 30. 2020.

Shin, Ji-Hye. 「Insanity Is the Price of Modern Civilization-Asian Immigration, Civilization, and "Oriental Psychology" in Modern America」. 『의사학』 30-1. 2021.

긍정적 자유와 자발적 식음 중단을 통한 좋은 죽음 / 김현수

1. 논문 및 저서

김의. 「畢柳鶯의 『斷食善終』에 나타난 타이완의 단식 존엄사 논의」. 『가족과 커뮤니티』 11. 전남대학교 인문학연구원. 2025.

나카무라 진이치, 강신원 옮김, 『의사를 반성한다-어느 노인요양원 의사의 양심고백』, 사이몬북스, 2025.

성중탁. 「현행 우리나라 연명의료중단제도의 주요 쟁점과 개선 방향」. 『법제』 705. 법제처. 2024.

양영순. 『살레카나-자이나교의 자발적 단식 존엄사』. 씨아이알. 2025.

이신이. 「프랑스 연명의료결정 법제 및 주요 판례 분석」. 『2020 생명윤리관련 정책연구과제 자유공모 결과보고서』. (재)국가생명윤리정책원, 2020.

조태구. 「미끄러운 비탈길 위에서 미끄러지지 않기」. 『인문학연구』 53. 경희대학교 인문학연구원. 2022.

Berlin, Isaiah, Hardy, Henry ed.. *Freedom and Its Betrayal: Six Enemies of Human Liberty(2nd edition)*. Princeton University Press. 2014.

______. *Liberty*. Oxford University Press. 2002.

H, Wechkin, R, Macauley, PT, Menzel, PL, Reagan, N, Simmers, TE, Quill. "Clinical Guidelines for Voluntarily Stopping Eating and Drinking(VSED)". *Journal of Pain and Symptom Management*. 66-5. 2023.

JW, Wax, AW, An, N, Kosier, TE, Quill. "Voluntary Stopping Eating and Drinking",

Journal of the American Geriatrics Society 66-3. 2018.

National Academies of Sciences, Engineering, and Medicine. *Physician-Assisted Death: Scanning the Landscape: Proceedings of a Workshop.* The National Academies Press. 2018.

Rubin, Emily B. and Bernat, James L.. "Voluntarily Stopping Eating and Drinking". Quill, Timothy E. and Miller, Franklin G. eds.. *Palliative care and ethics.* Oxford University Press. 2014.

Towell, Colin. *Essential Survival Skills.* Dorling Kindersley. 2011.

2. 기타 자료

「'재택 임종' 원하지만 현실은?…"임종 케어 인프라 부족"」.《KBS》. 2025.4.3.
"Aide à mourir : ce que permettrait ou non la nouvelle loi française". *Le Monde.* 2022.5.27.
"Euthanasia and assisted suicide". *NHS.* 2023.7.12.
"How could assisted dying laws change?". *BBC.* 2022.6.20.
"Medical assistance in dying: Overview」". *Health Canada.* 2025.8.27.

우리는 어떤 의사를 원하는가? / 박성호

1. 기초 자료

〈골든타임〉. MBC. 2012.
〈낭만닥터 김사부〉. SBS. 2016-2023.
〈중증외상센터〉. 넷플릭스. 2025.
〈허준〉. MBC. 1999.

2. 논문 및 저서

강석훈. 「의학전문직업성의 관점에서 바라본 대한민국 의학드라마 속의 의사상」. 『대한 의료커뮤니케이션』 13-1. 2018.

권순만 외. 「병원·의원 역할구분 모호한 "현행 의료전달체계" 명확한 기능 부여해야」. 『의료정책포럼』 8-2. 2010.

김동율 외. 「유이태와 『痲疹篇』에 대한 논란들에 대해서-이태와 관련된 논쟁들과 향후연 구방향을 중심으로」. 『한국의사학회지』 37-2. 2024.

김미영. 「일제하 한국근대소설 속의 질병과 병원」. 『우리말글』 37. 2006.

김영주 외. 「수요의 상호의존성을 고려한 의료 서비스 시장의 속성선호도 분석」. 『소비문화연구』 15-2. 2012.

노동렬. 「드라마 소재로서의 '재벌'에 대한 인식 변화: 성공한 드라마에는 '직업'이 있다」. 『방송영상 트렌드』 38. 2024.

민혜영·이정찬. 「진료의뢰 및 회송제도 개선방안」. 대한의사협회 의료정책연구원. 2010.

박상완. 「텔레비전드라마의 기획과 구현 전략: 2010년대 초반 미니시리즈를 대상으로」. 충남대학교 박사학위논문. 2015.

박성호. 「1900-1910년대 신문연재소설에 나타난 병원의 역할과 의미」. 『Journal of Korean Culture』 63. 2023.

______. 「조중환의 번안소설과 열병의 상상력」. 『현대소설연구』 93. 2024.

서범석 외. 『근대적 육체와 일상의 발견』. 경희대학교 출판국. 2006.

양진문. 「텔레비전 드라마 〈허준〉의 인물 형상화 방식 연구」. 『대중서사연구』 23-2. 2017.

유철호. 『기억하고 싶은 조선의 참의원 유이태』. 삼부시스템. 2016.

윤강재 외. 「한국의료체계의 쟁점과 발전방향」. 한국보건사회연구원. 2014.

이경희. 「문헌에 나타난 명의 설화의 유형 분석」. 『한국한의학연구원논문집』 13-3. 2007.

이국종·김재용 외. 「중증 외상센터 설립 방안」. 『대한외상학회지』 18-1. 2005.

이영아. 『육체의 탄생』. 민음사. 2008.

이병훈. 「이광수의 『사랑』과 일제시대 근대병원의 역사적 기록」. 『의사학』 25-3. 2016.

이주영. 「근대 희곡에 나타난 제국의 조선 의사들」. 『한국문학이론과 비평』 23-2. 2019.

임용한·노태협. 「드라마 『허준』의 허구성에 내재한 역사적 실제성-한류의 개념과 성공 요인에 대한 일고찰」. 『역사와 실학』 54. 2014.

장근호·최규진. 「신소설에 비친 개화기 의료의 모습」. 『역사연구』 35. 2018.

주효진·임훈. 「메디컬 드라마 등장인물의 캐릭터 구조와 유형분석」. 『사회과학연구』 41-2. 2017.

최성민. 「한국 의학 드라마 연구 현황과 전망」. 『인문학연구』 42. 경희대학교 인문학연구원. 2020.

______. 「의료 서사와 의료 윤리」. 『대중서사연구』 26-3. 대중서사학회. 2020.

최지운. 「TV드라마 속 환생물 연구: 〈이번 생도 부탁해〉를 중심으로」. 『스토리앤이미지텔링』 27. 2024.

황영미. 「한국 TV 의학 드라마에 나타난 의사 캐릭터 유형 변화 양상 연구」. 『세계한국어문학』 5. 2011.

알랜 래들리. 『질병의 사회심리학』. 조병희·전신현 역. 나남출판. 2004.

3. 기타 자료

「〈골든타임〉 본 의사들의 반응은?」. 《시사인》. 2012.9.11.

「국내 유일 '중증외상 수련센터' 11년 만에 문 닫는다… 정부 지원금 중단」.《동아사이언스》. 2025.2.5.

「김태윤 이대서울병원 교수, "현실·드라마 공통점은 '골든타임'"」.《의사신문》. 2025.3.14.

「[낭만닥터 김사부] 현실은? 김사부는 '없고', 윤서정은 '있다'!」.《조선일보》. 2016.12.22.

「낭만닥터 김사부3' 전속 자문 의사 "응급실 현실 알리고 싶어"」.《의협신문》. 2023.6.15.

「드라마에서는 열광하는 '중증외상센터'… 현실은 의사들도 외면」.『아시아경제』. 2025.2.27.

「'싸가지 없는' 천재 백강혁에게 끌렸다면?… 내 마음 속 '이것' 때문」.《한국일보》. 2025.3.4.

「是誰之德고 聖恩」.《매일신보》. 1913.10.4.

「언젠가는 슬기로울 전공의생활' 편성 무기한 보류… 의정 갈등 여파」.《한겨레》. 2024.7.5.

「오로라공주 엽기대사, "암세포도 생명, 죽이면 안돼" … "암이 아기야?"」.《조선일보》. 2013.11.7.

「응급의료체계 근본 문제 설날부터 드러나-故윤한덕(51) 센터장, 설 연휴 기간 중 과로사」.《월드뉴스》. 2019.2.12.

「이국종 교수가 사람 살리려고 교통 통제하자 삿대질한 트럭 기사」.《인사이트》. 2017.10.31.

「"이국종 모티브"… '중증외상센터' 주지훈×추영우, 사제 케미 터지고 시즌2 기대」.《조선비즈》. 2025.1.25.

「이국종 욕설 논란의 진실은… "병원이 돈만 밝혀" vs "영웅 뒷바라지 지쳤다"」.《한국경제》. 2020.1.18.

「이러다 '백강현'의 사명감도 닳아 없어진다」.《청년의사》. 2025.2.20.

「"인터뷰 때마다 5000명의 적… 이국종, 의료계 눈엣가시?」.《메디파나》. 2018.11.13.

「의대생 이어 전공의 복귀… 커지는 '의료 정상화' 기대감」.《뉴스1》. 2025.8.8.

「의사 백강혁, 드라마에만 있다」.《연합뉴스》. 2025.2.7.

「장봉수 "내과 박원장 덕분 의사 가운 벗고 전업만화가 도전"」.《뉴시스》. 2022.2.19.

「전공의 복귀, 갈등의 끝 아닌 새로운 시작」.《메디컬 옵저버》. 2025.8.10.

「'전문직 드라마' 왜 뜨나… 넘치는 외화속 정착할지 주목」.《경향신문》. 2008.6.12.

「'중증외상센터' 백강혁은 드라마에만… "외상 전문의 자격 포기 급증"」.《한국경제》. 2025.2.7.

「'중증외상센터' 원작자가 밝힌 "백강혁을 '초인'으로 그린 이유"」.《맥스무비》. 2025.2.4.

「'중증외상센터' 이낙준 일침 "힘없는 레지던트도 소송… 누가 가겠나"」.《중앙일보》. 2025.3.28.

「'특혜 반대' 싸늘한 여론… 전공의들, 환자단체 찾아 소통 시도」.《연합뉴스》. 2025.7.24.

「현실 속 '외상센터'에 백강혁의 독무대는 없다」.《청년의사》. 2025.3.6.

김희경,「마블 히어로는 지는데, 한국 먼치킨이 뜨는 이유는?」.《한경BUSINESS》.

2024.3.19.

이상곤, 「"허준의 고향은 경상도 산청이 아닌 전라도 담양"-허준, 그 불편한 진실③」.《프레시안》. 2009.8.12.

최지연. 「사람들은 왜 '골든타임' 최인혁에 열광하는가」.《미디어오늘》. 2012.8.25.

황진미. 「작년에 죽은 K-의료… '중증외상센터'에서 그 영정사진을 보다」.《한겨레》. 2025.2.21.

황혜진. 「'굿닥터' 진정성 있는 메디컬 드라마의 비결? '실제 사례'」.《뉴스엘》. 2013.9.6.

의료 봉사자의 여정 / 이동규

1. 기초자료

Record of CARE, New York Public Library

2. 논문 및 저서

Aso, Michitake. "Performing National Independence through Medical Diplomacy: Tuberculosis Control and Socialist Internationalism in Cold War Vietnam," *The British Journal for the History of Science* 57-2. 2014.

Barnett, Michael. *Empire of Humanity: A History of Humanitarianism.* Ithaca, NY: Cornell University Press. 2011.

Becker, Daniel M., and Laurence B. Gardner ed.. *Prevention in Clinical Practice.* New York: Springer. 1988.

Berman, Edward H.. *The Influence of the Carnegie, Ford, and Rockefeller Foundations on American Foreign Policy: The Ideology of Philanthropy.* Albany, NY: State University of New York Press. 1983.

Brabazon, James. *Albert Schweitzer: A Biography.* Syracuse, NY: Syracuse University Press. 2000.

Chorev, Nitsan. *The World Health Organization between North and South.* Ithaca, NY: Cornell University Press. 2012.

Colgrove, James. *State of Immunity: The Politics of Vaccination in Twentieth Century America.* Berkeley, CA: University of California Press. 2006.

Cooper, Robert George and Nanthapa Cooper. Culture Shock! Thailand. Portland, ORL Graphic Arts Center. 1990.

Cueto, Marcos. "The Origins of Primary Health Care and Selective Primary Health Care."

American Journal of Public Health 94-11. 2004.

Cueto, Marcos, Theodore M. Brown, and Elizabeth Fee. *The World Health Organization: A History*. Cambridge, UK: Cambridge University Press. 2019.

Dominicus, Dalmas A. R. and Takashi Akamatsu. "The Role of Preventive Medicine in Developing Countries." *The Keio Journal of Medicine* 39-4. 1990.

Dooley, Thomas A.. *Deliver Us from Evil: The Story of Vietnam's Flight to Freedom*. New York: Straus and Cudahy. 1956.

______. *The Edge of Tomorrow*. New York: New American Library. 1958.

Duffy, John. *The Sanitarians: A History of American Public Health*. Champaign, IL: University of Illinois Press. 1992.

Ferguson, Niall, Charles S. Maier, Erz Manela, and Daniel J. Sargent, ed.. *The Shock of the Global: The 1970s in Perspective*. Cambridge, MA: Belknap Press. 2011.

Fink, Carole. *Defending the Rights of Others: The Great Powers, the Jews, and International Minority Protection, 1978-1939*. Cambridge: Cambridge University Press. 2004.

Fisher, James t.. *Dr. America: The Lives of Thomas A. Dooley, 1927-1961*. Amherst, MA: University of Massachusetts Press. 1997.

Francis, Hilary. "Point Four Does Not Exist: U.S. Expertise in 1950s Nicaragua." *Diplomatic History* 46-1. 2022.

Friedman, Lawrence J. and Mark D. McGarvie, ed.. *Charity, Philanthropy, and Civility in American History*. New York: Cambridge University Press. 2004.

Frierson, J. Gordon. "The Yellow Fever Vaccine: A History." *Yale Journal of Biological Medicine* 83-2. 2010.

Frumkin, Peter. *Strategic Giving: The Art and Science of Philanthropy*. Chicago and London: The University of Chicago Press. 2006.

Fousek, John. *To Lead the Free World: American Nationalism and the Cultural Roots of the Cold War*. Chapel Hill, NC: The University of North Carolina Press. 2000..

Gallagher, Teresa. *Give Joy to My Youth: A Memoir of Dr. Tom Dooley*. New York: Farrah, Straus and Giroux. 1965.

Gienow-Hecht, Jessica C. E.. "Shame on U.S.?: Academics, Cultural Transfer, and the Cold War: A Critical Review." *Diplomatic History* 24-3. 2000.

Gormly, James L.. "Keeping the Door Open in Saudi Arabia: The United States and the Dhahran Airfield, 1945-1946." *Diplomatic History* 4. 1980.

Han, Bong-seok. "A Study on the 'Integrated Meal and Education Program' of CARE-Korea in 1970s." *Journal of Korean Modern and Contemporary History* 99. 2021.

______. "U.S. Aid to Underdeveloped Countries, Nutrition, and the Meaning of

Humanitarian Relief during the Cold War: Focusing on the U.S. Experience with Operation Ninos (1962-65)." *Salim* 87. 2024.

Hoffman, Elizabeth Cobbs. *All You Need is Love: The Peace Corps and the Spirit of the 1960s*. Cambridge, MA: Harvard University Press. 1998.

Hulme, Peter, and Tim Youngs. *The Cambridge Companion to Travel Writing*. New York: Cambridge University Press, 2002.

Hunt, Michael H. *Ideology and U.S. Foreign Policy*. New Haven, CT: Yale University Press. 1987.

Iriye, Akira. *Cultural Internationalism and World Order*. Baltimore, MD: Johns Hopkins University Press. 1997..

Jones, Heather. "International or Transnational? Humanitarian Action during the First World War." *European Review of History* 16-5. 2009.

Kaplan, Amy, and Donald E. Pease., *Cultures of United States Imperialism, New Americanists* (Durham NC: Duke University Press, 1993).

Kaufman, Jonathan, J.. "Obituary: A Remembrance of Robert S. Siffert MD (1918-2015)." *Clinical Orthopedics and Related Research* 474-5. 2016.

Klein, Christina. *Cold War Orientalism: Asia in the Middlebrow Imagination, 1945-1961*. Berkeley, CA: University of California Press. 2003.

Kotaki, Yo. "Not Lady but Worker: The Changing Role of American National Red Cross Hospital Volunteers after World War II." *Journal of American and Canadian Studies* 35. 2017.

Kuznick, Peter J.. *Rethinking Cold War Culture*. Washington: Smithsonian Institution Press. 2001.

Leed, Eric J. *The Mind of the Traveler: from Gilgamesh to Global Tourism*. New York: Basic Books. 1991.

Liamputtong, Pranee ed.. *Handbook of Social Sciences and Global Public Health*. New York: Springer. 2023.

Furnham, Adrian and Stephen Bochner ed.. *Culture Shock: Psychological Reactions to Unfamiliar Environments*. London: Methuen. 1986.

Latham, Michael. *The Right Kind of Revolution: Modernization, Development, and U.S. Foreign Policy from the Cold War to the Present*. Ithaca, NY: Cornell University Press. 2011.

Levenstein, Harvey A.. *Revolution at the Table: The Transfiguration of the American Diet*. Berkeley, CA: University of California Press. 2003.

Lopez, Anna Lena, Maria Liza Antoinette Gonzales, Josephine G Aldaba, and G Balakrish Nair. "Killed Oral Cholera Vaccines: History, Development and Implementation

Challenges." *Therapeutic Advances in Vaccines and Immunotherapy* 2-5. 2014.

Ludmerer, Kenneth M.. *Learning to Heal: The Development of American Medical Education*. New York: Basic Books, 1985.

______. *Time to Heal: American Medical Education from the Turn of the Century to the Era of Managed Care*. New York: Oxford University Press. 2005.

Manela, Erez. "A Pox on Your Narrative: Writing Disease Control into Cold War History." *Diplomatic History* 34-2. 2010.

McCarthy, Kathlee D.. "From Cold War to Cultural Development: The International Cultural Activities of the Ford Foundation, 1950-1980." *Daedalus* 116. 1987.

Ninkovich, Frank A. *The United States and Imperialism, Problems*. Malden, MA: Blackwell Publishers. 2001.

O'Gara, James. "American Catholics and Isolationism." *Commonweal* 59. 1953.11.15.

Packard, Randall M.. *A History of Global Health: Interventions into the Lives of Other Peoples*. Baltimore, MD: Johns Hopkins University Press. 2016.

Paulmann, Johannes. "Conjunctures in the History of International Humanitarian Aid during the Twentieth Century." *Humanity* 4-2. 2013.

Packenham, Robert A.. *Liberal America and the Third World: Political Development Ideas and Social Science*. Princeton, NJ: Princeton University Press. 2016.

Pedersen, Sune Bechmann. "Eastbound Tourism in the Cold War: The History of the Swedish Communist Travel Agency Folkturist." *Journal of Tourism History* 10-2. 2018.

Perry, Lewis. *Intellectual Life in America: A History*. Chicago, IL: The University of Chicago Press. 1984.

Porter, Dorothy. *Health, Civilization and the State: A History of Public Health from Ancient to Modern Times*. New York: Routledge. 1998.

Quinn, Stephen, and William Roberds. "The Evolution of the Check as a Means of Payment: A Historical Survey." *Federal Reserve Bank of Atlanta Economic Review*. 2008.

Rice, Evan S.. *Wayfarer's Handbook: A Field Guide for the Independent Traveler*. New York: Black Dog & Leventhal. 2017.

Rieff, David. *A Bed for the Night: Humanitarianism in Crisis*. London: Vintage. 2002.

Rodogno, Davide. *Against Massacre: Humanitarian Interventions in the Ottoman Empire, 1815-1914*. Princeton, NJ: Princeton University Press. 2012.

Rosen, George, Elizabeth Fee, and Pascal James Imperato. *A History of Public Health*. Baltimore, MD: Johns Hopkins University Press. 2015.

Rosenberg, Emily S.. *Spreading the American Dream: American Economic and Cultural*

Expansion, 1890-1945. New York: Hill and Wang. 1982.

Rotter, Andrew J.. "Saidism without Said: Orientalism in U.S. Diplomatic History." American Historical Review 105. 2000.10.

Schein, Rebecca. "Educating Americans for 'Overseasmanship': The Peace Corps and the Invention of Culture Shock." American Quarterly 67-4. 2015.

Scrinis, Gyorgy. Nutritionism: The Science and Politics of Dietary Advice. New York: Columbia University Press. 2013.

Seo, Narae. "Between A B.A. Generalist and An Expert: Challenges and Improvements in the Training Curriculum and Implementation of Peace Corps Health Auxiliary Program in Korea (1967-1970)." Korean Journal of Medical History 34-1. 2025.

Shannon, Christopher. "A World Made Safe for Differences: Ruth Benedict's The Chrysanthemum and the Sword." American Quarterly 47-4. 1995.

Susman, Warren. Culture as History: The Transformation of American Society in the Twentieth Century. New York: Pantheon Books. 1984..

Sutton, Horace. Travelers, the American Tourist from Stagecoach to Space Shuttle. New York: Morrow. 1980.

Simms, Brendan and D. J. B. Trim, eds.. Humanitarian Intervention: A History. Cambridge: Cambridge University Press. 2011.

Smith, Tony. "New Bottles for New Wine: A Pericentric Framework for the Study of the Cold War." Diplomatic History 24-4. 2000.

Staples, Amy L. S.. The Birth of Development: How the World Bank, Food and Agriculture Organization and the World Health Organization Changed the World, 1945-1965. Kent, OH: Kent State University Press. 2006.

Tan, Nicole and Shuangyu Li. "Multiculturalism in Healthcare: A Review of Current Research into Diversity Found in the Healthcare Professional Population and the Patient Population." International Journal of Medical Students 4-3. 1916.

Tomlinson, John. Cultural imperialism: A Critical Introduction. New York: Continuum. 2002.

Unger, Corinna, Andreas Eckert, and Stephan Malinowski, eds.. "Modernization Missions: Approaches to 'Developing' the Non-Western World after 1945." Journal of Modern European History 8-1. 2010.

Yergin, Daniel. Shattered Peace: The Origin of the Cold War and the National Security State. Boston, MA: Houghton Mifflin. 1977.

Yoshihara, Mari. Embracing the East: White Women and American Orientalism. New York: Oxford University Press. 2003.

______. "America's Asia: Racial Form and American Literature, 1893-1945." The Journal of

American History 92-3. 2005.

Westad, Odd Arne. "The New International History of the Cold War: Three (Possible) Paradigms." *Diplomatic History* 24-4, 2000.

Wilson, Richard Ashby and Richard D. Brown ed.. *Humanitarianism and Suffering: The Mobilization of Empathy*. Cambridge: Cambridge University Press. 2009.

공유의사결정의 자율성 증진 방안 / 조민하

1. 논문 및 저서

고은경. 「의료소비자권리와 공유의사결정에 대한 연구」. 『소비자학연구』 31-2. 2020.

김지경. 「공유의사결정의 선행 개념으로서의 자율성」. 『생명윤리정책연구』 15-1. 2021.

유지연. 「만성질환자의 공유의사결정 개념분석」. 『Journal of the Korea Convergence Society』 10-11. 2019.

윤여란 · 배현아. 「의료적 의사결정 과정에서 공유의사 결정과 설명 · 동의 법제」. 『한국의료윤리학회지』 27-2. 2024.

윤현옥 외. 「제도적 관점에서 본 공유의사결정에 대한 탐색적 고찰: 주요 국가의 선행 경험이 한국에 주는 시사점을 중심으로」. 『의료커뮤니케이션』 19-2. 2024.

정상혁 · 윤희상 「학교 건강증진 사업을 위한 사회생태학저거 모형의 이론적 접근」. 『한국학교보건교육학회지』 7. 2006.

최경석. 「생명의료윤리에서의 '자율성'에 대한 비판적 고찰」. 『한국의료윤리학회지』 14-1. 2011.

Charles C., Gafni A. & Whelan T., "Shared decision-making in the medical encounter: what does it mean?(or it takes at least two to tango)," *Social Science & Medicine* 44-5. 1997.

Dworkin Gerald, Acting Freely, *Nous* 4. 1970.

Elwyn G., Frosch D., Thomson R., Joseph-Williams N., Lloyd A., Kinnersley P. & Barry M., "Shared decision making: a model for clinical practice," *Journal of General Internal Medicine* 27-10. 2012.

2. 기타 자료

환자-의사가 함께하는 의사결정 모형개발 및 실증연구 사업단. https://www.pdsdm.or.kr/main.php

정상성과 장애, 그리고 현대 의료의 역할 / 최성민

1. 논문 및 저서

김은정. 『치유라는 이름의 폭력 : 근현대 한국에서 장애·젠더·성의 재활과 정치』. 강진
　　　경·강진영 공역. 후마니타스. 2022.
김초엽·김원영. 『사이보그가 되다』. 사계절. 2021.
의료인류학연구회 기획. 『아프면 보이는 것들』. 후마니타스. 2021.
조태구 외. 『의철학연구』. 모시는사람들. 2020.
도나 해러웨이. 『해러웨이 선언문』. 황희선 역. 책세상. 2019.
수전 손택. 『은유로서의 질병』. 이재원 역. 이후. 2002.
킴 닐슨. 『장애의 역사』. 김승섭 역. 동아시아. 2020.

산후풍의 의료화 / 최성운

1. 기초 자료

강명길(康命吉). 『濟衆新編』. 1799.
이경화(李景華). 『廣濟秘笈』. 1790.
저자미상. 『依源擧綱』. 필사본. 19세기 추정.
허준(許浚). 『東醫寶鑑』. 1613.
허준(許浚). 『諺解胎産集要』. 조선후기 필사본. 1608.
황도연(黃度淵). 『醫宗損益』. 1867.

2. 논문 및 저서

가족계획연구원. 『인구 및 가족계획 통계자료집(제1권)』. 가족계획연구원. 1978.
강효신. 「婦人病과 漢方療法」. 『保健生活』 6-30. 1975.
경제기획원 조사통계국 편. 『한국질병상해사인분류』. 경제기획원. 1972.
경제기획원 조사통계국 편. 『한국표준질병사인분류(한의)』. 경제기획원. 1979.
김문정·강경자. 「산후조리와 폐경기 적응이 중년여성의 삶의 질에 미치는 영향」. 『여성
　　　건강간호학회지』 20-1. 2014.
김영자. 「지방도시 여성의 혼인 유무별 인공유산 경험 실태조사」. 『대한간호』 15-4. 1976.
김태희. 「여성의 산후풍 경험에 관한 연구」. 이화여자대학교 박사학위논문. 2001.
나건영. 「人工姙娠中絶과 그 合倂症의 現況」. 『대한불임학회잡지』 3-2. 1976.

대한한방부인과학회. 『한의표준임상진료지침 산후풍』. 한국한의약진흥원. 2024.

閔炳奭·金瑛·崔應圭. 「"産後바람"의 臨床的 觀察」. 『中央醫學』 6-5. 中央醫學社. 1964.

박병곤. 『韓方臨床四十年』. 書源堂. 1971.

박호풍. 『經驗秘方 楠梃醫學大全』. 上一文化社. 1974.

배원자. 「一部 中都市 人工姙娠中絶 後遺症 實態調査」. 『최신의학』 16-3. 1973.

백남욱. 「소파수술의 후유증과 경험방」. 『보건생활』 28. 1975.

변수자. 「산후관리에 대한 한국 산욕부들의 지식 및 관습 조사」. 『대한간호』 17-2. 1978.

보건복지부·한국보건사회연구원. 「인공임신중절 실태조사」. 정책보고서 2022-14. 2022.

송병기. 『漢方婦人科學』. 水文社. 1978.

유동열. 「産後風에 關한 硏究」. 『대전대학교 한의학연구소 논문집』 5-2. 1997.

유은광. 「여성건강을 위한 건강증진 행위: 산후조리 의미의 분석」. 『간호학탐구』 2-2. 1993.

유은광·김명희, 「중년여성이 경험하는 갱년기 증상 관련 요인 및 대응양상-산후조리와
    의 관계」. 『여성건강간호학회지』 5-2. 1999.

이이상. 「人工流産 試圖者에 對한 一考察」. 『中央醫學』 24-4. 1973.

제소희. 「산후풍의 바람風, 그리고 바람望-민속병의 의료화 과정과 질병서사의 괴리」.
    『아프면 보이는 것들』. 후마니타스. 2021.

최성운. 「'산후풍(801)'은 왜 산욕기 뇌출혈(ICD-8 674)과 나란히 분류되었나: 1972년 한
    의학 병명분류의 진단 언어와 병리 해석」. 『한국의사학회지』. 38-2. 2025.

한성현. 『인공임신중절에 관한 연구』. 가족계획연구원. 1973.

한창률. 『(秘藏)極齋醫方集大成』. 東西醫學硏究會. 1987.

홍성봉. 「우리 나라 人工姙娠中絶의 實態」. 『대한의학협회지』 13-7. 1970.

홍성봉. 「서울시 일원의 인공유산의 최근동향」. 『대한산부인과학회지』 22-9. 1979.

홍승직. 「韓國에 있어서 人工流産 硏究의 評價」. 『한국사회학회 기타간행물』. 1972.

Slater, Eliot. "Diagnosis of 'Hysteria'." *British Medical Journal*. 1-5447. BMJ Publishing
    Group. 1965.

Walshe, F. M. R. "Diagnosis of Hysteria." *British Medical Journal*. 2-5476. BMJ Publishing
    Group. 1965.

선진 유학에서 성명(性命)과 예악(禮樂)의 치유적 의미 / 윤민향

1. 기초 자료

『孟子』

『中庸』

2. 논문 및 저서

빈동철.「전국시대의 '性'에 대한 담론과 인간의 본성-맹자와 순자, 그리고『곽점 초묘 죽간』의 유가 텍스트로부터-」.『동양철학연구』108. 2021.

빈동철.「의례 전통과 楚 나라 지역의 儒家-의례화된 덕의 수양」.『철학』151. 2022.

유흔우.「郭店楚簡『性自命出』의 心性論 연구」.『한중인문학연구』54. 2017.

임형석.「유가 심성론의 계보-『맹자』,『중용』,『성자명출(性自命出)』,『성정론(性情論)』의 비교 연구」.『한국철학논집』17. 2005.

정병석.「性自命出의 性情說」.『철학논총』42. 2006.

정재상.「중국 고대 인성론의 재인식」.『철학사상』60. 2016.

차민경.「『性自命出』을 통해 본 전국시대 유가 예악관-『樂記』와 비교를 중심으로」.『공자학』52. 2024.

范麗梅.「郭店〈性自命出〉巫治德的身心氣書寫」.『清華學報』43-1. 2013.

李零.『郭店楚簡校讀記』. 北京: 北京大學出版社. 2002.

李天虹.『性自命出 研究』. 湖北: 湖北教育出版社. 2002.

魏冰娥.「"成於樂"何以可能？—論儒家樂教的成人根據」.『西南大學學報』. 2022.

고대의 사유에서 발견하는 건강인문학 / 이상덕

1. 기초 자료

세네카.『행복론』.

아리스토텔레스.『니코마코스 윤리학』.

키케로.『국가론』.

______.『법률론』.

플라톤.『티마이오스』.

히포크라테스.『섭생』.

______.『의사』.

2. 논문 및 저서

강현석 외 역. 제롬 브루너.『인간 과학의 혁명-마음, 문화, 그리고 교육』. 아카데미프레스. 2011.

이상덕,「히포크라테스의『섭생에 관하여』의 완결성 고찰」.『역사학연구』98. 2025.

Bruner, J. *Acts of Meaning*. Boston: Harvard University Press. 1990.

Charise, A. "Site, Sector, Scope: Mapping the Epistemological Landscape of Health Humanities". *Journal of Medical Humanities* 38. 2017.

Charon, R. *Narrative medicine : honoring the stories of illness*. Oxford: Oxford University Press. 2008.

Crenshaw, K. "Mapping the Margins: Intersectionality, Identity Politics, and Violence against Women of Color". *Stanford Law Review* 43. 2001.

Crawford, P., Brown, B., and Tischler, V., and Baker, C. "Health Humanities: The Future of Medical Humanities?". *Mental Health Review* 15-3. 2010.

Crawford, P., Brown, B., Baker, C., Tischler, V., and Abrams, B. *Health Humanities*. London: Palgrave Macmillan. 2015.

Crawford, P., Brown, B., and Charise, A. *The Routledge Companion to Health Humanities*. Abingdon: Routledge. 2020.

Couser, G. T. "What disability studies has to offer medical education". *Journal of Medical Humanities* 32. 2011.

Jones, T., Blackie, M., Garden, R., and Wear, D. "The Almost Right Word: The Move From Medical to Health Humanities". *Academic Medicine* 92. 2017.

Roter, D. and Hall, J. A. ed.. *Doctors Talking with Patients/patients Talking with Doctors: Improving Communication in Medical Visits*. Connecticut: Praegers Publishers. 2nd ed. 2006.

Whitehead, A., Woods, A., Atkinson, S., Macnaughton, J., and Richards, J. ed.. *The Edinburgh Companion to the Critical Medical Humanities*. Edinburgh: Edinburgh University Press. 2016.

가정에서 병원으로 / 정세권, 장원모

1. 기초 자료

《동아일보》, 《조선일보》, 《매일경제》, 《한겨레》, 《경향신문》
보건사회부. 『보건사회백서』. 1964.
보건사회부. 『보건사회 1981』. 1981.

2. 논문 및 저서

권오영. 「야간구급환자 신고센터의 설립과 의의」. 『인문학연구』 53. 2022.

권준희. 「보건진료원에게 주어진 진료권-무엇이 문제인가」. 『대한간호』 20-2. 1981.
김옥. 「보건진료원 업무활동의 변화과정: 문헌사료를 중심으로」. 『한국농촌간호학회지』
　　8-1. 2013.
김일순. 「의료전달체계와 의원」. 『대한가정의학회지』 4. 1988.
김화중. 「가정간호사업제도」. 『대한간호』 30-2. 1991.
김혜영. 「가정전문간호사의 역할 규명」. 『한국가정간호학회지』 13-1. 2006.
박윤재. 『한국현대의료사』. 들녘. 2021.
송영조. 「1961년 서울에 유행한 Influenza의 임상역학적 및 혈청학적 고찰」. 『대한내과학
　　회잡지』 5-2. 1962.
양창모. 『아픔이 마중하는 세계에서』. 한겨레출판사. 2021.
이꽃메. 「한국 보건진료원 제도의 시작」. 『한국농촌간호학회지』 4-1. 2009.
추혜인. 『왕진 가방 속의 페미니즘』. 심플라이프. 2020.
한국당뇨협회. 「가정간호사제도 카운트다운 돌입」. 『월간 당뇨』 36. 1992.
한재원, 이권호. 「'번동의 슈바이처'가 내주는 진짜 처방약: 왕진의사 홍종원」. 『월간 샘
　　터』 630. 2022.
재컬린 더핀. 『의학의 역사』. 신좌섭 옮김. 사이언스북스. 2015.
『천 개의 얼굴, 재택의료 퇴원환자 관리부터 완화의료까지』. 2024 서울특별시보라매병원
　　책임의료 심포지엄. 2024.

돌봄과 주체 / 조태구

1. 기초 자료

〈플랜 75〉. 2022.

2. 논문 및 저서

이은정. 「미셸 앙리의 삶의 현상학-후설의 지향성을 넘어 비지향적 파토스로-」. 『철학·
　　사상·문화』 39. 동국대학교 동서문화연구소. 2022.
＿＿＿. 「용서와 구원: 사람이 사람다워지는 길-이청준의 「벌레 이야기」와 앙리의 삶의
　　현상학으로부터」. 『현상학과 현대철학』 100. 한국현상학회. 2024.
조태구. 「미셸 앙리의 구체적 주체성과 몸의 현상학」. 『철학과 현상학 연구』 72. 2017.
＿＿＿. 「데카르트, 후설 그리고 앙리-미셸 앙리의 데카르트 코기토에 대한 해석과 질료
　　현상학」. 『현상학과 현대철학』 80. 한국현상학회. 2019.
＿＿＿. 「행복한 죽음을 위한 인간의 권리」. 『문학과 사회 하이픈』 129. 문학과지성사.

2020.

______.「감성과 지향성-미셸 앙리 현상학에서 세계의 현상학적 지위」.『철학』151. 한국 철학회. 2022a.

______.「삶과 자기-촉발-미셸 앙리의 역동적 현상학」.『현상학과 현대철학』92. 한국현 상학회. 2022b.

______.「프랑스 현상학과 의학」.『인문논총』80-3. 서울대학교 인문학연구원. 2023.

Bubeck, D.. *Care, Gender, and Justice*. Oxford: Claredon Press. 1995.

Ducharme, O.. *Michel Henry et le problème de la communauté*. Paris: L'Harmattan. 2013.

Held, V.. *The Ethics of Care: Personal, Political, and Global*. New York: Oxford University Press. 2006(Virginia Held.『돌봄: 돌봄윤리 -개인적, 정치적, 지구적-』. 김희강 · 나상원 역. 박영사. 2021).

Henry, M.. *C'est moi, la vérité. Pour une phénoménologie du christianisme*. Paris: Seuil. 1996.

______. *Paroles du Christ*. Paris: Seuil. 2002.

______. "Quatre principes de la phénoménologie". *Phénoménologie de la vie*. Paris: t, I, PUF, (1991). 2003.

______. "Eux en moi: une phénoménologie". *Phénoménologie de la vie*. Paris: t, I, PUF, (2001). 2003.

______. "Parole et religion : la parole de Dieu". *Phénoménologie de la vie*. Paris: t, IV, PUF, (1992). 2004.

______. "Intersubjectivité pathétique". in J.-M. Brohm. J. Leclercq. Michel Henry. *L'Age d' homme. Lausanne*. 2009.

Janicaud, D.. *Le tournant théologique de la phénoménologie française*. Combas: L'Éclat. 1991.

Jean, G.. "Présentation: de "l'expérience métaphysique d'autrui" à "l'intersubjectivité en premiére personne"". *Revue internationale Michel Henry 2*. UCL. 2011.

Kanabus, B.. "Généalogie du concept henryen d'Archi-Soi". *Les carnets du centre de philosophie du droit* 139. 2008.

Kittay, E.F.. *Love's Labor: Essays on women, Equality, and Dependency*. New York and London: Routledge. 1999(Eva Feder Kittay.『돌봄: 사랑의 노동-여성, 평등, 그리 고 의존에 관한 에세이』. 김희강 · 나상원 역. 박영사. 2024).

Ruddick, S.. "Maternal Thinking". *Feminist Studies* 6-2. 1980.

Sebbah, F.-D.. "une réduction excessive: où en est la phénoménologie fraçaise." in E. Escoubas. B. Waldenfels(éds). *Phénoménologie fraçaise et phénoménologie allemande*. Paris: L'Harmattan. 2000.

Tronto, J.C.. *Moral Boundaries: A political Argument for an Ethic of Care*. New York and London: Routledge. 1993.

______. *Caring Democracy. Markets. Equality and Justice*. New York and London: New York University Press. 2013(조안 C. 트론토. 『돌봄민주주의』. 김희강·나상원 역. 박영사. 2024).

3. 기타 자료

보건복지부·한국생명존중희망재단. 『2022 자살예방백서』. 2022.06.15.

신정선. 「[그 영화 어때] 75세 되셨다고요. 국가가 죽여드립니다. 영화 '플랜75'」. 《조선일보》. 2024.02.02.

통계청. 『장래인구추계: 2020~2070』. 2021.12.09.

______. 『2022 고령자 통계』. 2022.09.29.

1. 논문 및 저서

박지영. 「후설과 상대주의」. 『현상학과 현대철학』 99. 2003.

박원명 외. 『우울증』. 대한우울·조울병학회, 시그마프레스. 2018.

이진오. 「야스퍼스에 있어서 실존 철학과 정신 병리학」. 『현상학과 현대철학』 26. 2000.

크레펠린, E. 『정신의학: 의대생과 의사를 위한 교과서』. 홍성광 외 옮김. 아카넷. 2021.

랭, R. D. 『분열된 자기: 온전한 정신과 광기에 대한 연구』. 신창근 옮김. 문예출판사. 2016.

Aho, K. *Contexts of Suffering: A Heideggerian Approach to Psychopathology*. Rowman & Littlefield. 2019.

Carel, H. *Phenomenology of Illness*. Oxford University Press. 2016.

______. "Pathology as a phenomenological tool". *Continental Philosophical Review* 54, 2021.

Ferrarello, S. "Husserl's Ethics and Psychiatry". In M. Englander Ed.. *Phenomenology and the Social Contexts of Psychiatry: Social Relations, Psychopathology, and Husserl's Philosophy*. 2020.

Hartung, C. M., and Lefler, E. K. "Sex and Gender in Psychopathology: DSM-5 and Beyond". *Psychological Bulletin*. 2019.

Heidegger, M. *Zollikon Seminars: Protocols-Conversations-Letters*. M. Boss, Ed.. Northwestern University Press. 2001.

Husserl, E. *Ideen zu einer reinen Phänomenologie und phänomenologischen Philosophie. Erstes Buch: Allgemeine Einführung in die reine Phänomenologie.* Karl Schumann Ed.. Den Haag: Martinus Nijhoff. 1976.

Husserl, E. *Die Krisis der europäischen Wissenschaften und die transzendentale Phänomenologie (§ 33).* Walter Biemel Ed.. Den Haag: Martinus Nijhoff. n.d.

Minkowski, E. *Lived Time: Phenomenological and Psychopathological Studies.* Nancy Metzel Ed.. Northwestern University Press. 1970.

Parnas, J., and Sass, L. A. "Varieties of Phenomenology: On Description, Understanding, and Explanation in Psychiatry". In K. S. Kendler and J. Parnas Eds.. *Philosophical Issues in Psychiatry: Explanation, Phenomenology, and Nosology.* Johns Hopkins University Press. 2015.

Pellegrino, E. "What the Philosophy of Medicine is; Moral Choice, the Good of the Patient, and the Patient's Good". In H. T. Engelhardt Jr. and F. Jotterland Eds.. *The Philosophy of Medicine Reborn.* University of Notre Dame Press. 2008.

Sholl, J. "Putting phenomenology in its place: Some limits of a phenomenology of medicine". *Theoretical Medicine and Bioethics*, 2015.

Sousa, D. "Phenomenological Psychology: Husserl's Static and Genetic Methods". *Journal of Phenomenological Psychology* 45. 2014.

______. *Existential Psychotherapy: A Genetic-Phenomenological Approach.* Palgrave Macmillan. 2017.

Svenaeus, F. *The Hermeneutics of Medicine and the Phenomenology of Health.* Springer-Science+Business Media, B.V. 2000.

______. "The body uncanny-Further steps towards a phenomenology of illness". *Medicine, Health Care and Philosophy* 3, 2000.

Toombs, S. K. *The Meaning of Illness: A Phenomenological Account of the Different Perspectives of Physician and Patient.* Springer-Science+Business Media B.V. 1992.

Zahavi, D., and Loidolt, S. "Critical phenomenology and psychiatry". *Continental Philosophy Review* 60. n.d.

동아시아 의사-환자 관계의 역사와 주체성의 회복 / 최지희

1. 기초 자료

張景岳. 『景嶽全書』. 北京:中國中醫藥出版社. 1996.

徐大椿. 劉洋校注. 『醫學源流論』. 北京:中國中醫藥出版社. 2008.

顧炎武.『日知錄』. 合肥:安徽大學出版社. 2007.

2. 논문 및 저서

김성수.「누가 내 몸을 치료할 것인가? 전통의학의 경험과 지식의 경계: 경험에 대한 의사
　　와 환자의 시선」.『인문학논총』 79-4. 2022.
김옥주.「대한의사협회 의사윤리지침의 현황과 개선방향」.『대한의학회 e-letter』 55.
　　2014.
김옥주・박윤형・현병기.「한국 의사윤리지침 및 강령의 연혁과 개정내용」.『대한의사협
　　회지』 60-1. 2017.
신동원.『호열자, 조선을 습격하다』. 역사비평사. 2007.
신동원・오재근・이기복・전종욱.『역시만필: 조선 어의 이수귀의 동의보감 실전기』. 들
　　녘. 2015.
신동원.「한국 의료윤리의 역사적 고찰-의사윤리강령(1955-1997)의 분석을 중심으로」.
　　『의사학』 9-2. 2000.
오재근.「17-18세기 조선의 임상의학은 어떻게 이루어졌을까?-『역시만필』을 통해 살펴본
　　의관 이수기의 임상의학」.『의사학』 31-1. 2022.
이기복.「의안(醫案)으로 살펴보는 조선후기의 의학-실행과정에서 보이는 의학지식에 대
　　한 태도와 행위를 중심으로」.『한국과학사학회지』 34-3. 2012.
최지희.「청대 사회의 용의(庸醫) 문제 인식과 청말의 변화」.『의사학』 28-1. 2019.
카셀, 에릭 J..『고통받는 환자와 인간에게서 멀어진 의사를 위하여』. 강신익 역. 들녘.
　　2002.
雷祥麟.「負責人的醫生與有信仰的病人—中西醫論爭與醫病關系在民國時期的轉變」. 李建
　　民主編.『生命與醫療』. 中國大百科全書出版社. 2005.
龍偉.『民國醫事糾紛研究(1927-1949)』. 人民出版社. 2011.
＿＿＿＿＿.「清代醫療糾紛的調解,審理及特征」.『西華師範大學學報』 6. 2016.
馬金生.『發現醫病糾紛:民國醫訟凸顯的社會文化史研究』. 社會科學文獻出版社. 2016.
Burnham, John. *What is Medical History?*. Blackwell. 2005.
Shorter, Edward. *Bedside Manners-The Troubled History of Doctors and Patients*. New
　　York: Simon & Schuster. 1985.

경희대학교 인문학연구원 / HK+통합의료인문학연구단 / 통합의료인문학 학술총서14

의료인문학 2.0 - 더 나은 미래를 위하여

등록 1994.7.1 제1-1071
초판 1쇄 발행 2026년 1월 20일

기 획   경희대학교 인문학연구원 HK+통합의료인문학연구단
지은이   박윤재 김현수 박성호 이동규 조민하 최성민 최성운
         윤민향 이상덕 정세권 장원모 조태구 최우석 최지희
펴낸이   박길수
편집장   소경희
편집·디자인   조영준
관 리   위현정
펴낸곳   도서출판 모시는사람들
         03147 서울시 종로구 삼일대로 457(경운동 수운회관) 1306호
전 화   02-735-7173 / 팩스 02-730-7173
홈페이지 http://www.mosinsaram.com/

인 쇄   피오디북(031-955-8100)
배 본   문화유통북스(031-937-6100)

값은 뒤표지에 있습니다.
ISBN   979-11-6629-255-2   94000
세 트   979-11-6629-001-5   94000

* 잘못된 책은 바꿔 드립니다.
* 이 책의 전부 또는 일부 내용을 재사용하려면 사전에 저작권자와 도서출판
  모시는사람들의 동의를 받아야 합니다.

이 저서는 2019년 대한민국 교육부와 한국연구재단의 지원을 받아 수행된 연구임
(NRF-2019S1A6A3A04058286).